60TH ANNIVERSARY OF
INSTITUTE OF LAW, CASS

法治国情与法治指数丛书

主 编／田 禾 吕艳滨

中国法治发展:
成效与展望
(2002~2016)

田 禾 吕艳滨／主编

The Development of China's Rule of Law :

Achievement and Prospect

(2002-2016)

社会科学文献出版社
SOCIAL SCIENCES ACADEMIC PRESS (CHINA)

丛书序

2018 年是中国社会科学院法学研究所建所 60 周年。时光如白驹过隙，一个甲子转瞬即逝。在此期间，我们有幸成为法学研究所的一员，在这个平台上耕耘收获，见证了法学研究所的风雨历程。2003 年，法学研究所第一次推出了"法治蓝皮书"，这是一本盘点当年中国法治发展成效、总结存在问题的学术图书，至 2017 年已经出版了 15 本。为纪念法学研究所建所 60 周年，让更多的人认识和了解"法治蓝皮书"，蓝皮书工作室特推出"法治蓝皮书"精选本 12 卷，以飨读者。

"法治蓝皮书"是社会科学文献出版社皮书系列大家庭中的一员，是法学研究成果传播的重要平台。它忠实记录了中国法治的发展，为中国乃至世界提供了一个了解中国法治的渠道，也为法学研究者、法律工作者提供了一个展示其观点的平台。"法治蓝皮书"发展到今天，以其强大的影响力推动着中国法治方方面面的进步。

"法治蓝皮书"是一个新生事物，并无可资借鉴的经验和道路。创刊以来，在历任主编的不懈努力下，"法治蓝皮书"希冀找到一条最为合适的道路，最终，它成功地从数百本皮书中脱颖而出，成为最具影响力的皮书之一。

回顾"法治蓝皮书"走过的道路，令人唏嘘。如何充分发挥法学研究所的作用，用蓝皮书这样一种传播方式，指点江山、挥斥方遒，用学术力量影响和改变中国一直困扰着我们。2006 年，我正在日本早稻田大学比较法研究所访学时，收到李林所长的一封邮件，大意为征询我是否有兴趣来做蓝皮书的工作。做蓝皮书需要奉献，是公益性的，接下这个工作不仅要付出大量的时间和精力，且其不在学术评价体系之内，成败难料，可我鬼使神差，却接下了这个艰巨的任务，我想李林所长当时一定也大大地松了口气。

作为一本法学专业图书，"法治蓝皮书"受众有限。说它权威吧，不如全国人大、最高人民法院、最高人民检察院的工作报告；说它时效强吧，赶不上一些法制专业传媒，政府部门、司法机关也不把法学学术研究机构当回事，经费短缺，无米下炊。当时，"法治蓝皮书"要想在数百本皮书里崭露头角真是一件很难的事。虽然困难重重，但也并非没有干事的动力。改革开放以来，中国社会经济发生了翻天覆地的变化，这带来了社会分化，引起社会心理变化。今天，社会矛盾增多，不信任感增强，贫富差距拉大，道德失范行为增多，对国家治理、社会治理形成了很大的挑战。在这种复杂的形势下，需要一种机制来凝聚共识，维护社会的秩序、公平和安全，社会才能继续进步。法治就是这样一种具有广泛共识的治理模式，是社会治理的最大公约数。一个人无论他属于那个阶层，无论他在改革中是受益者还是受损者，都希望以某种机制来维护和保护自己的利益，也就是说法治为权力运行和利益分配设置了基本底线。法治并不是一个非常复杂的制度架构，其基本含义非常明确：有良法，必须反映广大人民的意志和利益；法律应得到实施，无论是公权力机关还是老百姓都应遵法守法；法律应当公开透明，使人们的行为具有可预期性，减少社会矛盾和交易成本。正是因为法治具有以上功能，它成为中国目前治国理政的最有效方式，是国家治理体系和治理能力的基本依托。

"法治蓝皮书"正是在这样的认识基础上追寻自身的奋斗目标的。"法治蓝皮书"不是一个旁观者，而是一本广泛"在场"、深度参与社会生活的学术著作。为了实现这样的目标，需要创新方法和探索路径。基于自身的特点，"法治蓝皮书"确定了几条基本原则。

首先，"法治蓝皮书"应以全新的姿态出现。"法治蓝皮书"的正式名称又叫"中国法治发展报告"，因此"法治蓝皮书"的所有内容都与中国法治的理论与实践紧密相连，有泥土芬芳、草根味道，摒弃"假大空""高大上"，以及自说自话、自娱自乐，自我搭建宏大"理论体系"的研究方式。

其次，"法治蓝皮书"应以制度运行为分析重点，并非聚焦个案，不讲故事，不声泪俱下地控诉，不冷冰冰地"拽"概念、做文字游戏，而是以应有的人文关怀，挖掘故事后面的场域、逻辑、价值，以学者的姿态冷静地分析制度的缺陷、运行的不足，体现一个研究机构的应有功能。

再次，"法治蓝皮书"应以法治国情调研报告为重要内容，因为，国情是中国选择法治发展道路的最大考量。课题组深入基层，在工厂、农村、田间地头、村民家中访谈座谈；在各级人大、政府、法院、检察院深入调研，总结各地方、各部门法治发展的创新经验，发现法治发展存在的瓶颈问题，提出解决问题的方案，这些方案有根有据而非传统的"大力丸"。课题组成员每年在全国各地的调研出差时间可谓惊人，由此而带来的效应也非常巨大，所形成的研究报告以及这种研究方式获得了广泛认同。

最后，"法治蓝皮书"应以量化评估为核心内容，这不仅体现为法学研究范式的创新，也体现为全新的研究成果。研究部门和实务部门长期以来交集不多，各说各话。法律制度运行主体是实务部门，运行状况却很难知晓。实务部门的自我总结——功绩伟大成效显著，但民众的获得感不足是显而易见的事实。课题组大力倡导并身体力行第三方评估，对人大立法、政府依法行政、法院检察院公正司法、社会法治建设的情况进行评估，形成了若干非常有影响力的评估报告，报告不仅总结取得的成效，还非常尖锐地指出存在的问题，以至于报告每年 2 月通过"法治蓝皮书"发布以后，一些部门局促不安，如坐针毡，放下高居庙堂的架子，"屈尊"来到法学研究所与课题组交流，实现了研究与实务的及时沟通、理论与实践的精准对接，大大推动了相关部门的工作，也提升了法学研究的影响力。

蓝皮书本身也确立了一套标准。一般而言，学术报告很难具有社会影响，为了突破这种局限，"法治蓝皮书"认为，一篇报告一定要具备以下几个因素。一是所选用的文章一定要具有问题意识，这个问题不仅在学术上有价值，在实践中也有意义。因此，"法治蓝皮书"既反对毫无原则的歌功颂德，也拒绝破坏性的批评，而是以理性和建设性的态度客观分析和总结法治状况。二是"法治蓝皮书"选用的文章一定是公权力机关关注的问题，它体现在以下两方面。一方面，它必须是公权力机关与社会服务和管理有关的问题。例如，政府信息公开、行政审批制度改革、行政执法等。另一方面，它是公权力机关的职权行为，其在依法履职时是否具有合法性的问题。上述两方面是公权力机关的职责所在，也是最受社会关注的问题。三是蓝皮书文章一定是与公众密切相关、社会公众也最为关心的问题，如环境安全、食品安全、教育、住房保障等。四是蓝皮书的文章一定是媒体非常关心的问题。在信息化时代，媒体竞争非常激烈，新、快、准、有效成为媒体的生命。在这种形势下，传统媒体逐渐式微，新兴媒体逐渐成为传播的主要渠道。信息的价值、新颖性、及时性、有效性成为媒体关注的焦点。"法治蓝皮书"的定位恰好为媒体提供了这样的平台。每年"法治蓝皮书"的发布都为媒体提供了眼花缭乱的盛宴，以至于媒体人士常常感叹，"法治蓝皮书"为什么每年只出一本，出来就呈狂轰乱炸之势？鉴于这样的情势，从 2015 年开始，"法治蓝皮书"开始编辑出版"地方法治蓝皮书"，是"法治蓝皮书"的姊妹篇。

正是确立了上述四条标准，"法治蓝皮书"在理论和实务中逐渐形成了巨大的影响力。常有国内外关心中国法治发展的人拿着"法治蓝皮书"登门交流，各地政府、法院也将"法治蓝皮书"对其的评价念兹在兹，甚至记入本部门年度工作报告或高悬于墙上。每当我们到基层开展国情调研，偶见"法治蓝皮书"对有关部门的评价被挂诸墙上，或记载于城市名片中时，都会会心一笑，我们确实做了一点有意义的工作。"法治蓝皮书"发布期间，会形成较大的舆情，以至于发布后的一周乃至一个月内，工作室都会用较大的精力来回应这些舆情。因为，"法治蓝皮书"不仅仅是展示成就，还会指出某些问题，个别被指出的部门非常不满意，也难免恼羞成怒。有人会愤而质问，你们是谁啊？凭什么来评价我们？在他们眼中，一个研究机构就像吃白饭的一样，有什么资格说三道四！由于有些部门掌握资源，弄得我们的上级主管部门经常惶惶不可终日。还好，中国社会科学院确实是一个研究圣地，正如有领导所说，学者做研究，只要数据是真实的、方法是科学的、结论是可靠的、目的是建设性的，就应当允许。值得称道的是，经过数年的修炼，多数部门的傲慢已经逐渐消失，转而谦虚谨慎地来与我们共同探讨，是为一大进步。

限于人力和时间，以及作者关注的重点，"法治蓝皮书"的这 12 卷本肯定有一定的疏漏，未能详尽描绘法治的所有领域和所有细节，因为这是一个不可能完成的任务。尽管如此，"法治蓝皮书" 12 卷本还是囊括了法治的重点领域和当年的重大法治事件，足以成为分析中国法治年度进展的珍贵资料，这就足够了。

这 12 卷本分别是《中国法治发展：成效与展望（2002～2016）》《中国立法与人大制度（2002～2016）》《中国政府法治（2002～2016）》《中国民商经济法治（2002～2016）》《中国刑事法治（2002～2016）》《中国司法制度（2002～2016）》《中国社会法治（2002～2016）》《中国人权法治（2002～2016）》《中国政府透明度（2009～2016）》《中国司法透明度（2011～2016）》《中国法治国情调研（2006～2016）》和《中国地方法治实践（2005～2016）》。

《中国法治发展：成效与展望（2002～2016）》收录了"法治蓝皮书"每年的年度总报告，盘点了中国法治的年度进展，是"法治蓝皮书"的精髓和最重要内容。

《中国立法与人大制度（2002～2016）》分析了中国历年的立法进展以及中国最根本的政治制度——人民代表大会制度及其主要职能、代表制度、人大监督等内容。其中，从 2014 年开始，立法指数报告特别分析了全国 31 家省级人大的立法状况，如立法的重点、程序、公开和征求意见情况等。

《中国政府法治（2002～2016）》是"法治蓝皮书"的重要内容，收录了行政审批制度改革、行政执法改革等选题。

《中国民商经济法治（2002～2016）》对历年民商经济立法、执法、司法方面的热点问题进行了分析。

《中国刑事法治（2002～2016）》分析了历年的刑事法治发展、犯罪形势及预测，并对部分重大刑事法治问题进行了研究。

《中国司法制度（2002～2016）》对中国的司法改革与进展、人民法院的改革创新、检察体制改革、法院信息化助力司法改革、中国的法律服务业等进行了总结分析。

《中国社会法治（2002～2016）》从劳动法治、社会保障法治、慈善公益法治、卫生计生法治、环境保护法治、能源法治、教育法治、体育法治、消费者保护法治等方面分析了有关的热点法治问题。

《中国人权法治（2002~2016）》对历年中国在人权法治方面取得的成效进行了总结分析。

《中国政府透明度（2009~2016）》《中国司法透明度（2011~2016）》是中国社会科学院法学研究所开展法治指数评估的重要成果。其中，课题组从2010年开始，连续8年对各级政府的信息公开进行第三方评估，对这项制度的发展起到了实质性的推动作用，《中国政府透明度（2009~2016）》展示了中国在推进政务公开方面取得的成效与存在的问题。此外，课题组从2011年开始，对全国包括最高人民法院在内的各级法院和海事法院的司法公开进行评估，率先提出司法透明度的概念并付诸全国性评估，促使全国法院的司法公开有了大幅度的进步并向纵深发展；从2012年开始，课题组对全国包括最高人民检察院在内的检察院进行检务公开评估，引起了最高人民检察院和地方各级检察院的重视。《中国司法透明度（2011~2016）》收录了相关的评估报告。这些指数评估报告客观记录和生动反映了中国法治建设进程，产生了强烈反响，成为近年来法学界和法律界重要的年度学术热点。

值得一提的是，《中国法治国情调研（2006~2016》及《中国地方法治实践（2005~2016）》收入了历年来我们在各地深入调研的报告，是我们付出心血较多的研究成果。近年来，中国社会科学院法学研究所坚持理论联系实际，扎根中国法治实践开展实证法学研究。课题组依托法学研究所在全国10余个省份建立了20多个法治国情调研基地，每年参与法治国情调研的人数数百人次，就党委、政府和司法机关的人大建设、政务服务与公开、社会管理、司法改革、法院信息化等多项内容开展了深入的访谈调研。"法治蓝皮书"课题组走遍了祖国大地，我们到过经济最发达的地区，也到过一些欠发达地区，无论经济发展水平如何，人们对法治的迫切心情是一样的。各地有很多法治创新的实践，打破了法治只有西方道路"独木桥"的神话。当然，中国的法治建设还存在很多问题，我们意识到法治建设是一个漫长的过程，需要几代人的努力，万不可有毕其功于一役的超现实想法。通过总结地方经验、分析顶层设计不足，课题组将普遍性的法治理念与中国本土性的法治探索、法治实践有机结合起来，在服务国家法治决策与地方法治发展方面颇有建树。

2015年，《立法法》修改，出于经济社会发展的需要，人大首次赋予全国286个设区的市以立法权。课题组在广东省调研时了解到，中山市基于扁平化管理改革，不设区。按照修法精神，中山市因未设区，可能失去立法权。全国有五个不设区的地级市，分别是广东省中山市、广东省东莞市、海南省三亚市、海南省三沙市、甘肃省嘉峪关市，它们将会受此影响。中山市地处珠江三角洲，经济总量大，社会发展速度快，亟须立法权来推进社会治理。课题组在调研之余为中山市以及其他城市向中央和全国人大建言，在各方的努力下，最终中山市获得了立法权。中山市获得地方立法权后起草的第一部地方性法规即《中山市水环境保护条例》。2015年，水环境治理，如"内河清流和城区治涝工程"被作为中山市的"十件民生实事"之一。《中山市水环境保护条例》的立法目的是解决水环境监管工作中部门职责分工不明确、水污染防治、饮用水源保护问题。中山市带着问题立法，避免立无用之法。水环境保护涉及区域广、部门多，甚至涉及多个市，立法首先就是要解决各自为政的问题。通过立法，中山市建立了水环境保护协调机制，由环保部门统筹，各相关部门共享数据。该条例对中山市的水环境保护起到了良好作用。中山市人大还创新和夯实了基层人大代表制度，让乡镇人大代表从会期的"4天代表"，变为"365天代表"，使曾经被边缘化的乡镇人大逐渐站在了社会治理的中心。

在革命老区金寨，法治使当地的村级组织面貌一新。当地村级组织将公开作为工作的重要方法，以公开赢得公众信任。公开的项目囊括村级组织的各方面工作，包括村级收入、用餐、惠民资金发放使用等。按照严格的制度规定，村干部接待用餐买一块豆腐都必须进行公示，提升了基层组织的权威。

法院判决执行难一直困扰着中国司法。2016年之前，全国法院判决得到有效执行的平均比例不高，而涉法信访则有80%与执行有关。地处改革前沿阵地的深圳中级人民法院为解决执行难问题，构建了解决执行难的标准体系、建设了鹰眼查控系统，率先在全国打响了基本解决执行难的第一枪。鹰眼系统实现了以下功能：银行存款的查、冻、扣，房地产查询和控制，协助有权机关查询，如人员查询、扩展查询财产种类等。课题组总结了深圳中级人民法院的经验，并向全国推广。2016 年，最高人民法院院长周强在十二届全国人大四次会议上庄严承诺，用两到三年的时间基本解决法院的执行难问题，并委托中国社会科学院法学研究所法治国情调研团队作为第三方对此进行评估。至此，全国法院掀起了基本解决执行难的热潮，可以预见，法院判决执行难将在近期有较大的改观。

杭州市余杭区是法学研究所的法治国情调研基地，课题组每年都会总结余杭的经验和创新，每年都有新的惊喜。课题组先后就余杭的诸多法治问题进行调研并形成了分量颇重的调研报告，分别是《实践法治的基层试验田——杭州市余杭区法治建设调研报告》《重建中国基层社会秩序的探索——余杭法务前置调研报告》《余杭基层法治化探索》《余杭区"大数据"推进基层治理法治化调研报告》《流动人口服务管理的法治化与现代化——余杭区创新流动治理的实践》。从这些调研报告可以看出，余杭法治建设折射出了中国法治建设的缩影，展现了中国基层法治建设的风貌。余杭的实践既有整体的宏观性思维，也有具体的区域性特点，不失为理解中国的一个样本。

在四川，"5·12"汶川地震发生后，我们抵达灾区震中，与灾民同悲共泣，发现地震相关法律问题特别多。我们翻越大雪山，进入炉霍。炉霍县位于甘孜藏族自治州中北部，是去藏抵青之要衢和茶马古道之重镇，也是第二次国内革命战争时期的革命老根据地。炉霍寿灵寺法律进寺庙的做法让人耳目一新。一个偶然的机会，调研时来到了我当知青时下乡的地方原双流县黄甲乡，并见到了当年的生产队队长刘汉洲，他虽年事已高，但精神矍铄，两眼有神，非常激动，称我是第一个离开后回来的知识青年。回乡后恍若隔世，原所在生产队、曾经居住过亮着煤油灯的小草屋已不复存在，被改革的浪潮席卷成了开发区。

2008 年我们在贵州黔东南调研，恰逢凝冻灾害发生，道路结冰，差一点就被困在黔东南动弹不得，也因此发现了中国灾害应急管理的问题和缺陷。

诸如此类，不胜枚举，虽然辛苦，收获良多。

2017 年是党中央提出依法治国基本方略二十周年和中国社会科学院成立四十周年，5 月 17 日，习近平总书记向中国社会科学院致贺信，希望中国社会科学院和广大哲学社会科学工作者，坚持为人民做学问理念，以研究我国改革发展稳定重大理论和实践问题为主攻方向，立时代潮头，通古今变化，发思想先声，繁荣中国学术，发展中国理论，传播中国思想。

习近平同志的贺信明确提出了社会科学工作者应当怎样做研究、应当为谁做研究这两个重要问题。这也是摆在社会科学工作者面前的现实问题。对学者而言，理想和现实交织并存。经过多年的学习和研究，学者的大脑中往往存在一个"理想国"，理想和现实之间存在巨大的鸿沟。面对现实中的诸多不如意，或是牢骚太盛怨天尤人，或是闭门修书不问天下之事。可以说，"法治蓝皮书"课题组在一定程度上解决了怎样做研究的问题。"法治蓝皮书"课题组长期跟踪现实，深入实际，理论与实践相结合，创新了法学研究方法和成果，取得了很好的社会效应。在为谁做研究方面，课题组目标明确，为人民做研究、为推动中国法治建设进步做研究，这也是课题组广受赞誉之处。

本丛书编辑之时，正值中国共产党第十九次全国代表大会即将胜利召开。近年来，"法治中国"概念的提出，标志着中国法治建设的理念进一步深化。党的十九大将对中国的法治建设作出新的理论指导和制度建设安排，依法治国将进一步成为中国共产党执政的基本方式，法治也将为人民带来更大的福利。如同广大的社会科学工作者一样，法治蓝皮书工作室也期待着中国共产党第十九次全国代表大会的召开，期盼着法治能够进一步奠定其社会治理的支柱性地位，不仅成为中国共产党依法执政的准则，也成为政府依法行政、法院公正司法、全民尊崇法律的标准，法治建设必将迎来新的春天。

田　禾

2017 年 7 月 17 日于北京

摘　要

　　依法治国是中国共产党领导人民治理国家的基本方略，全面推进依法治国是"四个全面"战略布局的重要组成部分。1997年以来的20年，尤其是自2002年以来的15年，是中国法治发展历程中非常关键的一个时期。这一时期，中国加快科学立法步伐，加强公开立法和民主立法，中国特色社会主义法律体系基本形成；中国政府围绕简政放权的目标，规范权力运行，不断提高透明度，行政体制改革与法治政府建设稳步推进，政府法治建设成绩显著；围绕以审判为中心，中国司法改革稳步扎实推进，努力提升司法透明度和公信力，维护司法公正；中国坚持权利保障与社会治安并重，构建完善的刑事法治网络；以民法典编纂为代表，中国民商经济法治不断完善立法，加大执法力度，维护市场主体合法权益；社会法治不断加强，劳动者权益保障、社会保障不断完善，食品安全监管、环境保护治理水平不断提升，人民群众获得感不断增强。展望未来，中国法治发展将继续走向深入，多个重点领域法律法规将不断完善，法律的稳定性和统一性将不断增强，确保法律有效实施将成为建设法治国家的重点。

Abstract

Ruling the country by law is the basic strategy by which the Communist Party of China leads the Chinese people in governing the country and comprehensive advancement of ruling the country by law is an important component of the "Four-Pronged Comprehensive Strategic Arrangement". The 20 years since 1997, especially the 15 years since 2002, has been a crucial period in the development of the rule of law in China. During this period, China has quickened the pace of scientific legislation, strengthened open and democratic legislation, and basically completed the construction of the socialist system of law; to achieve the objective of streamlining administration and delegating power to lower levels, the Chinese government has standardized the operation of power, continuously increased transparency, forged ahead steadily with the reform of the administrative system, and made remarkable achievements in the construction of a law-based government; taking the trial as the center, China has made solid progresses in judicial reform and made great efforts in enhancing the transparency and the credibility of the judiciary and upholding judicial fairness; it has attached equal importance to the safeguarding of rights and maintenance of public security, constructed a complete network of criminal justice; continuously improved the legislation through the codification of the civil law and strengthened law enforcement in the field of civil, commercial and economic law, and upheld the lawful rights and interests of market subjects; strengthened the construction of social law, improved social security, food safety supervision, and environmental protection, and enhanced the people's sense of gain. In the future, China will continue to develop the rule of law by further improving the laws and regulations in key areas, enhancing the stability and unity of law, and ensuring the effective enforcement of laws.

目　录

Contents

导论1 依法治国20年中国法治发展成效与展望

1997年，中共十五大报告提出"依法治国，建设社会主义法治国家"，明确了依法治国是党领导人民治理国家的基本方略，提出尊重和保障人权，确立了到2010年形成有中国特色社会主义法律体系的目标任务。1999年，九届全国人大第二次会议通过宪法修正案，将"中华人民共和国实行依法治国，建设社会主义法治国家"载入宪法，实现了从"法制"到"法治"的重大转变。进入21世纪，中国特色社会主义法治建设不断推进。2002年，中共十六大报告把依法治国作为社会主义民主政治建设的重要内容和目标，强调"发展社会主义民主政治，最根本的是要把坚持党的领导、人民当家作主和依法治国有机统一起来"。2007年，中共十七大强调要全面落实依法治国基本方略，加快建设社会主义法治国家。

2012年中共十八大以来，以习近平同志为核心的党中央更加重视法治在国家治理中的重要作用，提出了全面依法治国的新理念、新思想、新战略，开启了法治中国建设的新征程。2014年，中共十八届四中全会专题研究全面依法治国重大问题，并作出《关于全面推进依法治国若干重大问题的决定》，明确了全面依法治国的总目标和重大任务。这是中国共产党在历史上第一次专题研究、专门部署全面依法治国的中央全会，在中国法治史上具有重大的里程碑意义[①]。

20年来，中国加快科学立法步伐，加强公开立法和民主立法，完善社会主义法律体系；法治政府建设围绕简政放权的目标，规范权力运行，

[①] 袁曙宏：《党的十八大以来全面依法治国的重大成就和基本经验》，《求是》2017年第11期。

提高透明度；司法改革以审判为中心，提升司法透明度和公信力，维护司法公正；权利保障与社会治安并重，构建刑事法治网络；以民法典编纂为代表，民商经济法治领域不断完善立法，加大执法力度，维护市场主体合法权益；社会法治不断加强，劳动者权益保障、社会保障不断完善，食品安全监管、环境保护治理水平不断提升，人民群众获得感不断增强。

一 加强公开立法和民主立法，完善社会主义法律体系

1997 年中共十五大报告明确提出依法治国，确立了到 2010 年形成有中国特色社会主义法律体系的目标任务。制定法律，建立健全法律体系成为立法工作的首要目标。经过长期努力，中国建立了社会主义法律体系。在 2011 年 3 月举行的第十一届全国人大第三次会议上，全国人大常委会工作报告明确提出，"一个立足中国国情和实际、适应改革开放和社会主义现代化建设需要、集中体现党和人民意志的，以宪法为统帅，以宪法相关法、民法商法等多个法律部门的法律为主干，由法律、行政法规、地方性法规等多个层次的法律规范构成的中国特色社会主义法律体系已经形成"。中国特色社会主义法律体系建成之后，在立法工作中，制定新法与完善旧法齐头并进，更加注重公开立法、民主立法和科学立法。

（一）充分行使立法权，形成中国特色社会主义法律体系

立法是建设社会主义法治和全面推进依法治国的前提，也是实现平等公正和促进社会和谐的制度保障。20 年来，中国在立法方面取得了新的进展。1999 年 3 月 15 日，九届全国人大第二次会议通过了对 1982 年宪法的第三次宪法修正案。这次修宪不仅将邓小平理论和"依法治国"写入宪法，而且对基本经济制度、分配制度以及个体经济、私营经济的地位作出了规定。2004 年 3 月 14 日，十届全国人大第二次会议通过了对 1982 年宪法的第四次宪法修正案。这次修宪共有 14 条修正案，修改的主要内容包括：确立"三个代表"重要思想的宪法地位，为"三个文明"协调发展提供宪法保障，巩固和发展最广泛的爱国统一战线，保障和促进非公有制经济健康发展，保护公民的私有财产权和继承权，为建立健全社会保障

制度提供宪法保障，确立了"国家尊重和保障人权"原则，为确立和完善紧急状态制度提供宪法保障等。

以宪法为统帅，全国人民代表大会及其常务委员会、国务院及其各部门、各地方等充分行使立法权，以立法方式与时俱进地体现人民意志、维护人民利益，为社会主义建设提供法制保障。截至 2011 年 8 月底，中国已制定现行宪法和有效的法律 240 部、行政法规 706 部、地方性法规 8600 多部，中国特色社会主义法律体系已经形成。

（二）加强立法参与，实现民主立法

在立法过程中，立法机关广泛采用了公开征集意见的方式，吸纳民意、反复论证，以提升立法民主性和科学性。2005 年 7 月 10 日，全国人大常委会向社会全文公布《物权法（草案）》，广泛征求意见，征集社会各界意见 11543 件，26 个省、自治区、直辖市和 15 个较大的市的人大常委会、47 个中央有关部门、16 个大公司、22 个法学教学研究机构和法学专家都对这一草案提出了意见和建议，全国人大法律委员会、全国人大常委会法制工作委员会及时向社会反馈人民群众的意见，前后三次将人民群众的意见整理汇总，通过媒体向社会公布，形成了立法机关和人民群众的互动。立法部门还举行立法听证会，听取专家学者、利益相关者等不同群体的意见。例如，2006 年全国人大常委会法制工作委员会召开个人所得税法立法听证会，就修正案中的个税起征点等问题广泛听取社会各界的意见。

随着立法过程的不断公开，各界参与立法的程度也逐步提升。2010 年广受关注的《车船税法（草案）》向社会公开征求意见。据全国人大常委会法制工作委员会公开的信息，在短短一个月的时间内，立法机关共收到 97295 条修改意见、建议和 40 封群众来信。2011 年《个人所得税法修正案（草案）》的意见征集因社会关注度高、公众反馈意见踊跃，形成了全社会大讨论的局面。根据全国人大常委会法制工作委员会经济法室整理发布的《社会公众对个人所得税法修正案（草案）的意见》，此次征求意见，立法机关共收到 181 封群众来信和 82707 位网民通过中国人大网提出的 237684 条意见（每位网民可以对草案的 4 条规定分别提出意见）。

2012 年《劳动合同法修正案（草案）》征集到 557243 条意见，《预算法修正案（草案）》征集到 330960 条意见，已经远远超出 2011 年《个人所得税法修正案（草案）》的公众参与规模。2014 年《刑法修正案（九）（草案）》征求意见，共有 15096 人参与，提出了 51362 条意见或建议。这表明公众越来越关注立法，有意愿也有能力提出立法建议。

2015 年修订的《立法法》明确规定，坚持立法公开，强调民主立法。《立法法》修改后，全国人大及其常委会进一步加强立法公开工作，多部法律草案向社会公布，征求社会意见。《促进科技成果转化法修正案（草案）》《国家安全法（草案二次审议稿）》《境外非政府组织管理法（草案二次审议稿）》《种子法（修订草案）》《资产评估法（草案三次审议稿）》《国家勋章和国家荣誉称号法（草案）》《反家庭暴力法（草案）》等法律制定、修正过程中共向社会征集 5.7 万余条意见。

（三）积极进行立法解释，明确法律含义

以往实践中，人们见到的更多的是司法机关通过司法解释来明确有关法律条文的适用条件，立法机关作出立法解释的情况则鲜有发生。而在 2014 年，全国人大常委会首次对《刑法》第 30 条、第 79 条第 3 款、第 158 条、第 159 条、第 254 条第 5 款、第 257 条第 2 款、第 266 条、第 271 条第 2 款、第 312 条、第 341 条以及《民法通则》第 99 条第 1 款、《婚姻法》第 22 条作出立法解释。立法机关积极主动地作出立法解释，部分解决了过去法律解释令出多门、司法机关借司法解释自我授权的问题，更符合法治的精神和法治中国建设的要求。

（四）适时解释基本法，更好地实施"一国两制"

《香港特别行政区基本法》是全国人大制定的一部全国性法律，是香港特别行政区施政、立法和司法的法律依据和基础，具有高于香港特别行政区一切法律的地位。针对香港社会在政制发展问题上对基本法附件有关规定存在不同理解的问题，在广泛听取包括香港各界在内的各方面意见的基础上，2004 年 4 月，十届全国人大常委会第八次会议依法作出《关于〈中华人民共和国香港特别行政区基本法〉附件一第七条和附件二第三条

的解释》。香港特别行政区行政长官按照基本法和这个解释，向全国人大常委会提交了有关报告。随后，十届全国人大常委会第九次会议认真审议了这个报告，并依法作出有关《关于香港特别行政区 2007 年行政长官和 2008 年立法会产生办法有关问题的决定》。

2011 年 11 月 17 日，澳门特别行政区行政长官致函全国人大常委会，提出《澳门特别行政区基本法》有关释法问题。在广泛沟通交流、听取社会各界意见建议的基础上，12 月 16 日举行的全国人大常委会委员长会议讨论，建议将审议《关于〈中华人民共和国澳门特别行政区基本法〉附件一第七条和附件二第三条的解释（草案）》作为议案列入即将召开的十一届全国人大常委会第二十四次会议议程。12 月 31 日十一届全国人大常委会第二十四次会议表决通过了《关于〈中华人民共和国澳门特别行政区基本法〉附件一第七条和附件二第三条的解释》。

2016 年，针对香港特别行政区立法会个别候任议员在任前宣誓时发表不适当言论的情况，根据《宪法》《立法法》《香港特别行政区基本法》的规定，全国人民代表大会常务委员会对《香港特别行政区基本法》第 104 条进行了解释。根据该解释，宣誓程序是就任公职的必经和法定程序，未经合法有效的宣誓或者拒绝宣誓，不得就任公职。该解释的出台一方面打击了"港独"势力的嚣张气焰，剥夺了拒绝宣誓者的议员资格，维护了《宪法》《香港特别行政区基本法》的权威；另一方面也体现了中国逐渐趋于用法治思维和法治方式化解棘手的政治问题，用法律解释为国家治理提供制度支撑。

二 简政放权、规范权力、公开透明，建设法治政府

1997 年，中共十五大报告明确提出依法治国，建设社会主义法治国家。2000 年，中共十五届五中全会审议通过的《中共中央关于制定国民经济和社会发展第十个五年计划的建议》，对加强法治建设、落实依法治国方案提出了明确要求，强调推进政府工作法制化、从严治国、依法行政。2004 年 3 月 22 日，国务院发布了《全面推进依法行政实施纲要》，这是一份指导各级政府依法行政的纲领性文件，它确立了建设法治政府的

目标，明确了全面推进依法行政的指导思想、基本原则、基本要求、主要任务和保障措施。20 年来，中国政府以简政放权为主线，推行放管服改革，推进行政权力运行公开透明，加强对行政权力的监督，加强透明政府、责任政府和服务政府建设。

（一）推行简政放权

2003 年 8 月，十届全国人大常委会第四次会议审议通过了《行政许可法》，规定改造和革新现有行政许可制度，从整体上将行政许可纳入法治轨道。该法是继 1989 年的《行政诉讼法》、1994 年的《国家赔偿法》、1996 年的《行政处罚法》和 1999 年的《行政复议法》之后，中国行政法治发展进程中又一部里程碑式的法律。为改革行政审批制度，落实《行政许可法》，国务院分九批共取消和调整行政审批事项 2712 项。这是改革行政审批制度、规范行政权力、转变政府职能等工作迈出的实质性步伐，稳步砥砺了依法治国的基石。为进一步规范行政审批行为，2015 年，《国务院关于规范国务院部门行政审批行为　改进行政审批有关工作的通知》（国发〔2015〕6 号）提出了规范行政审批行为的六大举措，实现一个窗口办理、实施受理单制度、推行办理时限承诺制、编制服务指南、制定审查工作细则、探索改进跨部门审批等工作。

与此同时，各级政府积极探索管理机制创新，规范行政审批。中共中央办公厅、国务院办公厅印发的《关于深化政务公开　加强政务服务的意见》（中办发〔2011〕22 号）要求，因地制宜规范和发展各级各类服务中心，明确服务中心职能，凡与企业和人民群众密切相关的行政管理事项，包括行政许可、非行政许可审批和公共服务事项均应纳入服务中心办理。截至 2012 年底，在省级政府中，有 13 个省、自治区和直辖市已经建立了实体的政务服务中心，在未建设实体政务服务中心的省级政府中，有 7 个建立了专门的在线审批网站。43 个较大的市全部建立了实体的政务服务中心[1]。实践证明，建设好政务服务中心有助于规范和监督行政审批

---

[1]　参见中国社会科学院法学研究所法治国情调研组《中国政府透明度年度报告（2012）——以政府网站信息公开为视角》，载李林、田禾主编《中国法治发展报告 No.11（2013）》，社会科学文献出版社，2013。

权，提高行政审批服务水平。一些地方还积极创新行政审批制度改革工作。2012 年 12 月，全国人大常委会授权国务院同意广东省对 25 项法律规定的行政审批进行改革试点，此后广东省发布了《广东省"十二五"时期深化行政审批制度改革先行先试方案》，连续发布了两批行政审批制度改革事项目录，正式开通运行网上办事大厅，实行网上政务"一站式办理、一条龙服务"。除了规范行政审批，政府还积极转变管理方式，把事前管理转变为事中、事后管理，把直接干预变为间接引导。《国务院关于印发注册资本登记制度改革方案的通知》（国发〔2014〕7 号）提出，实行注册资本认缴登记制、改革年度检验验照制度等，政府管理开始从重事前管理向重事中、事后管理转变。作为改革的配套制度，《企业信息公示暂行条例》则运用信息公开手段，提升企业运行的透明度，促进企业加强自律，承担社会责任。此外，国务院发布了《国务院关于修改部分行政法规的决定》（国务院令第 653 号）、《国务院关于废止和修改部分行政法规的决定》（国务院令第 648 号），废止两部行政法规，修改 29 部行政法规，这些修改的内容集中在放宽市场主体准入条件、促进和保障政府管理由事前审批更多地转为事中事后监管、激发社会投资活力方面。

（二）加强政务公开

2008 年国务院制定了《政府信息公开条例》，以统一规范政府信息公开工作，强化行政机关公开政府信息的责任，明确政府信息的公开范围。该条例实施以来，政府信息公开工作进入法治化轨道，公众获取信息的需求持续攀升，各级政府机关将公开透明作为政府管理的重要内容。2012 年国务院办公厅印发了《2012 年政府信息公开重点工作安排》（国办发〔2012〕26 号），提出加强财政预算信息、保障房信息、食品安全信息、环境保护信息等重点领域的政府信息公开工作，并要求制定完善《政府信息公开条例》实施办法，进一步加强政府网站等公开渠道建设，加强机构和队伍建设。2013 年，《国务院办公厅关于进一步加强政府信息公开回应社会关切　提升政府公信力的意见》（国办发〔2013〕100 号）、《国务院办公厅关于印发当前政府信息公开重点工作安排的通知》（国办发〔2013〕73 号）等文件发布，明确了政府信息公开工作的重点领域，要求加强政府信息公开平台建设，健全舆情收集和回应机制，完善主动发布机制。2016 年 8 月，中共中央办公厅、国务院办公厅印发《国家信息化发展战略纲要》，强调"提高政府信息化水平，推进政务公开信息化"。面对新的机遇和挑战，中国政府对信息化建设和政务公开提出了更高的要求。

随着相关法律法规的逐步完善，近年来从国务院部门到地方政府，推进政府管理公开透明的实践不断创新，公开范围呈逐步扩大趋势。自 2010 年四川省巴中市巴州区白庙乡年初在网络上公示"三公消费"开始，至国务院部门及部分地方政府公开年度预算信息，《政府信息公开条例》所要求的预算信息公开取得了重大突破，长期被视为秘密的预算信息开始进入公众的视野。《高等学校信息公开办法》的颁布实施以及一些地方公开水价定价成本的做法标志着公用企事业单位的信息公开逐步进入实施阶段。四川省成都市等地在政务网站公开行政权力清单的做法，创新了政府信息公开的方式方法，帮助公民集中便捷地获取涉及行政权力运行的各类信息。

与此同时，政府信息公开司法审查工作取得一定进展。《最高人民法院关于审理政府信息公开行政案件若干问题的规定》（法释〔2011〕17号）出台，明确了政府信息公开诉讼的受案范围、案件审理的具体法律适用。虽然一些规定与理想的政府信息公开司法审查还有差距，但这无疑推动了此类案件诉讼难问题的解决，也必将进一步推动政府信息公开工作。

（三）规范权力运行

国务院 2004 年发布的《全面推进依法行政实施纲要》和 2010 年发布的《关于加强法治政府建设的意见》强调依法行政，重视行政机关工作人员依法行政意识与能力的培养，实现规范公正文明执法。这些文件推动了政府机关依法行政工作机制的创新，为中国法治政府建设明确了努力的方向。

不少地方注重结合本地区实际情况对上位法进行细化，为规范和监督行政权力运行提供了切实可行的依据。比如，湖南省出台了中国首部全面规范行政裁量权的省级政府规章《湖南省规范行政裁量权办法》。该办法提出和确定了行政裁量权的"综合控制模式"，采取了控制源头、建立规则、完善程序、制定基准、发布案例等"五项基本制度"，对行政裁量权进行了全面和系统的规范；规定了符合法律目的原则、平等对待原则、排除干扰原则、比例原则、先例原则等行使行政裁量权的一般规则。其中，针对"钓鱼执法""多头执法""重复检查"等行政执法中的痼疾，明确规定了规范要求。

《行政诉讼法》的修改进一步规范行政权力。2014 年《行政诉讼法》完成修改，明确了行政诉讼解决行政争议的目的，扩大了受案范围，将规章以下规范性文件纳入审查范围，尤其是率先落实了《中共中央关于全面推进依法治国若干重大问题的决定》提出的立案登记制要求，并注重立案环节的便民，延长起诉期限，明确要求行政首长出庭应诉，允许跨区域管辖行政案件，加大对拒绝履行判决、裁定、调解书的行政机关直接责任人的问责力度。为进一步落实《行政诉讼法》的相关规定，2016 年，国务院办公厅发布《关于加强和改进行政应诉工作的意见》，要求行政机关不得以任何形式干扰行政诉讼案件的受理、审判，要求行政机关负责人积极出庭应诉，并不得以欺骗、胁迫等非法手段使原告撤诉。不少地方也出台了加强行政复议、行政应诉工作的意见，河南省洛阳市等地方政府还编制并公开发布了年度性的行政复议应诉案件分析报告。这对于增强"关键少数"的法治意识、倒逼行政行为规范化具有重要意义。

此外，政府法律顾问制度的推行也有助于提高行政权力运行的规范性。2016 年 6 月，中共中央办公厅、国务院办公厅印发《关于推行法律顾问制度和公职律师公司律师制度的意见》，法律顾问可以对政府制定与出台重大决策作出合法性判断，及时提供意见和建议，避免违法违规的政策出台，为地方乃至中央法治政府建设保驾护航。但该意见仍然存在制度上的障碍，如党政机关公职人员可以担任公职律师与《律师法》中"公务员不得兼任律师"的规定存在冲突，这就意味着公职律师在履职过程中可能会面临"于法无据"的风险。为保障政府法律顾问制度的落地，包括《律师法》在内的法律法规的修改亟待提上日程。

（四）完善行政问责

针对近年来社会各界对建立合理、公开、透明、高效的行政问责制度的关注和呼声，各级政府就如何建立健全问责机制进行了一些有益探索。2008年，《国务院2008年工作要点》和《国务院关于加强市县政府依法行政的决定》强调要加快实行行政问责制。"山西尾矿库溃坝"事件、"三鹿婴幼儿奶粉"事件发生后，一批官员因此被追究责任。2009年，中共中央办公厅、国务院办公厅印发的《关于实行党政领导干部问责的暂行规定》和中共中央办公厅印发的《关于建立促进科学发展的党政领导班子和领导干部考核评价机制的意见》，将问责机制加以制度化和规范化。

一些地方政府则结合本地具体情况制定相应的规范性文件。例如，2005年1月，海南省人民政府率先通过了《海南省行政首长问责暂行规定》。2011年5月，北京市人民政府出台了《北京市行政问责办法》。该办法规定了应当履行而未履行行政职责应予以问责的情形，并规定媒体监督可启动行政问责，且责任人员调岗不能免除行政问责，并新增了对单位问责。

（五）加强权利保障

2003年因滥用权力导致无辜人员被迫害致死的"孙志刚案件"被媒体披露后，引起强烈的社会反响。该案不仅暴露了城市外来人员管理制度本身存在的问题，还表明在一些部门和领域存在的执法权滥用现象。这有违以人为本、执政为民以及依法治国等治国理念。为此，国务院对社会救助制度进行了改革，废除了备受争议的《城市流浪乞讨人员收容遣送办法》，制定了《城市生活无着的流浪乞讨人员救助管理办法》。依据这一新的行政法规，政府部门不得对城市流浪乞讨人员采取强制收容遣送措施，与此同时，相关部门有义务对这些人员提供救助服务。

除了孙志刚案件，2003年还发生了"乙肝歧视案"。一位大学毕业生因乙肝病毒携带被拒绝录用为公务员，向安徽省芜湖市新芜区人民法院提起诉讼，被媒体称为"乙肝歧视案"。该案不仅引起了广泛的社会关注，而且直接导致浙江、四川、福建、广东等省修改禁止录用乙肝病毒携带者为公务员的规定。2005 年 1 月 17 日，原人事部和卫生部印发了《公务员录用体检通用标准（试行）》。该标准第 7 条规定，"各种急慢性肝炎，不合格；乙肝病原携带者，经检查排除肝炎的，合格"。2007 年原劳动和社会保障部、卫生部下发《关于维护乙肝表面抗原携带者就业权利的意见》，要求用人单位在招、用工过程中，除国家法律、行政法规和卫生部规定禁止从事的工作外，不得强行将乙肝病毒血清学指标作为体检标准。

三　提升司法透明度和公信力，维护司法公正

2002 年，中共十六大提出要"加强对执法活动的监督，推进依法行政，维护司法公正，防止和克服地方和部门的保护主义。推进司法体制改革，按照公正司法和严格执法的要求，完善司法机关的机构设置、职权划分和管理制度"。根据十六大精神，中央司法体制改革领导小组于 2004 年底出台了《中央司法体制改革领导小组关于司法体制和工作机制改革的初步意见》（以下简称《初步意见》），对推进司法体制改革作出了全面部署。最高人民法院、最高人民检察院分别成立了司法改革领导小组，两高分别推出了《人民法院第二个五年改革纲要（2004～2008）》和《关于进一步深化检察改革的三年实施意见（2005～2008）》。2006 年 5 月，中共中央作出了《关于进一步加强人民法院、人民检察院工作的决定》。2007 年中共十七大报告提出，要"深化司法体制改革，优化司法职权配置，规范司法行为，建设公正高效权威的社会主义司法制度，保证审判机关、检察机关依法独立公正地行使审判权、检察权"。

中央政法委员会 2008 年 11 月出台的《关于深化司法体制和工作机制改革若干问题的意见》标志着中国拉开了新一轮司法改革的大幕。2009 年 3 月，最高人民检察院和最高人民法院分别印发了《关于贯彻落实〈中央政法委员会关于深化司法体制和工作机制改革若干问题的意见〉的实施意见——关于深化检察改革 2009～2012 年工作规划》，《人民法院第三个五年改革纲要（2009～2013）》，为 2009 年以及今后一个时期内的司法改革勾画了基本蓝图。

2012 年，中国国务院新闻办公室首次发表了《中国的司法改革》白皮书，总结了中国司法改革的基本情况和主要成就，表明了推进依法治国基本方略的态度和决心。

2013 年发布的《中共中央关于全面深化改革若干重大问题的决定》用大量篇幅指出了司法改革的方向，要求确保司法机关依法独立行使审判权和检察权、健全权责明晰的司法权力运行机制，提高司法透明度和公信力，更好地保障人权。

2014 年 10 月，十八届四中全会审议通过的《中共中央关于全面推进依法治国若干重大问题的决定》提出了一系列司法改革措施。2015 年 3 月，中共中央政治局专门就深化司法体制改革、保障司法公正进行集体学习。习近平总书记就司法体制改革的意义、路径、目前存在的问题、成效如何评价等方面作出系统化的部署，将司法体制改革作为推进国家治理体系和治理能力现代化的重要举措，并指出，司法体制改革必须为了人民、依靠人民、造福人民，要广泛听取人民群众的意见。司法改革正朝着让人民群众在每个司法案件中感受到公平正义的目标努力。

（一）推进司法公开

2005 年最高人民法院成立了专题小组，负责就审判公开工作中存在的突出问题进行调查研究和制定完善审判公开制度。经过两年多的努力，在反复调研和广泛征求意见的基础上，2007 年 6 月最高人民法院发布了《关于加强人民法院审判公开工作的若干意见》，要求各项审判和执行工作依法公开。

2012 年中国首次以法律形式确认了公众查阅裁判文书的权利。修改后的《民事诉讼法》第 156 条规定，公众可以查阅发生法律效力的判决书、裁定书，但涉及国家秘密、商业秘密和个人隐私的内容除外。公众查阅裁判文书的权利将进一步推动司法公开工作的进程，有助于提升司法裁判水平。2013 年，最高人民法院、最高人民检察院重点加大了司法公开的工作力度。最高人民法院《关于切实践行司法为民　大力加强公正司法　不断提高司法公信力的若干意见》对司法公开工作提出了原则要求，《最高人民法院关于推进司法公开三大平台建设的若干意见》《最高人民法院关于人民法院在互联网公布裁判文书的规定》两部重要的规范性文件的发布对审判流程公开、裁判文书公开、执行信息公开提出了具体的措施，并强调了信息化技术在推进公开透明中的重要性。最高人民检察院发布《2014~2018 年基层人民检察院建设规划》，要求细化执法办案公开的内容、对象、时机、方式和要求，健全主动公开和依申请公开制度。2014年，中国法院庭审直播网、中国裁判文书网、中国审判流程信息公开网等多个统一的司法信息发布平台上线，集中发布全国各级法院的司法信息。最高人民检察院在其门户网站开通了"人民检察院案件信息公开网"，建立全国检察机关的案件程序性信息查询平台、辩护与代理预约申请平台，并集中发布全国检察机关的重要案件信息和法律文书。

自 2016 年 7 月 1 日起，最高人民法院所有公开开庭的案件全部网上直播，各地法院也以视频、音频、图文等方式公开庭审过程，大力推进庭审网络直播。2016 年 9 月，全国统一的庭审公开平台正式上线，成为继审判流程、裁判文书、执行信息三大司法公开平台之后新的全国性司法公开平台。中国庭审公开网全面覆盖四级法院，将海量庭审直播过程全方位、深层次地展示在新媒体平台上，使公众可以迅速、便捷地了解庭审全过程。

（二）基本解决执行难

为解决社会反映强烈的执行难问题，最高人民法院出台了一系列规定，以改进和完善执行工作体制，推进执行工作长效机制建设，提升执行的力度。例如，最高人民法院发布的《关于进一步加强和规范执行工作的若干意见》提出，要建立执行快速反应机制，完善立、审、执协调配合机制，建立有效的执行信访处理机制和执行工作联席会议制度，优化执行职权配置，统一执行机构设置，合理确定执行机构与其他部门的职责分工等方面的明确要求。最高人民法院制定的《关于财产刑执行问题的若干规定》明确了财产刑的执行部门、罚金刑减免的程序、财产刑的执行中止和终结程序等，为财产刑的执行难、结案难问题，提供了相应的解决途径。最高人民法院还开展了专项整治工作。2013 年发布的《最高人民法院关于公布失信被执行人名单信息的若干规定》明确了公布具有履行能力而不履行生效法律文书确定义务的被执行人信息的规则，并开通了"全国法院失信被执行人名单信息公布与查询系统"。最高人民法院公布了《关于网络查询、冻结被执行人存款的规定》，规范人民法院办理执行案件过程中通过网络查询、冻结被执行人存款及其他财产的行为，进一步提高执行效率。

此外，执行相关制度也逐步建立。一是完善网络查控系统。截至2016年底，最高人民法院已与中国人民银行、公安部等13家单位，3000多家银行实现了互联互通，能查询存款、车辆、股票等11类14项财产信息，基本上实现了对主要财产的覆盖，构成了支撑财产查控的大数据平台。二是建立失信被执行人监督、警示和惩戒机制。2016年9月，中共中央办公厅、国务院办公厅印发了《关于加快推进失信被执行人信用监督、警示和惩戒机制建设的意见》，规定了对于失信被执行人的各种监督、警示和惩戒措施，包括对从事特定行业或项目限制、政府支持或补贴限制、任职资格限制、准入资格限制、荣誉和授信限制等。该意见的出台细化了联合信用惩戒的各项内容，完善了相关制度，有助于提高对被执行人失信惩戒的效果。三是不断强化执行的规范化管理。最高人民法院出台了关于《民事诉讼法》执行程序部分、执行异议复议、拒不执行判决与裁定刑事案件审理、限制高消费、迟延履行债务利息、网络查冻存款、刑事裁判涉财产部分执行等方面的系列司法解释，进一步规范了执行程序的各个方面、各个环节，进一步加大了惩戒力度，提高了执行效率。

（三）强化司法人员监督

加强对司法人员的监督，保障司法公正廉洁，这是近年来司法改革的重点。最高人民法院、最高人民检察院、公安部、国家安全部、司法部联合发布了《关于对司法工作人员在诉讼活动中的渎职行为加强法律监督的若干规定（试行）》，明确界定了检察机关应当进行调查核实的司法工作人员涉嫌渎职的情形和进行调查的权力、程序，加强了检察机关对司法工作人员渎职行为的监督。为严格司法人员的职业纪律，最高人民法院发布了修订的《法官职业道德基本准则》和《法官行为规范》，对法官在立案、庭审、诉讼调解、文书制作、执行、涉诉信访处理、业外活动等各个

环节的行为进行规范，对业务活动之外的言行进行约束。监察部、人力资
源和社会保障部、公安部联合发布了《公安机关人民警察纪律条令》。这
是中国第一部系统规范公安机关及其人民警察纪律以及对违反纪律行为给
予处分的部门规章。此外，司法责任制也不断完善。2015 年 8 月，中央
全面深化改革领导小组第十五次会议通过了《关于完善人民法院司法责
任制的若干意见》和《关于完善人民检察院司法责任制的若干意见》。
2015 年 9 月发布的《最高人民法院关于完善人民法院司法责任制的若干
意见》（法发〔2015〕13 号）在保障法院的独立审判权、遵循司法规律、
重视法官的办案地位的前提下，从审判监督和审判管理出发完善对法院司
法责任的追究。9 月，最高人民检察院发布《关于完善人民检察院司法责
任制的若干意见》，要求在检察机关办理的案件发生被告人被宣告无罪，
确认发生冤假错案，发生国家赔偿责任，犯罪嫌疑人、被告人死亡等情形
时，一律启动问责机制。

（四）探索新的法院建制

中国现有地方各级法院 3573 家，绝大多数法院的设置与行政区划相
对应，便于管辖和诉讼。但由于人财物受制于地方，司法权容易受地方党
政部门的干预。中央全面深化改革领导小组第七次会议审议通过了《最
高人民法院设立巡回法庭试点方案》和《设立跨行政区人民法院、人民
检察院试点方案》，通过设立跨行政区划法院，集中审理跨区域的民商
事、行政和环境资源案件，排除地方对司法的影响。最高人民法院设立了
巡回法庭，审理跨行政区域重大行政和民商事案件，北京市第四中级人民
法院、北京市人民检察院第四分院、上海市第三中级人民法院、上海市人
民检察院第三分院正式挂牌成立，开始管辖审理跨区域案件。2015 年 2
月，跨区法院"第一案"——中铁十六局集团路桥公司诉北京市密云县
人民政府案在北京市第四中级人民法院正式开庭审理。

在跨区审判的实践基础上，最高人民法院探索设立巡回法庭，审理跨
行政区重大行政和民商事案件。2015 年 1 月 28 日，最高人民法院第一巡
回法庭在广东省深圳市成立，主要审理广东、广西、海南范围内的重大行
政和民事案件；1 月 31 日，最高人民法院第二巡回法庭在辽宁省沈阳市

成立，主要审理辽宁、吉林、黑龙江范围内的重大行政和民商事案件。2016 年 11 月，中央全面深化改革领导小组第二十九次会议审议通过《关于最高人民法院增设巡回法庭的请示》，同意最高人民法院在重庆市、西安市、南京市、郑州市增设巡回法庭。至此，最高人民法院巡回法庭已经覆盖中国东北、华中、华南、西北、西南、华东六大区域。

此外，专门法院建设方面也有一些新的尝试。2014 年，北京、上海和广州成立了知识产权专门法院。知识产权法院将围绕技术类案件的管理，探索完善符合中国国情、具有中国特色的技术调查官制度，增强技术事实查明的科学性、专业性和中立性，保证技术类案件审理的公正和高效。2017 年 8 月，杭州互联网法院正式揭牌。该法院将受理杭州市涉网的一审民商事、部分知识产权案件，以及最高人民法院指定由杭州互联网法院审理的重大、疑难、复杂涉网案件。互联网法院的诉讼将通过网络进行，从起诉、立案、举证到开庭、送达、判决、执行全部在网上完成。

四 权利保障与社会治安并行，构建刑事法治安全网络

1997 年 3 月 14 日八届全国人大第五次会议修订并于同年 10 月 1 日起实施的《刑法》（即"97 刑法"），在中国当代刑事法治史上具有划时代的意义。20 年来，中国刑事法治取得重大进展，刑事法律制度不断完善，当事人权利进一步得到法律确认。

（一）收回死刑案件核准权

全国人大常委会 2006 年 10 月 31 日通过《关于修改〈中华人民共和国人民法院组织法〉的决定》，明确自 2007 年 1 月 1 日起，所有死刑案件核准权都收归最高人民法院统一行使。部分死刑案件复核权授权地方高级人民法院和解放军军事法院行使的 26 年历史就此告终。这一变革促进了刑事审判的统一性、严肃性和公正性，彰显了宪法所确立的"尊重和保障人权"原则，符合世界范围内减少死刑的趋势和中国倡导的"少杀"和"慎杀"的刑事政策。

2007 年 2 月 27 日最高人民法院颁布了《最高人民法院关于复核死刑案件若干问题的决定》。2007 年 3 月 12 日最高人民法院、最高人民检察院、公安部、司法部联合出台了《关于进一步严格依法办案　确保办理死刑案件质量的意见》。根据最高人民法院的要求，自 2006 年下半年起各地开始死刑案件二审一律开庭审理。2007 年以来，死刑二审一律开庭程序基本落实。自死刑案件核准权收归最高人民法院统一行使以来，死刑数量继续明显下降。

（二）进一步保障当事人权利

2012 年全国人大常委会完成了《刑事诉讼法》的修改工作。此次修改中"尊重和保障人权"入法，法律援助范围的扩大、辩护律师诉讼权利的完善、非法证据排除制度的细化、审查批捕程序的改革及羁押必要性审查程序的建立等，都表明中国在保障人权方面取得明显进步。此后，最高人民法院、最高人民检察院、公安部、司法部等部门相继发布了适用《刑事诉讼法》的解释性规定，细化了办理刑事案件的规则。

为更有针对性地开展未成年人刑事检察工作，最高人民检察院下发了《最高人民检察院关于进一步加强未成年人刑事检察工作的决定》，要求各级检察机关要进一步细化审查逮捕、审查起诉和诉讼监督标准，最大限度地降低对涉罪未成年人的批捕率、起诉率和监禁率，体现未成年人刑事司法的特点与教育、矫治原则的要求。此外，最高人民法院、最高人民检察院、公安部、国家安全部、司法部印发了《关于建立犯罪人员犯罪记录制度的意见》，建立健全犯罪信息登记制度、犯罪人员信息通报机制，规范犯罪人员信息查询机制，建立未成年人犯罪记录封存制度，维护有犯罪记录的未成年人的合法权益。

此外，刑事司法中犯罪嫌疑人的权利保障也得到加强。2014 年公安部发布《公安机关讯问犯罪嫌疑人录音录像工作规定》（公通字〔2014〕33 号），要求各地逐步扩大讯问录音录像的案件范围，最终实现对所有刑事案件讯问过程的录音录像。最高人民检察院发布修改后的《人民检察院讯问职务犯罪嫌疑人实行全程同步录音录像的规定》，要求人民检察院办理职务犯罪案件，要对所有讯问的全过程实施不间断的录音录像。上述文件确立了全程录音录像、全角度录像、录制人员与讯问人员分离、录音录像与询问笔录相符、录制系统故障时停止讯问原则，以及禁止选择性录制、禁止不供不录、禁止剪接和删改等原则，对司法人权的保障将起到重要推动作用。

（三）实行宽严相济的刑事政策

2006年10月，中共中央十六届六中全会提出了宽严相济刑事政策，标志着中国的刑事政策由过去的强调"严打"调整为"宽严相济"。宽严相济刑事政策要求要根据犯罪的具体情况，实行区别对待，做到该宽则宽，当严则严，宽严相济，罚当其罪，主要体现为对罪恶极其严重当判重刑者绝不宽怠，适用死刑必须严加限制，以最大限度地减少和控制死刑。2010年2月，《最高人民法院关于贯彻宽严相济刑事政策的若干意见》（法发〔2010〕9号）发布，法院系统通过适度提高管制性、罚金刑和缓刑的适用比例来落实该刑事政策中的"当宽则宽"原则。

2011年2月，十一届全国人大常委会第十九次会议通过的《刑法修正案（八）》贯彻了宽严相济的刑事政策，顺应了人权保障的国际潮流。

首先，死刑罪名大幅削减。继2007年最高人民法院收回死刑核准权，严格死刑在司法实践中的适用以后，《刑法修正案（八）》进一步取消了13个实践中较少适用或基本未适用过的非暴力犯罪的死刑罪名，占死刑罪名总数的19.1%。

其次，矜老恤幼，完善从宽处理的法律制度。《刑法修正案（八）》体现了对未成年人适用宽缓的刑事政策的价值取向，如规定不满18周岁的未成年人再犯罪不构成累犯，不满18周岁的未成年人被判处五年有期徒刑以下刑罚的免除前科报告义务等。同时，该修正案还规定了对75岁以上的老年人犯罪从宽处理和除以特别残忍手段致人死亡的不适用死刑的条款。

再次，为了贯彻宽严相济的刑事政策和落实《刑法修正案（八）》，以更准确地定罪量刑，最高人民法院发布了多项司法解释。例如，《最高人民法院关于办理减刑、假释案件具体应用法律若干问题的规定》（法释〔2012〕2号）对减刑、假释的条件、期限、程序等规定进行了细化，相应严格规定了重大刑事罪犯的减刑、假释条件，消除"死刑过重、生刑过轻"的刑罚结构轻重失衡现象。

2015 年 8 月 29 日，十二届全国人大常委会第十六次会议通过的《刑法修正案（九）》进一步减少适用死刑的罪名，对走私武器弹药罪、走私核材料罪、走私假币罪、伪造货币罪、集资诈骗罪、组织卖淫罪、强迫卖淫罪、阻碍执行军事职务罪、战时造谣惑众罪等 9 个罪的刑罚规定作出调整，取消死刑。此外，《刑法修正案（九）》将《刑法》第 50 条还修改为："对于死缓期间故意犯罪，情节恶劣的，报请最高人民法院核准后执行死刑；对于故意犯罪未执行死刑的，死刑缓期执行的期间重新计算，并报最高人民法院备案"，进一步提高对死缓罪犯执行死刑的门槛。

（四）加强人身权利和个人信息保护

2015 年 8 月 29 日，十二届全国人大常委会第十六次会议通过的《刑法修正案（九）》针对猥亵儿童、虐待儿童和老年人的案件以及侵犯个人信息的案件时有发生的情形，修改了刑法的相关规定。

第一，将《刑法》第 237 条修改为：以暴力、胁迫或者其他方法强制猥亵他人或者侮辱妇女的，处五年以下有期徒刑或者拘役。聚众或者在公共场所当众犯前款罪的，或者有其他恶劣情节的，处五年以上有期徒刑。猥亵儿童的，依照前两款的规定从重处罚。由此，扩大了强制猥亵、侮辱妇女罪、猥亵儿童罪的适用范围，加大对情节恶劣情形的惩处力度。

第二，将《刑法》第 241 条第六款修改为：对收买被拐卖的妇女、儿童，对被买儿童没有虐待行为，不阻碍对其进行解救的；按照被买妇女的意愿，不阻碍其返回原居住地的，可以从轻、减轻处罚。加重了收买被拐卖的妇女、儿童罪的处罚力度。

第三，修改《刑法》第 260 条，增设了虐待被监护、看护人罪。

第四，取消侵犯个人信息罪犯罪主体的明确列举，扩大了犯罪主体范围。同时，明确向他人出售或者提供公民个人信息情节严重的都构成犯罪，扩充了行为范围。

五　不断完善民事法律体系，
维护市场主体合法权益

近年来，中国继续在民商经济法治领域完善立法，加强制度建设，加大执法力度，维护市场主体合法权益。2008 年全球金融危机爆发后，中国采取积极的财政政策，强化金融监管力度，较快扭转了经济增速下滑态势，实现了国民经济增速逐季回升。

（一）民事法治

2007 年 3 月 16 日，十届全国人大第五次会议高票通过《物权法》。《物权法》不仅从五个方面强化了对国有财产的保护，还明确了私人的合法财产受法律保护，对征收补偿原则和内容作了规定。这部调整财产关系的民事基本法律的颁布标志着社会主义市场经济的进一步完善，对于推进经济改革和建设法治国家具有重要意义。

为解决不动产物权权属、变动的登记制度多头并行、弊端丛生的问题，2014 年，国家致力于建立统一的不动产登记制度。根据《中央编办关于整合不动产登记职责的通知》（中央编办发〔2013〕134 号）和《中央编办关于国土资源部不动产登记人员编制有关问题的批复》（中央编办复字〔2014〕36 号），国土资源部地籍管理司挂不动产登记局牌子，承担指导监督全国土地登记、房屋登记、林地登记、草原登记、海域登记等不动产登记工作的职责。不动产登记局的设立以及相关职责的确定，为不动产统一登记制度的建立奠定了基础。

2009 年 12 月 26 日，十一届全国人大常委会第十二次会议表决通过了历时 7 年、经四次审议的《侵权责任法》。《侵权责任法》确立了"同命同价"赔偿原则，明确了精神损害的赔偿标准，对医疗损害、产品质量损害、网络侵权等责任承担作了详细规定。该法全面规定了侵权责任制度，不仅有助于人民群众依照法律维护自身民事权益，而且有助于实现侵权纠纷案件法律适用的统一。

2008 年全球金融危机给中国企业经营造成了普遍困难，最高人民法院以做好国际金融危机司法应对工作为重点，提出"能动司法"的理念，并相继出台了一系列的司法解释，以积极应对金融危机，减轻企业的经济困难。《关于适用〈中华人民共和国合同法〉若干问题的解释（二）》确立了《合同法》中没有规定的情势变更原则，对合同效力坚持从宽认定，明确了违约金调整规则。《关于当前形势下进一步做好涉农民事案件审判工作的指导意见》针对国际金融危机给涉农案件审判工作带来的不利影响，就农村土地承包经营权侵权案件、农民工的就业歧视问题、家电下乡中的产品质量、损害赔偿等纠纷作出了指导性要求，以维护农民权益，化解社会矛盾。《关于当前形势下审理民商事合同纠纷案件若干问题的指导意见》针对金融危机下经济环境的变化，进一步完善了《关于适用〈中华人民共和国合同法〉若干问题的解释（二）》中的若干规定。《关于当前形势下进一步做好房地产纠纷案件审判工作的指导意见》则针对房地产行业面临的负面影响，特别是退地潮、停建潮、断供潮、退房潮引发的房地产纠纷案件，要求各级法院应准确把握宏观经济形势发生的客观变化，在法律和国家政策规定框架内，适用原则性和灵活性相统一的方法，妥善审理房地产案件。此外，民法典编纂工作拉开帷幕。2014 年 10 月，十八届四中全会决定提出"编纂民法典"。2015 年，立法机关开始推进民法典的编纂工作。该工作由全国人大常委会法制工作委员会牵头，最高人民法院、最高人民检察院、国务院法制办公室、中国社会科学院、中国法学会五家单位协助。2016 年 6 月，第十二届全国人大常委会第二十一次会议初次审议了《民法总则（草案）》。2017 年 3 月 15 日，十二届全国人大第五次会议表决通过了《民法总则》。《民法总则》在民法典中起统领性作用，《民法总则》的颁布意味着民法典编纂工作取得了重要阶段性成果。

（二）商事法治

2005 年 10 月 27 日，十届全国人大常委会第十八次会议修订通过《公司法》。本次修改调整了资本制度，较大幅度地下调了公司注册资本的最低限额，适当放宽公司对外投资的限制，完善了公司法人治理结构，健全了股东保护机制，着重强调公司的社会责任。2013 年 12 月 28 日，十二届全国人大常委会第六次会议通过对《公司法》的修订。此次修订着力于调整资本制度和简化登记、管理等事项，将注册资本的实缴登记制改为认缴登记制，放宽注册资本登记条件，简化登记事项和登记文件，将企业年度检验制度改为企业年度报告公示制度，简化了住所（经营场所）登记手续，推行电子营业执照和全程电子化登记管理，构建市场主体信用信息公示系统。

2006 年 8 月 27 日，十届全国人大常委会第二十三次会议通过的《企业破产法》引人关注。该法界定了企业破产清偿顺序，平衡了劳动债权与担保债权的权益，并且首次规定金融机构破产事宜。这对中国构筑金融安全"防火墙"和维护经济发展的稳定大局起到重要作用。

2009 年 2 月 28 日，十一届全国人大常委会第七次会议修订通过了《保险法》。此次修订从篇章结构到具体条文，修订幅度较大，注重加强对投保人和被保险人利益的保护，明确了保险合同成立的时间与效力，强化了保险人对保险合同格式条款的说明义务，规范了保险公司理赔的程序和时限，同时还借鉴国际惯例，增设了保险合同"不可抗辩"条款。该法立足保险业发展的需要，强化对保险公司的监管，拓宽保险资金的运用渠道，增加了保险监管机构的监管手段和措施。

在证券法方面，以推进股票发行注册制为核心的资本市场法治化改革不断推进。2016 年 3 月 1 日起施行的《关于授权国务院在实施股票发行注册制改革中调整适用〈中华人民共和国证券法〉有关规定的决定》，授权国务院对拟在上海证券交易所、深圳证券交易所上市交易的股票的公开发行权，调整适用《证券法》关于股票公开发行核准制度的有关规定，实行注册制度。此外，股票指数熔断机制在 2016 年初的运行过程中出现了"水土不服"的状况，中国证券监督管理委员会（以下简称"中国证监会"）最终暂停实施该机制。证券监管机构采取了多种措施强化监管职责。一是严厉打击首次公开募股的造假行为，落实退市制度并严惩中介机构，其中欣泰电气成为首家因欺诈发行而退市的公司，相关中介机构也受到了严厉处罚；二是规范上市公司的重大资产重组行为，严格规范上市公司的借壳行为，2016 年 9 月发布了修订后的《上市公司重大资产重组管理办法》，对构成借壳上市的重组行为进行严格监管；三是强化了对内幕交易、操纵市场、信息披露违法等不法行为的监管，特别是对不当高频交易、跨市场操纵等新型违法行为进行了严厉打击。

(三) 经济法治

2007 年 8 月 30 日，十届全国人大常委会第二十九次会议审议通过了《反垄断法》，由此从整体上确立了中国的反垄断法律制度。《反垄断法》在中国经济生活中的重要地位开始显现。2008 年 8 月 1 日《反垄断法》生效后，北京兆信信息技术有限公司等四家企业当天即将国家质检总局诉至北京市第一中级人民法院，请求确认国家质检总局推广的电子监管网经营业务以及强制要求企业对产品赋码缴费加入电子监管网的行政行为违法，成为中国反垄断诉讼第一案。而且，反垄断执法日趋常态化、规范化。2014 年在汽车零配件垄断案中，国家发展和改革委员会针对 12 家日本零部件和轴承企业直接协商涨价、多次参与达成和实施价格垄断协议的行为，依法作出反垄断处罚，合计罚款 12.354 亿元。

2009 年《统计法》的修改为确保统计数据质量提供了法律保障。此次修改完善了统计机构、统计人员独立调查、独立报告、独立监督的法律机制，加重了领导干部人为干预统计工作、统计机构和统计人员参与弄虚作假、调查对象提供不真实统计资料等违法行为的法律责任，建立了严格的统计调查审批制度和对被调查者资料的保护制度，完善了统计资料管理和公布制度。

2009 年和 2012 年《邮政法》的全面修改总结了中国多年来邮政体制改革的实践经验，加强了邮政管理体制。修订后的《邮政法》明确规定了政企分开后邮政管理部门的监督管理职责，全面增加了保障邮政普遍服务的制度和措施，确立了快递业务经营许可制度，严格快递业务市场准入，修订了邮政企业专营业务的规定，补充、完善了邮政安全监管的制度和措施，修改了邮政业务资费的制定机制，将邮政企业的业务资费分为政府定价和市场定价两种类型，并充实了有关法律责任的规定，明确赋予邮政管理部门对违法行为的行政处罚权。在金融法治方面，金融监管继续加强，金融法制不断完善。

首先，金融监管规范得到完善。中国银行业监督管理委员会（以下简称"中国银监会"）公布的《商业银行资本管理办法（试行）》对加强商业银行资本监管，维护银行体系稳健运行，保护存款人利益具有重要意义。证监会公布的《基金管理公司特定客户资产管理业务试点办法》，从业务规范、监督管理、法律责任等方面规范了基金管理公司特定客户资产管理业务，保护当事人的合法权益。

其次，重视解决融资难的问题。《中国银监会办公厅关于农村中小金融机构实施富民惠农金融创新工程的指导意见》《中国银监会办公厅关于农村中小金融机构实施阳光信贷工程的指导意见》《中国银监会办公厅关于农村中小金融机构实施金融服务进村入社区工程的指导意见》《中国银监会关于鼓励和引导民间资本进入银行业的实施意见》等文件也着力于化解融资难问题。

最后，加强司法对金融监管的支持，为防范化解金融风险和推进金融改革发展保驾护航。鉴于内幕交易、泄露内幕信息犯罪案件呈逐年增多态势，《最高人民法院、最高人民检察院关于办理内幕交易、泄露内幕信息刑事案件具体应用法律若干问题的解释》全面系统地对内幕信息知情人员、非法获取内幕信息人员、内幕信息敏感期、内幕交易、泄露内幕信息的定罪处罚标准等法律适用问题作出了规定。

（四）知识产权法治

2009 年，国务院在十一届全国人大二次会议上的政府工作报告首次把知识产权战略与科教兴国和人才强国战略并提为中国经济发展三大战略。《2009 年国家知识产权战略实施推进计划》和《2009 年中国保护知识产权行动计划》相继印发实施，最高人民法院发布了《最高人民法院关于贯彻实施国家知识产权战略若干问题的意见》，就 16 类知识产权案件在审判实践中的重点和难点问题提出了指导性意见。不仅如此，中国近年来知识产权保护法治的进展也得到了国际社会的认可。世界贸易组织争端解决机构会议于 2009 年 3 月审议通过的中美知识产权 WTO 争端案专家组报告驳回了美方的绝大部分指责，广泛肯定了中国的知识产权制度。

在法律修改方面，近几年中国对知识产权法进行了修订。2008 年《专利法》的修改内容广泛，幅度大，在专利授权标准、专利权的保护、专利诉讼程序和遗传资源的保护等方面均有重大修改和完善。2010 年修订通过的《著作权法》删除了原《著作权法》第 4 条第 1 款"依法禁止出版、传播的作品，不受本法保护"的规定，增加了第 26 条，进一步明确了著作权登记管理部门。2013 年修改通过的《商标法》适当增加可以注册的商标要素，进一步简化商标注册、审查程序，强化恶意抢注他人在先使用商标的禁止性规定，厘清驰名商标保护制度，增加应追究法律责任的商标侵权行为种类，加大对侵权行为的惩处力度。这有助于进一步强化对商标专用权的保护，保障诚信经营、维护公平竞争秩序。

知识产权执法不断取得新进展。国家知识产权局开展了区域专利执法保护试点工作，重点推进地方知识产权局有关执法工作的机制建设、条件建设、队伍建设（简称"5·26"工程），到 2009 年 10 月，国家知识产权局先后批准了两批 41 个地方知识产权局进入"5·26"工程。国家知识产权局还开展了建立专利保护重点联系基地工作，到 2009 年 10 月底，批准了两批 26 家单位成为全国专利保护重点联系基地。商标执法方面，国家工商行政管理总局启动了国家商标战略实施示范城市（区）及示范企业工作。

国家大力加强知识产权强国战略顶层设计，出台系列指导性文件。2016 年 3 月，十二届全国人大四次会议批准的《国民经济和社会发展第十三个五年规划纲要》将创新驱动发展战略放在极其重要的位置，其中明确将知识产权的"十三五"规划纳入国家"十三五"规划的重点专项规划之中，这是知识产权规划第一次进入国家的重点专项规划。2016 年，国务院知识产权战略实施工作部际联席会议审议通过的《2016 年深入实施国家知识产权战略 加快建设知识产权强国推进计划》提出，全面推进 2016 年国家知识产权战略实施工作，力促新形势下知识产权强国建设从"设计图"转化为"施工图"。

六　提升社会治理能力，构建安全稳定的法治社会

为保障和发展民生，中国继续着力于保障劳动者权益，推进社会保障

制度完善，提升食品安全监管水平，加大环境保护治理力度。

（一）加强劳动者权益保障

十届全国人大常委会第二十八次会议于 2007 年 6 月 29 日通过《劳动合同法》。国务院于 2008 年 9 月颁布了《劳动合同法实施条例》。2007 年 12 月 29 日，十届全国人大第三十一次会议通过《劳动争议调解仲裁法》。这些劳动权益保护法律法规相继实施不仅有利于更加切实有效地保护劳动者的合法权益，还有利于增强企业凝聚力，促进企业长远发展，构建和谐稳定的劳动关系。

为了确保法律的有效实施，全国人大常委会在《劳动合同法》实施不到 1 年的时间内，就决定开展劳动合同法执法检查，重点是劳动合同签约率低、劳动合同短期化、劳务派遣不规范等侵犯劳动者利益的问题，尤其是农民工的合法权益问题。《劳动合同法》实施之后，劳动争议的处理力度也大大加强，《劳动争议仲裁法》的实施为劳动争议的有效处理提供了更为完善的法律保障。经过多年的发展，劳动争议调解仲裁组织体系逐步形成。2008 年席卷全球的金融危机给中国的就业形势带来了严峻的考验，中国各级政府积极采取措施促进就业。2008 年 1 月 1 日开始实施的《就业促进法》明确规定促进就业是各级政府的重要职责。2008 年 9 月，国务院办公厅转发人力资源和社会保障部等 11 个部门《关于促进以创业带动就业工作的指导意见》，要求从创业意识、创业能力和创业环境着手，逐步形成以创业带动就业的工作新格局，并采取放宽市场准入、改善行政管理、强化政策扶持、拓宽融资渠道等多种措施，加强组织领导，提升服务水平，促进了社会就业的增加。为此，多个部门纷纷出台了配套政策。

近年来，随着国内外经济社会诸要素的剧烈变动，劳资纠纷形势的紧迫性、严峻性不断凸显，需要给予足够的关注重视。目前在钢铁、煤炭等领域，实施化解产能过剩的改革，给本身和上下游行业带来巨大的职工分流压力。自 2016 年初已有鞍钢、龙煤、萍乡矿业等企业发生多起群体性劳资纠纷，且有不断激化之势，急需相关制度给予有力保障。为此，2016 年初，国务院办公厅印发《关于全面治理拖欠农民工工资问题的意见》，提出要以建筑市政、交通、水利等工程建设领域和劳动密集型加工制造、餐饮服务等易发生拖欠工资问题的行业为重点，健全源头预防、动态监管、失信惩戒相结合的制度保障体系，完善市场主体自律、政府依法监管、社会协同监督、司法联动惩处的工作体系。该意见还提出，到 2020 年，形成制度完备、责任落实、监管有力的治理格局，使拖欠农民工工资问题得到根本遏制，努力实现基本无拖欠。

（二）强化社会保障制度体系

近年来农村居民的社会保障取得重大突破。2009 年 9 月，《国务院关于开展新型农村社会养老保险试点的指导意见》就参保范围、保险金缴纳、保险待遇给付等方面作出明确规定，标志着农村社会保障的最主要制度基本完备，覆盖城乡的社会保障制度体系初步形成。2014 年，国务院发布的《关于建立统一的城乡居民基本养老保险制度的意见》（国发〔2014〕8 号）决定将新型农村社会养老保险和城镇居民社会养老保险合并实施，在全国范围内建立统一的城乡居民基本养老保险。

机关事业单位养老保险改革也取得了实质性进展。2014 年，国务院发布的《关于统筹推进城乡社会保障体系建设工作情况的报告》提出，推进机关事业单位养老保险制度改革，建立与城镇职工统一的养老保险制度。2015 年底，《人力资源和社会保障部、财政部在京中央国家机关事业单位工作人员养老保险制度改革实施办法》界定了在京中央国家事业单位工作人员参加基本养老保险的缴费比例和缴费基数，在京中央国家机关事业单位工作人员纳入养老保险制度。

深化医疗改革，完善城乡居民医疗保障是近年社会法治发展的另一亮点。经过多年的努力，中国在"医改"领域取得了重大进展。首先，城镇居民医疗保险试点工作全面部署，有力地推动了覆盖城乡居民的医疗保障体系建设。其次，城乡医疗救助事业有了较大发展，救助办法日趋完善，尽量减少"因病致贫""因病返贫"的家庭数量。截至 2008 年 9 月，全国享受城市医疗救助的人次达到 362.7 万人次，86%的县（市、区）建立了城市医疗救助制度；排除资助参加新型农村合作医疗的人数，城乡医疗救助人次共达 760 万人次。再次，新型农村合作医疗制度基本覆盖到农村全部地区，筹资水平和报销比例逐步提高，个人负担逐步减轻。最后，2008 年启动的新一轮"医改"着力推动中国医疗保险制度向城乡一体化方向迈进，健全多层次医疗保障体系。

为实现"居者有其屋"，保障公民享有住房福利，中国加快了基本住房保障制度建设。住房和城乡建设部等部委制定了廉租住房保障规划，明确规定了住房保障方式和标准、政府财政补助责任和标准以及相应的监管制度等。为保障廉租住房的供给，2007 年，原建设部等 9 部门联合制定了《廉租住房保障办法》。2008 年 12 月，中国人民银行、中国银监会印发《廉租住房建设贷款管理办法》，对从事廉租住房建设的房地产开发企业提供利率优惠。此外，住房和城乡建设部还出台政策，对农村居民，特别是中西部贫困地区的困难农村居民、低保户、分散供养的五保户等对象提供政府补贴，帮助其进行危房改造，以解决农村困难群众的基本居住安全问题。

（三）提升食品安全监管水平

近几年，食品安全事件频发，引起了社会的广泛关注。为切实保障食品安全，中国采取了一系列举措，力求加强食品安全监管。

2009 年 2 月 28 日，十一届全国人大常委会第七次会议通过《食品安全法》。为有效实施《食品安全法》，国务院颁布《食品安全法实施条例》，各地根据本地具体情况颁布了相关实施办法。为有效解决食品标准体系不完善，标准间交叉重复、衔接协调程度不高，标准科学性和合理性有待提高等问题，2012 年 12 月，原卫生部等 8 部门联合制定了《食品安全国家标准"十二五"规划》。按照该规划，国家将清理整合现行食品标准，加快制定、修订食品安全国家标准，完善食品安全国家标准管理机制。

2015 年 4 月，十二届全国人大常委会第十四次会议对《食品安全法》进行了修订。新修订的《食品安全法》除了强调社会共治、自我规则模式之外，还为政府监管部门提供了多项或"硬"或"软"的规则工具，如食品安全风险分级管理制度、生产经营者信用档案制度、约谈机制、举报人奖励制度等。

针对长期以来食品安全分段监管的弊端，2013 年国务院机构改革中，中国进一步整合了食品安全监管职能，将国务院食品安全委员会办公室的职责、国家食品药品监督管理局的职责、国家质量监督检验检疫总局的生产环节食品安全监督管理职责、国家工商行政管理总局的流通环节食品安全监督管理职责整合，组建国家食品药品监督管理总局；并明确其主要职责是，对生产、流通、消费环节的食品安全和药品的安全性、有效性实施统一监督管理等；将工商行政管理部门、质量技术监督部门相应的食品安全监督管理队伍和检验检测机构划转食品药品监督管理部门。此外，司法机关强化了对危害食品安全犯罪行为的惩治，《最高人民法院、最高人民检察院关于办理危害食品安全刑事案件适用法律若干问题的解释》进一步明确了危害食品安全刑事案件的定罪量刑问题。

（四）加大环境保护治理力度

随着中国环境问题的不断凸显，雾霾污染、血铅事件等严重影响人民群众的生产生活。中国加大环境保护力度，一批重要的环境保护法律法规进入修订程序或者已经出台，相关领域的环境执法继续加强。

在环境立法方面，十一届全国人大常委会先后制定了《可再生能源法》《海岛保护法》和《石油天然气管道保护法》，修订了《清洁生产促进法》和《环境保护法》。其中，历经四次审议的新《环境保护法》可谓引人注目。这部法律增加了政府、企业各方面责任和处罚力度，被专家称为"史上最严的环保法"，还规定国家在重点生态功能区、生态环境敏感区和脆弱区等区域划定生态保护红线。与新修订的《环境保护法》一同实施的还有《环境保护主管部门实施按日连续处罚办法》《环境保护主管部门实施查封、扣押办法》《环境保护主管部门实施限制生产、停产整治办法》《企业事业单位环境信息公开办法》四个配套规定。新的《环境保护法》及其配套规定增设了多项规制监管工具来保障环境执法部门的权威。此外，为应对雾霾导致的空气污染问题，十二届全国人大常委会第十六次会议修订通过《大气污染防治法》，新增加"重点区域大气污染联合防治"和"重污染天气应对"两章，还增加了建立大气环境保护目标责任制和考核评价制度、重点领域大气污染防治、重污染天气的预警和应对等内容，提高对大气污染违法行为的处罚力度。

在行政法规层面，国务院 2008 年通过并施行了《森林防火条例》《草原防火条例》《抗旱条例》和《规划环境影响评价条例》，2009 年通过了《废弃电器电子产品回收处理管理条例》《防治船舶污染海洋环境管理条例》和《放射性物品运输安全管理条例》。

在环保公益诉讼方面，地方司法机关在保障因环境污染和生态破坏招致损害的受害者的利益方面做了许多有益的尝试。云南省昆明市、贵州省贵阳市、江苏省无锡市等地中级人民法院成立了环境保护审判庭，对涉及环境保护的刑事、民事、行政案件及执行实行"四合一"的审判执行模式。2008 年 11 月，昆明市环境保护局、市公安局、市人民检察院、市中级人民法院联合制定出台的《关于建立环境保护执法协调机制的实施意见》提出，要在昆明环保法庭探索环境公益诉讼和跨行政区域的环境污染诉讼。对于环境公益诉讼案件，该意见规定可以由检察机关、环保部门和有关社会团体向法院提起诉讼。2011 年，环境公益诉讼的实践取得重大进展。"自然之友"和重庆市绿色志愿者联合会起诉云南省陆良化工实业有限公司和其关联企业云南省陆良和平科技有限公司铬渣污染一案，在云南省曲靖市中级人民法院获得立案。这是环保公益组织第一次获得环境公益诉讼的原告资格，具有里程碑意义，开了环保非政府组织介入环境公益诉讼的先河。此外，浙江省嘉兴市人民检察院指导、协调办理的浙江省首例环境保护公益诉讼案由平湖市人民检察院向该市人民法院依法提起诉讼，检察机关以公益诉讼原告身份，请求法院判令嘉兴市绿谊环保服务有限公司等五被告赔偿因环境污染造成的直接经济损失计人民币 54.1 万余元。

七　问题与展望

20 年来中国法治建设不断推进，取得了举世瞩目的伟大成就和长足进步，但不可否认的是，中国法治建设仍存在一些问题，面临不少挑战，需要关注。

第一，多个重点领域法律有待完善。中国在制定法律方面卓有成效，已经形成中国特色社会主义法律体系，但法律体系仍需不断健全，一些重点领域的法律还需进一步完善。首先，民法典编纂工作需继续推进。《民法总则》已颁布，民法典编纂下一步的工作重心是编纂民法典各分篇，解决民法典与当前司法解释之间的衔接问题。有关民法典各分篇的争论仍然存在，如人格权是否单独设篇，因此如何制定出符合中国具体情况的民法典是亟待解决的重要问题。其次，亟待出台反垄断执法相关立法。国家发展和改革委员会、国家工商行政管理总局、商务部分别从反价格垄断行为、反非价格垄断行为和经营者集中反垄断申报和审查等角度起草反垄断执法指南，存在重叠、冲突和漏洞。而且，三家部门分头执法导致沟通成本高，执法效果有限。此外，法律对垄断行为追究责任过轻，难以有效遏制垄断行为。因此，有必要出台相关法律，建立反垄断执法协调机制。最后，加快文化产业相关法律的制定。中国文化产业发展迅猛，但文化立法相对滞后。从立法数量来看，目前文化领域立法仅有少数几件，如《文物保护法》《档案法》《著作权法》和《非物质文化遗产法》。从立法领域来看，尚不足以涵盖公共文化服务保障、文化产业促进、文化市场管理等文化领域。长久以来，文化产业从业人员和学界一直呼吁制定文化产业促进法。

第二，法律的稳定性和统一性需不断提高。经过三十多年的努力，中国已形成中国特色社会主义法律体系，但相关法律法规之间还存在矛盾或冲突。因此，法律制度完善显得尤为重要。这一方面有赖于适时修改法律，另一方面有赖于对法律进行清理和审查。适时修改法律，既要着力解决法律制度滞后于经济社会不断发展之间的矛盾，又需保持法律的稳定性。近年来法律的修改十分频繁，这势必影响法律的稳定性。就法律的清理而言，全国人大常委会和国务院都曾进行法律清理，但清理工作尚未常态化、规范化。就法律审查来说，尽管《立法法》规定了全国人大常委会有权审查行政法规、地方性法规、自治条例和单行条例是否同宪法或者法律相抵触，但全国人大常委会对违反宪法和上位法的法规范的解决方式主要是"及时与制定机关加强沟通协商、提出意见，督促自行修改或废止"，尚缺少一种外部的、正式的解决法律冲突方式。

第三，如何确保法律有效实施成为建设法治国家的重点与难点。法律体系形成之后，首要任务是实施法律。所谓"天下之事，不难于立法，而难于法之必行"。要做到有效实施法律，既需要制定相关规范性文件，将法律加以具体化，又需要行政机关公正执法和司法机关公正适用法律。首先，法律的具体化是法律有效实施的前提。对于法律中的一些原则性规定，不仅需要通过制定行政法规和地方性法规来进行具体化，以提升法律中有关制度的操作性，还需要制定相关的司法解释，以确保法律适用的统一。如何监督有关部门及时制定相关规范性文件，将法律具体化，同时避免这些规范性文件成为一种实质性立法，成为今后法律实施的重要课题。其次，行政机关执法的公正性有待提高。近年来钓鱼执法、选择执法等现象还时有发生。如何监督行政权力，规范自由裁量权，完善行政问责制仍是中国法治亟须解决的问题。再次，司法的公信力和公正性仍需提升。司法改革已推进十余年，尽管也取得一些成绩，但仍有诸多不尽如人意之处。如何提升法官、检察官职业化水平，防止法官、检察官滥用权力，提升司法的公正性仍是司法机关面临的最大课题，司法改革需继续推进。

导论2 改革开放30年中国法治发展成就与经验

百余年来，"法治"始终是中华民族历尽艰辛而苦苦求索的事业。110年前，"戊戌变法"甫登上舞台便匆匆谢幕；100年前，《钦定宪法大纲》——中国历史上第一部宪法性文件正式颁布，但未能挽救岌岌可危的清廷；89年前，"五四运动"在将中华民族领进了一个新的历史时期的同时，也开启了一条全新的救亡图存与振兴富强之路；54年前，新中国第一部宪法——"五四宪法"的颁布，标志着中华民族走上了一条艰难曲折的法治之路；30年前，改革开放正式拉开帷幕，这一有着划时代意义的举措，掀开了中华民族发展史特别是法治发展史上的崭新一页。

2008年，恰逢中国改革开放30周年，是北京奥运会这一"改革开放里程碑"的举办之年，亦是"神舟七号"上天凸显中国综合国力发展之年。这一年对于中国人、中国政府、中国经济、中国社会主义事业以及中国法治建设来说，无疑都蕴含着厚重历史感，激发着民族自豪感，从而具有特殊的意义。

30年来，在中国改革开放的光辉历程中，建立现代法治国家是一个始终贯穿其间的鲜明主题。对于一个国家的建设、一国法律制度的展开而言，过去的30年并不漫长，在悠久绵长的历史长河中，仅可谓"弹指一挥间"；然而，对于中国的法治发展而言，这30年却是一个至关重要且不可或缺的历史阶段。基于所处的特殊时代背景，在刚刚走过的这个30年的"瞬间"中，中国法治事业实现了以往或许需要更为漫长的时期才可能完成的转型，积淀了丰富而宝贵的成就与经验。

尽管30年法治实践的进程迂回曲折，但无疑所取得的成就是斐然的。

法治的变迁在与改革的相伴前行中愈发鲜活，法治的脉搏在改革的风雨洗礼下愈发强劲。在宪法这一事关国家大体的"鸿篇巨制"的制定和修改活动中，彰显着对法治、秩序、民主和权利的崇尚；在行政法治的推动中，体现着对"责任型政府、服务型政府、透明政府"的追求；在劳动法、社会保障法、环境法等紧系普通民众切身利益的法律制度中，闪动着民意的光芒；在刑法及其诉讼法的修改以及司法改革的推进中，抒发着对生命权和人身权的尊崇、对正义的执着；在法律援助和公益法律活动的开展中，充满着对公正公平的欲求与对权利救济的渴望。可以说，过去的30年，是中国法治全面发展的30年；并且，中国将在法治的道路上坚定地继续前行。

一　30年来中国法治建设的回顾

以一些标志性事件为分界点，根据不同阶段所表现的任务、所体现的特点，可以将中国法治30年的发展历程大致区分为法制的恢复和重建、法治的发展和推进、建设社会主义市场经济法治和实施依法治国基本方略、社会主义宪制建设四个前后相承的阶段。

（一）法制的恢复和重建："文化大革命"结束至1982年12月《宪法》颁布

1976年，随着"文化大革命"的结束，党和国家开始了拨乱反正的工作。1978年底，中国共产党十一届三中全会召开。全会解放思想，深刻总结历史经验教训，特别是"文化大革命"的历史教训，将民主法制建设提到崭新的高度，在新中国法制史上具有里程碑意义。

新时期法制建设开端最明显的标志是1979年的大规模立法。1979年7月，五届全国人大二次会议审议通过了《刑法》《刑事诉讼法》《地方各级人民代表大会和地方各级人民政府组织法》《全国人民代表大会和地方各级人民代表大会选举法》《人民法院组织法》《人民检察院组织法》《中外合资经营企业法》等七部重要法律。

1979年9月中共中央发布的《关于坚决保证刑法、刑事诉讼法切实实施的指示》（中发〔1979〕64 号）指出，《刑法》和《刑事诉讼法》的颁布，对加强社会主义法制具有特别重要的意义。它们能否严格执行，是衡量中国是否实行社会主义法制的重要标志。64 号文件被认为是中国社会主义法制建设步入新阶段的重要标志。与此同时，法院、检察院、公安、安全和司法行政等机构以及律师制度、公证制度、人民调解制度得到恢复和重建。1980 年 1 月，中央恢复成立了中央政法委员会。1982 年 7 月，中国法学会成立。

新时期法制建设开端的另一个重要标志是审判林彪、江青两个反革命集团。1980 年 11 月 20 日，最高人民法院特别法庭对两个集团的主犯进行公开审判。两案的审判给"文化大革命"无法无天的时代画上了一个句号，对中国法制建设具有重大意义。

（二）法治的发展和推进："八二宪法"颁布至 1992 年十四大召开

党的十一届三中全会为新时期法制建设扫除了思想障碍，全面修改宪法成为当务之急。1982 年 12 月 4 日，五届全国人大五次会议通过了新宪法。"八二宪法"继承了"五四宪法"的基本原则，并根据新时期社会主义建设的需要，进行了许多重要改革。例如，通过总结历史教训，《宪法》序言和总纲第 5 条确立了社会主义法制原则，规定了宪法的根本地位和宪法保障制度，以维护法制的统一和尊严。加强了最高国家权力机关常设机关的建设，扩大了全国人大常委会的职权，大大强化了全国人大的立法和监督职能。加强地方政权建设，规定县级以上地方各级人大设常委会，并赋予其保障宪法、法律在本行政区域内实施的职责。省、自治区、直辖市人大及其常委会有权制定地方性法规，还有监督地方"一府两院"的职责。《宪法》对公民的基本权利也作了新的充实和明确的规定，并加强了保障性措施。另外，《宪法》在加强国家政权建设、健全国家制度方面，还有许多其他改革。

"八二宪法"是新中国法制史上的重要里程碑，为新时期法制建设的大厦立起了支柱，对新时期法制建设起到了极大的推动和保障作用。

伴随着十一届三中全会而来的解放思想大讨论活动，法学界也围绕"法治与人治""法律面前人人平等""法律体系协调发展""法的阶级性与社会性""无罪推定"和"司法独立""法制建设与政治体制改革"
"依法行政""党在宪法和法律范围内活动""社会主义初级阶段的法制建
设"等重大法学和法治问题展开了讨论，为中国法制建设提供了理论
支持。

（三）建设社会主义市场经济法治和实施依法治国基本方略：1992年十四大召开至2004年

20世纪90年代，中国开始反思社会的治理机制，寻求新的路径。
1992年党的十四大召开，提出中国经济体制改革的目标是建立社会主义
市场经济体制。与此相适应，要高度重视法治建设，加强立法工作，建立
和完善社会主义市场经济法律体系，特别是抓紧制定与完善保障改革开
放、加强宏观经济管理、规范微观经济行为的法律和法规，这是建立社会
主义市场经济体制的迫切要求。自此，中国开始发生了重大的转型，从计
划经济转向社会主义市场经济，从单一、封闭的社会开始转向多元、开放
的社会。

1993年3月八届全国人大一次会议通过的《宪法修正案》指出，中
国正处于社会主义初级阶段，并把建设有中国特色社会主义的理论和改革
开放、社会主义市场经济等以根本大法的形式固定下来。"市场经济入
宪"也即确定社会主义市场经济在宪法中的地位，意味着中国开始大规
模完善以宪法为依据的各种经济法律法规，从而把以市场为导向的改革目
标完全纳入以宪法为核心的法治体系。

1997年党的十五大把依法治国确立为党领导人民治国理政的基本方
略。十五大报告更加全面系统地阐述了发扬民主、健全法制、建设社会主
义法治国家的理论和方略，其中最重要的有以下几点：第一，响亮地提出
"依法治国，建设社会主义法治国家"纲领，用"法治国家"概念代替
"法制国家"；第二，科学地阐述了法治的本质规定和基本内容；第三，
全面阐述了依法治国的伟大意义；第四，阐明了党的领导与法治、政策与
法律、政治与法治的关系；第五，提出了今后一个时期法制建设的目标，
明确了立法、执法、司法、法制监督、法制教育等法制建设各个环节的核
心或重心问题，即加强立法工作，提高立法质量，到2010年形成中国特

色的社会主义法律体系。

1999 年 3 月，九届全国人大二次会议通过的《宪法修正案》，把邓小平理论的指导思想地位、依法治国基本方略、国家现阶段基本经济制度和分配制度以及非公有制经济的重要作用等写进了宪法。这是中国首次以国家根本大法的形式公开向世界表明，中国将建设社会主义法治国家。确立依法治国基本方略，从人治到法治，是一个历史性跨越。从此，"法治"具有了超越法律工具主义的深广意涵，中国法治建设由此揭开了新的篇章。

2002 年党的十六大明确提出，发展社会主义民主政治最根本的是要把坚持党的领导、人民当家作主和依法治国有机统一起来。党的领导是人民当家作主和依法治国的根本保证，人民当家作主是社会主义民主政治的本质要求，依法治国是党领导人民治理国家的基本方略。"三者有机统一"是社会主义政治文明的本质特征，是发展社会主义民主政治、建设社会主义法治国家必须始终坚持的政治方向。

（四）社会主义宪法的发展与完善：从 2004 年人权入宪至今

2004 年，中央主要领导同志强调，要"更好地把坚持党的领导、人民当家作主、依法治国统一于社会主义民主政治建设的实践"，提出了科学发展、以人为本、构建和谐社会的新的执政思路。

2004 年十届全国人大二次会议通过的《宪法修正案》将"三个代表"重要思想、国家尊重和保障人权、保障合法私有财产权等重要内容载入《宪法》，又一次以根本大法的形式确认了改革开放理论创新与实践发展的重大成果，是法律价值的重大突破。

2007 年党的十七大对未来民主法治建设作出战略部署，提出全面落实依法治国基本方略、加快建设社会主义法治国家的总任务，要求必须坚持科学立法、民主立法，完善中国特色社会主义法律体系；加强宪法和法律实施，坚持公民在法律面前一律平等，维护社会公平正义，维护社会主义法治的统一、尊严、权威；推进依法行政，深化司法体制改革，加强政法队伍建设；深入开展法治宣传教育，弘扬法治精神；尊重和保障人权，维护宪法和法律的权威；等等。

这一时期，在中国民主法治生活中具有重要意义的《各级人民代表大会常务委员会监督法》于 2006 年颁布，关系国计民生基础的《物权法》在 2007 年获得高票通过，加之《企业破产法》《反垄断法》《劳动合同法》的制定，《公司法》《证券法》的修改，均涉及民众的切身利益，涉及民生问题，涉及改革开放以来形成的利益集团、利益主体、利益群体等诸多方面的利益关系。这一切都说明，中国的法治发展已经进入了关键时期。

这一时期的法学界，主张市场经济是法治经济的观点得到普遍认同。此外，还对"中国法制改革""法治与市场经济""人权理论与实践""从人治向法治转变"" '一国两制' 与法学发展"等问题进行了深入研究；对"依法治国、建设社会主义法治国家""依法治国与精神文明建设""依法治国与司法体制改革""依法治国与反腐倡廉""依法治国与法律体系建构""依法治国与党的执政方式""依法治国与和谐社会建设""依法治国与科学发展观"等法治建设的重大理论与实践问题展开了研讨。

二 30 年中国法治建设的主要成就

30 年来，法治观念日益深入人心，民主法治理论不断丰富，社会主义法治实践不断发展，依法治国作为治国理政的基本方略，在中国取得了前所未有的成就。这不仅突出表现在行政法治、刑事法治、民商事法治、市场经济法治与社会法治等方面获得的重大进展，还综合体现为司法改革、法制宣传教育、公益法律、法学研究等领域的重大突破。

（一）以宪法为核心的中国特色社会主义法律体系初步形成

中国的立法记载了改革开放曲折发展的足迹，肯定了 30 年来经济、政治、文化、社会进步的成果，构建了能够较好发挥中央立法与地方立法两个积极性的立法体制，制定和完善了立法程序，提高了立法技术，基本形成了中国特色的社会主义法律体系。

在 30 年中，除现行宪法和四个宪法修正案外，全国人大及其常委会制定了 230 多件现行有效的法律，国务院制定了 600 多件现行有效的行政法规，地方人大及其常委会制定了近 7000 件现行有效的地方性法规，民族自治地方制定了 600 多件自治条例和单行条例。国家政治、经济和社会生活的主要方面基本做到有法可依。依照全国人大及其常委会制定的现行有效法律各部门立法数量的多少来排序，所占的比例分别是：行政法 79 件，占现行有效法律的 34.49%；经济法 54 件，占现行有效法律的 23.58%；宪法及宪法相关法 39 件，占现行有效法律的 17.03%；民商法 32 件，占现行有效法律的 13.97%；社会法 17 件，占现行有效法律总数的 7.42%；诉讼与非诉讼程序法 7 件，占现行有效法律的 3.0%；刑法 1 件，占现行有效法律的 0.43%。

在立法体制上，1978 年以来，中国逐步确立了充分发挥中央立法与地方立法积极性的"集权的分权立法体制"。"八二宪法"的颁行，奠定了现行中央与地方分享立法职权体制的宪法基础。之后，还采用了一般立法、授权立法、特区立法等方式，使宪法确立的立法体制在实践中得到不断完善、充实和发展。宪法、法律和立法授权决定的这些规定，使中国的立法权限在形式上得以初步划分，加上从法律体系的构成上对行政规章制定权的确认，基本上构成了中央和地方、权力机关和行政机关分别行使立法职权的立法权限体系。

立法程序和技术也在改革开放以来的立法实践中逐步建立健全和不断完善。改革开放初期，"宪法和全国人民代表大会组织法对立法程序有一些规定，但比较简单"[1]。1983 年 6 月，时任全国人大常委会副委员长兼秘书长的杨尚昆对完善立法程序作出重要指示[2]。随后，《全国人民代表大会常务委员会议事规则》和《全国人民代表大会议事规则》提出，"对全国人民代表大会及其常务委员会包括法律制定程序在内的议事活动程序和规则，用程序法的形式作了比较具体、明确的规定，使作为社会主义民主政治重要内容的立法程序得到了法律确认，保证其在国家的重要的政治生活中得到贯彻和实施"[3]。2000 年《立法法》的颁布，从根本上健全和

---

[1]　吴大英等著《中国社会主义立法问题》，群众出版社，1984，第 174 页。
[2]　杨尚昆：《中华人民共和国第六届全国人民代表大会常务委员会报告》（1983）。
[3]　李培传主编《中国社会主义立法的理论与实践》，中国法制出版社，1991，第 82 页。

完善了中国的立法程序，标志着中国立法制度建设进入一个新层次。《立法法》等法律法规规定了全国人大及其常委会的立法程序，规定了国务院制定行政法规、地方人大及其常委会制定地方性法规的程序。

30 年来，中国从实践中总结出了六条立法基本经验：第一，立法要坚持从国情出发，走中国特色社会主义立法发展道路；第二，立法要坚持以宪法为依据，以国家的整体利益和人民的根本利益为出发点；第三，要把立法同改革开放、科学发展、稳定繁荣的重大决策紧密结合起来；第四，要坚持民主立法、科学立法、高质量立法；第五，立法要坚持以人为本，切实尊重和保障人权；第六，立法要坚持中国共产党的领导、人民当家作主和依法治国的有机统一。

（二）行政法治取得长足进步

中国法治建设能否取得成功的关键之一，是行政法治建设的发展水平和发达程度。

中国行政法治的 30 年发展历程大致可以分为三个阶段。第一个阶段自 1978 年至"八二宪法"颁布，是行政法治得以恢复和发展的阶段。这一时期行政法制工作的重点，是制定一系列适应新形势和情况的调整行政管理关系的法律法规，建立各种有关的行政管理制度，使行政管理逐渐法制化。重要的立法举措包括：出台了《地方各级人民代表大会和地方各级人民政府组织法》，将地方各级革命委员会改为地方各级人民政府，明确规定地方各级人民政府的组织、职权和工作方式；制定了《国务院组织法》，将国务院的组织活动重新纳入法制轨道。此外，还颁布了大量有关行政管理的法律法规，涉及经济活动、财政税收、文教卫生、公安司法、资源环保、人事管理等方面，为依法行政提供了前提条件。

"八二宪法"颁行后，中国行政法治在 20 世纪 80 年代中后期进入一个较快发展的时期，主要表现在五个方面：一是改革和精简政府机构，二是确立和规范行政立，三是完善行政法律规范，四是加强和完善监督法，五是建立行政诉讼制度。这期间，中国主要行政执法领域的法律法规以及相关制度开始健全，在军事、公安、司法、民政、财政、税务、金融、审计、企业、商业、外贸、海关、农业、林业、水利、气象、环境、交通、物价、物资、科技、文化等方面出台了一系列行政管理法规，为依法行政创造了必要条件。1989 年七届全国人大二次会议正式通过《行政诉讼法》，成为中国正式建立司法审查制度、加强行政法律制度建设、加快走向行政法治的一个重要里程碑。

自 1989 年 4 月至今，中国行政法治步入快速发展阶段。这一时期中国处于行政领域立法的高潮期，大量有关行政管理的法律法规出台，如《集会游行示威法》《环境保护法》《城市规划法》《社会团体登记管理条例》《行政监察法》《行政处罚法》《烟草专卖法》《国有资产评估管理办法》《税收征收管理法》《城市绿化条例》《反不正当竞争法》《水土保持法实施条例》《国家赔偿法》《城市房地产管理法》《人民警察法》《行政复议法》《公务员法》，等等。其中，《国家赔偿法》确立了"责任政府"的基本法律观念，极大地改变了公众的权利意识，对推进依法治国方略的实施具有重大意义。《行政处罚法》作为中国第一部涉及行政程序的法律，确立了"处罚法定"的原则和现代法治的法律保留与法律优先原则，在中国法律制度中首次引入听证概念，体现了制度创新。2004 年颁布的《行政许可法》，主要规范的是政府行政审批权限，直接涉及国家体制改革的问题——尤其是政府职能的转变，影响重大。《行政许可法》以法治政府为目标，绘制了法治政府的蓝图，确定了政府职能的定位，是中国走向法治政府的又一个里程碑。2006 年 1 月 1 日颁布实施的《公务员法》，是中国第一部管理行政机关内部人员的法律，对于建设法治政府、深化国家行政体制改革具有深远影响，被认为是中国干部人事制度走向科学化、法治化、民主化的一个里程碑。

要言之，1978～2008 年的 30 年，是中国依法行政阔步向前的 30 年，是奠定迈向法治政府基石的 30 年。在这期间，中国行政法治建设发生了几个重大变化。第一，现代理念、原则和新型管理手段在依法行政中得到承认和运用。30 年间，中国依法行政已远远超越了行政合法性和合理性这一传统行政法理念和原则限域，既大大丰富和深化了这些原则的要求，也继受和接纳了听证、信赖保护、公开、参与、比例原则等诸多现代行政法治原则。第二，行政法的权力结构从重权力、轻权利向权力和权利并重转变。《行政诉讼法》的颁布，使权力结构的重心开始发生转移，《国家赔偿法》《行政处罚法》《行政复议法》促进了这一调整，初步形成了权力和权利良性互动的局面。第三，政府职能从全能型政府向有限政府、从管制型政府向服务型政府转变。随着对政府与市场关系认识的不断深化，政府开始逐步转变职能，将部分职能让渡于社会。第四，行政法机制从单纯的制约机制转变为制约和激励兼顾。第五，行政行为方式从纯粹的命令—服从模式发展成为强制与非强制手段并用的多重方式。第六，在程序与实体的关系上，从重实体、轻程序，重结果、轻过程，发展到实体和程序并重，结果和过程并重。第七，行政系统内的监督和制约机制日趋合理；公众的监督、参与和支持构成依法行政不断向前发展的根本动力。第八，践行依法行政由外在要求转向内在自觉。

（三）经济法律体系基本形成

自 1978 年实行改革开放以来，中国的综合国力显著增强，国民经济保持平稳快速发展，经济法治在立法、执法和司法方面取得了一系列巨大成就，为巩固中国经济体制改革成果、全面建设小康社会提供了可靠的法律保障。回顾历史，改革开放的 30 年就是社会主义经济法治建设的 30 年，这 30 年中，中国颁行和完善了大量的经济法律法规，及时、妥善、系统地调整了国民经济不同发展阶段出现的各种利益冲突，成功完成了从计划经济到有计划商品经济再到社会主义市场经济的体制转型，并通过经济法律调整机制切实保障了体制转型中国家、集体、企业和个人的合法权益。经济法实事求是、与时俱进的品质在社会主义现代化建设事业中得到充分展现，一个有利于科学发展与和谐社会建设的经济法律体系已经基本形成。

改革开放初期，1981 年制定的《经济合同法》是中国最早适用于所有经济活动主体的经济法律，这部法律成为终结计划控制机制的制度先导。在其之前，为吸引外商投资，中国于 1979 年专门制定了《中外合资经营企业法》及其实施条例、《中外合资经营企业登记管理办法》等经济法律法规，1980 年和 1981 年分别颁行的《中外合资经营企业所得税法》和《外国企业所得税法》，对需要鼓励或发展的企业，在税收上给予了减免税以及鼓励再投资等优惠待遇。1980 年的《广东省经济特区条例》等经济特区立法，与三资企业立法一起，成为中国对外开放经济法治建设成果的集中展现，不断丰富的外资企业形式进一步改善了中国的投资环境。在国有企业改革中，1988 年的《全民所有制工业企业法》标志着国有企业改革成为企业法制建设的核心生长点，使其改革成果以国家法律的形式获得了巩固和发展。同时，《全民所有制工业企业承包经营责任制暂行条例》和《全民所有制小型工业企业租赁经营暂行条例》为积极探索所有权和经营权两权分离提供了法律保障。1992 年的《全民所有制工业企业转换经营机制条例》对推动全民所有制企业进入市场、增强企业活力意义深远。

社会主义市场经济体制确立以后，改革经济管理体制，建立社会主义市场经济法律体系，就成为实现经济法治的重要任务。在市场主体立法方面，除了继续沿用并完善按照不同所有制进行企业立法外，继 1993 年《公司法》之后，中国陆续颁行了《乡镇企业法》《合伙企业法》《个人独资企业法》等重要法律，从而使企业立法进一步适应了国际发展趋势，现代企业法律制度得以系统建立。在经济立法中，维护市场秩序的法律成为经济法治建设的重点。1993 年，中国制定了《产品质量法》《反不正当竞争法》以及《消费者权益保护法》等一系列重要经济法律，为社会主义市场经济的健康发展奠定了重要基础。1994 年的《对外贸易法》则确立了中国统一的对外贸易法律制度，对维护公平、自由的对外贸易秩序意义重大。2004 年中国修改了该法，以适应经济全球化和加入世界贸易组织的新形势，在更大范围、更广领域和更高层次上参与国际经济技术合作和竞争。尤其需要强调的是，2007 年出台的《反垄断法》是保护市场自由竞争、充分发挥市场配置资源基础性作用的重要法律制度，被称为"经济宪法"。在财政体制改革中，国务院于 1993 年底决定，从 1994 年 1 月 1 日起改革地方财政包干体制，对各省、自治区、直辖市以及计划单列市实行分税制财政管理体制，实施工商税制改革。坚持统一税法、公平税负、简化税制、合理分权，理顺分配关系，保障财政收入。这次工商税制改革是新中国成立以来规模最大、范围最广、内容最深刻的一次税制改革，其目的是满足建立社会主义市场经济体制的需要，促进中国社会主义经济的持续、快速、健康发展。实行分税制后，中国建立了以流转税为主体，流转税与所得税相结合，并以其他税种为辅助的税收体系。目前，以新《企业所得税法》《个人所得税法》以及《税收征收管理法》等为代表的中国税收法律法规体系已经形成，《预算法》《政府采购法》等相关财政立法也日趋完善。在金融法方面，1995年被称为中国的金融立法年，中国相继出台了《中国人民银行法》《商业银行法》《票据法》《保险法》等一系列金融法律。紧接着，1998年制定了《证券法》，2001年颁行了《信托法》，2003年颁行了《银行业监督管理法》，同时修改了《中国人民银行法》和《商业银行法》，2006年颁行了《反洗钱法》等，从而使中国的金融法律体系框架基本确立，标志着中国金融业的改革开放步入了法制化、规范化的发展轨道。这些金融法律的颁行，使各类金融机构的设立、变更、终止以及业务经营均有了具体的法律依据，相互之间业务分工明确，从而夯实了金融分业经营、分业监管的法律基础。

总的来说，中国的经济法发端于中国的改革开放，30年改革开放的脉动书就了中国经济法治发展演变的全部历史。伴随着改革开放新需要而产生的中国经济法治，有两个明显的立法特点不容忽视：一是在立法指导原则上，一直遵循立法决策与发展决策、改革决策紧密结合的原则，区分轻重缓急，应经济体制改革最紧迫的需要而优先立法，以引导、规范、推进和保障改革开放向纵深发展；二是在立法具体形式上，采取了与经济体制改革大体相同的思路，不贪大求全，不追求一步到位，而是根据经济发展和社会条件的成熟程度分别采取授权立法、实验试点等方式，积极稳妥地向前推进。实践证明，现行经济法律体系有效保障了中国市场经济体制改革的顺利进行，保护了改革开放取得的成果。

（四）民商法律制度逐步健全

30年来，中国的民商立法随着经济社会发展、政治变动、党的指导思想和政策等的变化，走过了曲折的道路，也取得了骄人的成绩。以1992年召开的十四大为界，民法的发展可大致分为两个阶段：1978~1992年是抗争僵化的理论教条、重新探求法学自身正当存在权利和发展规律的过渡阶段，1992年十四大之后至今则是民商立法加速发展的繁荣阶段。

其中，第一阶段又以《民法通则》的颁布为界，可分前后两个阶段：

前一阶段是理论准备阶段，法学界在理论上进行了轰轰烈烈的讨论；后一阶段则以《民法通则》为依托，开始研究民商法固有的各项具体制度。这一时期，《中外合资经营企业法》（1979）、《婚姻法》（1980）、《经济合同法》（1981）、《涉外经济合同法》（1985）、《继承法》（1985）等单行法规在其所涉具体部门上改变了之前无法可依的窘况。然而，这些法律法规缺乏弹性，并且比较凌乱、松散，尚没有形成相对健全的法律体系，内容也相对简单，大多是原则性的规定，缺乏具体的实施办法。

《民法通则》的颁行和随后最高人民法院《关于贯彻执行〈中华人民共和国民法通则〉若干问题的意见》的公布，填补了中国民商基本法的空白，为市场经济运转提供了基本的法律原则与制度，从立法上回应了多年来学界围绕民法调整对象而展开的争论，标志着中国民（商）事立法开始走向体系化，促进了立法战略重点的转移。《民法通则》的颁布，使中国立法进入了体系化的阶段，形成了以《民法通则》为核心，包括《经济合同法》《婚姻法》《继承法》《涉外经济合同法》《中外合资经营企业法》《中外合作经营企业法》等单行法的相对完整的民商法律体系。客观地说，《民法通则》的颁布是中国民商立法的一个重要里程碑，是中国民法体系从无到有的标志。

社会主义市场经济体制的确立，市场经济法律体系目标的提出，为中国民商立法开拓了前所未有的前景，民商立法从此迈上了一个新台阶，尤其是在直接反映市场经济要求的法律领域取得了巨大的成就。此后的十几年中，中国基本形成了以《民法通则》为基础，由《合同法》《担保法》《物权法》《公司法》《婚姻法》等单行法分别调整的综合民（商）事立法体系，已涵盖传统民法的外延。

2007 年 3 月 16 日，十届全国人大五次会议高票通过《物权法》，这是民事立法领域发生的重大事件。《物权法》是民法的重要组成部分，是在中国特色社会主义法律体系中起支架作用、不可或缺的重要法律，制定《物权法》是实现 2010 年形成中国特色社会主义法律体系目标的需要。它对以往的相关立法作了初步的总结，构建了比较健全的物权法律体系，有利于进一步促进改革开放和发展社会主义市场经济，有利于保护公民的私有财产权，也标志着中国民法典向诞生迈出了关键一步。

30 年间，伴随着社会主义经济形态的发展转变，民法发挥的作用从无到有并日益重要。这 30 年的历程可大致概括为：以相关联的两部立法——《民法通则》和起草中的民法典为中心，从民法虚无主义到近代民法重建，再向现代民法的过渡。民商法治的转型历程也清楚地折射出了中国的法治之路：随着 20 世纪 70 年代末改革开放政策的实施，民法与经济法、民法与刑法等部门法界限的划清使法学整体能各按其固有地位和本来面貌正常发展，各领域逐渐实现了有法可依；此后社会主义市场经济体制的最终确立，为以民商法为代表的市场经济法律体系的充分发展奠定了物质基础。现在，民商立法已逐步健全，法理研究、法学方法论也进行了比较彻底的转型。

（五）社会法治获得大发展

1978 年以来的 30 年是社会法治获得大发展的 30 年。在这 30 年中，社会法治建设与经济和社会建设一同进步，包括社会保障法规、劳动法规、社会保护法规、医疗卫生法规、环境法规等在内的社会法各领域也同其他法律领域一样共同发展。社会法治的发展不仅体现为社会立法数量和质量不断提高、体系不断完善，而且，依法行政、依法参与、依法维权的法治理念也在法治实践中得以贯彻，有法可依、依法而治的局面已经显现并在社会领域形成良好的秩序，公民的社会权利逐渐得到了尊重、确认和保护。

1. 社会保障法治的发展

30 年来，处于社会保障体系核心地位的社会保险制度发生重大转变，以养老保险、医疗保险、失业保险、工伤保险和生育保险为主体的社会保险领域的法治水平得到提高。在养老保险方面，中国建立了国家、企业和职工个人共同承担养老保险责任制度、养老保险基金社会统筹制度、多层次养老保险制度，推动了养老保险的逐步社会化，覆盖人口的范围也在不断扩大。医疗保险向建立"低水平、广覆盖、共同负担、统账结合、多层次"的职工基本医疗保险制度的目标逐步靠近。在失业保险方面，以 1999 年国务院颁布《失业保险条例》为标志，中国失业保险制度发展到了一个新的阶段。在工伤保险方面，《企业职工工伤保险试行办法》和

《职工工伤与职业病致残程度鉴定国家标准》的颁布实施，使中国的工伤保险走上了规范化、法制化的轨道，工伤保险的实践进入了一个新阶段。2003 年 4 月，国务院通过了中国第一部专门规范工伤保险的法规《工伤保险条例》，实施四年多来，企业职工的生活风险得到了可靠有力的保障。在生育保险方面，1988 年 7 月，国务院发布了《女职工劳动保护规定》，统一了机关、企业、事业单位的生育保险制度，将生育保险的实施范围从原来的国有企业扩大到国内一切企业；1994 年 12 月，劳动部发布了《企业职工生育保险试行办法》，确立了生育保险费用实行社会统筹的生育保险模式。

在抚恤保障方面，1988 年 7 月，国务院颁布了《军人抚恤优待条例》，对军人的抚恤优待问题作了具体规定，同时废除了 1950 年颁布的 5 个条例。《军人抚恤优待条例》至今仍是规范优抚安置问题的主要法规，除此之外，《兵役法》《中国人民解放军士官退出现役安置暂行办法》和《军队转业干部安置暂行办法》等法律法规也对优抚安置问题作出了规定。

在社会福利方面，1999 年 12 月，民政部颁布《社会福利机构管理暂行办法》，把社会福利事业逐步从官方举办引向社会举办，并按福利需求设立福利项目。同时，社会办的福利机构尤其是社会办的社会福利企业也在迅速发展。在对原有的绝大多数企业福利进行了社会化改革以后，国家对计划经济时代建立的住房制度和教育制度进行了改革，推出了廉租房制度、经济适用房制度、住房公积金制度等。

在社会救济制度方面，1999 年 9 月，国务院颁布了《城市居民最低生活保障条例》，使城市居民最低生活保障工作的法制化管理向前迈进了一大步。从 1999 年制度建立时起，中央和地方财政的资金投入以及获得低保待遇的人数逐年增加。在中国社会保险制度不健全的情况下，最低生活保障制度极好地发挥了其"兜底"功能，保障了绝大多数由于各种原因，特别是由于经济结构调整、产业结构调整而下岗失业的人员的基本生活，为社会营造了安定的国内建设环境。

在农村社会保障制度方面，改革开放 30 年来是中国农村社会保障制度全面建立和恢复的重建时期，目前农村正在构建以农民养老保险、农村新型合作医疗、农村最低生活保障制度等为内容的社会保障体系。

2. 劳动法治的发展

30年来，中国劳动法治取得了巨大的进步。中国劳动法治的发展进程大致可分为三个阶段。

第一阶段是市场经济体制确立前。在这一阶段，中国劳动立法和劳动工作从整顿工作制度入手，以服务于恢复和发展生产为目的，而后以经济体制改革为依托，着力改革劳动管理和工资制度。

第二阶段是市场经济体制确立后。因应进入20世纪90年代尤其是中共十四大召开以后，社会主义市场经济发展速度加快，外商投资企业、私营企业数量增多，劳动关系出现多样化、复杂化的形势，1994年7月全国人大常委会审议通过了《劳动法》。《劳动法》坚持社会主义市场经济体制改革方向，内容涉及就业促进、劳动合同和集体合同、工作时间和休息休假、工资、劳动安全卫生、女职工和未成年工特殊保护、职业培训、社会保险和福利、劳动争议、监督检查等，系统建立了中国的劳动法律制度。《劳动法》的颁布是中国劳动立法的里程碑。《劳动法》颁布后，有关部门颁布了相关的法律法规和规章，这些法律法规和规章对调整劳动关系、保护劳动者的权益发挥了重要作用。

第三阶段是科学发展观和社会主义和谐社会提出后的时期。根据科学发展观和社会主义和谐社会的要求，《劳动合同法》于2007年6月获得通过，它在借鉴国外先进经验和考量中国劳动关系具体情况的基础上，充分考虑了劳动关系中劳动者和用人单位地位和实力的不平衡，在保护劳资双方利益的基础上，确立了向劳动者倾斜的立法原则，规定了一系列保护劳动者的制度。2007年8月中国还颁布了《就业促进法》，明确了政府在促进就业中的责任，对职业中介机构进行了规范，明确禁止就业歧视。为了促进劳动争议又好又快解决，中国于2007年12月通过了《劳动争议调解仲裁法》。这些法律贯彻向劳动者倾斜的立法原则，立足于解决社会主义市场经济体制建立以来中国劳动领域出现的新问题，极大地完善了中国的劳动法治。

《劳动法》作为社会主义法律体系的重要组成部分，在调整劳动关系，构建稳定、和谐的劳动关系，保护劳动者权益，促进社会主义市场经济体制发育，促进经济和社会的协调可持续发展等方面发挥了重要作用。据不完全统计，《劳动法》实施以来，中国颁布的与劳动有关的全国性的法律法规、规章和司法解释超过 100 件，中国劳动法治领域取得了重大成就。《劳动法》作为一个崭新的法律部门，越来越受到决策部门和社会各界的重视，其重要性也越来越得到各界的认可。

3. 社会保护法治的发展

社会保护法是社会法的重要组成部分，是有关老年人、妇女、未成年人、残疾人等特殊群体保护的法律法规的概称。改革开放以来，国家十分重视特殊群体的保护工作，先后颁布了一系列法律法规，形成了较为完整的立法体系。

第一，老年人保护法治。国家颁布了一些配套的法律法规，包括老年社会保障、老年福利与服务、老年卫生、老年文化教育以及老龄产业等多方面内容。据统计，全国人大及其常委会、国务院及其有关部门颁布的关于老年人权益保护的法律法规、规章等达 200 余件，初步形成了以《宪法》为基础、以《老年人权益保障法》为主体，包括有关法律、行政法规、地方性法规、国务院部门规章、地方政府规章等在内的老龄法律法规体系框架。除了《老年人权益保障法》，还有一些法律涉及对老年人权益的保护。例如，《宪法》《刑法》《民法通则》《婚姻法》《继承法》《治安管理处罚法》等重要法律中，都有关于老年人权益保障的规定。

第二，妇女保护法治。30 年来，国家十分重视妇女保护方面的立法，已形成以《宪法》为基础，以《妇女权益保障法》为主体，包括一批法律、行政法规和地方规章在内的维护妇女权益、促进男女平等的法律法规体系。从立法上看，妇女保护法治建设的最大成果是《妇女权益保障法》的颁行。虽然，此前的很多法规中都含有妇女权益保护的条款，但《妇女权益保障法》对保护妇女权益作了系统全面的规定。同时，国务院还发布了一些保护妇女权益的专项法规，如 1986 年的《妇幼卫生工作条例》、1988 年的《女职工劳动保护规定》、1990 年的《女职工禁忌劳动范围的规定》等。

第三，未成年人保护法治。改革开放以来，中国未成年人保护立法成就斐然。中国未成年人保护立法成果集中在 20 世纪 90 年代，其主干法是

1991 年的《未成年人保护法》和 1999 年的《预防未成年人犯罪法》，专项法规有国务院 1990 年颁布的《幼儿园管理条例》、1991 年的《禁止使用童工规定》、1994 年的《未成年工特殊保护规定》和 1998 年印发的《流动儿童少年就学暂行办法》等。其他如《宪法》《刑法》《收养法》《婚姻法》《民法通则》等法律中也有大量关于未成年人保护的特别规定。《未成年人保护法》颁布后，一些专门法如《矿山安全法》《劳动法》《广告法》《监狱法》《教育法》等，甚至《澳门特别行政区基本法》和《合伙企业法》中都有关于未成年人特别保护的规定。中国还积极参与联合国《儿童权利公约》的起草制定工作，并于 1990 年 8 月 29 日正式签署了该公约。最高人民法院《关于办理少年刑事案件的若干规定（试行）》和《义务教育法》及实施细则等也是未成年人保护法律体系的重要组成部分。在执法方面，各级政府在预防未成年人犯罪、开展未成年人法制教育、救助失学青少年、实施未成年人犯罪社区矫治等方面取得了较为明显的成绩。在司法方面，各级法院为未成年人权利救济发挥了重要的保障作用。为依法保护未成年人的合法权益，全国各地人民法院共建立了 3000 多个少年法庭，使未成年人的权利得到司法的特别关怀。不仅如此，在打击雇用童工、拐卖儿童、虐待儿童等侵害未成年人人身权利的违法犯罪活动中，司法机关也发挥了重要的保障作用。

第四，残疾人保护法治。30 年来，中国初步形成了以《宪法》为核心，以《残疾人保障法》为基础，以有关法律法规、规章为配套的残疾人保护法律体系。目前，中国《宪法》、《刑法》（1997 年修订）、《刑事诉讼法》（1996 年修订）、《民法通则》、《教育法》、《公务员法》、《道路交通安全法》、《行政许可法》、《妇女权益保障法》等法律中，都有关于残疾人特别保护的规定。国务院及各部委先后颁布的关于残疾人保障的专项法规有：1984 年的《关于对残疾人员个体开业给予免征营业税照顾的通知》、1990 年的《社会福利企业管理暂行办法》、1994 年的《残疾人教育条例》、1995 年的《残疾人就业保障金管理暂行规定》、1997 年的《残疾人专用品免征进口税收的暂行规定》、1999 年的《关于进一步做好残疾人劳动就业工作的若干意见》和 2001 年的《城市道路和建筑物无障碍设计规范》等。2007 年 2 月，国务院发布《残疾人就业条例》，以促进残疾人就业，保障残疾人的劳动权利，并将 5 月 20 日定为法定全国助残日。同年 3 月，中国常驻联合国代表、特命全权大使王光亚代表中国在《残疾人权利公约》上签字，使中国关于残疾人保护的法律体系进一步完善。在司法方面，各级法院为残疾人权利救济提供了较好保障，在打击侵犯残疾人权益的违法犯罪中发挥了重要作用。

4. 医疗卫生法治的发展

医疗卫生与人民健康和幸福密切相关，中国历来重视医疗卫生领域的法治建设。新中国成立以来，人民健康水平不断提高，尤其是改革开放以后，中国医疗卫生事业更是取得飞速发展，有力地保障了人民群众不断增长的医疗卫生需求，尽管还存在一些不尽如人意的地方。

1978 年至今，中国医疗卫生立法呈现空前繁荣的良好局面，其间共制定和修改 13 部卫生法律、50 部卫生法规及约 238 件卫生行政规章。改革开放以来，中国还制定了大量关注公共卫生的相关法律，主要有《固体废物污染环境防治法》（1995、2004）、《环境噪声污染防治法》（1996）、《清洁生产促进法》（2002）、《放射性污染防治法》（2003）、《农产品质量安全法》（2006）和《未成年人保护法》（2006）等。此外，最高人民法院、最高人民检察院等司法机关为指导医疗卫生司法工作，还发布了若干关于医疗卫生的司法解释。

改革开放以来，全国人大常委会还批准了一系列关于健康和卫生方面的国际条约。全国人大常委会于 1985 年批准加入了《经〈修正 1961 年麻醉品单一公约的议定书〉修正的 1961 年麻醉品单一公约》和《1971 年精神药物公约》，1998 年批准了《准予就业最低年龄公约》，1989 年批准了《联合国禁止非法贩运麻醉药品和精神药物公约》，2001 年批准了《经济、社会和文化权利国际公约》，2005 年批准了《烟草控制框架公约》，2006 年批准了《职业安全和卫生及工作环境公约》等。

5. 环境法治的发展

1978 年改革开放以来，中国的环境法治即环境立法、环境执法、环境司法、环境守法、环境参与和环境法律监督等方面的工作取得巨大成就。

改革开放以来，中央非常重视环境立法工作，成立了环境保护法起草领导小组和工作小组。《环境保护法（试行）》的颁布，标志着中国的环境保护开始走向规范化。此后，国家制定了《水法》《水污染防治法》《大气污染防治法》《海洋环境保护法》《森林法》《草原法》《野生动物保护法》等重要的环境法律，制定并及时修订了《土地管理法》等环境法律。

1989年12月26日，国家在总结《环境保护法（试行）》实施经验和教训的基础上，制定并实施了《环境保护法》。《环境保护法》的颁布意味着中国环境法律体系的构建开始朝着体系化的方向前进。此后，国家制定了《水土保持法》《环境噪声污染防治法》《固体废物污染环境防治法》《农业法》等环境法律，修订了《水污染防治法》等环境法律。

依法治国方略实施以来，环境立法速度居各部门法之首。从1997年起，中国先后制定了《环境影响评价法》《清洁生产促进法》《放射性污染防治法》《防沙治沙法》《节约能源法》《可再生能源法》《风景名胜区条例》等法律法规，修订了《固体废物污染防治法》《海洋环境保护法》《水法》《森林法》《草原法》《野生动物保护法》《土地管理法》等法律，颁布了《国务院关于加快发展循环经济的若干意见》《国务院办公厅关于开展资源节约活动的通知》《国务院关于落实科学发展观加强环境保护的决定》《节能减排综合性工作方案》《中国应对气候变化国家方案》等政策性文件。这些法规文件与中国1997年之前制定的与环境有关的法律文件一起，共同组成了中国特色的社会环境法律体系。

这个期间，中国环境法治整体呈现以下几个特点：一是环境立法的体系化和民主化大大加强；二是环境法治的理念有了重大转变，重视发挥依法办事的作用；三是按照经济和社会发展的实际和环境保护的需要，不断调整环境保护的基本原则和方针，体现了与时俱进性和指导性；四是注重监管体制、制度和机制的衔接性和实效性；五是不仅重视立法，还注重法律的实施和监督。所有的这些成就，按照立法体系的完善程度、监管体制的科学性、法律制度与机制的合理性和周密性、法律的实施程度、法律参与和法律监督的执行情况，以及法律所发挥的实际作用几个法治标准来考察，均说明中国环境法治的架构已经初步形成。

（六）对外经贸法治日臻完善

改革开放以来的 30 年间，中国政府高度重视国际经济法的理论研究与实践，大规模地参与国际经济组织以及国际经济立法活动，全面推动并已基本实现国内相关经济法律与公认的国际经济法规则的接轨。截至 2007 年底，中国政府参加的国际经济组织已有 50 余个，签署、批准的国际经济贸易类条约已达 130 多个，与世界上 100 多个国家签订了有关贸易、投资、税收等经济类双边协定。30 年来，中国已从国际经济法律制度的初学者逐步成为当今国际经济立法的主要参与者和推动者。

十一届三中全会以后，为适应对外经济合作的需要，中国制定和颁布了一批法规，也与其他国家签订了一些经济贸易条约和协定。在对外经济贸易法治建设方面，涉及对外经济贸易等领域的立法活动全面步入"快车道"。据统计，截至 1990 年，在短短的十年中，中国涉外经济、贸易方面的法律法规就达 400 件[①]。为适应十一届三中全会后改革开放的需要，中国不仅加快了对外经济交往方面的国内立法速度，而且，在国际经济法律实践方面迅速打开局面，实现了历史性突破。

1994 年，中国首部对外贸易关系的基本法——《对外贸易法》正式制定和实施，这标志着中国对外经济贸易领域的法治建设逐步成熟，具有中国特色的外经贸法律制度基本建立。从《对外贸易法》颁布前后到 2001 年中国加入世界贸易组织（WTO），中国相继制定、颁布和实施了大量的对外经济贸易法律法规，内容涉及外商投资、进出口贸易、知识产权、外汇管理、金融保险、海事海商、海商以及航空运输、国际税收、反倾销和反补贴、国际仲裁及司法协助等国际经济法的全方位各领域，在国际上全面参与联合国及其所属组织、关税及贸易总协定（1995 年后被世界贸易组织所取代）、国际货币基金组织、世界银行等世界主要国际经济组织的各项活动，并发挥着越来越积极的作用。这对中国的对外经济交往具有极为重要和深远的历史和现实意义。

中国加入 WTO 是中国外经贸领域法治建设的重要里程碑，是中国政

---

① 陈安主编《国际经济法总论》，法律出版社，1991，第 150~151 页。

府在国际经济法领域中最重要的一次法律实践。《建立世界贸易组织协定》及其涵盖的相关协定、《加入世界贸易组织议定书》以及《中国工作组报告》构成了对中国具有法律拘束力的国际经济法文件。入世前后，中国政府开展了对国内立法、行政措施以及管理体制的全面清理、修订和完善，在短时间内基本实现了中国相关法律制度与 WTO 法律原则和规则的接轨，推动中国的社会主义法治建设迈向更高的层次，知识产权、反倾销、反补贴等方面的立法已走在世界前列。2004 年 4 月 6 日，全国人大常委会对颁布于 1994 年的《对外贸易法》进行了修订。此次修订通过的外贸法总结了外贸法诞生十年来的经验，适应了世界贸易组织规则的要求，借鉴各国外贸立法的先进经验，体现了中国外贸管理的基本理念，确定了外贸改革发展的方向和制度保障，从整体上说是一部符合中国当前乃至今后一个时期外经贸发展客观需要的法律。

中国的外贸法律制度经过半个多世纪外贸实践的考验，从无到有，从简单到复杂，从零碎到系统，尤其是中国加入 WTO 以后，已经成为 WTO 规则和中国入世承诺在中国得以实施的主要纽带。在中国进行法治建设的过程中，外经贸法律起着排头兵和示范作用，并且对中国跃居贸易大国地位起着直接的推动作用。

（七）司法改革初见成效

司法改革的意义在于保障司法公正，更在于塑造法治秩序。在中国，司法改革承担着巩固和推进中国经济市场化、政治民主化和治国法治化的重要使命。1978 年改革开放以来，中国的司法得以重建和发展，在机构设置、职能扩增、审判方式改革、法院管理、权利保护以及法律援助等方面取得了不少成就和经验。司法改革成为一个全社会关注的话题，经历了一个逐步发展的过程。

从司法改革的主体来看，司法改革经历了从社会呼吁到政府主导的过程。20 世纪 90 年代中期，司法改革主要是学术界和媒体谈论的话题。目前司法改革已成为中央主导、各部门紧密配合、社会各界广泛参与讨论的国家统一行动。司法改革是改革开放的逻辑结果，是中国经济体制由计划经济向市场经济转轨和民主与法制建设发展的一个必然过程。在某种意义上，司法改革是中国法治进程的集中体现，是透视中国法治发展状况的一个聚焦点。司法改革是一个宏大的工程，涉及司法体制、司法程序、法官制度等全方位的调整。

1978 年以来，中国的司法制度处于构建与改革并行的发展过程之中。30 年来，不断建立和完善司法体制和工作机制，加强司法民主建设，努力通过公正司法保障公民和法人的合法权益，实现公平正义。中央政法委发布了《关于进一步加强人民法院、人民检察院工作的决定》，法院、检察院分别制定了各自的改革规划。司法改革初见成效，具体表现在以下方面。第一，为民众诉讼活动提供方便，体现了司法为民。一是降低诉讼收费标准，加大司法救助和法律援助力度，完善律师收费制度。二是简化程序，方便群众诉讼。三是多策并举，解决执行难问题。第二，强化诉讼活动的监督制约，促进了司法公正，加强了对职务犯罪侦查、司法人员渎职行为和刑罚执行等诉讼活动的监督制约。第三，进一步深化司法公开，以公开促公正。第四，完善刑事政策和矛盾纠纷多元调处机制，不断增加社会和谐因素。第五，改革管理方式，提高司法效率。依法扩大民商事案件简易程序适用范围，加强信息化建设，提高了司法效率。法院适用简易程序审理的刑事案件已达 38.87%，民商事案件达 71.26%。第六，改革和完善诉讼制度，推进司法民主。人民陪审员制度不断完善，人民监督员试点工作全面开展。第七，改革职权划分和管理制度，进一步保障人权。第八，改革和完善干部管理体制和经费保障机制，缓解了影响政法工作的保障性困扰。

综观中国司法改革的总体进程，尽管司法改革的制度化成果与理想的法治状态仍有一定的差距，但这场司法改革的作用仍不容低估。可以说，这是一场"以实现司法法治化为起点而带动的社会整体法治化运动"①。不论对人民法院还是对整个社会，其影响是深刻的，也是持久的。

（八）法律教育的空间不断拓展

法律教育承载着为国家培养法律人才、向民众传播法律知识、对社会

---

① 褚红军：《司法改革的回望和反思》，《法制日报》2008 年 11 月 23 日。

弘扬法律精神的重要功能。可以说，法律教育的状况是衡量社会文明程度和国家法治建设进程的重要标志。30 年来，中国的法律教育走过了一个从小到大、从单一到全面、从简单模仿到不断创新的发展历程。法律教育的目标从单纯职业化教育转变为职业化教育与普及化教育并重、培养法律执业人员与提高公民法律素质并重。近几年来，随着中国的教育体制呈现多元化的趋势，法律教育的结构也越来越多样化。按照法律教育的目的，对法律教育的结构进行分析，可以将中国的法律教育划分为高等院校法学教育、法律职业教育和普法教育。

1. 高等院校法学教育

从历史发展的轨迹看，30 年来，中国法学教育的发展主要包含恢复发展（1977~1991 年）和逐渐繁荣（1992 年至今）两个阶段。"文化大革命"结束之后，为了重建法学教育，培养法学人才，满足中国社会主义法制建设的需求，1977 年秋，恢复了高等学校招生统一考试制度。1978 年开始，西南、北京、华东、西北四所政法学院和中国人民大学法律系等政法院系先后恢复招生。

20 世纪 80 年代初期的法学教育尽管促进了法律人才的培养，但仍然没有缓解当时政法人才奇缺、素质低下的状况。1983 年之后，除了大力发展普通高等法学教育之外，教育部、司法部更加重视"多种层次、多种形式办学""全日制教育和业余教育并举""除了继续巩固、提高和发展大学本科外，应大力发展大专、中专这两个层次"的办学方针，"大力培训在职干部。大力发展广播电视大学、函授大学、自学考试等多种形式办法律专业"①。

1992 年后，中央对法学教育提出了新的要求。1995 年，全国法学教育工作会议明确提出，法学教育的培养目标是为社会各个领域培养复合型、应用型、外向型的通用人才。1999 年，国务院决定扩大高等学校教育规模，使中国高等教育的毛入学率在 2010 年达到 15%，实现高等教育由精英化向大众化的转变。由此，法学职业教育和成人教育也得到进一步

---

① 参见教育部政策研究室郝克明 1984 年 1 月 2 日在全国高等法学教育座谈会上的专题报告"法学教育的层次结构应当适应中国法制建设的实际需要"和时任教育部副部长彭珮云1984 年 5 月在全国高等法学教育座谈会上的讲话。

发展。自 1996 年起，中国开始招收和培养法律硕士专业学位研究生（JM），1998 年开展在职攻读法律硕士学位教育。

在这一时期，法学教育的师资队伍建设得到了长足发展。在法学课程设置上，借鉴发达国家法学教育的模式，进行了一系列改革。同时，中国修改了《法官法》《检察官法》和《律师法》，并推行国家统一司法考试。

30 年来，中国法学教育从恢复重建到持续改革和发展，已经形成了具有一定规模、结构比较合理、整体质量稳步提高的中国特色的社会主义法学教育模式。法学教育的中国模式与美国模式、欧洲模式呈现三足鼎立之势，主要特色为：以法学学士、硕士、博士教育为主体，法律硕士教育为补充的高等法学教育体系；法学的基本教育、特色教育、继续教育有机结合的人才培养模式；普通高校、科研机构的法律素质教育与专门学校的法律职业教育衔接、统一司法考试与法学教学教育互动的就业机制。

2. 法律职业教育

法律职业教育是针对法律职业者的教育，它不仅是中国法学教育的一个重要组成部分，也是中国法律制度建设的重要组成部分。其特殊性在于，它培养的是将要从事法律职业的法官、检察官。可以说，法律职业教育制度为司法体制的运转提供智力支持和知识贡献①。改革开放前，中国的法律职业教育几乎是一片空白。改革开放以后，也主要是实行"补课教育"，即为在职司法工作人员进行法律知识培训、法律业务培训②。随着中国政治、经济和法律的不断发展，中国的法律职业教育逐步从补课式、应急性培训向系统化、规范化培训转变，从知识型教育向素质型教育转变，由单纯学历教育向培养复合型、高层次人才教育转变。

（1）法官职业教育。

中国传统的法官培训方式主要是在职离岗的脱产培训，近年逐步加强了法官培训的国际交流与合作，按照国家有关规定选派法官出国进修、邀

---

① 孙谦：《改革和发展面向二十一世纪的法律职业教育》，《国家检察官学院学报》2000 年第 4 期。
② 孙谦：《改革和发展面向二十一世纪的法律职业教育》，《国家检察官学院学报》2000 年第 4 期。

请国外法学专家和法官来中国进行专题讲座[①]。2000 年，最高人民法院制定并颁布了《法官培训条例》，该条例明确了法官培训的组织与管理、内容与形式、条件与保障、考核与责任等各个方面的内容。最高人民法院还先后制定了《2001~2005 年全国法院干部教育培训规划》和《2006~2010 年全国法院教育培训规划》，具体明确了各个不同时期法官培训的指导思想和基本原则、总体目标和基本任务以及保障措施，使教育培训工作逐步走上了制度化、规范化的轨道。这两个规划的制定和实施初步实现了人民法院教育培训工作由学历教育为主向岗位培训为主的转变，从应急性、临时性培训向系统化、规范化培训的转变，从普及性、知识性培训向职业化、精英化培训的转变。

（2）检察官职业教育。

自 20 世纪 80 年代以来，中国就开始重视对检察官的教育培训工作。经过二十多年的努力，中国检察官的培训已经形成了自己的特色[②]：一是建立了多层次的培训机构，二是对检察官进行了多渠道、多层次、多种形式的培训，三是把检察官的培训纳入法制轨道。为了让检察官培训制度化、规范化，最高人民检察院制定了《2001~2005 年全国检察干部教育培训规划》，对 2001~2005 年五年间的检察官培训作了具体规定。该规划明确了 2001~2005 年五年检察官培训工作的指导思想。2007 年初，最高人民检察院印发了《检察官培训条例》，该条例第 2 条规定，检察官培训以邓小平理论和"三个代表"重要思想为指导，全面贯彻落实科学发展观，紧紧围绕党和国家工作大局，坚持"强化法律监督，维护公平正义"的工作主题，把政治理论培训放在首位。培训应以增强法律监督能力为核心，以专业化建设为方向，强化管理，注重质量，讲求实效，为检察事业提供可靠的思想政治保证、人才保证和智力支持。

3. 普法教育

自 1986 年以来的二十余年里，中国实施了五个普法教育"五年计划（规划）"，宣传了党的民主法制建设方针与思想、依法治国的基本方略，

---

① 王安、乔檀：《试论中国法官培训的发展与完善》，《法律适用》2004 年第 12 期。
② 金文彤：《中国检察官制度研究》，中国政法大学博士学位论文，2005，第 123 页。

初步实现了三个历史性转变，即从对一切有能力接受教育公民的启蒙教育到以提高领导干部依法决策、依法管理能力为重点的全民法律意识的转变，由单一普及法律条文向全方位推进依法治理的转变，普法依法治理工作由虚变实、由弱变强，向制度化、规范化、法制化转变。

（九）专业化、正规化、市场化的法律服务行业初步建立

所谓法律服务，从广义上是指法律执业人员凭借其专业知识和技能，为当事人提供有偿法律帮助的活动。法律服务是现代法律体系的重要内容，对社会生活具有十分重要的意义。

改革开放以后，中国大力恢复和发展法律服务。一方面，持续推进以法律为手段的制度化建设，制定和颁布大量的法律法规，越来越多的社会生活领域被置于法律的调整之下。社会对法律服务的需求与日俱增，也加速了法律服务的发展。另一方面，着力加强民主法治建设，加强人权保障、建设法治国家成为此时中国的一项重要社会目标。为了实现这一目标，客观上也需要通过法律服务的作用，保障个人的权利，制约和监督公权力的行使。正是基于这样的社会形势需要，中国的法律服务业得到了持续、稳步发展，并取得了突出的成就。

回顾 30 年的历程，中国法律服务业的发展有三条主线。一是专业化，即对法律服务人员的学历、专业知识的要求越来越高。这可以从法律服务人员职业准入的专业和学历要求越来越严格、法律服务人员总体学历水平和业务能力不断提高、法律服务发展后期律师一元化的政策倾向三个方面体现出来。二是正规化，即加强了法律服务的制度化建设，在机构设置、职业准入、执业许可、市场监管、纪律惩戒等方面，都更加规范。三是市场化，包括从身份上，法律服务从国家机关逐步转变为社会服务行业，人事管理、经营机制方面逐步实现市场化。市场化必然带来法律援助的问题，为解决一些当事人无力通过市场购买法律服务的问题，中国建立了法律援助制度，作为法律服务市场化的一个矫正和补充。就目前来看，法律服务在这三个方面都取得了显著的成效，在一定程度上可以说，中国专业化、正规化、市场化的法律服务行业已经初步建立。

三　30 年中国法治建设的基本经验

30 年来，中国法治建设与改革开放的伟大实践相结合，取得了举世瞩目的成就，积累了丰富而宝贵的经验。

（一）法治建设应与国家的政治背景相契合

30 年来，中国法治是在中国社会结构与政治体制的环境下演变的，具有明确的政治理念和丰富的政治资源。中国法治的发展与西方法治发展有共性的一面，亦有与西方不同之处。中国的法治理念是在发展社会主义民主政治，建设社会主义法治国家的进程中实现的。依法治国的关键，就是依照宪法和法律的规定来限制公权力，实现国家政治生活的法治化、制度化。在发展法治的过程中，中国一直努力正确认识和处理执政党与国家政权的关系，把发展民主政治、严格依法办事与转变党的执政方式统一起来，逐步增强法律运行的常规化和自主性，促进法治使命的实现。要在有13 亿人口的大国推进法治事业，必须寻求坚实的政治制度和资源，必须把党的领导、人民当家作主和依法治国统一起来。这既是中国法治发展的政治优势，也是法治发展的政治基础。

第一，始终坚持中国共产党对政法工作的领导。坚持党对政法工作的领导，是 30 年法治建设经验的科学总结，是改革和发展中国特色社会主义法治的内在要求和根本保障。同革命年代和新中国成立初期相比，现在中国共产党的中心任务、所处环境和队伍结构已经发生许多重大变化。这些重大变化，客观上要求必须加强和改善党的领导，把党对国家的领导同依法治国有机统一起来。党的领导主要是政治、思想和组织领导，通过制定大政方针，提出立法建议，推荐重要干部，进行思想宣传，保证党始终发挥总览全局、协调各方的领导核心作用。

第二，始终坚持中国特色社会主义民主法治发展道路。中国的社会主义法治，植根于中华民族几千年来赖以生存和发展的广阔沃土，产生于中国共产党和中国人民为争取民族独立、人民解放和国家富强而进行的伟大实践，是适合中国国情和社会进步要求的法律制度。中国特色社会主义法治与资本主义法治相比，是社会主义类型的法治；与马克思恩格斯理想社会主义的国家与法治相比，是社会主义初级阶段的法治；与其他社会主义国家的法治相比，是具有中国特色的社会主义法治。坚持中国特色社会主义民主法治建设与发展道路，是历史的必然、人民的选择。

第三，始终坚持党的领导、人民当家作主和依法治国的有机统一。发展社会主义民主政治，深化政治体制改革，全面落实依法治国基本方略，加快建设社会主义法治国家，最根本的，是要始终不渝地坚持党的领导、人民当家作主和依法治国的有机统一。党的领导、人民当家作主和依法治国是一个密切联系、内在统一的整体。坚持三者的有机统一，是加强中国特色社会主义民主法治建设必须遵循的基本方针。

（二）　法治建设应与经济、社会发展同步变革

法治是社会关系的调整器、社会利益的分配器。法治建设要与经济、社会发展相协调，不仅要适应经济社会发展的需要，适时进行法律的立、改、废工作，推进法制的改革完善，而且要引导、规范、促进经济社会发展，为社会主义经济建设、政治建设、社会建设和文化建设提供良好的法治环境，为化解矛盾、解决纠纷、打击犯罪、维护稳定、实现社会公平正义奠定行之有效的法治基础。

30 年来，中国法治是在国家改革开放政策逐步实施的过程中发展的，反映了社会结构从封闭走向开放的历史进程。中国法治的发展以中国社会的客观实际为基础，中国改革开放的实践是 30 年法治生成和发展的社会背景。无论是私法的发展还是公法的发展，首先面临着本土经验与国际化的难题和挑战，而在整个法治领域，中国基本上顺利地度过了因不同文化传统而导致的制度性冲突，稳步推进了制度变革。

在法治发展中，因对待本土经验和外国经验的态度不同形成了本土派和移植派。多数学者主张将本土经验和外国经验有机统一起来，根据中国的传统和文化，经过必要的"文化加工"，把已经实现法制现代化的外国合理的法治经验移植到中国制度实践之中，保持中国法律制度的自主性和开放性。这一点在公法发展方面表现得更明显。30 年来，无论是在公民权利与国家权力关系领域、国家权力横向关系领域，还是在国家权力纵向

关系领域，公法的立法和制度改革比其他"私法"领域，都更强调中国自身的社会背景和主体性，从未采取过过激的制度变革措施。在传统与现代、本土化与国际化的价值趋向上，中国采取了更为审慎的态度，力求预先充分考虑公法领域的"开放"可能带来的社会震动与增加的不确定因素。

（三）法治建设应围绕人的主体性和尊严而展开

在法治30年的发展中，制度的变革和观念的转变均围绕着人的主体性和人的尊严而展开。30年来，中国逐步实现了从人治向法治的转变。在这一转变过程中，至关重要的问题就是对国家公权力的控制和对公民基本权利的保障，而这正是法治的历史使命所在。人民民主的社会主义本质，决定了维护人民长远利益和根本利益是社会主义法治的历史使命，尊重和保障人权是实现人民当家作主、维护人民利益的必然要求，坚持以人为本是发展社会主义民主政治、建设社会主义法治国家的内在要求。

在30年法治实践中，中国找到了法律制度发展的动力来源与价值标准，开始思考一些法治发展中的基本问题，即如何通过法律制度的发展满足社会主体的需求，如何通过法律制度的发展使人成为具有尊严的个体。历史教训赋予中国法律制度深深的"人性关怀"印记，使得法治发展的过程凸显了人权的价值。1982年"人格尊严"条款入宪，以1989年《行政诉讼法》、1994年《国家赔偿法》的颁布为契机，逐步建立了行政诉讼制度、国家赔偿制度。特别是2004年"人权"条款入宪，使得个人相对国家的主体地位逐步提升，法律的国家主义色彩逐步淡化。中国共产党十七大报告明确指出，"尊重和保障人权，依法保证全体社会成员平等参与、平等发展的权利"，为中国法治发展指明了方向，也为人权建设提供了行动纲领和指南。只有坚持以人为本，尊重和保障人权，才能最大限度地调动人民的积极性，在全面发挥社会创造力的基础上，实现社会和谐。在30年的法治发展中，体现"以人为本"的立法、制度调整与改革呈现逐步扩大的趋势。

（四）法治建设应努力寻求"公"与"私"之间的平衡

30 年法治的发展所始终面临的基本问题是，如何协调国家与公民、自由与秩序、私益与公益之间的矛盾，形成良性互动的关系，使制度、秩序的存在与权利保护之间保持合理的平衡，在具有合法性的法治平台上真正实现"国家尊重与保障人权"的原则。这一点在宪法和行政法发展的 30 年中体现得尤为明显：从强势的国家体制到国家权威体制的削弱，从"管理型政府"到"服务型政府"的转变过程中，作为公法制度主体之一的政府从在秩序与权利之间徘徊，到逐步走向成熟的过程中。特别是在行政法领域，这一变化集中体现在新政权的价值定位上，中国经历了从"管理论"到"控权论"再到"平衡论"的逐步转变过程。

30 年来，各项制度的架构均努力寻求公民权利与国家权力之间的平衡，尽管在现实中出现了不同形式的冲突与矛盾，但总体上国家与公民的关系趋于平稳，以尊重和保障人权为基本政治哲学的国家观念逐步形成，呈现从权利主体的公民向人权主体转化的新趋势。

未来中国法治的发展进程在很大程度上仍将受到整个社会发展模式和环境的影响。全面落实依法治国的基本方略，加快建设社会主义法治国家是未来中国社会发展的基本目标。法治发展是整个社会发展的重要组成部分，遵循社会发展的一般规律。但基于法律的特殊功能与使命，法治必须寻求自身的发展理念和途径。以人为本是科学发展观的核心，贯彻以人为本，就是用以人为本这一核心理念审视、反思法治发展的基本过程，切实把体现人民意志、保障人民权利、促进人的自由平等作为法治发展的价值取向。同时，未来的中国法治发展既要适应经济全球化的趋势，也要立足于中国实际，面对中国问题，解决中国问题，使法律成为凝聚社会力量、维护社会共同体价值、保障基本人权、约束公权力实效性的制度与规范体系。

站在一个开始的结束和一个结束的开始上，中国仍向着法治国家这个目标前进。

（参见法治蓝皮书《中国法治发展报告 No. 7（2009）》）

第一章　2003 年中国法治发展与展望

一　依宪治国

2003 年是新中国依宪治国历史上不同寻常的一年。年初，突如其来的"非典"在共和国的历史年轮上刻下了深深的印痕；宪法修改、基层选举等一系列重大事件万众瞩目；孙志刚案、乙肝歧视案等案件对我们的政府提出了严峻考验。面对这些危机、事件和挑战，中国政府将人民的生命健康和基本权利放在首位，以对人民负责、为人民服务、受人民监督的精神，提出了"执政为民"和"权为民所用、情为民所系、利为民所谋"的执政思想，形成了以人为本、促进社会和人的全面发展的科学发展观，确立了保证宪法实施、建立法治政府、建设政治文明的治国理念，积极、妥善、成功地应对了危机和挑战，依宪治国取得了可喜的进展，呈现多点突破、整体推进的景象。

（一）"非典"与中国依宪治国的新发展

2003 年初爆发的"非典"是中国有史以来罕见的重大公共卫生灾害事件。为抗击"非典"，中国政府采取了一系列措施，直接或间接地推动了依宪治国事业的发展。

首先，"非典"加速了中国政府信息公开的立法进程。现代政府应该是民主政府。政府实行信息公开，是人民了解政府、监督政府从而信赖政府的基本前提。中国有漫长的封建历史，政府习惯于以"不透明"的方式工作。在灾害事故发生后，为维护"政绩"，政府官员往往采取缓报、瞒报或漏报危机信息的方式欺上瞒下。"非典"爆发初期，部分官员隐瞒不报"非典"信息，导致"非典"疫情蔓延，引起了不必要的恐慌，整个社会为之而付出了巨大的生命和经济代价。为扭转被动局面，国务院加快了信息公开的立法进程。4 月中旬，近一年前开始起草的《政府信息公开条例》被提交到国务院法制工作办公室，正式进入立法程序。之后出台的《突发公共卫生事件应急条例》建立了突发事件的应急报告制度、举报制度和信息发布制度。实行信息公开，是政府管理方式的一次重大转变，体现了政府对人的生命权的尊重，体现了生命权高于"政绩"的理念，因而也是政府价值观的一次重大转变。

其次，"非典"催生了"高官问责制"。现代政府应该是责任政府。政府官员如果失职犯错，就应当承担相应的责任。在"非典"肆虐初期，两名部级高官因为隐瞒不报或工作不力而被解职，在国内外引起了强烈的震动。这一事件标志着中国"高官问责制"的萌芽。以此为契机，自 2003 年下半年开始，中国加快了问责制的制度建设，各地陆续出台了各种各样的"行政问责制暂行办法""行政过错追究暂行办法"等。以制度和法律约束领导人员的行为，是法治政府的典型特征，问责制因此而成为中国政治生活中的新亮点。

再次，"非典"促成了我国突发事件应急机制的建立。科学、合理、健全的紧急状态法律制度是现代法治的重要特征之一。在现代社会，由于自然灾害频仍，社会形势瞬息万变，及时、正确地应对紧急事态，关系到政府的生存和法治事业的成败。过去，中国一直缺乏完整、成熟的危机应对机制。在面对紧急事态时，主要靠国家高层领导人指挥协调。实践证明，这种模式难以适应突发性重大社会危机的需求。当"非典"来临时，各部门各系统之间缺乏统一、协调的行动，导致"非典"迅速传播。为更好地指挥、协调抗击"非典"的斗争，国务院于 2003 年 5 月 9 日公布《突发公共卫生事件应急条例》，设立了反应灵敏、指挥有力的统一领导机构，规范了紧急状态下行政权的行使，保障了紧急状态下公民的权益。"非典"结束后，中国启动了"紧急状态法"的起草工作，这对完善中国宪法体系建设具有重大意义。

最后，"非典"留给我们的另一个重要启示是，无论是在经济领域，还是在社会、政治领域，我们必须尊重客观规律，按客观规律办事。改革开放以来，我们在经济领域比较注重探寻经济规律，按经济规律发展经济，但在社会领域和政治领域却不太注意这个问题。"非典"活生生的教训警示我们，与经济领域一样，在社会领域、政治领域也有许多不以人的意志为转移的客观规律，我们必须按这些客观规律办事；违背这些规律，就会遭到惩罚，遭受严重的挫折，甚至失败。

（二）现行宪法的第四次修改

2003年，依宪治国的另一件大事是宪法修改的启动和实施。

宪法乃"国之重器"，一国之根本，国家权力的来源，公民权利的保障书，法律体系的基础，不应轻易更动。但是当社会发生较大变化，突破宪法的既定框架时，宪法也应作相应的变动和修改。

从2003年3月27日中央政治局常委会研究和部署修改宪法的工作起，到2003年12月27日十届全国人大常委会第六次会议在讨论中共中央宪法修改建议的基础上，形成并全票通过《全国人大常委会关于提请审议〈宪法修正案（草案）〉的议案》和《宪法修正案（草案）》止，2003年见证了第四次宪法修改的主要工作。在修宪过程中，立法机关通过座谈会、网站等多种渠道征求意见。修正案涵盖我国指导思想的重新确立、土地征用制度的建立、私有财产保护、建立健全社会保障制度、尊重和保护人权、紧急状态应对等内容，丰富和完善了现行宪法。

此外，宪法修改还促进了宪法理论的研究。这次宪法修改引起了理论界对宪法稳定性及宪法修改所涉及的某些具体问题的深入研究与探讨，促进了宪法理论的发展，也宣传了宪法知识。

（三）人大制度的新气象

人民代表大会制度是中国的根本政治制度。2003年，人民代表大会制度在许多方面取得了令人瞩目的发展。

首先，人大制度的一个新发展是专职常委进入全国人大常委会。2003年3月，在十届全国人大第一次会议上，为增强全国人大常委会的审议功能和活力，19名正活跃在第一线的党政干部被推举为全国人大常委会首批专职常委。这一变化引起人们的广泛关注和热烈讨论。这主要是因为，原来的常委会组成人员相当一部分是因为年龄原因在结束省委书记、省长、部长等职务的任期后，再到全国人大工作，而这 19 人进入全国人大常委会的原因不是退居二线，他们年富力强，在本职岗位上正挑大梁。这是人大制度的一次创新。专职常委进入全国人大常委会，顺应了人大专职化和专业化的要求，有利于提高立法和监督质量，有利于优化常委会结构，改变外界对全国人大的印象。专职常委的工作也是卓有成效的，在《行政许可法》《居民身份证法（草案）》等法律法规的制定、修改方面，发挥了重要作用。

其次，部分地方邀请公民旁听人大常委会会议，为人民参政议政刮来一股新风。人大是民意机关。公民旁听人大常委会会议，有助于民主的训练和教育，有助于增加人大的透明度和公开性。2003 年，公民旁听在北京、河北等 20 多个省级人大会议或人大常委会会议中得到推广，市县级人大的公民旁听也愈加普遍。其特点是公民旁听的主体多元、内容丰富。江苏省、浙江省宁波市允许外商、台港澳同胞旁听，湖北省京山县、安徽省界首市分别邀请私营企业主、劳动模范旁听。湖南省汝城县、河南省郑州市分别邀请公民旁听述职评议、法规草案的审议；2003 年 3 月 28 日，湖南省十届人大常委会第一次会议开全国先河，通过网络和电视直播 26 名政府组成人员拟任人选的"施政演说"；2003 年 6 月 30 日，浙江省温州市电视台和新闻网直播市人大常委会会议上的"施政演说"；山东省人大常委会投资近 10 万元建设人大信息网站，直播人大及其常委会会议内容、审议意见，并为公民预留一个发言板块；广东省广州市人大常委会法规公报免费供市民索取。这些举措为人大与人大代表、普通公民的沟通提供了一个平台，生动地展现了人大对人民负责、接受人民监督、引导人民参政议政的姿态。

再次，立法助理制度在地方人大广泛推行。立法助理制度是世界通行的一种辅助立法制度，对提高立法质量和工作效率具有重大意义。多年来，各级人大常委会工作机构事务性工作较多，为立法、决策、审议、调研服务的投入偏少，加之人员结构老化，知识更新缓慢，法律、经济等专业人才匮乏，人大工作质量受到制约。为开创人大工作的新局面，立法助理制度应势而生。2003 年 1 月 28 日，深圳市人大常委会与履职一年的法律助理续签协议，19 名法律助理继续为兼职委员提供"一对一"服务。2003 年 6 月 17 日，上海市人大常委会聘请 18 名学历高、年纪轻、有专业研究经历的人大代表为专门委员会咨询组成员。自 2003 年 11 月 11 日起，重庆市人大常委会委员可以向市人大法制委员会申请选聘 1 名立法助理，为其提供法律咨询，协助立法调研。广东省、湖北省、河南省郑州市等地已成立立法咨询委员会或聘请立法咨询员。在现阶段人大代表、人大常委会组成人员不可能大部分专职化的情况下，推行立法助理制度有助于提高人大审议、立法和决策的质量。

复次，人大代表辞职制度在 2003 年频频见诸报端。2003 年以来，湖南省岳阳、郴州等地，内蒙古自治区包头市，山东省青岛市、济阳县，陕西省西安市雁塔区，河南省平顶山、邓州市等地，相继推出了人大代表辞职制度。2003 年 3 月，湖南省中方县 16 名调离原选区的人大代表主动向县人大常委会递交辞职书面报告。2003 年 5 月 29 日，江苏省常州市钟楼区 5 名人大代表因工作变动而向区人大常委会提出辞职请求。2003 年 9月，山东省即墨市 31 名人大代表自愿辞去市十五届人大代表职务。2003年 10 月 29 日，湖南省溆浦县人大常委会全票通过 12 名县十五届人大代表辞职的决定。代表辞职制度设立的初衷是消解人大代表调动造成的问题。人大代表跨选区调动，使选区代表空缺，代表实际上无法履行义务，选民也无法对其监督。辞职制度有利于改变人大代表"能上不能下""潇洒走一届"的弊端。

最后，"独立候选人"参选并胜出，是中国民主政治生活中的一个新生事物。2002~2003 年是中国自 1953 年以来的第 15 个县级人大选举年。在选举过程中，深圳和北京均出现了一批自荐候选人，也称"独立候选人"。他们中有业主、律师、高校师生和自由职业者，当选代表的愿望极其强烈。2003 年 5 月，在深圳市福田区人大代表选举中，独立候选人深圳高级技工学校校长王亮在其所在选区以 1308 票的高票击败推荐候选人。独立候选人直接参选并胜出，这在全国尚属首例。年末，北京两位独立候选人也当选为区人大代表。长期以来，地方人大选举代表的做法是严格按照选票上的候选人名单投票，选民的选举积极性普遍不高。独立候选人的出现改变了这种状况。它打破了地方人大选举中相对固定的"候选人制度"，扩大了民主选择的范围，在一定程度上激发了选民参政议政的热情，为选举制度的改革提供了方向和经验。

（四）"公民权利年"

保障公民权利是法治永恒不变的主题。2003 年，中国政府在保障公民权利方面取得重大进步，这一年被许多媒体称为"公民权利年"。

第一，公民知情权在 2003 年逐步得以确立。知情权是现代民主社会的基本要求。人民行使管理国家的权力，是以对公共事务的了解为前提的。在"非典"时期，作为抗击"非典"的措施之一，中国政府每天公布"非典"疫情信息，让人民知道它的危险性和防治情况，及时采取措施加以应对。从根本上讲，这一做法是对公民知情权的尊重和保护。同年，各级人民政府纷纷建立新闻发言人制度，并健全相关的信息公开制度，政府政务信息更加公开透明，公民享有了更多的知情权、监督权和参与公共事务的权利。

第二，公民人身自由得到更加全面的保障。这是孙志刚事件引发的制度变迁的结果。2003 年 4 月 25 日《南方都市报》报道，"一大学毕业生因无暂住证被收容并遭毒打致死"，引起了人们对收容遣送制度的反思和讨论。人们普遍认为，收容遣送制度是对公民人身自由的重大限制，与宪法和有关法律的规定相悖。中国政府及时对社会救助制度实行重大改革，废止了沿用多年的《城市流浪乞讨人员收容遣送办法》，代之以更加符合法治精神、体现人文关怀的《城市生活无着的流浪乞讨人员救助管理办法》。公民不再因无暂住证或其他身份证明而被收容遣送，人身自由得到极大拓展。

第三，平等保护是中国 2003 年公民权利方面取得的另一项成就。这项成就同样主要依赖于一个诉讼案件。2003 年，安徽一公民因乙肝病毒携带被拒绝录用为公务员而向安徽省芜湖市新芜区人民法院提起诉讼，被媒体称为"乙肝歧视案"。该案提出一个严肃的问题，国家机关在招收公务员时，能否在缺乏科学、合理的分类基础上区别对待乙肝病毒携带者。虽然本案的判决结果并不明确，但这个案件直接导致浙江、四川、福建、广东等省修改禁止录用乙肝病毒携带者为公务员的规定。以个案方式推动公民权利的进步，是 2003 年公民权利的一个重大突破。

第四，特殊群体的合法权益得到进一步保障。2003 年，最高人民法院、最高人民检察院和公安部联合下发《关于严格执行刑事诉讼法，切实纠防超期羁押的通知》，规定了严格的超期羁押追究制度。最高人民检察院设立专门受理检察机关超期羁押的举报电话和电子信箱，加强社会监督，建立防止和纠正超期羁押的机制。本年度共纠正超期羁押 25736 人，超期羁押问题基本得到纠正，极大地加强了司法中的人权保障。同年，司法部以《监狱法》为依据，制定实施了《监狱教育改造工作规定》《监狱提请减刑假释工作程序规定》《外国籍罪犯会见通讯规定》等规章，对在押罪犯的合法权利进一步作了明确规定，切实保障了罪犯的合法权益。

第五，弱势群体特别是艾滋病病人的权益受到空前关注。2003 年初，国务院成立以副总理为主任的国务院防治艾滋病工作委员会，建立了国务院防治艾滋病性病协调会议制度，制定了《中国预防与控制艾滋病中长期规划（1998~2010 年）》和《中国遏制与防治艾滋病行动计划（2001~2005 年）》。提出从 2003 年起的四年内，中国政府投入 17.5 亿元防治艾滋病。国家对农民和经济困难的艾滋病患者免费发放抗病毒药物，在重点地区施行免费匿名检测，免费实行母婴筛查和阻断，对艾滋病患者的孤儿免收上学费用，对经济困难的艾滋病患者给予经济救助。受艾滋病严重困扰的河南省也展开关注患者的实际行动，省内近 150 名干部于 2 月分别进驻省内艾滋病高发村，在当地与患者共同生活一年。12 月 1 日世界艾滋病日当天，国务院主要领导同志看望艾滋病患者，与他们握手、交谈，积极引导人民群众正确认识和防治艾滋病，努力消除对艾滋病患者的歧视。这一年，法律援助得到有效实施。中国制定并颁布实施了《法律援助条例》，这是中国第一部法律援助行政法规，确立了中国法律援助制度的基本框架，明确了公民获得法律援助服务权利的范围。截至 2003 年底，全国法律援助机构已发展到 2774 个，办理法律援助案件 166433 件。人民法院进一步强化法律援助工作，全年依法对确有经济困难的当事人减免诉讼费用 1.41 亿元，缓缴诉讼费用 9.16 亿元，保证了合法权益受到侵犯但经济困难交不起诉讼费的群众能够进行诉讼活动。

第六，立法机关注重对公民权利的维护。2003 年，全国人大常委会审议通过了 10 部法律和有关法律问题的决定，其中《居民身份证法》《道路交通安全法》《行政许可法》和《放射性污染防治法》等法律处处体现为民、便民、利民思想以及尊重和保障人权的基本精神。公民权利正在更多地享受法律的保障，而政府权力也正在更多地受到法律的制约。

纵览 2003 年的依宪治国，有如下三个显著特点：一是回应性，"非典"与后续的制度变迁，孙志刚事件与收容遣送制度的取消均是回应社会发展要求和人民意愿而发展宪法制度的范例；二是个案性，知情权的确立、人身自由和平等权的扩展均是个案推动的结果；三是宪法意识尤其是民主意识和权利意识普遍增强。

二　行政法治

2003 年中国行政法治建设继续取得大的进展。8 月 27 日第十届全国人民代表大会常务委员会第四次会议通过了《行政许可法》，这是继《行政诉讼法》（1989）、《国家赔偿法》（1994）、《行政处罚法》（1996）、《行政复议法》（1999）之后，中国行政法制发展进程中的又一部里程碑式的法律。《行政许可法》的制定标志着中国法律规范和控制行政行为的力度和水平达到了一个新的阶段。除此之外，这一年还发生了若干对中国行政法治的未来发展有重大影响的事件，即"非典"（非典型性肺炎）事件、孙志刚事件、乙肝歧视案等。因特定的具体事件而引发行政法发生重大的观念更新和制度变革，过去尚不多见。从这个意义上讲，本年度的中国行政法治取得了一些"不期而遇"的重要进展。这些"意外"的收获加上预期的成果，使得 2003 年的行政法治建设显得颇为突出和醒目。

2003 年中国行政法治建设最大的成就莫过于制定和颁布《行政许可法》。这部法律出台以后社会各界给予很高的评价。

在《行政许可法》制定之前，中国有关行政许可的法律文件不在少数，广义上的行政许可法①早在《行政许可法》制定之前就有了，主要是行政机关制定的规章，部分为国务院的行政法规和地方人大制定的地方性法规，也有一些全国人大及其常委会制定的法律涉及行政许可。在《行政许可法》颁行之前，中国就已经建立了行政许可法律制度。《行政许可法》的意义不在于它创建了一种全新的行政法律制度，而在于它改造和革新了现存的制度，从整体上将行政许可纳入法治的轨道。

在很大程度上，可以说中国行政许可法治的发生和发展，是政企、政事（政府和事业单位）和政社（政府和社会）分离的结果，说到底，是推进和发展市场经济的产物。改革开放之前，在权力高度集中的计划经济体制下，政企、政事和政社紧密结合在一起，政府与公民、社会组织之间的关系等同或类似于政府的内部关系。对公民、社会组织的许可相当于行政机关内部上级对下级的行政审批。在计划经济时期，没有现代意义上的行政许可，有的只是传统意义上的行政审批。时至今日，"行政许可"对相当一部分人来说仍然是一个"新"概念，他们还是习惯于沿用"行政审批"的提法，由此我们可以看到些许历史的痕迹以及计划经济时代的"惯性"。在内部行政关系中，行政行为的主要依据是上级的指示和命令，现代行政法远未严格到要求内部行政行为也须像外部行政行为那样具有明确法律依据的程度。故而，计划经济时期的行政审批并不要求具有法律依据，其依据主要是党政机关的"红头文件"，甚至可以是领导的讲话或批示。

改革开放以后，随着商品经济和市场经济的不断发展以及计划经济模式为市场经济模式所取代，政企、政事、政社逐步分离开来，公民、社会组织不再像过去那样附属于行政机关，转而取得与行政机关平等的法律地位，行政机关再也不能按照上级指挥下级、下级服从上级的行政方式号令公民和社会组织，行政机关对公民和社会组织行使权力必须具有法律上的依据。这是一个重大的变化，但此一变化并非在一夜之间即可实现。在1990年《行政诉讼法》实施之前，政企、政事和政社分离程度有限，而

---

① 所谓广义上的行政许可法是所有有关行政许可的法律规范和法律文件的统称。它是相对于狭义上的行政许可法而言的。狭义上的行政许可法特指一部名为"行政许可法"的法律。

且其法律保障也不够有力。在此期间，虽然一些法律和法规规定了行政许可，但行政许可的主要依据依然是政府机关内部不具有法律地位的各种正式或非正式的规范性文件。1990 年施行的《行政诉讼法》是一个分水岭。依照《行政诉讼法》第 11 条第 1 款第 4 项的规定，公民、社会组织认为符合法定条件申请行政机关颁发许可证和执照，行政机关拒绝颁发或者不予答复的，可向人民法院提起行政诉讼。而行政机关赢得诉讼的关键之一，就是必须向法院证明其行政许可行为是具有法律依据的。从这时起，法律对行政许可必须具有法律依据提出了强制性要求。20 世纪 90 年代以后，为使行政许可"有法可依"，行政许可立法迅速活跃起来，有关行政许可的法律规范的数量，特别是规章和地方性法规中有关行政许可的数量大幅增加。截至 2003 年 8 月《行政许可法》制定之前，中国行政许可法制化不断取得成效，总体上看，行政许可基本解决了无法可依的问题。但是，行政许可法制化的水平却不高。有关行政许可的法律规范数量不少，但绝大部分是针对公民和社会组织的，规范和制约行政机关行政许可权的法律规范却基本上付之阙如，以致行政许可失控，成为妨碍经济社会发展的重大瓶颈。由于缺乏对行政机关行政许可权的法律限制，行政机关在计划经济时期形成的"一切都要管"的陈旧行政观念的影响以及受相关利益的驱动，滥设许可，随心所欲地介入经济和社会事务，变相造成新的"政企不分""政事不分"和"政社不分"，严重阻滞社会主义市场经济健康运行和改革开放的进一步深入。而在应当设立行政许可的领域，法律对行政许可的程序又缺乏必要的规范，当事人普遍被纷繁复杂、缺乏效率的许可程序搞得苦不堪言，行政许可暗箱操作滋生的腐败现象进一步加剧了人们对行政许可的不满和批评，除此之外，行政许可实践中存在的"重许可、轻监督甚至不监督"问题反过来又加剧了人们对行政许可必要性和正当性的怀疑和抨击。随着中国加入世界贸易组织，过多过滥、缺乏规范的行政许可与经济社会发展的矛盾突出到非集中力量加以解决不可的地步。从 1999 年下半年开始，国务院在全国范围内发起行政审批制度改革。改革的目标很明确，归纳起来就是三条：一是大幅削减行政许可的数量，二是确保许可程序的透明和便民，三是解决行政许可监管不力的问题。正是在这一时代背景下，《行政许可法》应运而生。上述行政审批制度改革所要达到的三个目标就是《行政许可法》所要着力解决的三大问题。

对于《行政许可法》的历史地位和意义，要从两个方面去看。一方面要看到它的社会意义，即其在社会变革中所发挥的作用；另一方面要看到它的法律意义，即其在推进行政法本身的发展上取得了哪些新的突破。

从《行政许可法》的社会意义上看，该法将有力地推动行政观念的转变和行政方式的变革，对最终完成计划经济体制向市场经济体制的转型，促进市场经济体制的进一步成熟和完善，将发挥重大作用。在这个意义上，任何已经出台的其他行政法律，包括《行政诉讼法》《国家赔偿法》《行政处罚法》等法律在内，均无法和它相比。《行政许可法》立法宗旨之一是推动政府职能转变，建立适应市场经济发展要求、权力有限、高效的服务型政府。为此，《行政许可法》对行政许可的设定权进行了严格的规范，意在通过大幅减少行政许可和严格新设行政许可的条件，尽可能多地使政府退出经济和社会事务，尽可能多地使市场和社会发挥其自我调节的作用。权力减小了，因权力行使而产生的腐败等副作用也可随之减少，对于树立政府清廉的形象十分有利。《行政许可法》的制定和实施，将会在很大程度上改变政府机关工作人员特别是领导干部"凡事都要管、要管就要设许可"的思维习惯，使他们切实认识到在法治社会和市场经济条件下，政府权力是有限的，不能想干什么就干什么。与此同时，行政机关及其工作人员还必须学会如何在公开、透明的条件下行使权力，学会适应"把方便给予群众，把麻烦留给自己"的新型行政程序。因此，可以毫不夸张地说，《行政许可法》对于建立、保持和发展政府与经济、社会之间的和谐互动关系，推动政府机关及其工作人员彻底告别计划经济时期的管理理念和行政方式，将产生革命性的影响。党和国家领导人对这部法律的制定和实施如此重视、社会如此期盼，绝不是偶然的。

从制度创新的角度看，《行政许可法》继承了改革开放以后特别是《行政处罚法》《立法法》制订和实施以来中国行政法制建设的经验，如《行政处罚法》首次以法律形式确立的"行政权设定"制度、行政权的相对集中行使、行政机关作出决定之前的告知义务以及行政相对人的陈述申辩权利、听证制度、"收支两条线"原则等,《立法法》所规定的行政立法的专家和公众参与机制等,都在《行政许可法》中得到体现和新的发展。除此之外,《行政许可法》还在以下几个方面取得了突破。

第一,突破了行政许可的理论范畴,体现了注重权利保护的务实的行政法理念。在学理上,"许可"与"确认"以及"登记"的行政行为是严格区分的。"许可"意为批准或同意,具有授权或授益的内容;而"确认"是对既定事物是否具备某种特性、达到某种条件或标准的认可或证明;"登记"是将某一事项记录在案。无论是"确认"还是"登记",其本身都不具有授权或授益的内容,更不直接进行准予当事人从事某种活动的意思表示。然而,《行政许可法》还是将经当事人申请而由行政机关进行的"确认"(资格、资质的认定,检疫、检验、检测等)和"登记"纳入了行政许可的范畴,从而促进了行政法理论的发展。为什么《行政许可法》要将"确认"和"登记"在一定条件下视为"行政许可"呢?就是因为行政的"确认"或"登记"虽然本身不是"行政许可",但在一定条件下会产生与"行政许可"相同或相似的法律后果,如果将行政确认和行政登记排除在外,就会使许多名为"确认""登记",实为"许可"的行政行为逃脱《行政许可法》的规范和制约,导致当事人的合法权利无法得到有效的法律保护。因此,基于"务实保护"的理念,《行政许可法》将具有许可性质的行政确认和登记纳入自己的调整范围。可以这么说,凡公民、组织提出申请,要求行政主体作出某种行为,以使其得以行使某种权利、从事某种活动的,行政机关的行为无论其形式和内容为何,都有可能成为《行政许可法》所定义的行政许可,并为《行政许可法》所规范。

第二,间接确认了"信赖保护"原则。"信赖保护"是德国等大陆法系国家行政法的一项重要原则,旨在限制和取消行政机关任意变更和撤销(撤回、废止)已经生效的行政行为的权力。《行政许可法》第 8 条规定:"公民、法人或者其他组织依法取得的行政许可受法律保护,行政机关不得擅自改变已经生效的行政许可。"这是中国首次以法律形式作出的与信赖保护原则相一致的法律规定,具有普遍的意义。不过,法律条文本身并没有直接出现"信赖保护"原则的提法,而从立法过程看,该条立法的确受到中国有关信赖保护原则理论研究的影响，所以说，《行政许可法》"间接地"确认了"信赖保护"原则。这无疑是《行政许可法》的一个亮点。

第三，打破了一般事项立法权与特定事项设定权对等配置的格局。按照《行政处罚法》开创的先例，凡拥有法律法规和规章制定权的机关相应地也拥有程度不等的行政处罚设定权。但是，《行政许可法》打破了这一先例。《行政许可法》规定：在规章中，只有省级人民政府的规章方可依法设定行政许可，国务院部委以及其他类型的地方规章均不得设定行政许可。

第四，强化了抑制部门保护和地方保护主义的机制。《行政许可法》出人意外地取消了国务院部委设定行政许可的权力，对地方性法规和省级人民政府规章设定行政许可的权力规定了防止地方保护主义的特别限制，特别是排除了地方性法规和规章享有规定行政许可收费的立法权力，对部门保护和地方保护给予如此明确和有力的遏制，这在全国人大及其常委会制定的法律中，似乎是绝无仅有的。

第五，确认统一、集中和联合行使权力行政方式。《行政许可法》第26条规定："行政许可需要行政机关内设的多个机构办理的，该行政机关应当确定一个机构统一受理行政许可申请，统一送达行政许可决定。行政许可依法由地方人民政府两个以上部门分别实施的，本级人民政府可以确定一个部门受理行政许可申请并转告有关部门分别提出意见后统一办理，或者组织有关部门联合办理、集中办理。"这一规定的立法宗旨在于便民和提高效率。以法律形式确认这样的行政程序，《行政许可法》是第一次。

第六，在行政程序的公开性和透明度上取得较大突破。在行政许可程序的公开性和透明度上取得多项重大进展，是《行政许可法》最引人注目之处。首先，《行政许可法》首次在法律中确认了公众查阅政府文件的权利。《行政许可法》第61条规定，公众有权查阅行政机关的监督检查记录，应当说，这是我国行政法的一个重要突破，为日后进一步扩大公众查阅政府文件的权利、建立健全中国的政府信息公开制度创造了一个良好的先例。其次，《行政许可法》首次通过法律规定了电子政务。《行政许可法》第 33 条规定："行政机关应当建立和完善有关制度，推行电子政务，在行政机关的网站上公布行政许可事项；方便申请人采取数据电文等方式提出行政许可申请；应当与其他行政机关共享有关行政许可信息，提高办事效率。"这一规定适应信息时代的特点和要求，其先进性非常突出。再次，首次在法律中规定了行政文件的公示制度。《行政许可法》第 30 条规定："行政机关应当将法律、法规、规章规定的有关行政许可的事项、依据、条件、数量、程序、期限以及需要提交的全部材料的目录和申请书示范文本等在办公场所公示。"最后，首次规定了执法过程中行政机关主动实施的、面向公众的听证制度。《行政处罚法》首次将听证引入我国的行政程序，但该法规定的听证属于当事人要求的、面向当事人的听证，《行政许可法》则更进一步规定了行政机关可以在一定条件下主动实施面向公众的听证，从而进一步发展了执法过程中的听证制度。

《行政许可法》颁布以后引发了较高的社会期待，对行政机关构成了一定的压力和挑战。为配合本法的实施，国务院带头对行政许可事项进行了大幅削减和压缩，共减掉 1795 个行政许可事项，削减率达到 48.9%。各地在中央的统一要求下均对原有的许可事项进行全面清理和削减，一些地方的削减率超过了 50%。与此同时，公民和社会组织也以《行政许可法》为依据，质疑和挑战现行有效的一些行政许可规定的合法性，如对上海以拍卖方式发放机动车牌照合法性的质疑，对北京要求外来务工人员领取暂住证的合法性的质疑等。《行政许可法》制定以后已经在立法机关和行政机关普遍产生了审慎对待行政许可的效应。但是，对《行政许可法》的评价和期待不能脱离实际。中国的发展模式是一种行政主导的模式，近来提出的科学发展观和构建和谐社会的主流理念，不仅不会削弱行政主导的特点，而且政府的作用反而有可能进一步加强。不能排除行政许可压缩到一定程度后未来又出现反弹的可能性。《行政许可法》确有限制和缩小行政许可规模的目的，但也没有采行自由放任的国家和社会治理思路，在约束行政许可设定权方面，《行政许可法》规定了一些措施，但其表现出来的灵活性和妥协性也颇为明显。如果《行政许可法》能够切实推进行政许可设定和实施过程的规范化和法治化，即使将来行政许可的规模根据需要有所扩张，它就可以说是不辱使命了。

　　回顾 2003 年中国行政法制的发展状况，不能不提到特定事件的影响。这一年的上半年发生了"非典型性肺炎"在全国范围内传染、蔓延的突发事件。在"非典"的初期，政府有关部门对"非典"的严重性和危害性估计不足，对"非典"疫情采取了封锁消息、拖延发布有关信息甚至发布虚假信息的做法，结果错失控制和消除"非典"疫情的时机，并造成社会恐慌。此后，"非典"问题引起国家领导人的高度重视，各地迅速采取了各种强有力的应对措施，其中的一个关键措施就是彻底改变封锁消息的做法，全面、准确和及时发布"非典"疫情及其防治信息，严厉惩处瞒报、虚报有关信息的政府官员。由于信息公开透明，公众对"非典"的恐惧心理逐渐消退，并恢复了对政府防治工作的信任，为最终成功地控制和消除"非典"疫情，创造了不可缺少的社会条件和环境。"非典"事件引起对不公开、不透明的封闭式管理思路和方式的深刻反思。这一事件不仅使社会对信息权、知情权以及全面构建政府信息公开制度的呼声和要求进一步强化，而且还使各级官员切身体会到"封锁消息""暗箱操作""关门行政"的行政方式与时代的冲突和不适应，是一种政治上的短视行为。受"非典"事件的启发和触动，有关部门加快了全面建立政务和政府信息公开制度的步伐。

　　在"非典"期间，不少地方实质上进入了紧急或应急状态，采取了一些非常措施，引起人们对紧急状态下如何保持法治和保障公民基本权利问题的关注，为此，国务院在抗击"非典"的高峰期发布了《突发公共卫生事件应急条例》，这是将突发事件的应急处理纳入法治轨道的一次有益的尝试。以《突发公共卫生事件应急条例》的颁布为契机，如何建立和健全中国紧急状态法律制度的问题随后提上立法机关的议事日程。

　　因警察滥用权力导致无辜人员被迫害致死的孙志刚案件被媒体披露后，引起强烈的社会反响。这个案件既暴露了城市外来人员管理制度本身存在的弊端和问题，也表明一些部门和领域执法人员滥用权力到了何等失控的地步。孙志刚案件与执政为民、以人为本以及建设法治政府等新一届中央领导集体倡导的治国理念格格不入，形成极大的反差。为避免再发生类似的案件，国务院废除了多年来备受争议的《城市流浪乞讨人员收容遣送办法》，并在很短的时间内制定了新的《城市生活无着的流浪乞讨人员救助管理办法》。依照这一新的行政法规，公安以及其他任何部门均不得对城市流浪乞讨人员采取强制收容遣送措施，与此同时，政府有关部门还有义务对这些人员提供救助服务。新的管理办法较好地贯彻了人权保障的原则，体现了以人为本的执政思想，但这部法规在实效性方面存在一些缺陷，在一定程度上影响了它的执行效果。

除孙志刚案件外，这一年还发生了全国第一例"乙肝歧视案"。安徽芜湖的一位大学生因被查出感染乙肝病毒，而未被录取为国家公务员。该生遂提起行政诉讼，状告当地政府人事部门"乙肝歧视"。此案同样在全国引起广泛关注。以人权、公平、正义等一般理由质疑具体行政行为及其所依据的规范性文件的合法性，是本案的一个显著特点。它从一个侧面表明，人权因素对中国行政法的影响正处于不断增长的过程中，可以想见，类似的案件以后还将不断涌现。如何在社会日益增强的人权诉求与其他功利性目标（如提高效率）之间达成新的、适当的平衡，将是中国行政法在今后一段较长的时间内必须始终认真面对的一个课题。

三　民商经济法治

2003 年，中国有关民事、商事和经济方面的法制建设获得进一步的发展。全国人大常委会制定和修改的有关民事、商事和经济方面的法律有六部；国务院及其所属部门、最高人民法院在民商经济法制建设方面也发挥了积极的作用。

（一）民事和商事

在立法层面，十届全国人大常委会先后颁布《道路交通安全法》《证券投资基金法》和《关于修改〈中华人民共和国商业银行法〉的决定》。《道路交通安全法》于 2003 年 10 月 28 日通过，自 2004 年 5 月 1 日起施行；《证券投资基金法》于 2003 年 10 月 28 日通过，自 2004 年 6 月 1 日起施行；《关于修改〈中华人民共和国商业银行法〉的决定》于 2003 年 12 月 27 日通过，自 2004 年 2 月 1 日起施行。

在行政规范层面，国务院所属部门也制定规章，对有关的民商事行为予以规范。例如，为加强国有土地资产管理，优化土地资源配置，规范协议出让国有土地使用权行为，根据《城市房地产管理法》《土地管理法》和《土地管理法实施条例》，国土资源部 2003 年 6 月 11 日公布《协议出让国有土地使用权规定》，规定在中华人民共和国境内以协议方式出让国有土地使用权的，适用本规定，原国家土地管理局 1995 年 6 月 28 日发布的《协议出让国有土地使用权最低价确定办法》同时废止。为依法、公正、及时地做好土地权属争议的调查处理工作，保护当事人的合法权益，维护土地的社会主义公有制，根据《土地管理法》，国土资源部 2003 年 1 月 3 日公布《土地权属争议调查处理办法》，1995 年 12 月 18 日原国家土地管理局发布的《土地权属争议处理暂行办法》同时废止。

在司法解释层面，最高人民法院先后发布了《关于审理与企业改制相关民事纠纷案件若干问题的规定》《关于参照〈医疗事故处理条例〉审理医疗纠纷民事案件的通知》《关于审理证券市场因虚假陈述引发的民事赔偿案件的若干规定》《关于审理商品房买卖合同纠纷案件适用法律若干问题的解释》《关于审理期货纠纷案件若干问题的规定》《关于审理人身损害赔偿案件适用法律若干问题的解释》《关于适用〈中华人民共和国婚姻法〉若干问题的解释（二）》等重要的民商事司法解释，丰富了中国民商事立法的内容，也为中国人民法院正确处理民商事复杂疑难和特殊案件提供了依据。

（二）知识产权

在专利管理方面，为了完善专利代理制度，维护专利代理行业的正常秩序，保障专利代理机构和专利代理人依法执业，国家知识产权局 2003 年 6 月 6 日颁布《专利代理管理办法》。为规范实施发明专利或者实用新型专利的强制许可的给予、费用裁决和终止程序，国家知识产权局 2003 年 6 月 13 日颁布《专利实施强制许可办法》，规定国家知识产权局负责受理和审查强制许可、强制许可使用费裁决和终止强制许可的请求并作出决定。

在商标的申请和管理方面，国家工商行政管理总局重新发布了多项部门规章。2003 年 4 月 17 日，国家工商行政管理总局发布《马德里商标国际注册实施办法》，规定"以中国为原属国的商标国际注册申请、指定中国的领土延伸申请及其他有关的申请"，适用该办法；该办法自 2003 年 6 月 1 日起施行；1996 年 5 月 24 日由原国家工商行政管理局发布的《马德里商标国际注册实施办法》同时废止。2003 年 4 月 17 日，国家工商行政管理总局发布《集体商标、证明商标注册和管理办法》，自 2003 年 6 月 1 日起施行；原国家工商行政管理局 1994 年 12 月 30 日发布的《集体商标、证明商标注册和管理办法》同时废止。2003 年 4 月 17 日，国家工商行政管理总局发布《驰名商标认定和保护规定》，自 2003 年 6 月 1 日起施行；1996 年 8 月 14 日原国家工商行政管理局颁布的《驰名商标认定和管理暂行规定》同时废止。

在著作权的使用和管理方面，国家版权局 2003 年 7 月 30 日发布《著作权行政处罚实施办法》，对著作权违法行为进行了列举，并规定国家版权局以及地方人民政府享有著作权行政执法权的有关部门在法定职权范围内依法就著作权违法行为实施行政处罚。

（三）经济和环境

2003 年，依法治国的思想在宏观调控、环境保护等方面得到了进一步的落实和体现。

1. 金融监管

中国在立法和执法层面都在逐步加强金融监管的措施和力度。

2003 年 4 月 26 日，十届全国人大常委会第二次会议确定中国银行业监督管理委员会履行原由中国人民银行履行的审批、监督银行、金融资产管理公司、信托类投资公司以及其他存款类金融机构等相关职责。2003 年 12 月 27 日，第十届全国人民代表大会常务委员会第六次会议通过《银行业监督管理法》，该法自 2004 年 2 月 1 日起施行。为适应金融监管体制改革的需要，明确中国人民银行的职责，中国人民银行主要负责金融宏观调控，但为了实施货币政策和维护金融稳定，也保留必要的监管职责。2003 年 12 月 27 日，全国人民代表大会常务委员会还通过了《关于修改〈中华人民共和国中国人民银行法〉的决定》，主要对《中国人民银行法》有关金融监管的内容予以修订，修订后的《中国人民银行法》自 2004 年

2月1日起施行。

为了加强对保险公司偿付能力的监管，中国保险监督管理委员会2003年3月24日发布《保险公司偿付能力额度及监管指标管理规定》，该规定自发布之日起施行。中国的保险市场在2003年获得进一步的开放，保监会于2003年12月11日发布公告称，根据中国入世承诺，自即日起，允许外资财产险公司经营除法定保险业务以外的全部非寿险业务。外资财产险公司可据此办理"经营保险业务许可证"变更等相关手续。同时，增加福州、厦门、宁波、沈阳和武汉5个城市为保险业对外开放城市。

为进一步加强对证券市场的监管，中国证券监督管理委员会以批复、通知、意见、公告等形式发布了百余个部门规章，并修订了有关上市公司信息披露的准则和规则。特别是证监会发布的《证券发行上市保荐制度暂行办法》《证券公司客户资产管理业务试行办法》《证券公司内部控制指引（修订）》《证券公司治理准则（试行）》《关于加强证券公司营业部内部控制若干措施的意见》《证券公司债券管理暂行办法》《关于要约收购涉及的被收购公司股票上市交易条件有关问题的通知》等，在一定程度上规范和引导着证券市场的发展。

2. 税收

2003年，利用税收调控经济的措施得到进一步加强。自2002年开始，全国有20个省（含自治区、直辖市）以省为单位进行了农村税费改革试点，其他省份继续在部分县（市）进行试点。试点工作进展顺利，取得了明显成效，推进了农村经济的持续发展和社会的全面进步。为此，国务院2003年3月27日发布《关于全面推进农村税费改革试点工作的意见》，决定2003年在进一步总结经验、完善政策的基础上，全面推进农村税费改革试点工作。为贯彻对外开放政策、促进对外经济贸易和国民经济的发展，国务院2003年11月23日还发布《进出口关税条例》；为规范税务登记管理，加强税源监控，国家税务总局2003年11月27日发布了《税务登记管理办法》。

3. 资源利用和环境保护

首先，2003年6月28日，第十届全国人民代表大会常务委员会第三次会议通过《放射性污染防治法》，该法于同年10月1日起施行。其次，为了加强无居民海岛管理，保护无居民海岛生态环境，维护国家海洋权益和国防安全，促进无居民海岛的合理利用，根据有关法律，国家海洋局、民政部、总参谋部 2003 年 6 月 17 日发布《无居民海岛保护与利用管理规定》，在中华人民共和国内水、领海、专属经济区、大陆架及其他管辖海域内，从事无居民海岛的保护与利用活动，适用该规定。最后，为了加强对排污费征收、使用的管理，国务院制定《排污费征收使用管理条例》，自 2003 年 7 月 1 日起施行；1982 年 2 月 5 日国务院发布的《征收排污费暂行办法》和 1988 年 7 月 28 日国务院发布的《污染源治理专项基金有偿使用暂行办法》同时废止。

（四）劳动和社会保障

中国的劳动和社会保障法制建设有进一步的发展。2003 年 4 月 16 日，国务院第五次常务会议讨论通过《工伤保险条例》，该条例自 2004 年 1 月 1 日起施行。国务院制定该条例的目的是保障因工作遭受事故伤害或者患职业病的职工获得医疗救治和经济补偿，促进工伤预防和职业康复，分散用人单位的工伤风险。劳动和社会保障部于 2003 年 9 月 23 日还颁布了《工伤认定办法》。2003 年 10 月 14 日，中共十六届三中全会通过《中共中央关于完善社会主义市场经济体制若干问题的决定》，明确强调要"加快建设与经济发展水平相适应的社会保障体系"。

劳动和社会保障工作在 2003 年也取得了较好的成绩。①采取措施解决拖欠农民工工资问题。为切实解决建筑业存在的拖欠和克扣农民工工资问题，保护农民工合法权益，维护社会稳定，劳动和社会保障部、建设部联合发布《关于切实解决建筑业企业拖欠农民工工资问题的通知》。②最低生活保障制度。2003 年，享受城镇最低生活保障的人数为 2235 万人，享受农村最低生活保障的人数为 395 万人。③基本养老保险、基本医疗保险、失业保险和工伤保险。2003 年底，中国参加基本养老保险的职工人数超过 1.5 亿人，达到 15490 万人；全国参加失业保险的职工人数为 10373 万人；全国失业保险基金收入 250 亿元；领取失业保险金人数为 415 万人，比上年底减少 25 万人；全国参加基本医疗保险的人数为 10895 万人，比上年底增加 1495 万人，其中，参加医疗保险的职工人数为 7977

万人，参加医疗保险的退休人数为 2918 万人，分别比上年底增加 1051 万人和 444 万人；全国参加工伤保险的人数为 4573 万人，享受工伤保险待遇人数为 37 万人。④部分省份还开展了生育保险工作。2003 年底，全国有 29 个省份开展了生育保险工作，参加生育保险的人数为 3648 万人，有 35 万职工享受生育保险待遇。

（五）民事诉讼和仲裁

1. 民事诉讼制度

随着中国市场经济的发展，《民事诉讼法》的滞后性已非常突出。在《民事诉讼法》还没有修改的情况下，司法解释充当了完善《民事诉讼法》的先锋，但实际上损害了《民事诉讼法》的完整性与统一性。可以预见的是，我国《民事诉讼法》的全面修订将提上日程。

2003 年，最高人民法院以《关于审理人身损害赔偿案件适用法律若干问题的解释》《关于审理与企业改制相关民事纠纷案件若干问题的规定》《关于审理商品房买卖合同纠纷案件适用法律若干问题的解释》《关于审理期货纠纷案件若干问题的规定》《关于适用〈中华人民共和国婚姻法〉若干问题的解释（二）》等司法解释就有关的案件管辖和诉讼程序均作出了相应的规定。特别是以下两个司法解释，弥补了中国民事诉讼程序的不足。

第一，《关于适用简易程序审理民事案件的若干规定》。为保障和方便当事人依法行使诉讼权利，保证人民法院公正、及时审理民事案件，最高人民法院根据《民事诉讼法》的有关规定，结合民事审判经验和实际情况，于 2003 年 9 月 10 日公布了《关于适用简易程序审理民事案件的若干规定》，就基层人民法院根据《民事诉讼法》第 142 条规定审理简单的民事案件作出了规定。基层人民法院适用第一审普通程序审理的民事案件，当事人各方自愿选择适用简易程序，经人民法院审查同意的，可以适用简易程序进行审理；人民法院不得违反当事人自愿原则，将普通程序转为简易程序。该规定自 2003 年 12 月 1 日起施行，2003 年 12 月 1 日以后受理的民事案件，适用该规定。

第二，《关于适用〈中华人民共和国海事诉讼特别程序法〉若干问题的解释》。中国《海事诉讼特别程序法》颁布后，在实践中遇到许多实务问题。为了依法正确审理海事案件，最高人民法院根据《民事诉讼法》和《海事诉讼特别程序法》的规定，结合海事审判的实践经验，于 2003 年 1 月 6 日公布了《关于适用〈中华人民共和国海事诉讼特别程序法〉若干问题的解释》，就人民法院适用海事诉讼特别程序法所涉及的管辖、海事请求保全、海事强制令、海事证据保全、海事担保、送达、审判程序、设立海事赔偿责任限制基金程序、债权登记与受偿程序、船舶优先权催告程序等问题作出了解释。该司法解释自 2003 年 2 月 1 日起施行。

2. 仲裁制度

最高人民法院针对《仲裁法》适用过程中遇到的问题，起草了《关于适用〈中华人民共和国仲裁法〉若干问题的解释（草案）》。

仲裁制度的发展还表现在以下两个方面。

首先，仲裁机构积极加强行业仲裁制度建设。2003 年，中国国际经济贸易仲裁委员会颁布《金融争议仲裁规则》，制定《金融专业仲裁员名册》，积极探索在金融行业利用仲裁解决争议的制度，突出了解决金融争议要求专家裁判、程序灵活、时间快捷和费用低廉的特点，得到了银行等金融行业的支持。仲裁机构还在积极筹划、起草涉及证券、建筑、房地产、IT 和其他专业的仲裁规则，筹备开展专业仲裁员的选聘工作，力求切实提高仲裁的专业化水平，改进仲裁委员会的专业化仲裁服务。

其次，域名争议在线仲裁获得发展。2003 年，中国国际经济贸易仲裁委员会域名争议解决中心共计受理案件 108 件，其中，cn 域名争议案件 96 件，通用网址争议案件 3 件，分类顶级域名争议案件 9 件，当年结案 101 件。域名争议解决中心受理的案件数与 2002 年案件数相比有大幅增长，增长幅度为 227%。域名争议案件的仲裁，也为我国仲裁机构有效开展在线仲裁其他争议积累了经验。

四 刑事法治

刑事法治状况主要体现在两个方面，一是刑事案件的质和量，二是刑事立法和司法的水平。2003 年全国刑事案件的数量及恶性案件的情况已由相关数据所反映，而 2003 年刑事立法的情况在立法机关的有关材料中也已得到详尽说明，从刑事法制的推进意义上来说，进展有限。因此，此处的分析主要针对的是刑事司法的状况。

从最高人民法院和最高人民检察院的工作报告中，可以得到 2003 年的刑事司法状况与上年相比并无明显变化的印象。如果说评价刑事司法状况的依据主要在于刑事司法实现刑事法律的实体公正和程序公正这两个方面的因素，那么，在刑事司法实现实体公正方面没有明显的变化时，理应将关注的重点放到刑事司法在实现程序公正方面的进展。然而，我们所了解的情况并不足以得出这方面进展程度的明确结论，倒是出现了一些对实现程序公正可能产生不利影响的迹象。这可以从具有轰动效应的案例中予以分析。

沈阳的刘涌案件引起轰动，源于二审法院改一审死刑判决为死刑缓期执行。最高人民法院按照审判监督程序提审后，再次改判死刑立即执行。这虽然给案件画上了句号，并因此平息了众多议论，然而，因该案而暴露的问题却未因此而消解。诸如一旦被告方提出证据系由刑讯逼供等非法方法取得的，证明证据合法性的责任由谁承担？法官肯定指控或否定辩护、判决书认定事实，是否需要充分说明理由？民众对犯罪的普遍憎恨，在个案中应否以及能否避免对司法构成强大压力，以至于可以不顾合法证据所应得到的结论？法院尤其是最高人民法院在刑事司法中应当并能够扮演哪种角色？上述种种问题在刘涌案件中的处理方式和结果，使人们有理由对刑事司法的程序公正所遇到的困境产生忧虑。现代刑事法制观念关于公正的要求，既在于否定以情绪代替法律，也在于肯定辩护方尤其是被告人的合法权益，更在于要求职权机关必须依照法定程序追诉犯罪。当这些要求可以被如此否定时，推进刑事法制面临着需要解决的难题。因此，刑事司法实现程序公正的艰难程度，需要引起高度重视。

（参见法治蓝皮书《中国法治发展报告 No. 2（2004）》）

第二章　2004 年中国法治发展与展望

2004 年，中国法治继续保持良好发展势头：修改宪法、纪念全国人大成立五十周年、全国人大及其常委会不断提高立法质量、国务院出台《全面推进依法行政实施纲要》、"两高"深入推进司法体制改革、以宣传《宪法修正案》为重点开展普法教育……所有这些活动和举措，都清晰实在地记载了中国民主法治的历史进程，彰显了中国法治进步的发展趋势。

一　第四次修改宪法，实现宪法的又一次与时俱进

宪法是国家的根本大法，是治国安邦的总章程，是保持国家统一、民族团结、经济发展、社会进步和长治久安的法律基础，是中国共产党执政兴国、团结带领全国各族人民建设中国特色社会主义的法制保证，具有最高的法律效力。2004 年 3 月 14 日，出席十届全国人大二次会议的 2903 名全国人大代表，以无记名投票方式，郑重表决《宪法修正案（草案）》，以 2863 张赞成票的结果，通过了 1982 年宪法的第四次《宪法修正案》。《宪法修正案》确立了"三个代表"重要思想在国家政治生活和社会生活中的指导地位，将党的十六大确定的重大理论观点和重大方针政策以宪法的形式固定下来，反映了全党全国各族人民的共同愿望，是中国宪法史上一个重要的里程碑，具有重大的现实意义和深远的历史意义。

这次修宪总的原则是，坚持以马克思列宁主义、毛泽东思想、邓小平理论和"三个代表"重要思想为指导，贯彻党的十六大精神，体现党的十三届四中全会以来的基本经验，把党的十六大确定的重大理论观点和重大方针政策写入宪法。根据这个原则，这次修改宪法不是大改，而是部分

修改，对实践证明是成熟的、需要用宪法规范的、非改不可的进行修改，可改可不改、可以通过宪法解释予以明确的不改。

这次修宪共有 14 条修正案，修改的主要内容包括：确立了"三个代表"重要思想的宪法地位，为"三个文明"协调发展提供宪法保障，巩固和发展最广泛的爱国统一战线，保障和促进非公有制经济健康发展，保护公民的私有财产权和继承权，为健全社会保障制度提供宪法依据，确立了"国家尊重和保障人权"的宪法原则，为确立和完善紧急状态制度提供宪法依据，等等。

这次修宪有两个显著的特点：一是充分发扬民主、广泛征求意见，自下而上、两下两上，经过反复认真研究，形成修改方案；二是中共中央的"修宪建议"经中央政治局常委会会议和中央政治局会议多次讨论研究，提请党的十六届三中全会审议通过后，由党中央提请全国人大常委会依照法定程序提出《宪法修正案（草案）》的议案。这次修宪，始终坚持正确的政治方向，坚持四项基本原则，立足中国国情，体现了讲法治与讲政治的统一，宪法和法律是党的主张与人民意志的统一。这次修改宪法，有利于加强和改善党的领导，有利于发挥社会主义制度的优越性，有利于调动广大人民群众的积极性，有利于维护国家统一、民族团结和社会稳定，有利于促进经济发展和社会全面进步。

为了广泛宣传宪法，深入学习宪法，保证宪法的有效实施，党中央决定以这次修改宪法为契机，在全国集中开展学习和贯彻实施宪法的活动。根据中央的统一部署，全国人大常委会及时编辑出版了宪法和宪法修正案辅导读本和学习问答，举办了省级人大常委会负责人宪法学习班，开办了宪法和宪法修正案远程讲座和专题报告会，并通过各大媒体加强对宪法和宪法修正案的宣传与普及。各地区、各部门把学习和贯彻落实宪法作为"四五普法"的重要内容，采取专题讲座、课堂教学、座谈讨论、知识竞赛等多种形式宣传普及宪法知识和学习贯彻宪法。通过一系列活动，有力地推动了宪法的宣传教育，使各级国家机关公职人员忠于宪法、遵守宪法、维护宪法的自觉性进一步提高，全民的宪法意识和法治观念进一步增强。

二　不断发展社会主义民主政治，坚持和实行依法执政

中国共产党是中国的执政党，党的执政能力和执政水平，直接关乎执政党的兴衰，关乎我国社会主义现代化事业的成败。2004 年 9 月召开的中国共产党第十六届中央委员会第四次全体会议，对加强党的执政能力建设作出专门决定。其中，要求执政党必须不断提高发展社会主义民主政治的能力，推进社会主义民主的制度化、规范化和程序化，贯彻依法治国基本方略，推进决策的科学化、民主化，加强对权力运行的制约和监督，改革和完善党的领导方式，实现"坚持党的领导、人民当家作主和依法治国的有机统一"。

依法执政，就是执政党要抓住制度建设这个带有根本性、全局性、稳定性、长期性的重要环节，坚持依法治国，领导立法，带头守法，保证执法，不断推进国家经济、政治、文化、社会生活的法制化、规范化，从制度上、法律上保证执政党的路线方针政策的贯彻实施，使这种制度和法律不因领导人的改变而改变，不因领导人的看法和注意力的改变而改变。

要实现依法执政，首先，要求执政党加强对立法工作的领导，善于使党的主张通过法定程序成为国家意志；其次，全体共产党员特别是党员领导干部要牢固树立法治观念，坚持在宪法和法律的范围内活动，带头维护宪法和法律的权威；再次，执政党要督促、支持和保证国家机关依法行使职权，在法治轨道上推动各项工作的开展，保障公民和法人的合法权益；最后，执政党要加强和改进对政法工作的领导，支持审判机关和检察机关依法独立公正地行使审判权和检察权，提高司法队伍素质，加强对司法活动的监督。

坚持依法执政，还需要进一步研究依法执政的理论、原则、主体、依据、法律责任等问题，需要通过政治体制改革和推进依法治国，从宪法制度上、法律程序上和法治机制上把依法执政的原则要求真正落到实处。

三 纪念全国人大成立五十周年,全面总结民主法治建设基本经验

2004 年 9 月，首都各界在北京隆重集会，纪念全国人民代表大会成立 50 周年，中央主要领导同志在纪念会上发表了重要讲话。他的讲话全面回顾了人民代表大会制度形成与发展的光辉历程，系统总结了人民代表大会制度的巨大优越性，深刻阐述了坚持和完善人民代表大会制度最根本的是要把坚持党的领导、人民当家作主和依法治国有机统一起来，并从加强立法、监督、与人民群众联系和自身建设等四个方面对人大工作提出了明确要求。这次重要讲话对发展社会主义民主政治，建设社会主义法治国家，坚持和完善人民代表大会制度，开创人大工作新局面，具有十分重要的指导意义。

50 年的实践和探索，人民代表大会制度不断巩固和完善，显示出强大的生命力和巨大的优越性：人民代表大会制度保障了人民当家作主，动员了全体人民以国家主人翁的地位投身社会主义建设，保证了国家机关协调高效运转，维护了国家统一和民族团结。50 年来的历程充分证明，人民代表大会制度是符合中国国情、体现中国社会主义国家性质、能够保证中国人民当家作主的根本政治制度，也是党在国家政权中充分发扬民主、贯彻群众路线的最好实现形式，同国家和人民的命运息息相关。长期以来，全国各族人民通过人民代表大会制度牢牢地把国家和民族的前途命运掌握在自己手中，这是我们国家和人民能够经得起各种风浪、克服各种困难、沿着社会主义道路前进的可靠制度保证，也是我们全面建设小康社会、实现中华民族伟大复兴的可靠制度保证。

对于全国人民代表大会今后的工作，中央领导同志提出了四个"进一步"的要求。

第一，进一步加强和改进立法工作，提高立法质量。制定和修改法律法规应当遵循五个"坚持"原则：①坚持以宪法为依据，维护国家法制的统一；②坚持以人为本，把实现好、维护好、发展好最广大人民的根本利益作为根本出发点和归宿；③坚持科学发展观，从法律上体现统筹城乡

发展、统筹区域发展、统筹经济社会发展、统筹人与自然和谐发展、统筹国内发展和对外开放的要求；④坚持把立法同改革、发展、稳定的重大决策紧密结合起来，为促进社会主义物质文明、政治文明和精神文明的协调发展服务；⑤坚持走群众路线，充分发扬民主，广泛听取各方面意见，力求使制定的法律法规严谨周密、切实可行。

第二，进一步加强和改进人民代表大会的监督工作，增强监督实效。权力不受制约和监督，必然导致滥用和腐败。加强对权力的制约和监督，在于确保宪法和法律得到正确实施，确保行政权和司法权得到正确行使，确保公民、法人和其他组织的合法权益得到尊重和维护。必须以依法行政、公正司法为主要内容，进一步健全监督机制、完善监督制度，增强对行政机关、审判机关、检察机关工作监督的针对性和实效性，支持和督促它们严格按照法定的权限和程序办事，保证把人民赋予的权力真正用来为人民谋利益。行政机关、审判机关、检察机关必须忠实履行宪法和法律赋予的职责，自觉接受人民代表大会及其常务委员会监督。

第三，进一步密切各级人民代表大会同人民群众的联系，更好地发挥人民代表大会代表的作用。全国各级人民代表大会 280 多万名代表要密切联系群众，倾听群众呼声，深入了解民情，充分反映民意，广泛集中民智。要进一步规范人民代表大会代表的活动方式，引导和发挥好人民代表大会代表依法履行职责的积极性，充分发挥他们的作用。

第四，进一步加强各级人民代表大会及其常务委员会的组织制度和工作制度建设，完善适合国家权力机关特点、充满活力的组织制度和运行机制，不断促进人民代表大会及其常务委员会工作的制度化、法制化、规范化；优化人民代表大会常务委员会组成人员的结构，完善各级人民代表大会及其常务委员会的议事程序和工作制度，更好地坚持民主集中制原则，保证人民代表大会代表和人民代表大会常务委员会组成人员依法履行权利。

政治体制改革是全国人民高度关心的问题，也是中国改革中最敏感复杂的问题。应当根据什么原则进行中国的政治体制改革？中央领导同志在讲话中明确指出，推进政治体制改革、发展社会主义民主政治，必须遵循"四个有利于"的原则，即有利于增强党和国家的活力，有利于调动人民群众的积极性、主动性、创造性，有利于维护国家统一、民族团结和社会稳定，有利于促进经济发展和社会全面进步。这也是保证党和国家长治久安、切实维护最广大人民的根本利益必须遵循的原则，任何时候都不能动摇。

人民代表大会制度是我国的根本政治制度，也是中国民主与法治建设的基石。人民代表大会的立法权、重大事项决定权、人事任免权与监督权等项权力能否有效行使，对我国法治建设的发展具有重要影响。本年度，从"人大代表退出机制"、"述职评议票决制"、网上征集公民对立法项目的意见与建议等制度创新当中，人们真切地感受到人民代表大会制度的稳步进展。但人民代表大会制度的发展、人民代表大会一些宪法权力的落实，因受到诸多历史与现实因素的制约，在立法、监督、组织制度等各方面尚存在诸多的问题，未能完全回应社会发展的需求，我们需要直面这些问题和情况，并作出有效应对。

四　加强立法工作，努力提高立法质量

法治是规则之治，有法可依以及立法的质量和水平，是法治建设的重要前提。1978 年至 2004 年 9 月，全国人民代表大会制定了宪法和 4 个宪法修正案，全国人民代表大会及其常务委员会制定了 200 多件现行有效的法律，国务院制定了 650 多件现行有效的行政法规，地方人民代表大会及其常务委员会制定了 7500 多件现行有效的地方性法规，民族自治地方的人民代表大会制定了 600 多件自治条例和单行条例。到 2004 年，中国以宪法为核心的中国特色社会主义法律体系已初步形成。

从 2004 年度来看，中国的立法工作取得了长足的进展，在立法内容上更加重视对权利的维护和保障，促进国内法制的统一以及与世界贸易规则的接轨，以法律手段推动科技和社会的发展；在立法程序上更加重视民众的参与，在每一部法律、行政法规的制定过程中，全国人大常委会和国务院都以不同形式听取各方意见，如召开相关的座谈会、书面征求各方面的意见、有针对性地深入基层进行专题调查研究，使立法更真切地反映广大人民的意愿；在立法方式上则更加重视通过法律修改、法律解释的方式

推进法治的发展；在立法技术上也更加成熟。但我们也应当注意到 2004 年立法工作的不足，并采取措施加以改进。

2004 年，全国人大常委会共审议了 33 件法律、法律解释和有关法律问题决定的草案，通过了 25 件，为经济社会发展进一步提供了法律保障，向形成中国特色社会主义法律体系的立法目标迈出了坚实的步伐。

全国人大常委会还根据《宪法修正案》关于乡级人大任期由三年改为五年的规定，及时对《地方各级人民代表大会和人民政府组织法》相应条款作了修改，同时作出关于县乡两级人大代表选举时间的决定，为县乡两级人大换届选举同步进行提供了法律依据。根据《宪法修正案》关于完善土地征用制度的规定，对《土地管理法》的相应条款作了修改。

《香港特别行政区基本法》是全国人大制定的一部全国性法律，是香港特别行政区施政、立法和司法的法律依据和基础，具有高于香港特别行政区一切法律的地位。针对香港社会在政制发展问题上对基本法附件有关规定存在不同理解的问题，在广泛听取包括香港各界在内的各方面意见的基础上，2004 年 4 月初，十届全国人大常委会第八次会议依法作出关于《香港特别行政区基本法》附件一第七条和附件二第三条的解释。香港特别行政区行政长官按照基本法和该解释，向全国人大常委会提交了有关报告。随后，全国人大常委会第九次会议认真审议了这个报告，并依法作出《关于香港特别行政区 2007 年行政长官和 2008 年立法会产生办法有关问题的决定》。全国人大常委会的解释和决定，对于全面贯彻"一国两制"、"港人治港"、高度自治的方针，正确实施《香港特别行政区基本法》，保障香港特别行政区的民主制度按照基本法的规定循序渐进地健康发展，切实维护香港社会各阶层、各界别和广大香港同胞的利益，维护和促进香港的长期繁荣和稳定，发挥了重要作用。

制定《反分裂国家法》，是国家政治生活中的一件大事。解决台湾问题，完成祖国统一大业，是中国共产党和国家的三大历史任务之一。为了发展台湾海峡两岸关系，促进祖国和平统一，我们以极大的诚意，作了不懈的努力。但是，一个时期以来，台湾当局加紧推行"台独"分裂活动，尤其是图谋通过所谓"宪政改造"等方式进行分裂国家的活动。"台独"分裂势力分裂国家的活动，日益成为两岸关系发展和祖国和平统一的最大障碍，成为台湾海峡地区和平稳定的最大威胁。为了反对和遏制"台独"分裂势力分裂国家，促进祖国和平统一，维护台湾海峡地区和平稳定，维护国家主权和领土完整，维护中华民族的根本利益，在广泛听取各方面意见的基础上，全国人大常委会委员长会议研究提出了《反分裂国家法（草案）》，提交2004年12月下旬召开的常委会第十三次会议审议，经过表决，出席会议的常委会组成人员全票通过了关于《反分裂国家法（草案）》的议案，并决定将草案提请十届全国人大三次会议审议。

全国人大常委会还审议通过了《电子签名法》，确立了电子签名的法律效力，有利于保障电子商务交易安全，维护有关各方的合法权益，促进电子商务的发展；审议通过了《农业机械化促进法》，对于鼓励和扶持使用先进适用的农业机械，促进农业机械化，提高农业劳动生产率，推进农业现代化具有重要意义；审议通过了《可再生能源法》，对促进可再生能源的开发利用，增加能源供应，改善能源结构，促进经济社会可持续发展，将发挥重要作用；还审议通过了《刑法修正案（五）》，作出了《关于完善人民陪审员制度的决定》《关于司法鉴定管理问题的决定》和《关于〈中华人民共和国刑法〉有关信用卡规定的解释》。

全国人大常委会还审议了《物权法》《企业破产法》《各级人民代表大会常务委员会监督法》《公务员法》《治安管理处罚法》《公证法》等6件重要法律草案和《公司法（修订草案）》。

较多地修改法律是21世纪我国立法发展的趋势，也是2004年立法工作的一个显著特点。全国人大常委会修改了《全国人民代表大会和各级人民代表大会选举法》，进一步完善了选举制度，规范了选举程序，扩大和保障了公民的选举权利；全面修订了《对外贸易法》，根据世界贸易组织规则，按照享有权利和履行义务相平衡的原则，进一步完善了统一、透明的对外贸易制度，有利于发展对外贸易，维护对外贸易秩序，保护对外贸易经营者的合法权益，保护国内产业的健康发展；《传染病防治法》的修订，总结了抗击"非典"斗争的经验，突出了对传染病的预防和预警，健全了疫情报告、通报和公布制度，强化了疫情控制和传染病的医疗救治措施。针对执法检查中发现的问题，对《固体废物污染环境防治法》作了较大修改，进一步完善了防治措施，明确了法律责任。为适应实施

《行政许可法》的迫切需要，全国人大常委会还对《公路法》《公司法》《证券法》《票据法》《拍卖法》《野生动物保护法》《渔业法》《种子法》《学位条例》等 9 部法律的相关条款作了修改。

民法典是市民社会的基本法，我国民法典的制定牵系十多亿国人的日常生活，令中外学者瞩目。如何通过民法典的制定来促进民事法律体系的建立和完善，成为建构社会主义法律体系的重大课题。2004 年成为我国民法典制定过程中扮演重要角色的年度，相当程度上预示着我国民法典制定的趋势。

五 加强行政法治建设，努力推进依法行政

现代国家由于其所拥有的行政职能的扩张，被称为行政国家。行政管理领域极为广泛，直接影响到经济与文化等社会生活的方方面面，以规范、引导与控制行政权为核心的行政法治建设成为我国法治建设极为重要的部分。总体来看，伴随着国务院《全面推进依法行政实施纲要》（以下简称《纲要》）的公布与《行政许可法》的实施，中国 2004 年度的行政法治建设取得了一定的进展，在行政活动的规范化、公开化、民主化以及对私人权益的保障方面都有所加强，相对拓展了私人自治的空间。但也应当注意到，中国行政法治领域存在的问题仍然较为突出，如何通过法制建设进一步保障私人的合法权益、规范行政权力的行使、提高行政管理效能，仍是我们所面临的实践难题。

2004 年 3 月 22 日，国务院发布了《全面推进依法行政实施纲要》，这是一份指导各级政府依法行政、建设法治政府的纲领性文件，它确立了建设法治政府的目标，明确了今后十年全面推进依法行政的指导思想、基本原则、基本要求、主要任务和保障措施。《纲要》的发布实施标志着我国依法治国方略在政府管理层面的大踏步推进，对进一步推进依法行政，建设法治政府，建构社会主义政治文明，建设社会主义和谐社会，将产生深远影响。

为切实贯彻实施《纲要》，全国 18 个省、自治区、直辖市政府和 11 个国务院部门成立了由主要负责人担任组长的全面推进依法行政领导小

组，为《纲要》的贯彻实施提供了组织保证。各地方、各部门通过举办依法行政研讨班、培训班、报告会、专题讲座等方式，对行政机关的工作人员进行培训。截至 2004 年底，已有 21 个省、自治区、直辖市政府和 25 个国务院部门在调查研究的基础上，从本地区、本部门实际出发，制定了贯彻《纲要》的实施意见；有 12 个省、自治区、直辖市政府和 3 个国务院部门制定了贯彻《纲要》的五年规划；各地方、各部门在年度工作安排中，都对贯彻实施《纲要》作出了具体部署。

在贯彻落实《纲要》方面，2004 年行政机关主要从以下几个方面推进。

第一，通过贯彻实施《行政许可法》，促进政府职能的进一步转变和行政管理方式的创新。减少行政许可项目、规范行政许可行为，既是《行政许可法》的规定，也是《纲要》的要求。各地方、各部门按照国务院的部署，对本地方、本部门的行政许可项目、依据、实施主体进行了全面清理。据统计，31 个省、自治区、直辖市政府和 58 个国务院部门，共清理行政许可项目 25797 项，取消 8666 项，调整 1841 项；清理行政许可依据 25554 件，废止 3981 件，修改 2493 件；清理行政许可实施主体 2389 个，保留 1932 个，取消 302 个，调整 71 个。

在清理行政许可项目、依据、实施主体的基础上，各地方、各部门积极探索适应市场经济要求的行政许可方式。比如，山西省有 11 个市建立了政务大厅，42 个省直部门建立了行政审批服务窗口，94 个县建立了便民中心。天津市设立的行政许可服务中心，内设 160 个窗口、66 个审批室，集中办理 68 个部门的 615 项审批项目，按时办结率达 99.9%。农业部成立行政审批综合办公室，将部机关 45 项行政审批项目集中起来，统一受理和回复，按时办结率达 99.8%。辽宁省有 43 个省直部门和 6 个市级政府建立了网上审批制度。

第二，建立健全科学民主决策机制，促进了行政决策的科学化、民主化、制度化。各地方、各部门通过建立健全重大事项行政决策的集体讨论、专家咨询、社会公示和听证、决策跟踪与评估、决策失误责任追究等制度，提高了决策的科学化、民主化、制度化水平，减少了决策失误。比如，湖北省制定了《关于推进行政决策科学化民主化的若干意见》，对行政决策的基本规则、程序、民主协商、专家咨询、监督、责任追究等作了明确规定。

为推进政府信息公开，各地方、各部门通过建立新闻发言人制度、开放档案馆、建立和完善政府网站等方式，不断提高政府管理的透明度。在总结经验的基础上，积极探索政府信息公开的制度建设，目前，已有 14 个省、直辖市和较大的市制定了政府信息公开的地方性法规或规章，有 4 个省和较大的市制定了政务公开的规章。

第三，增强政府立法工作的透明度和公众参与度，进一步提高制度建设质量。各地方、各部门在政府立法工作中，采取召开论证会、听证会，向社会公布法规、规章草案等方式，广泛征求意见，提高了政府立法工作的透明度和公众参与度。比如，上海市在 2004 年将 28 个规章草案在网上公开征求意见，效果很好。广东省将与群众切身利益密切相关的立法项目在《南方日报》上全文刊登，在有关网站上开辟《立法评估》专栏，对涉及人民群众切身利益、实施满一年的立法项目公开征求评估意见。辽宁省在政府立法工作中围绕建设和谐辽宁、振兴老工业基地这一主题，对重要立法项目实行听证会制度，通过政府网站广泛征求社会各方面对法规、规章草案的意见，并积极探索对立法项目进行成本效益分析。

第四，推进行政执法体制改革，规范行政执法主体和行政执法行为。各地方认真开展相对集中行政处罚权工作，进行综合执法试点。据统计，除经国务院批准的 82 个相对集中行政处罚权试点城市外，根据国务院授权，一些省、自治区政府又批准 51 个城市开展试点工作，有些城市相对集中行政处罚权事项已扩展到文化、旅游、矿山安全等领域。比如，上海在全国率先建立文化领域综合执法机构，把原来分散的文化、广电、出版、文物、体育的行政处罚权这"五指"握成"拳头"，不仅整合了执法力量，也促进了行政审批与行政监管的相对分离，实现了文化市场执法的统一和规范，较好地解决了多头执法、相互扯皮的现象。重庆市文化局和广电局合署办公，成立了文化市场行政执法总队，并在 7 个区县开展综合执法试点。

许多地方和部门还进一步完善行政执法程序，规范行政执法行为。比如，海关总署开展具体行政行为法律指引试点工作。公安部针对热点问题，建立 18 项重点规范的执法制度。原国家人口和计划生育委员会制定了 13 项行政执法责任制度、10 种行政执法程序、5 种执法文书格式，并在国家、省、市、县四级计生部门开通了计划生育便民维权热线。

第五，积极探索预防和解决社会矛盾的新路子，促进社会矛盾和争议处理的制度化、规范化建设。按照《纲要》的规定，一些地方和部门积极探索建立预防和解决社会矛盾和争议的新路子、新机制，及时化解社会矛盾和争议，提高构建社会主义和谐社会的能力。广西壮族自治区针对近年来土地、山林、水利所有权、使用权纠纷较多的情况，制定了《广西壮族自治区土地山林水利权属纠纷调解处理条例》，推进这"三大纠纷"调处工作的制度化和规范化。建设部重视城镇房屋拆迁、拖欠工程款和出租车行业稳定等方面的举报投诉工作，制定了有关城市房屋拆迁行政裁决、估价指导等规范性文件，成立了处理城镇房屋拆迁突出问题及群体性事件办公室，建立了案件处理情况周报和办理结果反馈等制度，初步形成了预防和处理社会矛盾的工作机制。

第六，进一步完善政府法制监督制度，强化了对行政行为的监督。按照《纲要》关于加强对规范性文件监督的规定，各地方加大了对规范性文件的备案审查力度。目前，各省、自治区、直辖市政府都建立了规范性文件备案制度，其中有 29 个省、自治区、直辖市专门制定了这方面的地方政府规章。广东、湖南、天津、上海、云南、甘肃、陕西等 7 个省、直辖市政府法制办公室设立了负责备案审查工作的处室；吉林、江西省政府法制办公室专门增加了备案审查人员。内蒙古自治区政府法制办公室采取将合法性审查与适当性审查相结合、主动审查与公民提请审查相结合、重点审查与一般审查相结合的方式，提高了规范性文件的备案审查质量；天津市政府法制办公室通过建立内部两级审查制度和会审制度，规范了审查程序；江西、黑龙江、山东等省政府法制办公室加大了对规范性文件的备案审查力度，对发现的问题及时予以纠正。云南省、重庆市、海南省建立了规范性文件备案登记制度，对不符合制定程序的规范性文件不予登记，规范了文件的制定和发布程序。通过加强对规范性文件的备案审查工作，有效地维护了法制统一和政令畅通。

建立行政执法责任制和考核评议制。目前已经有 24 个省、自治区、直辖市和 11 个较大的市通过立法规范了行政执法责任制。湖南省建立了行政执法测评点，聘请行政执法特约监督员，并在交通、工商等八个部门建立行政执法考核评议制度。甘肃省积极探索推进政府绩效评估制度，组织力量对 14 个市、州政府和 39 个省直部门进行绩效评估。内蒙古自治区在全区范围内开展了公众评选人民满意的行政执法单位活动，增强了广大人民群众的权利意识和监督意识，促进了全区依法行政工作。

行政复议工作在 2004 年得到进一步加强。本年度地方各级政府和国务院 61 个部门共收到行政复议申请 81833 件，受理 72620 件，审结 64953 件。为了适应新形势下行政复议工作的需要，各地方、各部门不断探索提高复议工作质量的新方法。比如，安徽省建立了行政复议工作人员资格制度，并在全国率先建立了行政复议听证制度和案卷公开查阅制度，同时还开发使用了行政复议网上申请系统；上海市积极探索建立行政复议简易程序，提高争议解决效率；海关总署设计开发了海关行政复议案件管理系统，利用信息技术对全国海关行政复议工作进行科学管理，同时还健全了行政复议建议书制度。

积极组织开展行政执法检查，研究解决行政执法中的普遍性问题。辽宁省 2004 年下半年通过对行政执法主体的抽查，撤销执法主体 90 个，当场纠正违法行政行为 166 起，清理无执法资格的行政执法人员 4681 人，清理、废止违法的规范性文件 848 件。河北省认真开展行政处罚案卷评查活动，2004 年对 689 份行政处罚案卷进行了评查。通过评查，发现问题，查找原因，进一步规范了行政处罚行为。

在推进依法行政方面，有以下几个个案值得关注。

自 2003 年收容制度改为救助制度后，对流浪乞讨人员的管理成了各地公安、民政、城管部门的心头之患。2004 年度，许多省市纷纷表示要"禁乞"，围绕"禁乞"的合法性与正当性发生了一场大讨论。"禁乞"能否实现有关部门所主张的公共目的？乞讨是否构成公民的一项基本权利或自由？"禁乞"是否涉及对公民基本权利与自由的不当限制？对这些问题需要从法律的角度加以审慎思考。

2004 年 6 月 23 日，国家审计署在十届全国人大常委会第十次会议上作《关于 2003 年度中央预算执行和其他财政收支的审计工作报告》，掀起了新一轮的审计风暴。纵览 2004 年的审计工作报告，存在的问题集中于预算管理混乱、预算执行随意、挤占挪用财政资金谋取部门私利严重、决策失误导致财政资金投资效益低下等。有必要从市场经济、财政法治与财政立宪的角度，对这些问题进行层层解析、细致深究。

2004 年 11 月 30 日国务院颁布了《宗教事务条例》。《宗教事务条例》作为我国首部综合性宗教立法，是对我国长期奉行的宗教政策的系统化和法律化，将对我国今后宗教管理起到基本的规范作用。

六　加强审判执行工作，追求司法公正

司法对法治建设具有基础性作用，是法治的基石。2004 年，是中国审判执行工作继续取得长足进展的一年。2004 年，最高人民法院共审结、办结二审、死刑复核、再审、执行等各类案件 2923 件。地方各级人民法院在最高人民法院的监督指导下，共审结、办结一审、二审、再审、执行等各类案件 7873745 件。地方各级法院全年共审结刑事一审案件 644248 件，判处罪犯 767951 人，分别上升 1.5% 和 2.8%。其中，判处 5 年以上有期徒刑、无期徒刑、死刑的罪犯占 19.04%；加大财产刑的适用力度，并处或单处罚金和没收财产的罪犯占 54%。依法严惩严重危害社会治安犯罪，审结爆炸、故意杀人、抢劫、强奸、绑架、黑社会性质组织犯罪等案件 228174 件，判处罪犯 298574 人；依法严惩破坏社会主义市场经济秩序犯罪，审结走私、危害金融管理、制售假冒伪劣商品等犯罪案件 13955 件，判处罪犯 18220 人；依法严惩国家工作人员职务犯罪，审结贪污、受贿、挪用公款和渎职等案件 24184 件（含旧存），上升 5.21%，判处县处级以上国家工作人员罪犯 772 人，其中省部级 6 人，地厅级 98 人；依法审判未成年人犯罪，判处未成年人罪犯 70086 人，上升 19.1%，贯彻"教育、感化、挽救"的方针，依法适用缓刑 17387 人。

最高人民法院 2004 年共审结各类重大民事二审等案件 611 件，诉讼标的金额 153.1 亿元。根据我国履行加入世界贸易组织的承诺，进一步加强知识产权的司法保护，共审结此类案件 78 件，上升 16.4%。地方各级法院全年共审结各类民事一审案件 4303744 件，诉讼标的金额 6390 亿元。

本年度民事审判的一个重要特点是，集团诉讼和群体性诉讼呈上升趋势，全年共审结 538941 件，上升 9.5%；劳动争议案件 163151 件，上升 18.4%；知识产权案件 8332 件，上升 21.5%。

最高人民法院加强行政审判和国家赔偿审判工作，全年共审结各类行政案件和国家赔偿案件 106 件。地方各级人民法院 2004 年共审结一审行政案件 92192 件，上升 4.7%。其中关系公民人身权益和经济利益的行政案件上升幅度较大；共审理涉及卫生、计划生育、土地、交通、工商、税务、海关、商检、财政及劳动和社会保障案件 38273 件，上升 18.79%；依法审理涉及城市房屋拆迁的行政案件，纠正违法强制拆迁行为，共审结此类案件 5478 件。此外，还审查办理非诉行政案件 110550 件，审结国家赔偿案件 3134 件。

加大执行工作力度，努力解决"执行难"问题。最高人民法院集中力量监督、协调跨省、自治区、直辖市的重大民事执行案件 186 件，涉案标的额 27.8 亿元。地方各级法院全年共执结案件 2150405 件，执行标的额 3320 亿元。根据案件的不同情况改进执行方式，努力解决异地执行、跨地区执行中存在的困难和问题，上级法院提级执行上升 75.3%，指定执行上升 42.8%，委托执行上升 3.3%。

加强涉诉信访工作，切实解决"申诉难"问题。涉诉信访工作是最高人民法院监督下级法院审判和执行工作的重要渠道。2004 年，共办理来信来访 147665 件人次，上升 23.6%。由最高人民法院直接立案审查 1542 件，其余按审级管辖规定交由地方各级法院审查。地方各级人民法院全年共办理群众来信来访 422 万件人次，上升 6.2%。全国法院全年依法改判裁判确有错误的案件 16967 件，占全年生效判决总数的 0.34%。按照审判监督程序审结检察机关抗诉的刑事、民事、行政案件 11854 件。其中，抗诉理由成立依法予以改判的 2930 件，因有新的证据或原判事实不清而发回重审的 470 件，双方当事人自愿达成调解协议以及和解结案的 1072 件，抗诉理由不成立、原判正确依法予以维持的 4016 件，检察机关撤回抗诉的 513 件，因当事人下落不明、程序性抗诉等事由而终结审理的 2853 件。

加强诉讼调解工作，提高诉讼调解水平。最高人民法院制定《关于人民法院民事调解工作若干问题的规定》，指导各级法院按照"能调则调、当判则判、调判结合、案结事了"的要求，不断提高诉讼调解水平。各级法院审结的各类民事案件中，诉讼调解结案的1334792件，调解结案率31%，许多基层法院调解结案率达70%以上。一年来，全国基层法院配合有关部门培训人民调解员514万人次。

2004年，最高人民法院会同最高人民检察院、公安部发布《关于严格依法履行职责 切实保障刑事案件办案质量的通知》，对事实认定、证据采信、办案期限等提出明确要求。各级法院严把办案质量关，有罪则判，无罪放人，对不构成犯罪的2996名自诉、公诉案件被告人依法宣告无罪。依法保障被告人的诉讼权利，共为91296名符合法律援助条件的被告人指定了辩护人。全国法院严格执行清理超期羁押案件周报制度和社会监督举报制度，全年共清理旧存和新增超期羁押案件873件2432人，截至2004年12月31日，除有法定事由外，超期羁押案件全部清理完毕。实行办理减刑、假释案件公示和听证制度，使减刑、假释工作更加规范。2004年，高、中级法院共办理监狱提请减刑、假释案件409447件。全面开展减刑、假释案件专项大检查，纠正违法减刑、假释348件。

针对一些经济困难的群众无钱打官司的问题，进一步完善司法救助办法，全年实施司法救助案件263860件，共计减、缓、免交诉讼费10.9亿元，分别上升15.6%和3.1%。对追索抚育费、扶养费、赡养费案件以及农村"五保户"和城市"低保"人员提起诉讼的案件一律减免诉讼费。针对一些涉诉群众缺乏法律知识不会打官司的问题，各级法院普遍加强诉讼引导、诉讼风险提示。一些基层法院实行巡回审判、预约开庭，有条件的地方建立了人民法庭直接受理立案、电子签章系统，便利群众诉讼。

完善司法制度，进一步落实公开审判原则，努力实现立案公开、庭审公开、审判结果公开、裁判文书公开和执行过程公开，以公开促公正。各级法院采取案件开庭前公告和简化旁听手续等措施方便群众旁听，全年接待旁听群众5000余万人次。依法扩大简易程序的适用范围，提高审判效率。适用简易程序审结案件3147221件，占全部案件的63.6%。

最高人民法院作出《关于进一步加强人民法院基层建设的决定》，确定了基层法院思想建设、业务建设和规范化、信息化建设的目标，提出了新的规划和 17 项基层建设任务。加强基层法院建设，重点是提高基层法院法官的政治素质、业务素质和职业道德素质，提高审判质量和水平。同时，要改善基层法院和人民法庭的办案条件，努力创造良好的环境。2004年，全国法院共培训法官及其他工作人员 9 万余人次。加大对基层法官的培训力度，举办基层法官培训班，组织东部地区法官到西部地区基层法院交流经验，巡回讲课，为西部基层法院培训法官 5 万余人次。继续组织法官到香港特别行政区、澳门特别行政区以及国外学习交流。广大法官适用法律、驾驭庭审和制作裁判文书的能力得到增强，审判质量进一步提高，当事人服判息诉率提高了 5 个百分点。

严格规范法官与律师的关系，颁布了《关于规范法官和律师相互关系维护司法公正的若干规定》，要求法官严格执行公开审判制度和回避制度，严格依法办案，遵守职业道德准则，不得私自单方面会见当事人及其律师。同时，要求法官尊重律师依法行使辩护权和代理权，共同维护司法公正。这项重要举措得到社会各界的普遍欢迎和支持。

2004 年的法院工作还存在许多问题：一是少数案件庭审不够规范，适用法律不够准确，致使裁判不公；二是少数法官办关系案、人情案，甚至贪赃枉法，特别严重的是个别地方发生了高级人民法院院长严重违法违纪行为，玷污了法官声誉，损害了法院形象；三是少数法官缺乏职业道德，审判作风差，对当事人摆架子、抖威风，相互推诿，偏听偏信，草率定论；四是少数案件存在执行失范问题，有的中止执行或终结执行不当，超标的执行，甚至错误执行案外人财产。对上述问题，还需要进一步研究解决。

七 加强检察法治建设，维护公平正义

全国检察机关深入实践"强化法律监督，维护公平正义"的工作主题，认真履行法律监督职能。2004 年共对公安、国家安全等机关侦查的犯罪嫌疑人批准逮捕 811102 人，提起公诉 867186 人，分别比上年增加8.3% 和 9.3%。认真解决申诉难的问题，依法办结涉法上访案件 20306件，其中群体性上访案件 1107 件，长期上访案件 2001 件，最高人民检察

院直接办理和督办 861 件，妥善处理了一批上访多年、久诉不息的案件。各级检察机关积极参加整顿和规范市场经济秩序工作，依法打击走私、金融诈骗、偷税骗税等严重经济犯罪活动，共批准逮捕犯罪嫌疑人 20425 人，提起公诉 22179 人，分别比上年增加 6.3% 和 3.4%。

依法严惩严重危害人民群众生命健康和财产安全的犯罪，批准逮捕犯罪嫌疑人 2505 人，提起公诉 2124 人，分别比上年增加 56.9% 和 56.2%。批准逮捕假冒注册商标、假冒专利、侵犯著作权等犯罪嫌疑人 602 人，提起公诉 638 人，分别比上年增加 13.4% 和 6.3%。加强对有罪不究、以罚代刑问题的立案监督，监督公安机关立案 684 件，是上年的 2.9 倍，建议行政执法机关向公安机关移交涉嫌犯罪案件 937 件。最高人民检察院会同最高人民法院发布《关于办理侵犯知识产权刑事案件具体应用法律若干问题的解释》，加强了对知识产权的刑事司法保护。

2004 年，各级检察机关认真履行查办贪污贿赂、渎职侵权等职务犯罪的职责，立案侦查涉嫌职务犯罪的国家工作人员 43757 人，比上年增加 0.6%，其中涉嫌贪污贿赂犯罪 35031 人，渎职侵权犯罪 8726 人；共提起公诉 30788 人；通过办案为国家挽回直接经济损失 45.6 亿元。立案侦查贪污贿赂、挪用公款百万元以上案件 1275 件，比上年增加 4.9%。立案侦查涉嫌犯罪的县处级以上国家工作人员 2960 人，其中厅局级 198 人、省部级 11 人；已提起公诉 1980 人。加强与有关部门配合和国际司法合作，建立境内外追逃、追赃协作机制，共抓获在逃职务犯罪嫌疑人 614 人，一批携款外逃的重大犯罪嫌疑人被缉捕归案。

各级检察机关针对诉讼活动中执法不严、司法不公的突出问题，完善监督机制，强化监督措施，增强监督实效。①加强对侦查活动的监督。对应当立案而不立案的，依法监督侦查机关立案 20742 件；对不应当立案而立案的，监督撤案 2699 件。对应当逮捕而未提请批捕的，追加逮捕 10660 人；对不应当逮捕的，决定不批捕 67904 人。对应当起诉而未移送起诉的，追加起诉 5670 人；对不应当起诉的，决定不起诉 21225 人。对违法取证、违法采取强制措施等情形提出纠正意见 7561 件次。②加强对审判活动的监督。在刑事审判监督中，对认为确有错误的刑事判决、裁定提出抗诉 3063 件，对审判活动中的违法情况提出纠正意见 1387 件次。在民事审判和行政诉讼监督中，平等保护诉讼主体的合法权益，重点监督严重违反法定程序，贪赃枉法、徇私舞弊导致裁判不公，以及侵害进城务工人员、下岗职工利益的案件，对认为确有错误的民事行政判决、裁定提出抗诉 13218 件，提出再审检察建议 4333 件；依法维护法院的正确裁判，对 53581 件申诉案件认真做好服判息诉工作。③加强对刑罚执行活动的监督。针对减刑、假释、保外就医中存在的问题，最高人民检察院会同公安部、司法部组织开展了减刑、假释、保外就医专项检查活动。截至 2004 年底，全国检察机关共清理减刑、假释、保外就医案件 1209247 件。对检查中发现的问题提出纠正意见 20472 件次，有关部门已纠正 17431 件，其中对不符合保外就医条件的罪犯重新收监 1247 人，其中立案侦查涉嫌职务犯罪的案件 97 件 107 人。推行监所网络化管理和动态监督，对刑罚执行和监管活动中的违法情况提出纠正意见 9299 人次。

推进人民监督员制度试点工作。自 2003 年开展人民监督员制度试点工作以来，最高人民检察院坚持把这项工作作为检察改革的重点，在总结试点经验、组织专家论证并广泛听取意见的基础上，从 2004 年 10 月起扩大试点范围。各省级院、349 个地市级院和 2407 个基层院开展了试点，经各级人大、政协和有关部门推荐，共选任人民监督员 18962 名。各试点单位对职务犯罪案件中拟作撤案、不起诉处理和犯罪嫌疑人不服逮捕决定的，一律启动监督程序，由人民监督员独立评议，提出监督意见。在监督结案的 3341 件案件中，人民监督员不同意原拟定意见的 152 件，检察机关采纳 70 件，对未采纳的依据事实和法律作出说明，得到人民监督员的认同。通过监督，促进了办案人员执法观念的转变，提高了办案质量，也减少了办案的阻力和干扰，促进了公正执法。

2004 年的检察工作还存在不少问题。一是法律监督工作的力度与人民群众的要求存在差距，有的对诉讼活动中执法不严、司法不公的现象不敢监督、不善监督，有的查办职务犯罪态度不坚决、措施不得力，对民事审判和行政诉讼的监督仍然薄弱。二是少数干警执法思想不端正，缺乏职业道德，有的执法作风简单粗暴，对群众态度冷漠，有的甚至执法犯法，办关系案、人情案、金钱案，少数领导干部特别是个别省级检察长以权谋私、贪赃枉法，在社会上造成了恶劣影响。三是有的不严格依照程序办案，办案质量和效率不高，有的违反规定扣押冻结款物，甚至越权插手经济纠纷。四是中西部和贫困地区基层检察院难以招录和留住人才，检察官断层的问题日益严重，一些实际困难依然存在。对于这些问题，最高人民检察院负有领导责任，需要通过扎扎实实的工作和不懈努力，认真加以解决。

此外，2004年度影响刑事法治和司法程序的重大事件，涉及民营企业家的"原罪"以及司法（刑事）鉴定两个方面。

2004年度，河北省委省政府"1号"文件批转的省政法委《关于政法机关为完善社会主义市场经济体制创造良好环境的决定》，引起社会各界强烈反应。民营企业是否存在"原罪"？"原罪"应否赦免？以"1号"文件的形式赦免"原罪"是否合法？这些问题关系到刑事政策与刑事法律、法治平等与实质正义、经济发展与法治进步等关涉刑事法治发展的重大问题，值得加以深入剖析。

2003年2月24日上午，年仅21岁的湖南省湘潭市临丰小学音乐女教师黄静被发现死于学校宿舍。在黄静案件中，有关黄静的死因有5份结论不同的鉴定书，到底应当采信谁的鉴定结论？与作出鉴定结论的专家相比，作为外行的诉讼参与人、司法机关如何决定鉴定结论的效力？鉴定结论又对司法人员有何效力？这些都对我国现行的鉴定体制提出了挑战。

八 重视国际法治，依法维护国家利益

中国正在融入世界，世界也更深入地影响着我国。国际条约、国际组织与国际社会对我国社会发展发挥着日益广泛而深刻的影响。2004年度，中国在维护国家领土主权、领土划界、边境制度、引渡、海洋法、空间法等方面表现积极、活跃，在联合国等国际组织和国际援助等活动中也展现了一个负责任的大国形象。在国际经济贸易领域，中国因为WTO成员国的身份而有机会更多地参与国际经济游戏规则的制定；为履行入世承诺，中国对国内的经济管制政策作了诸多调整；在积极参加多边贸易协定的同时，中国也积极寻求区域经济合作，推进自由贸易区的商谈和建设。但中国与周边国家以及国际社会其他成员之间确实出现了一些新问题，如何协

调好与国际社会成员的各种关系、学会用法律手段解决国际争端，仍然是摆在我们面前的重大课题。

2004 年 9 月 16 日，西班牙埃尔切市发生针对中国鞋商的"烧鞋事件"（其后，亦发生一系列针对中国商人的游行示威）。这一事件凸显了经济全球化对现存国际和国内法律体系的挑战。对该事件分析的结果，不仅揭示了"华商"扭曲的法治意识，而且反映了当地"华商"维权意识的滞后，经验教训应当是深刻的。

（参见法治蓝皮书《中国法治发展报告 No. 3（2005）》）

第三章　2005年中国法治发展与展望

改革开放以来，随着中国经济社会的不断改革，民主法治也得到了巨大发展。进入21世纪，建设符合世界政治文明发展规律和中国国情的社会主义法治国家，早日实现中国的现代化，已成为中国法治发展不可逆转的选择和必然趋势。2005年，中国在立法、法治政府、司法公正等方面取得一系列进步。

一　加强立法民主，推进制度完善

（一）推进人大民主建设

全国人民代表大会和地方各级人民代表大会都由民主选举产生，对人民负责，受人民监督。中国《宪法》规定，年满18周岁的公民，不分民族、种族、性别、职业、家庭出身、宗教信仰、教育程度、财产状况、居住期限，除依法被剥夺政治权利的人外，都有选举权和被选举权。中国的县、乡两级人民代表大会代表都由选民直接选举产生，多年来享有选举权和被选举权的人数占18周岁以上公民人数的99%以上，参选率在90%左右。根据中国的实际情况，目前县以上的各级人民代表大会代表通过间接选举产生，即由下一级人民代表大会选举产生上一级人民代表大会代表。无论直接选举，还是间接选举，都依法实行差额选举。选民和选举单位有权依照法律规定的程序，罢免或者撤换自己选出的代表。目前全国各级人民代表大会代表共有280多万人。各级人大代表来自各民族、各行业、各阶层、各党派，具有广泛的代表性。各级人民代表大会中均有相当数量的工人、农民代表。第十届全国人民代表大会代表中，工人、农民代表占总数的 18.4%。为保证国家的权力真正掌握在全体人民手中，代表在履行职责时，必须反映和代表人民的利益和意志。代表有权依法提出议案、审议各项议案和报告、对各项议案进行表决，在人民代表大会各种会议上的发言和表决受法律保护。

近年来，中国立法工作的另一个突出特点是加大了立法民主化的力度。在全国人大及其常委会立法过程中，坚持走群众路线，通过座谈会、论证会、听证会等多种形式，充分听取各方面意见，开门立法、民主立法，立法质量不断提高。2005 年 7 月 10 日，全国人大常委会向全社会全文公布《物权法（草案）》，广泛征求意见，征集社会各界意见 11543件，26 个省、自治区、直辖市和 15 个较大的市的人大常委会、47 个中央有关部门、16 个大型企业、22 个法学教学研究机构和法学专家都对这一草案提出了意见和建议，全国人大法律委员会、全国人大常委会法制工作委员会及时向社会反馈人民群众的意见，前后三次将人民群众的意见整理汇总，通过媒体向社会公布，形成了立法机关与人民群众的互动。在此之前，中国已有 11 部法律草案以这种形式向社会公布并征求意见，包括1954 年宪法、1982 年宪法、《全民所有制工业企业法》《行政诉讼法》《集会游行示威法》《香港特别行政区基本法》《澳门特别行政区基本法》《土地管理法》《村民委员会组织法》《合同法》和《婚姻法》。

2005 年 9 月 27 日，全国人大法律委员会、财经委员会和全国人大常委会法制工作委员会联合召开了个人所得税工薪所得减除费用标准的立法听证会，这是全国人大常委会在立法过程中第一次举行立法听证会，全国人大常委会通过听证会形式让更多的社会成员直接参与税收立法的过程，群众向立法机关直接表达意见以维护自身权益，大大增强了立法机关在论证、拟订和审议法律草案过程中与社会、公众的沟通，从而使法律获得普遍的社会理解和民众支持。这些举措表明，中国的立法工作日益走向成熟和规范，立法民主化迈开新的步伐。

（二）加强人大立法工作

立法是发展中国法治的基本前提和首要任务。自从中国 1978 年明确提出"应当把立法工作摆到全国人民代表大会及其常务委员会的重要议程上来"，中国立法机关始终高度重视立法工作，把立法放在法治建设的首要位置来抓。20多年来，在法治建设的各个领域，立法的成绩最为显著。根据《宪法》《全国人民代表大会组织法》《国务院组织法》《地方各级人民代表大会和地方各级人民政府组织法》和《立法法》等的规定，中国实行中央与地方适当分权的立法体制。全国人大及其常委会有权制定和修改法律，国务院有权制定行政法规，地方的省级人大及其常委会、省会城市的人大及其常委会、国务院批准的较大的市人大及其常委会有权制定地方性法规，国务院各部委、有制定地方性法规权的地方政府有权发布规章，民族自治地方的人大有权制定民族自治条例和单行条例，海南、深圳、珠海、汕头、厦门等五个经济特区还享有经济特区的授权立法权。中国的立法体制在一定程度上调动了中央立法和地方立法两个积极性，使中国的立法工作取得了前所未有的成就。

改革开放以来，中国除了修改颁布1982年宪法和对1982年宪法进行四次修改外，全国人大及其常委会制定了200多件现行有效的法律；地方人大及其常委会制定了7500多件现行有效的地方性法规。根据《宪法》和《民族区域自治法》，中国实行民族区域自治制度。民族区域自治是中国的基本政治制度，是指在国家统一领导下，在少数民族聚居的地方实行区域自治，设立自治机关，依法行使自治权。目前，中国共建立了5个自治区、30个自治州、120个自治县（旗）。在中国55个少数民族中，有44个少数民族建立了自治地方，实行区域自治的少数民族人口占少数民族10449万总人口的71%。截至2004年，全国155个民族自治地方共制定自治条例133件，单行条例418件；民族自治地方根据本地实际，制定《婚姻法》《继承法》《全国人民代表大会和地方各级人民代表大会选举法》《土地法》《草原法》等国家法律的变通和补充规定68件。

2005年，中国立法工作进一步发展，一批关系国计民生的重要法律法规颁布。其中，全国人大及其常委会审议通过法律文件18部，国务院、国务院各部委和地方各级人大政府制定了大量行政法规、部门规章、地方法规及规章，最高人民法院和最高人民检察院陆续出台一系列司法解释。另外，一批重要的法律法规草案经过审议目前正在修改完善过程中，其中包括《物权法（草案）》《行政强制法（草案）》《劳动合同法（草案）》等。

2005 年 3 月 14 日第十届全国人民代表大会第三次会议通过《反分裂国家法》，全文共十条。该法的立法宗旨是为了反对和遏制"台独"分裂势力分裂国家，促进祖国和平统一，维护台湾海峡地区和平稳定，维护国家主权和领土完整，维护中华民族的根本利益。并规定，"台独"分裂势力以任何名义、任何方式造成台湾从中国分裂出去的事实，或者发生将会导致台湾从中国分裂出去的重大事变，或者和平统一的条件完全丧失，国家得采取非和平方式及其他必要措施，捍卫国家主权和领土完整。采取非和平方式及其他必要措施，由国务院、中央军委决定、组织实施，并及时向全国人大常委会报告。

总体而言，改革开放以来，中国的立法工作体现了尊重和保障人权、规范和监督权力、努力建设市场经济与和谐社会的理念，生动诠释了民主、法治与人权的精神。经过 20 多年的艰苦努力，中国已经建立了以宪法为核心，包括宪法及相关法、民商法、行政法、经济法、社会法、刑法、诉讼和非诉讼法等七个法律部门的法律体系框架，中国政治生活、经济生活、社会生活和文化生活的主要方面，基本实现了有法可依。

到 2010 年，将形成中国特色的社会主义法律体系。今后中国立法发展要解决的主要问题：一是进一步提高立法质量，为国家和社会的"善治"、为法律有效而公正地实施提供"良法"；二是进一步强化立法的民主化，从立法程序、立法技术和立法内容等多方面充分体现"立法为民""民主立法"的精神和原则，保证立法能够真正汇集和体现人民意志；三是充分发挥民主立法在协调利益、化解矛盾、构建社会主义和谐社会中的作用，从立法源头上避免人为地"制造"新的不和谐；四是努力消除立法中存在的"部门保护主义"和"地方保护主义"，最大限度地杜绝"国家立法部门化，部门立法利益化，部门利益合法化"的现象发生。

（三）完善法规审查程序

法治是规则之治，有法可依以及立法的质量和水平，是法治建设的前提，人大制度的不断完善是保障。人大在充分行使立法权的同时，也非常重视监督权的行使。2004 年 5 月，全国人大常委会法工委设立"法规备案审查室"，这是中国第一个受理规范性法律文件审查的专业机构。"法规备案审查室"的设立，把规范性法律文件纳入宪法体制的审查中，成为中国违宪审查制度的新开端。

2005 年十届全国人大常委会第四十次委员长会议完成了对《行政法规、地方性法规、自治条例和单行条例、经济特区法规备案审查工作程序》（简称《法规备案审查工作程序》）和《司法解释备案审查工作程序》的修订，为进一步建立健全法规和司法解释备案审查制度、维护国家法制统一奠定了程序基础。根据这一规定，国务院、中央军事委员会、最高人民法院、最高人民检察院和各省、自治区、直辖市的人大常委会认为法规同宪法或者法律相抵触，向全国人大常委会书面提出审查要求的，常委会办公厅有关部门接收登记后，报秘书长批转有关专门委员会会同法制工作委员会进行审查。上述机关以外的其他国家机关和社会团体、企业事业组织以及公民认为法规同宪法或者法律相抵触，向全国人大常委会书面提出审查建议的，由法制工作委员会负责接收、登记，并进行研究，必要时，报秘书长批准后，送有关专门委员会进行审查。

修订后的《法规备案审查工作程序》还规定，专门委员会认为备案的法规同宪法或者法律相抵触的，可以主动进行审查，会同法制工作委员会提出书面审查意见，法制工作委员会认为备案的法规同宪法或者法律相抵触，需要主动进行审查的，可以提出书面建议，报秘书长同意后，送有关专门委员会进行审查。

关于同宪法或者法律相抵触的法规的纠正，修订后的《法规备案审查工作程序》规定了三个步骤：一是与制定机关进行沟通协商；二是通过有关专门委员会提出书面审查意见，要求制定机关纠正；三是经过上述工作，制定机关仍不纠正的，通过常委会审议决定，撤销同宪法或者法律相抵触的法规。

《法规备案审查工作程序》的修订，是中国建立违宪审查机制的重要一步，标志着中国违宪审查制度已经开始启动，是中国宪法史上的一个重要里程碑。

二   推进依法行政，建设法治政府

依照宪法规定，国务院是最高国家权力机关的执行机关，是最高国家行政机关。地方各级政府是地方各级国家权力机关的执行机关，是地方各级国家行政机关。为人民服务，对人民负责，支持和保证人民行使当家作主的权利，是中国政府全部工作的根本宗旨。

改革开放以来，特别是近年来，中国各级政府按照依法行政的要求，围绕"形成行为规范、运转协调、公正透明、廉洁高效的行政管理体制"的目标，大力加强行政能力建设。2005 年 2 月经修改后公布的《国务院工作规则》，充分体现了科学民主决策、依法行政和加强行政监督的精神。目前，各级行政机关及其工作人员能够接受法治行政观念，加强政府立法工作，加快政府职能转变，完善行政监督机制，改善行政执法状况，使法治建设在行政领域取得了突出的成就。

（一）加强政府立法工作

2004 年 7 月 1 日，中国第一部《行政许可法》开始实施。为推进实施《行政许可法》，截至 2005 年底，全国 31 个省、自治区、直辖市政府和 58 家国务院部门，共清理行政许可项目 25797 项，取消 8666 项，调整 1841 项；清理行政许可依据 25554 件，废止 3981 件，修改 2493 件；清理行政许可实施主体 2389 个，保留 1932 个，取消 302 个，调整 71 个。

1990 年 10 月 1 日正式生效的《行政诉讼法》，明确规定了中国行政案件的诉讼监督制度。截至 2000 年，中国各级法院共审结一审行政诉讼案件 58.6 万件，平均每年递增 26%；在审结的行政诉讼案件中，约有 40%的案件为原告胜诉。1998~2002 年，中国各级法院共受理一审行政案件 46 万多件，平均每年的受案数比上个五年上升 61.94%。2001 年受案数突破了 10 万件，比《行政诉讼法》生效时的 1990 年增加了 7 倍。2003 年中国各级法院共审结行政诉讼案件 114896 件。2005 年，中国最高人民法院审结各类重大行政诉讼案件和国家赔偿案件 62 件，地方各级法院全年共审结一审行政诉讼案件 95707 件，比 2004 年上升 3.81%。

1994 年 5 月，全国人大常委会通过了《国家赔偿法》，具体规定了行政赔偿的范围、主体和程序。依据《国家赔偿法》，全国中级以上法院均设立了赔偿委员会。截至 2003 年底，中国法院共受理法院作为赔偿义务机关的赔偿案件，以及法院赔偿委员会依法审理的国家赔偿案件 15867 件，审结 15315 件，其中决定赔偿的案件 5442 件，占全部受理案件的三分之一。2005 年中国法院审结国家赔偿案件 2991 件，涉及赔偿金额 3751 万元。1998~2002 年，检察机关共立案复查刑事申诉案件 44934 件，对确有错误的 6849 件依法予以纠正，决定给予刑事赔偿 1438 件。截至 2003 年底，检察院作为赔偿义务机关，共受理 1.1 万余人投诉，赔偿 2500 人，金额近 5000 万元。

1978 年以来，国务院依法向全国人大常委会提请审议数百部法律议案，制定了 650 多件现行有效的行政法规。2005 年是国务院全面推进依法行政、加快建设法治政府的重要一年。在这一年里，国务院共向全国人大常委会提交《劳动合同法》《妇女权益保障法（修订）》等法律议案 7 件，制定修改《重大动物疫情应急条例》《信访条例》等行政法规 22 件。这些法律法规的制定与实施为依法执政、建设法治政府提供了必要的条件。

（二）加快政府职能转变

推进政府行政管理体制改革，加快政府职能转变是全面推进行政体制改革的关键和国务院工作的重点，政府应当加快转变政府职能，深化行政审批制度改革，切实把政府经济管理职能转到主要为市场主体服务和创造良好发展环境上来。

加快政府职能转变是进一步完善社会主义市场经济体制，构建和谐社会的一个重要而关键的环节。1998 年，国家对政府职能转变指出了明确方向，即从计划体制下形成的政府职能转变到宏观调控、社会管理和公共服务三个领域。在市场经济体制下，成为为市场主体排忧解难和创造良好环境的服务政府是政府职能转变的目标。

改革开放以来，中国政府在界定政府管理职能、深化行政审批制度改革、加强管理和公共服务等方面都取得了显著的成绩。2002~2004 年，国务院分三批宣布取消和调整行政审批项目 1806 项。到 2004 年底，国务院部门的审批事项已减少 50.1%。同时，地方政府也大幅度精简行政审批项目，规范行政审批行为。2005 年体制改革进一步深化。农村综合改革试点继续推进。国有商业银行股份制改革和农村信用社改革取得重要进展，上市公司股权分置改革稳步推进，完善人民币汇率形成机制改革顺利实施。国有企业建立现代企业制度步伐加快。中央财政安排 219 亿元支持 116 户国有企业实施政策性关闭破产，企业分离办社会职能工作继续进行。财税、投资、价格改革继续深化。邮政体制改革开始启动。铁路、民航体制改革取得新进展。制定并实施了鼓励、支持和引导非公有制经济发展的政策措施。一些重点领域和关键环节的改革，取得了突破性进展。这些改革措施表明中央政府为建设公共服务型政府，积极转变政府职能，正在逐步健全和完善公共政策和公共服务体系，加大财政对教育、科技、文化、卫生等社会事业的支持力度，积极稳妥地推进部分公共产品和服务的市场化进程。

（三）完善行政监督机制

行政监督是国家机关、社会团体和人民群众依法对国家行政机关及其工作人员的行政行为是否合法、合理和有效而实施的监察、督促、检查和纠正。中国政府已经认识到监督机制还有待完善，建立责任政府成为政府管理体制改革与行政改革的又一根本目标，提出要建立结构合理、配置科学、程序严密、制约有效的权力运行机制，从决策到执行等环节加强对权力的监督，保证把人民赋予的权力真正用来为人民谋福利。重点加强对领导干部特别是主要领导干部的监督，加强对人财物管理和使用的监督。2003 年 3 月国务院通过的《国务院工作规则》把加强行政监督作为新一届政府工作的三项基本准则之一。

新中国成立特别是改革开放以来，已经初步形成了中国特色的行政监督体系，这样的监督既包括行政组织内部建立的系统的自我监督，也包括国家立法、司法机关和来自社会的监督。在中国，凡因行政机关及其工作人员实施的行政许可引起行政复议或诉讼，且许可在复议中被撤销或变更的以及在诉讼中败诉的，都要追究实施行政许可的工作人员的行政责任。中国政府在接受人大、政协、司法、舆论和群众监督的同时，还建立和完善了一系列行政监督制度。一是建立行政决策责任追究制度。按照"谁决策、谁负责"的原则，对超越权限、违反程序决策造成重大损失的，严肃追究决策者责任。二是推行行政责任追究制，对政府官员的违法行政行为予以追究。三是实行行政复议制度以及规章、规范性文件的备案审查制度，及时有效地监督所属部门和下级政府严格依法行政。四是加强审计、监察等专门监督。国家审计署对中央财政预算执行和其他财政收支情况进行认真审计，向全国人大常委会和国务院作出报告，并对违反财政财务法规的问题作出审计处理决定。2005 年，中国决定在继续进行省（部）级领导干部经济责任审计的同时，将经济责任审计范围扩大到厅（局）级领导干部。

在行政监督中，追究有关法律责任的措施已被载入多部法律法规。例如，2005 年 9 月 3 日，国务院颁布了《关于预防煤矿生产安全事故的特别规定》，规定不管是否酿成事故，不履行法定职责的相关行政人员，都将被依纪依法严肃处理。2006 年 1 月 1 日生效的《公务员法》，使领导干部引咎辞职制度有了法律依据。2006 年 1 月 8 日，国务院发布《国家突发公共事件总体应急预案》，规定实行责任追究制，对迟报、谎报、瞒报和漏报等失职、渎职责任人给予处罚。2005 年时任国家环保总局局长解振华因松花江重大水污染事件辞去职务，成为"非典"后首位被问责辞职的部级高官。

中国的行政监督体系较以往已经有了很大的进步，但仍存在一些问题。行政机关将继续探索和完善人民监督制度，进一步拓宽人民监督渠道，确保人民监督权力的实现。一是自觉接受人大及其常委会的监督，接受政协的民主监督，接受司法监督。二是诚恳接受舆论和群众的监督。高度重视和解决新闻媒体反映的问题。三是经常发布政务信息，增加政府工作的透明度。四是高度重视人民群众通过行政复议、行政诉讼等法定渠道，对行政机关及其工作人员的监督。五是高度重视人民群众来信来访工作，确保信访渠道的畅通。六是加强行政专项监督和政府系统内部监督。监察、审计部门要依法独立地履行监督职责。国务院和各部门还要认真听取地方政府提出的批评、意见和建议。

（四）改善行政执法工作

改革开放以来，伴随着行政管理体制改革和政府职能转变，政府的效能得到了明显改善，管理水平和公共服务的质量有了显著提高。但是，由于各种原因，政府效能不高的问题仍然比较突出，政府工作还存在不少缺点：政府自身改革和职能转变滞后，行政审批事项仍然过多，社会管理和公共服务职能比较薄弱；一些部门之间职责不清、协调不力，管理方式落后、办事效率不高；有些关系群众利益的问题还没有得到根本解决；有些政府工作人员依法行政观念不强；形式主义、官僚主义、弄虚作假和奢侈浪费的问题比较突出；腐败现象在一些地方、部门和单位比较严重。因而，改善行政执法工作，提高政府效能成为当务之急。在这一问题上，中国政府正在通过加强思想教育和组织推动，实行科学民主决策，推进依法行政，推行行政执法责任制，在执法过程中，注意依法保障当事人和利害关系人的权益，坚决纠正行政执法中损害群众利益和以权谋私等各种违法行为，努力做到严格执法、公正执法、文明执法，提高政府效能。

1. 高度重视法律、行政法规贯彻实施的宣传和组织推动工作

国务院在认真做好政府立法工作的同时，高度重视法律、行政法规贯彻实施的宣传和组织推动工作：带头学习《公务员法》，加强政府自身建设。扎扎实实贯彻《行政许可法》，促进政府职能转变和管理方式创新。认真安排部署新修订的《公司法》《证券法》的贯彻实施工作。为了使全社会和信访群众准确理解新修订的《信访条例》的立法精神，国务院要求加强对条例的学习、宣传和贯彻工作。《国务院关于预防煤矿生产安全事故的特别规定》公布施行后，国务院要求国务院法制办公室、国家安全生产监督管理总局等有关部门立即组织编写条文释义和煤矿职工安全手册范本，组织小规模宣讲团到各地进行宣讲，以推动特别规定得到切实有效的实施。《重大动物疫情应急条例》公布后，根据国务院的要求，国务院法制办公室、农业部于 2005 年 11 月 21 日联合召开了《重大动物疫情应急条例》新闻发布会，就条例制定的背景、主要制度设计等回答了中

外记者的提问①。

2. 以贯彻《全面推进依法行政实施纲要》为重点，加强政府自身建设，全面推进依法行政

国务院在 2005 年的工作要点中强调指出，"全面实施《全面推进依法行政实施纲要》，加快建设法治政府"，并对 2005 年贯彻该纲要应取得的进展和责任部门提出了明确要求。按照国务院的要求，中宣部、国务院法制办公室于 3 月 29 日召开了"贯彻落实《全面推进依法行政实施纲要》座谈会"，对一年来国务院部门和地方政府贯彻实施纲要的情况进行了座谈交流。7 月 9 日，作为贯彻落实纲要的一项重要举措，国务院办公厅就推行行政执法责任制，印发了《国务院办公厅关于推行行政执法责任制的若干意见》，要求各地区、各部门依法界定执法职责，包括梳理执法依据、分解执法职权、确定执法责任、建立健全行政执法评议考核机制、对有违法或者不当行为的行政执法部门或执法人员依法追究法律责任。

各地方、各部门高度重视、认真部署纲要的贯彻实施工作。截至 2005 年底，全国已有 24 个省、自治区、直辖市和 40 个国务院部门成立了全面推进依法行政工作领导小组，25 个省、自治区、直辖市和 36 个国务院部门制定了贯彻该纲要的实施意见，29 个省、自治区、直辖市和 28 个国务院部门对本地区、本部门落实纲要的情况进行了专项检查，并逐步建立了定期报告推进依法行政工作情况的制度。各地各部门共组织举办各类培训班 1267 期，培训人员 252542 人。纲要贯彻实施一年多来，依法行政工作取得重要进展②。

3. 纠正违法行政行为，保护公民合法权益

各级政府严格按照法定权限和程序行使职权，纠正在行政执法中的"官派作风"，治"贪"的同时不忘治"庸"，切实履行保护公民合法权利的职责是保障行政行为顺利有效执行、提高行政效能的前提和基础。

---

① 《按照科学发展观和构建和谐社会的要求全面推进依法行政　加快建设法治政府——国务院 2005 年法制工作综述》，新华社北京 12 月 29 日电。
② 《按照科学发展观和构建和谐社会的要求全面推进依法行政　加快建设法治政府——国务院 2005 年法制工作综述》，新华社北京 12 月 29 日电。

河北省提出 2005 年要在全省乡镇以上各级机关和具有行政管理职能的单位全面实施"提速工作过程，提高服务质量"工程。海南省人民政府于 2005 年 1 月正式通过了《海南省行政首长问责暂行规定》，依据该规定，海南省自即日起开始在全省全面推行行政首长问责制。北京市 2005 年 10 月决定，在全市推广规范统一的"领导职位说明书"制度，从科级到局级干部都规定了明确的职责规范，这不但为干部自检提供了科学的指导，也为干部接受群众、纪委的监督提供了科学的依据。从 2005 年 5 月 18 日开始至 2005 年 9 月底，全国公安机关按照统一部署，敞开大门接待上访群众，依法处理群众信访问题，经过各级公安机关和广大民警特别是 3600 多名市县公安局长的努力，开门接访取得了显著成效。2005 年 9 月，财政部、司法部颁布了《中央补助地方法律援助办案专款管理暂行办法》，中央财政专项安排了中央补助地方法律援助办案专款，帮助经济不发达地区解决法律援助经费困难。这一系列举措对于树立政府形象、强化政府执行力、建设效能政府起到了重要的推动和促进作用。

尽管中国的依法行政取得了巨大成绩，但行政立法不健全、行政管理体制改革滞后、执法不严等问题，仍将长期影响中国的持续快速发展，中国在转变政府职能和管理方式、完善行政管理决策机制、加强法治政府建设、转变国家机关公务人员的观念等方面，还有一段路要走。

三　改革司法体制，实现公正司法

中国的司法体制和制度，是社会主义民主政治制度的重要组成部分。多年来，中国不断建立和完善司法体制和工作机制，加强司法民主建设，努力通过公正司法保障公民和法人的合法权益，实现社会公平和正义。

司法是保障民主和人权的关键环节。改革开放以来，中国高度重视司法工作，逐步加强和完善了司法制度。国家先后恢复了检察院制度、仲裁制度、律师制度、公证制度等，完善了侦察制度、劳动改造和劳动教养制度、人民调解制度等，在一些制度间形成了各司其职、相互配合与相互制约的机制，建构了中国特色的司法体制。截至 2004 年，中国共设立各级法院 3548 家，法官 190627 人；设立各级检察院 3626 家，检察官 142614 人。

1999 年，最高人民法院制定并发布了《人民法院五年改革纲要（1999~2003）》，对 1999~2003 年全国法院的司法改革作了统一部署。5 年多来，全国各级法院以公正与效率为主题，以改革为动力，认真贯彻落实《人民法院五年改革纲要（1999~2003）》，基本完成了各项改革任务，初步建立了适合中国国情的审判方式，为司法公正提供了一定制度保障；基本理顺了中国的审判机构，完善了刑事、民事、行政三大审判体系，使法院组织制度更加合理化；扩大了合议庭和独任法官的审判权限，为实现审与判的有机统一打下了基础；实施了法院执行工作新机制，在一定程度上缓解了执行难问题，并为深化体制改革进行了有益的探索；确立了法官职业化建设的目标，合理配置司法人力资源，使法院的整体司法能力明显提高；加速了司法装备现代化建设，全国大部分法院的基本建设和物质保障有了较大改善。截至 2003 年初，纲要确定的 39 项改革任务绝大部分已经完成。

各级法院认真履行职能，1998~2002 年，最高人民法院共审结各类案件 20293 件，比前五年上升 46%；地方各级法院和专门法院共审结各类案件 2960 万件，比前五年上升 22%。其中，审结一审刑事案件 283 万件，比前五年上升 16%，判处犯罪分子 322 万人，上升 18%；审结一审民事案件 2362 万件，比前五年上升 20%，诉讼标的总金额 31971 亿元，增长 2.4 倍；审结行政案件 464689 件，比前五年上升 65%；审结涉外案件 26399 件，平均每年递增 4%。仅 2005 年一年，最高人民法院共办结各类案件 3196 件（含审查申诉和申请再审案件），同比上升 9.34%。地方各级法院在最高人民法院的监督和指导下，共办结各类案件 7940549 件，上升 0.85%，诉讼标的金额 10597.96 亿元。其中最高人民法院共审结危害国家安全、走私、金融诈骗、虚开增值税专用发票、制售毒品、贪污、受贿等重大犯罪案件 445 件，上升 11.25%。地方各级法院全年共审结一审刑事案件 683997 件，判处罪犯 844717 人，分别上升 6.17% 和 10%。

近 10 年来，中国法院一审受理案件情况以及刑事和行政一审结案数见表 1~3、图 1~3。

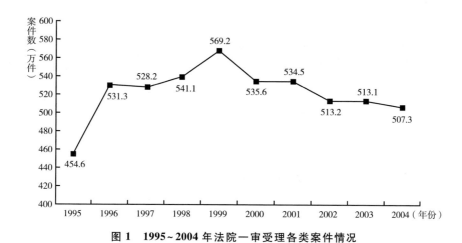

图1　1995~2004年法院一审受理各类案件情况

表1　1995~2004年法院一审受理各类案件情况

单位：万件

年份	1995	1996	1997	1998	1999	2000	2001	2002	2003	2004
受案数量	454.6	531.3	528.2	541.1	569.2	535.6	534.5	513.2	513.1	507.3

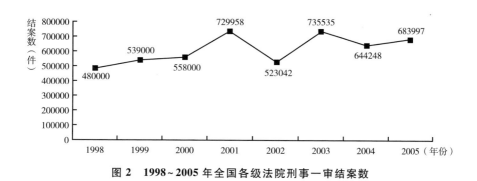

图2　1998~2005年全国各级法院刑事一审结案数

表2　1998~2005年全国各级法院刑事一审结案数

单位：件

年　份	1998	1999	2000	2001	2002	2003	2004	2005
结案数量	480000	539000	558000	729958	523042	735535	644248	683997

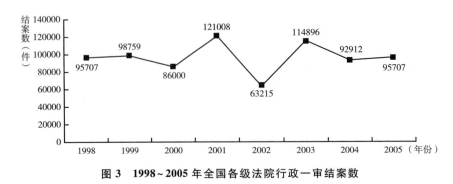

图 3　1998~2005 年全国各级法院行政一审结案数

表 3　1998~2005 年全国各级法院行政一审结案数

单位：件

年　份	1998	1999	2000	2001	2002	2003	2004	2005
结案数量	95707	98759	86000	121008	63215	114896	92912	95707

　　中国检察机关积极改革检察体制，全面推行检务公开，完善检察业务工作机制，实行主诉检察官办案责任制，推行机构和干部管理制度改革，完善行使检察权的监督机制，建立人民监督员制度，等等。从 2003 年 10 月起，中国检察机关开始在全国 10 个省、自治区、直辖市推行人民监督员制度试点工作。此后，这项改革措施扩大至全国 86% 的检察院。人民监督员由机关、团体、企事业单位推荐产生，主要职责是对检察机关办理直接立案侦查案件中拟作撤案、不起诉处理以及犯罪嫌疑人不服逮捕决定的案件进行独立评议，提出监督意见。同时还可以应邀参加检察院查办职务犯罪案件工作的其他执法检查活动，对于发现的违法违纪问题，可以提出处理建议和意见。2005 年全年检察院共批准逮捕各类刑事犯罪嫌疑人 860372 人，提起公诉 950804 人，比上年分别上升 6.1% 和 9.6%。加大打击走私、金融诈骗、非法集资等破坏市场经济秩序犯罪的力度，批准逮捕此类犯罪嫌疑人 21193 人，提起公诉 24950 人，比上年分别上升 3.8% 和 12.5%。

　　中国 1979 年恢复律师制度以来，律师队伍和律师业务发展很快，截至 2004 年，中国已有律师服务机构 1.1 万多个，律师 11 万多人；外国律师事务所和香港地区律师事务所在北京、上海、广州等城市设立了 186 个办事处。2004 年，中国律师共受理各类诉讼案件 150 多万件。中国律师管理体制改革不断深化，司法行政机关的行政管理与律师协会的行业管理相结合的管理体制初步形成，司法行政机关与律师协会管理职能和人员正在"两分开"。截至 2005 年 8 月，中国已建立全国律师协会、31 个省级律师协会和 243 个地市级律师协会的三级架构，一些律师协会还建立了刑事、民事等专业委员会和维权、纪律惩戒等专门委员会。截至 2006 年 8 月，共有 156 家国外律师事务所在中国内地设立代表处，大批外国律师活跃在中国法律服务市场上。

至 2005 年，中国有 25 个省级律师协会由执业律师担任会长，有 2/3 以上的省级律师协会与司法行政机关分开办公。司法行政机关负责对律师业的监督和指导，律师协会依法履行制定律师行业规范、加强对律师的教育和培训、开展律师维权工作、实施行业奖励和处分等职责。司法行政机关与律师协会建立了工作决策的会商机制、工作信息的共享机制。律师制度的建立和健全，使律师能够有效地运用法律手段维护当事人的合法权益和法律的正确实施，维护社会公平和正义。

中国自 1994 年开始建立法律援助制度，2003 年实施《法律援助条例》，确立了法律援助的基本制度框架。最新统计数字表明，2005 年中国各地已建立法律援助机构 3155 个，比 2004 年增加 123 个，全国共设立乡镇法律援助站点 31822 个。法律援助工作人员 11705 名，其中 5003 人具有律师资格，占从业人数的 42.7%；本科以上学位人数 5997 人，占从业总数的 51.2%；法律专业人数 7730 人，占从业人数的 66%。随着国家拨款的不断增多，经费已不再是制约中国法律援助事业发展的主要因素。

2005 年 8 月，全国人大常委会修改了《公证法》，进一步完善了中国的公证法律制度。截至 2003 年，中国有公证机构 3150 个，执业公证员近 12000 人，全年办证 1000 多万件，其中涉外公证 290 多万件。

2000 年，中国有人民调解组织 10001579 个，专职司法助理员 56173 人，调解人员 10354176 人，一年调解民间纠纷 5802230 件，防止矛盾激化 10 多万件。2004 年，中国的人民调解组织调解约 600 万件民间纠纷，防止民间纠纷激化为刑事案件平均 5 万多起，化解和疏导群体性上访平均

4 万多起（见图 4、表 4）。人民调解这个维护社会稳定的"第一道防线"，已经成为解决社会矛盾纠纷的重要途径和有效方法之一。2003 年 1~9 月，人民调解组织调解的 400 多万件民间纠纷中，调解成功率达到 95%。例如，目前广东省共有各类人民调解组织 29000 多个，平均每年调解各种纠纷 14 万件左右，调解成功率在 90% 以上，大大减少了信访量、诉讼量和可能发生的违法犯罪、自杀轻生、群众斗殴等。

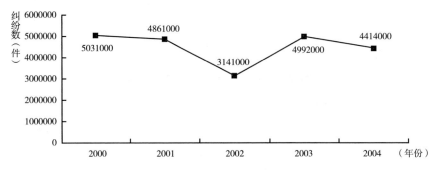

图 4　2000~2004 年人民调解委员会调解民间纠纷数量

表 4　2000~2004 年人民调解委员会调解民间纠纷数量统计

单位：件

年　份	2000	2001	2002	2003	2004
调解民间纠纷数量	5031000	4861000	3141000	4992000	4414000

截至 2004 年底，中国共有乡镇街道法律服务所 34554 个，法律服务人员 113612 人，担任乡镇企业法律顾问 477527 处，一年办理各种法律服务事务 12799900 万件。

中国的司法改革令人期待，稳步推进司法改革，将有助于提供更完备的法制保障，维护和实现司法公正，保障人民的民主权利和公民的合法权益。

四　完善法律监督，保证权力正确行使

完善法律监督机制是防范权力滥用、构建和谐社会的必要条件。改革

开放以来，中国逐步建立和加强了以立法监督、行政监督和司法监督为主要内容的法律监督制度。

在立法监督方面，全国人大及其常委会 1988 年建立执法检查监督制度，截至 2005 年，报送全国人大常委会备案的地方性法规共 7500 多件，自治条例和单行条例共 600 多件，经济特区法规近 300 件。2004 年成立了法规备案审查室，使这项工作进一步规范化。

全国人大及其常委会加强了对行政、司法机关的监督和对法律实施情况的检查，支持和督促有关国家机关依法行使职权，维护广大人民群众的利益。2004 年，全国人大常委会对《土地管理法》《义务教育法》和《工会法》等 6 件法律的实施情况进行了检查；就建立健全突发公共卫生事件应急机制、基层法院和检察院建设情况等听取和审议了国务院和最高人民法院、最高人民检察院的 11 个专题工作报告；全国人大常委会全年共接待人民群众来访 4 万多人次，办理人民群众来信 6 万多件，督促有关部门和地方解决了一批人民群众反映强烈的问题，保障了宪法规定的公民申诉、控告和检举的权利。2005 年召开的十届全国人大三次会议全国人大代表共提出议案 991 件，涉及食品安全、义务教育、社会保障和土地管理等方面法律的制定和修改问题，比 2004 年十届全国人大二次会议增加 54.6%。

执法检查是全国人大常委会的一项重要职能。1993～1997 年，八届全国人大常委会共检查了 19 部法律和有关法律问题的决定的实施情况，先后组织了 23 次执法检查，有 12 位副委员长 28 人次、69 位常委会委员 175 人次、42 位专门委员会组成人员 94 人次参加了检查工作，检查的内容涉及工业、农业、环保、教育、科技、产品质量、社会治安等领域。1998～2002 年，九届全国人大常委会共检查了 21 部法律和有关法律问题的决定的实施情况，先后组织了 22 次执法检查，有 12 位副委员长 25 人次、68 位常委会委员 132 人次、54 位专门委员会组成人员 117 人次参加了检查工作，检查的内容涉及农业、环保、教育、科技、基层民主建设、社会治安等领域。全国人大常委会还将群众反映强烈的突出问题和带有普遍性的问题作为监督工作的重要内容。2005 年，共收到群众来信 13 万多封，接待来访 5.8 万人次。针对群众来信来访中反映强烈的城市房屋拆迁、拖欠工程款和务工农民工工资等问题，有关专门委员会和常委会办公厅与国务院有关部门组成联合督查组进行跟踪督办，经过各方面共同努力，群众反映属实的问题基本得到解决。

在行政监督方面，中国《宪法》规定，国务院有权"改变或者撤销各部、各委员会发布的不适当的命令、指示和规章"以及"改变或者撤销地方各级国家行政机关的不适当的决定和命令"。1987~1996年，有2.8万余件行政法规和规章在国务院备案，通过备案审查，发现存在有各类问题的法规规章1500余件，国务院有关部门依据实际情况对其中的400余件作出了要求其自行修改或者予以撤销等处理。《立法法》对全国人大常委会审查行政法规的程序作了具体规定。国务院根据《立法法》于2001年12月14日发布了《法规规章备案条例》，详细规定了对行政机关制定的规章的审查制度。2005年国务院全年共对1561件向国务院报送备案的地方性法规、规章进行了审查，对符合《法规规章备案条例》规定的1542件法规、规章进行了备案登记。国务院法制办公室、商务部组织清理了涉及地区封锁的有关规定，共审核文件432841件，对含有地区封锁内容的文件306件依法进行了修改或废止。各地方普遍加强对规范性文件的监督力度，初步建立了地方四级政府、三级监督的备案监督体制，有效地维护了社会主义法制的统一，保证法律法规的贯彻实施。

中国31个省级人民政府已建立了对行政机关颁布的规范性文件（俗称"红头文件"）备案审查的制度，处理"红头文件"的"走形""冲突"问题。2003~2005年上半年，国务院法制办公室对报送备案的9745件规范性文件认真审查，发现违反上位法规定的623件，已纠正了424件。

在司法监督方面，检察院是中国法律实施的监督机关，通过行使检察权进行法律监督。2005年全年共对应当逮捕而未提请逮捕、应当起诉而未移送起诉的，决定追加逮捕12686人、追加起诉8646人。依照法律规定，对29334名涉嫌犯罪但无逮捕必要、可以采取取保候审等其他措施的，决定不批准逮捕；对14939名涉嫌犯罪情节轻微、社会危害较小的决定不予起诉，提出检察意见并移送有关主管机关处理。全年共立案侦查涉嫌贪污、贿赂十万元以上和挪用公款百万元以上的国家工作人员8490人；

立案侦查涉嫌犯罪的县处级以上国家工作人员 2799 人，其中厅局级 196 人、省部级 8 人；立案侦查金融、教育、医疗、电力、土地、交通等行业和领域涉嫌犯罪的人员 7805 人；立案侦查私分、侵吞、挪用国有资产的国企人员 9117 人；立案侦查贪污、挪用公共财产的农村基层组织人员 1931 人。加强追逃追赃工作，抓获在逃职务犯罪嫌疑人 703 人，比上年上升 14.5%；追缴赃款赃物和非法所得计 74 亿多元，比上年上升 62.9%。

最高人民检察院自 2003 年 8 月实施人民监督员制度以来，全国共有 2789 个检察院开展了人民监督员制度试点工作，累计监督不服逮捕决定、拟不起诉、拟撤案"三类案件"6719 起。在人民监督员不同意检察机关拟处理决定的 315 件意见中，有 155 件被检察机关采纳。

除上述国家机关的监督外，其他专门机关的监督和社会监督也发挥了越来越重要的作用。根据宪法和组织法的规定，我们各级政府都设立了审计、监察部门，专司监督职责。近年来，审计监督取得了很大的成绩，一年一度的"审计风暴"既揭露了问题又引导了制度转向，2005 年度中央预算执行的审计工作报告显示，在共审计的 48 个中央部门和延伸审计的 274 个二级预算单位中，发现违法违规问题涉及 55.1 亿元，其中 2005 年新发生的 8.65 亿元，占 15.7%；发现预算编制不细化、批复不及时等预算及财务管理不规范的问题涉及 658.58 亿元，其中 2005 年新发生的 345.39 亿元，占 52.4%。审计还查出违法案件线索 12 件（涉案人员 25 人），已移送司法机关和纪检、监察等部门进一步查处。通过审计发现的问题把人们的视线集中在国家管理制度的完善上。

近年来，新闻媒体的监督力度越来越大，如 2005 年的"苏丹红事件""松花江水污染事件"等新闻媒体的介入与曝光，使公民在第一时间了解这些事件，并采取有效的防范措施，进一步推动了国家体制的完善。

接受人民的监督，首先需要政府实行信息公开，提高政府工作的透明度。国务院 2004 年 4 月发布的《全面推进依法行政实施纲要》规定："除涉及国家秘密和依法受到保护的商业秘密、个人隐私的事项外，行政机关应当公开政府信息。"这从制度上对政府的信息披露作了强制性要求，对公民的知情权给予了保证，既有利于群众对政府行为进行监督，也有利于树立政府诚信和威望，赢得公民对政府工作的支持。2005 年 9 月，国家保密局召开新闻发布会，提出今后自然灾害死亡人数不再保密。国家保密局重置底线是政府信息公开的一个良好开端。

五　加强法制宣传，重视法学教育

依法治国、建设社会主义法治国家是中国共产党在新中国成立以来经验教训的总结和伟大的战略任务，要达到这个目标，既要有制度等硬件为保障，也要有相应的宪法、法律意识等软件与之协调。加强法制宣传，推进法学教育，为全体公民提高法律意识，为建设法治国家奠定了不可或缺的思想基础。

（一）加强法制宣传

中国民众从1985年开始接受普及法律知识教育，经过四个"五年"普及法律知识（简称"普法"）教育，学习了法律知识，培养了法治观念，提高了法治素质，许多人树立了自觉学法、用法、守法和依法维权的观念。通过1991~1995年的"二五"普法，中国8.1亿普法对象中有7亿人接受了法律常识教育。学法和普法是实现依法治国基本方略的重要基础。中央率先垂范，做出了榜样。1996~2000年的"三五"普法期间，中国普法工作取得长足进展，50多个重要法律法规被全国普法办列入重点宣传普及计划，全国8亿多普法对象中有7.5亿参加了各种形式的学法活动。各级干部特别是领导干部学法用法、依法决策、依法行政和依法管理的意识和能力明显增强。

2001~2005年"四五"普法的目标是，根据中国宪法原则和新时期社会主义民主法制建设的发展进程，深入开展法制宣传教育，全面提高全体公民特别是各级领导干部的法律素质；扎实推进地方、行业、基层依法治理，全面提高社会法治化管理水平。通过"四五"普法规划的实施，努力实现由提高全民法律意识向提高全民法律素质的转变，实现由注重依靠行政手段管理向注重运用法律手段管理的转变，全方位推进各项事业的依法治理，为依法治国、建设社会主义法治国家奠定坚实的基础。主要任务是：深入学习宣传依法治国、建设社会主义法治国家的基本方略，学习宣传宪法和国家基本法律，学习宣传与公民工作、生产、生活密切相关的法律法规知识，努力提高广大公民的法律素质。注重培养公民的权利义务对等的现代法制观念，增强公民遵纪守法、维护自身合法权益和民主参与、民主监督的意识。注重提高广大干部特别是领导干部的社会主义法制理论水平，提高依法决策、依法行政和依法管理的能力。

"四五"普法开展以来，中国所有省、自治区、直辖市相继制定了"四五"普法规划，地方人大常委会也作出了开展法制宣传教育的决议。107 个中央和国家机关、行业各部门也结合自身实际，制定了"四五"普法规划。各级人大和政府切实加强对贯彻第四个五年普法规划的领导和监督，把这项工作纳入当地经济和社会发展总体规划。

在全体公民中开展普及法律知识的工作，是推进依法治国基本方略、建设法治社会的一项基础工程。在中国，绝大多数人口在农村，农村文化教育水平相对落后，在普法宣传的近五年来，各级政府紧紧围绕国家有关农村工作方针政策和农村改革、发展、稳定的实际，大力开展以宪法为核心，以与农民生活息息相关的农业生产、农村市场经济为重点的法律法规宣传，积极开展"送法下乡"、"法律进村入户"、"民主法治示范村创建"、法制文艺演出等多种形式的宣传活动，这些活动在进一步提高全体公民的法律意识和观念，推动基层广大干部群众学法用法方面取得了良好的成效。"四五"普法在以下方面取得进展。

一是全体公民的宪法和法律意识进一步增强。2002 年 12 月 4 日，中央主要领导同志在首都各界纪念 1982 年宪法公布施行二十周年大会上，对学习宪法提出了明确要求，全国随后掀起了学习宣传宪法的热潮。同时，各地区、各部门围绕执政党和国家的中心工作，大力宣传社会主义市场经济方面的法律法规，开展知识产权保护、环境整治、诚信建设等宣传活动；大力宣传与公民生产生活相关的法律法规，引导公民自觉遵守法律，履行法定义务，依法表达利益诉求；大力宣传维护社会稳定方面的法律法规，开展"扫黄打非""打黑除恶""禁毒"等法制宣传教育；大力加强农村、社区法制宣传教育，组织开展"送法下乡""法律进社区"等活动；针对进城务工人员逐年增多的趋势，坚持法制宣传教育和主动提供法律服务、帮助解决实际困难相结合，组织讲法制课，帮助进城务工人员提高学法守法、依法维权的意识和能力。

二是领导干部依法执政、依法决策的能力进一步增强。中央政治局每年举办一次集体法制学习，全国人大常委会举办法制讲座，国务院常务会议、全国政协常委会组织法制学习，为各级领导干部学法做出了表率。各地区普遍成立了领导干部学法讲师团，95%以上的党校、行政学院把法制课列为领导干部培训的必修课程。五年来，全国共举办省部级领导干部法制讲座 360 多场，参加人员达 1.5 万人次。

三是公务员依法行政、公正司法的意识进一步增强。98%以上的公务员参加了学习培训，基本达到了公务员学习法律知识每年不少于 40 学时的要求，并逐步建立健全了公务员学法培训、考试考核、登记备案等制度，把学法情况和考试成绩记入档案，作为公务员考核、任职、定级、晋升的重要依据。

四是青少年法律素质进一步增强。各类大专院校普遍开设了法学基础课程；中小学校基本做到了法制教育计划、课时、教材、师资"四落实"；95%以上的城镇中小学校、81%以上的农村中小学校配备了兼职法制副校长协助学校开展法制教育，初步形成了学校、家庭、社会"三位一体"的青少年法制教育格局。各地区积极开辟第二课堂，依托少年法庭、监狱和青少年活动中心等场所，建立了近 3.5 万个青少年法制教育基地，广泛开发适合青少年特点的法制教育实践活动。

五是企业经营管理人员依法经营、依法管理的自觉性进一步增强。全国共举办企业经营管理人员培训班近 6 万期，240 多万人接受了培训。各类企业结合贯彻《公司法》《劳动法》等法律法规，进一步完善企业内部管理规章制度，推动了企业管理的法制化进程；91%以上的国有大中型企业成立了法律顾问机构或聘请律师担任法律顾问，促进了企业的依法经营、依法管理。

六是全社会法治管理水平进一步提高。全国各省（自治区、直辖市）、市（地）、县（市、区）普遍开展了依法治理工作，并把依法治理与开展"平安""法治""和谐"等区域创建活动相结合，与解决群众关心的热点、难点问题相结合，对维护社会稳定起到了重要作用。各部门和行业积极推行执法责任制、执法公示制、过错责任追究制，深入开展执法检查、质量考评、"依法办事示范窗口单位"创建等活动,规范行政执法行为和司法行为,逐步将各项执法活动纳入法治轨道,提高了管理和服务水平。基层普遍开展了"民主法治示范村""民主法治示范社区"等创建工作,有 609 个行政村获得"全国民主法治示范村"称号。

2005 年是"四五"普法的收官之年。回顾中国普法宣传的二十年,在国务院的领导和全国人大的监督下,在全社会的共同参与下,以宪法为核心的法律法规得到广泛普及;人民群众的法律意识和法律素质不断提高;政治参与的积极性不断增强;各级领导干部和执法人员依法决策、依法行政、依法办事的能力和水平,以及全社会法治化管理水平都有了进一步提高。

(二)重视法学教育

改革开放以来,中国法学教育和法学研究取得了突飞猛进的进展,法学已确立了它在社会科学中的重要地位。据不完全统计,截至 2005 年底,全国有 559 多所院校设置了法学专业,法学成为普通高等学校各学科中增长最多最快的专业。伴随着法学教育的迅猛发展,法学研究也迅速得到恢复。具体情况可见表 5、图 5~8。

表 5 法学普通高等教育机构设立情况

设立时间	新设数量(所)**	比例(%)	法学院数量(所)
1949~1976*	8	1.43	8
1977~1989	54	9.66	62
1990~1999	121	21.65	183
2000~2003	206	36.85	389
2004~2005	170	30.41	559

* 包括 1907 年设立的山西大学法学院、1948 年设立的吉林大学法学院。

** 此处的新设数量,是根据现存法学教育机构的设立时间作出的统计。考虑到新中国成立以来高等教育机构的多次调整,有一些法学教育机构不复存在,因此在各时间段内实际发生的新设数量会高于表中所列的数字。故此处的"新设数量"可以近似地理解为"净新设数量"。

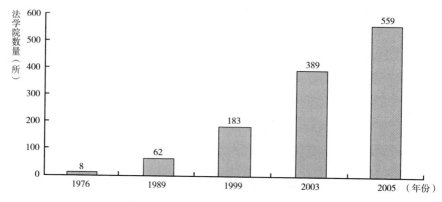

图 5　1976～2005 年法学院数量历年变化

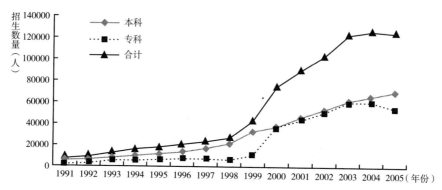

图 6　1991～2005 年普通高等学校法学专业本科、专科招生数量变化趋势

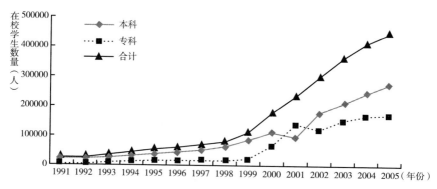

图 7　1991～2005 年法学专业本科、专科在校学生数量变化趋势

中国法学教育在迅猛发展的同时，也在不断探索法学教育的质量统一。法学教育在延续中国传统教育模式的同时，开始引入西方法学教育模

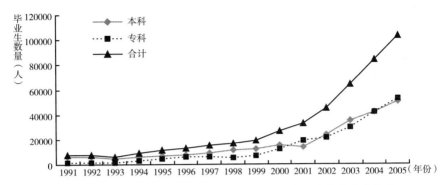

图 8 1991~2005 年法学专业本科、专科学生毕业生人数变化趋势

以上资料来源：朱景文主编《中国法律发展报告》。

式，并尝试将其植入中国，如演讲式教学法、诊所式教学法等。21 世纪的社会发展促使法学教育随之变化，当代中国法学教育正在酝酿着一次巨变，由重量到重质，由培养学习型法律人才到培养创新型法律人才，由培养单一的法律或法学人才到培养法学与法律结合、法学与其他学科结合的复合型人才，为建设社会主义法治国家不断培养和输送法律人才。

六 切实尊重和保障人权

中国建立的社会主义制度，为个人人权和集体人权的实现提供了可靠的政治基础。中国宪法和法律的制定，不仅确认而且保障了公民的各项人权，有效地维护了妇女、儿童、老人、残疾人等的权益。

国际上，中国一贯支持并积极参与联合国人权领域的活动，中国政府分别与欧盟以及澳大利亚、加拿大、英国、德国等国家举行了人权对话、磋商或交流，为促进中国人权事业的发展以及相互理解包容奠定了基础。

2004 年 3 月，中国十届全国人大二次会议审议通过的《宪法修正案》，将"国家尊重和保障人权"载入《宪法》，揭开了中国人权事业发展的新篇章。

中国《宪法》全面规定了公民的基本权利和自由。以《宪法》为依据，中国制定了一系列保障人权的法律，建立了较为完备的保障人权的法律制度。在新中国 50 多年经济社会发展成就的基础上，全国人民享有过去从未有过的全面、真实和充分的人权。

——人民的生存权和发展权得到保障。坚持以经济建设为中心，在解决人民生存权和发展权方面作出了巨大努力。经过50多年的奋斗，人民生活基本实现了从贫困到温饱、再从温饱到小康的两次历史性飞跃。中国用不到世界10%的耕地成功地解决了占世界22%的人口的吃饭问题。1979~2004年，中国经济连续快速增长，国内生产总值由1473亿美元增加到1.65万亿美元，人均突破1200美元。城乡居民年均收入，城镇实际增长4.5倍，农村实际增长4.9倍。人均住房面积，城镇居民由6.7平方米上升到25平方米，农村居民由8.1平方米上升到28平方米。农村贫困人口由2.5亿人减少到2610万人。中国人民总体健康水平已超过中等收入国家的平均水平，处于发展中国家前列。平均期望寿命已从新中国成立前的35岁上升到2004年的近72岁；孕产妇死亡率从新中国成立前的1500/10万下降到2004年的48.3/10万；婴儿死亡率由新中国成立前的200‰下降到2004年的21.5‰。近年来，中国政府颁布实施了《国家公共卫生监测信息体系建设规划》《突发公共卫生事件医疗救治体系建设规划》等一系列法规措施，加大了对公民健康权、生命权的保护力度。

——公民权利和政治权利得到保障。中国宪法和法律保护公民的宗教信仰自由、言论出版自由、结社自由等权利，对公民的财产权、名誉权、姓名权、荣誉权、人格尊严权、人身及住宅不受侵犯权等权利予以确认和保护。为使公民享有充分的知情权、监督权和参与公共事务管理等民主权利，中国不断建立健全信息公开等相关制度。国家积极鼓励新闻出版事业的发展，2004年，中国出版发行全国性和省级报纸257.7亿份，各类期刊26.9亿册，图书64.4亿册（张）。近年来，中国互联网发展迅猛，截至2005年6月30日，上网用户总数突破1亿，其中宽带上网达5300万人。国家尊重并保障公民的宗教信仰自由，依法保障信仰宗教的公民、宗教团体和宗教活动场所的合法权益不受侵犯。据不完全统计，中国现有各种宗教信徒1亿多人，各种宗教教职人员约30万人，宗教活动场所10万多处。国家制定了《社会团体登记管理条例》《民办非企业单位登记管理暂行条例》和《基金会管理条例》，依法保障公民结社自由。截至2004年底，中国有各类民间组织28.9万个，其中社会团体15.3万个、民办非企业单位 13.5 万个、基金会近 900 个。

——经济、社会、文化权利得到保障。中国宪法和法律法规对保障公民的劳动权、休息权、男女平等权、男女同工同酬权、知识产权、社会保障权、获得物质帮助权、受教育权、结婚和离婚自由权，以及从事和参加科学研究、文学艺术和其他文化活动的权利等，作出全面规定。近年来，国家通过各种措施，着力解决就业和再就业问题，加紧建立社会保障制度，加大对教育、科技、文化、卫生等社会事业的支持力度，努力将公民的经济、社会、文化权利落到实处。到 2004 年底，全国城镇参加基本养老、失业、医疗和工伤保险的参保人数分别达到 1.64 亿人、1.06 亿人、1.24 亿人和 6845 万人，分别比上年底增加 847 万人、211 万人、1502 万人和 2270 万人；农村社会养老保险参保人数达到 5378 万人，并呈较快发展态势；全国共有 2205 万城镇居民得到政府提供的最低生活保障。中国已基本普及九年义务教育并基本扫除了青壮年文盲。2004 年，中央政府用于农村义务教育的各类专项资金达 100 多亿元，比上年增长 70%；全国各类高等教育在校人数超过 2000 万人，高等教育毛入学率达 19%。到 2004 年底，全国有广播电台 282 座，广播综合人口覆盖率为 94.1%；电视台 314 座，电视综合人口覆盖率为 95.3%。国家不断加强对农民工合法权益的保护力度，并于 2004 年制定了《建设领域农民工工资支付管理暂行办法》，全面清理和解决建筑领域拖欠工程款和进城务工农民的工资问题。

——妇女、老年人、未成年人等特殊群体和残疾人等弱势群体的合法权利得到保障。中国制定了《妇女权益保障法》《老年人权益保障法》《未成年人保护法》《残疾人保障法》，对妇女、老年人、未成年人等特殊群体和残疾人等弱势群体的保护作出特别规定。在中国，妇女参与国家事务的权利得到保障。从 1975 年的第四届到 2003 年的第十届全国人民代表大会代表中，女代表比例均超过 20%。目前，妇女的就业规模、劳动报酬和受教育水平与男性基本相当。中国已进入老龄化社会，老年人受到政府和社会各方面的特殊关照。2004 年，全国发放企业退休人员基本养老金 3031 亿元人民币，中央财政补贴 522 亿元人民币。中国有 18 岁以下未成年人 3.76 亿，超过总人口的四分之一。中国政府于 1992 年和 2001 年先后制定了《90 年代中国儿童发展规划纲要》和《中国儿童发展纲要（2001～2010 年）》，从健康、教育、法律保护、环境等领域，促进儿童发展。中国有残疾人 6000 万，相当于一个中等国家的人数。2004 年，残疾人就业率达到 80%，有 330 多万残疾人得到不同程度的康复。

——少数民族权利得到保障。在中国，各少数民族同汉族一样，平等地享有宪法和法律规定的全部公民权利，以平等地位参与国家大事和各级地方事务的管理。同时，少数民族的权利还受到法律和有关政策的特殊保障。根据宪法和选举法，在国家最高权力机关全国人民代表大会中，各少数民族都有适当名额的代表，人口特别少的民族，至少有一名代表。从第一届全国人大开始，少数民族代表的比例一直保持在 14% 上下，大大高于少数民族占全国人口 8% 左右的比例。在地方各级人大中，在当地聚居和散居的少数民族都有代表参加当地人民代表大会，而且每一少数民族代表所代表的人口数可以少于当地人民代表所代表的人口数。各少数民族都可以担任国家机关和政府部门的各种职务。各民族都有使用和发展本民族语言文字的自由。国家尊重和保护少数民族的风俗习惯和宗教信仰自由。

中国政府重视国际人权公约在促进人权方面的积极作用。到目前为止，中国已参加 21 项国际人权公约，并采取多种措施认真履行公约义务。中国政府于 1997 年 10 月签署了《经济、社会和文化权利国际公约》，2001 年 2 月中国全国人大常委会批准了该公约，中国政府于 2003 年如期向联合国提交了首次履约报告，并于 2005 年 4 月接受联合国经济、社会及文化权利委员会审议。中国政府于 1998 年 10 月签署了《公民权利和政治权利国际公约》。

毋庸讳言，在人权的法治保障方面，中国还有很多亟待解决的问题。中国正通过人权与法治的宣传教育，以及完善立法，改革执法和司法，加强法律监督等多种措施来解决这个问题，不断提高保障和实现人权的水平。

七　中国法治发展展望

新世纪新阶段，中国的经济、政治、文化和社会面临前所未有的发展机遇，这也为中国法治的发展提供了广阔空间和良好条件。

（一） 中国建设法治国家的主要任务

中国在推进经济建设的同时，不断探索与之相配套的民主政治制度，完善社会主义政治文明，继续积极稳妥地推进政治体制改革，尊重和保障人权与基本自由，扩大社会主义民主，健全社会主义法制，建设社会主义法治国家。

1. 坚持和完善人民代表大会制度

人民代表大会制度是中国的根本政治制度，坚持和完善人民代表大会制度，有利于保证人民代表大会及其常委会依法履行职能以及立法和决策更好地体现人民的意志。为实施"十一五"规划，推进社会主义经济建设、政治建设、文化建设和社会建设，中国的立法机关将着重在以下几个方面完善人大制度：①通过进一步提高代表议案和建议的办理质量、扩大代表对常委会活动的参与、加强和改进代表视察和专题调研工作等方式，着重发挥人大代表的作用，加强常委会的制度建设；②继续以关系经济社会发展全局和在法律体系中起支架作用的重要法律为重点，不断提高立法工作水平和立法质量；③继续以关系改革发展稳定的重大问题和群众关心的突出问题为重点，把监督工作落到实处。此外，人大常委会也必须进一步加强自身建设，深入开展调查研究，不断提高审议质量和工作水平，密切联系人民群众，自觉接受人民群众的监督。

2. 深化行政管理体制改革，建设法治政府

国家政治体制改革的关键在于行政管理体制的改革，进一步转变政府职能，改进管理方式，推行电子政务，提高行政效率，降低行政成本，形成行为规范、运转协调、公正透明、廉洁高效的行政管理体制，建设法治政府，是中国行政管理体制改革的目标。

进一步转变政府职能，规范政府权力，还要做到以下方面。一要继续推进政企分开。这是政府职能转变的关键。凡是应该由企业自主行使的生产经营和投资决策权，都要由企业自行决定，政府不得包办企业投资决策，干预企业正常的生产经营活动。坚决禁止各级政府代替企业招商引资，层层分解并考核招商引资指标。政府要将抓经济的主要精力放在为各类市场主体服务和创造良好发展环境上。二要深化行政审批制度改革。继续清理行政许可项目和非行政许可审批项目，该取消的要坚决取消，能下放的要尽快下放。减少行政审批绝不是撒手不管，而是要创新管理制度和方式。三要做到权责一致。权力就是责任，有权必须尽责。各级政府及其部门要认真履行各自的职责，违法和不当行使权力，或者行政不作为，都要依法承担相应的责任。四要全面履行政府职能。继续搞好经济调节。加强市场监管，特别是要加强对涉及人民生命财产安全领域的监管。改进公共服务，着力解决就业、就学、就医、社会保障、社会治安、安全生产、环境保护等人民群众最关心的利益问题。完善社会管理制度，提高社会管理水平。

建设法治政府，一是做到职权法定，对于行政机关及其公职人员来说，凡是法律未准许的，都是禁止的。二是做到依法办事，依法实施行政行为，既不失职，也不滥权；既不越位，也不不到位，更不缺位。三是进一步完善行政立法、行政执法和行政司法，尽快制定行政程序法，为政府依法行政制定基本的法律依据。

3. 继续推进法院体制改革

"十一五"规划把"落实司法体制改革各项措施，进一步规范执法行为，促进司法公正，维护司法权威，实现严格、公正、文明执法"作为近五年司法体制改革的目标和重点。最高人民法院制定了《人民法院第二个五年改革纲要（2004~2008）》，对未来法院改革作出了规划。

中国法院改革的基本任务和目标是：改革和完善诉讼程序制度，实现司法公正，提高司法效率，维护司法权威；改革和完善执行体制和工作机制，健全执行机构，完善执行程序，优化执行环境，进一步解决"执行难"；改革和完善审判组织和审判机构，实现审与判的有机统一；改革和完善司法审判管理和司法政务管理制度，为法院履行审判职责提供充分支持和服务；改革和完善司法人事管理制度，加强法官职业保障，推进法官职业化建设进程；改革和加强法院内部监督和接受外部监督的各项制度，完善对审判权、执行权、管理权运行的监督机制，保持司法廉洁；不断推进法院体制和工作机制改革，建立符合社会主义法治国家要求的现代司法制度。

2004~2008年法院司法改革的主要内容如下。

第一，改革和完善诉讼程序制度。主要内容如下。①改革和完善死刑案件的审判程序。2006 年以后，法院依照第二审程序审理的死刑案件，均应当开庭审理，相关证人和鉴定人应当出庭。②改革和完善死刑复核程序。由最高人民法院统一行使死刑核准权，并制定死刑复核程序的司法解释。③改革刑事证据制度，制定刑事证据规则，依法排除用刑讯逼供等非法方法获得的言词证据，强化证人、鉴定人出庭，进一步落实无罪推定原则。④改革民事案件管辖制度，改变单纯以诉讼标的金额确定级别管辖的标准，改革跨地区民事案件的管辖方式，建立诉讼标的金额与当事人所属地区相结合的一审案件管辖制度，加强提级管辖、指定管辖等规定的适用。逐步做到高级法院不审理不具有普遍法律适用意义的第一审案件。⑤改革和完善行政案件管辖制度，从制度上排除干预行政审判的各种因素。改革和完善行政诉讼程序，为《行政诉讼法》的修改积累经验，并适时提出立法建议。⑥继续探索民事诉讼程序的简化形式，在民事简易程序的基础上建立速裁程序制度，规范审理小额债务案件的组织机构、运行程序、审判方式、裁判文书样式等。⑦加强和完善诉讼调解制度，重视对人民调解的指导工作，依法支持和监督仲裁活动。⑧改革和完善庭前程序，明确庭前程序与庭审程序的不同功能，规范程序事项裁决、庭前调解、审前会议、证据交换、证据的技术审核等活动，明确办理庭前程序事务的职能机构和人员分工。⑨改革民事、行政案件审判监督制度，保护当事人的合法权利，维护司法既判力。探索建立再审之诉制度，明确申请再审的条件和期限、案件管辖、再审程序等事项，从制度上保证当事人能够平等行使诉讼权利。⑩进一步落实依法公开审判原则，提高法院审判工作、执行工作和其他工作的透明度。

第二，改革和完善审判指导制度与法律统一适用机制。主要内容如下。①贯彻罪刑相适应原则，制定故意杀人、抢劫、故意伤害、贩卖毒品等犯罪适用死刑的指导意见，确保死刑正确适用。②改革下级法院就法律适用疑难问题向上级法院请示的做法。对于具有普遍法律适用意义的案件，下级法院可以根据当事人的申请或者依职权报请上级法院审理。上级法院经审查认为符合条件的，可以直接审理。③建立和完善案例指导制度，重视指导性案例在统一法律适用标准、指导下级法院审判工作、丰富和发展法学理论等方面的作用。最高人民法院制定关于案例指导制度的规范性文件，规定指导性案例的编选标准、编选程序、发布方式、指导规则等。④改革和完善最高人民法院制定司法解释的程序，进一步提高司法解释的质量。规范最高人民法院将司法解释报送全国人民代表大会常务委员会备案的制度。⑤建立法院之间、法院内部审判机构之间和审判组织之间法律观点和认识的协调机制，统一司法尺度。进一步建立健全确保法院统一、平等、公正适用法律的其他有效方式。

第三，改革和完善执行体制与工作机制。主要内容如下。①进一步改革和完善法院执行体制。最高人民法院执行机构监督和指导全国法院的执行工作。省、自治区、直辖市高级人民法院执行机构统一管理、统一协调本地区的执行工作。②深化执行权运行机制改革。各级法院执行机构负责民事、行政案件判决裁定和其他法定执行依据的执行事项，以及刑事案件判决裁定中关于财产部分的执行事项（含财产刑）。对执行过程中需要通过审理程序解决的实体争议事项，应当由执行机构以外的审判组织审理，必要时可以设立专门的审判机构。建立执行案件当事人和案外人对执行机构就重要程序事项所作决定申请复议等救济途径。③改革和完善执行程序，加强执行司法解释工作，积极推进强制执行立法进程，规范各类执行主体的行为。④建立全国法院执行案件信息管理系统，参与社会信用体系建设，建立执行督促机制，促使被执行人自动履行义务。通过公开执行信息，加强对执行工作的管理与监督，确保执行公正。⑤改革和完善执行管辖制度，以提高执行效率，节约执行成本，排除各种干扰，确保胜诉当事人的合法权益及时得以实现。⑥探索执行工作新方法。与有关部门配合，对不履行执行依据所确定的义务的被执行人实行财产申报、强制审计、限制出境、公布被执行人名单等措施。⑦改革和完善审理拒不执行法院判决、裁定刑事案件的程序制度，并加大对不履行生效裁判、妨碍执行行为的司法制裁力度。

第四，改革和完善审判组织与审判机构。主要内容如下。①改革法院审判委员会制度。最高人民法院审判委员会设刑事专业委员会和民事行政专业委员会；高级人民法院、中级人民法院可以根据需要在审判委员会中设刑事专业委员会和民事行政专业委员会。改革审判委员会的成员结构，确保高水平的资深法官能够进入审判委员会。改革审判委员会审理案件的程序和方式，将审判委员会的活动由会议制改为审理制；改革审判委员会的表决机制；健全审判委员会的办事机构。②审判委员会委员可以自行组成或者与其他法官组成合议庭，审理重大、疑难、复杂或者具有普遍法律适用意义的案件。③进一步强化院长、副院长、庭长、副庭长的审判职责，明确其审判管理职责和政务管理职责，探索建立新型管理模式，实现司法政务管理的集中化和专门化。④建立法官依法独立判案责任制，强化合议庭和独任法官的审判职责。院长、副院长、庭长、副庭长应当参加合议庭审理案件。逐步实现合议庭、独任法官负责制。⑤全面贯彻全国人民代表大会常务委员会《关于完善人民陪审员制度的决定》，健全人民陪审员管理制度，充分发挥人民陪审员制度的功能。⑥改革和完善法庭工作机制，落实法庭直接受理案件、进行诉讼调解、适用简易程序、执行简单案件等方面的制度，密切法庭与社会的联系，加强法庭的管理和物质保障，提高法庭的司法水平。

第五，改革和完善司法审判管理与司法政务管理制度。主要内容如下。①建立健全审判管理组织制度，明确审判管理职责，建立并细化与案件审理、审判权行使直接相关事项的管理办法，改善管理方式，建立案件审判、审判管理、司法政务管理、司法人事管理之间的协调机制，提高审判工作的质量与效率。②健全和完善科学的审判流程管理制度，逐步做到同一级别的法院实行统一的审判流程管理模式。③贯彻落实全国人大常委会《关于司法鉴定管理问题的决定》，改革和完善法院的司法技术管理工作。最高人民法院、高级人民法院和中级人民法院可以根据法律规定和实际需要配备法医等司法技术人员，发挥其司法辅助功能。④改革司法统计制度，建立能够客观、真实反映各级法院审判工作情况并适应司法管理需要的司法统计指标体系。扩大公开数据的范围，加强统计信息的分析和利用。⑤改革庭审活动记录方式，加强信息技术在法庭记录中的应用，充分发挥庭审记录在诉讼活动和管理工作过程中的作用。有条件的法院可以使用录音、录像或者其他技术手段记录法庭活动。

第六，改革和完善司法人事管理制度。主要内容如下。①推进法院工作人员的分类管理，制定法官、法官助理、书记员、执行员、司法警察、司法行政人员、司法技术人员等的分类管理办法，加强法官队伍职业化建设和其他各类人员的专业化建设；逐步建立法官助理制度。②落实《法官法》的规定，推动建立适合法官职业特点的任职制度。在保证法官素质的前提下，适当延长专业水平较高的资深法官的退休年龄。③根据法院的管辖级别、管辖地域、案件数量、保障条件等因素，研究制订各级法院的法官员额比例方案，并逐步落实。④改革法官遴选程序，建立符合法官职业特点的选任机制。⑤加强不同地区法院之间和上下级法院法官的交流任职工作，推进法院内部各相近业务部门之间的法官交流和轮岗制度。⑥建立法官任职前的培训制度，改革在职法官培训制度。⑦落实《法官法》的规定，推动适合法官职业特点的任用、晋升、奖励、抚恤、医疗保障和工资、福利、津贴制度的建立和完善，逐步提高法官待遇。

第七，改革和完善法院内部监督与接受外部监督的制度。主要内容如下。①建立科学、统一的审判质量和效率评估体系，完善评估机制。②改革法官考评制度和法院其他工作人员考核制度，发挥法官考评委员会的作用。③建立健全符合法官职业特点的法官惩戒制度，制定法官惩戒程序规则，规范法官惩戒的条件、案件审理程序以及救济途径等，保障受到投诉或查处法官的正当权利。④完善法院自觉接受权力机关监督的方式、程序，健全接受人大代表、政协委员的批评、建议的制度，完善人大代表、政协委员旁听法院审判以及法院与人大代表、政协委员联络等制度。⑤落实检察院检察长或者检察长委托的副检察长列席同级法院审判委员会的制度。⑥规范法院与新闻媒体的关系，建立既能让社会全面了解法院工作又能有效维护法院依法独立审判的新机制。

第八，继续探索法院体制改革。主要内容如下。①继续探索法院的设置、人财物管理体制改革，为法院依法公正、独立行使审判权提供组织保障和物质保障。②改革和完善法院经费保障体制，探索建立法院的业务经费由国家财政统一保障、分别列入中央财政和省级财政的体制。研究制定基层法院的经费基本保障标准。③配合有关部门改革现行铁路、林业、石油、农垦、矿山等部门、企业管理法院人财物的体制。④完善审理未成年人刑事案件和涉及未成年人权益保护的民事、行政案件的组织机构，在具备条件的大城市开展设立少年法院的试点工作，以适应未成年人司法工作的特殊需要，推动建立和完善中国特色的少年司法制度。

4. 继续推进检察体制改革

为构建社会主义和谐社会、顺利实施"十一五"规划提供有力的法律服务和保障，中国的各级检察院要按照最高人民检察院印发的《关于进一步深化检察改革的三年实施意见》，实施未来三年检察体制改革的规划。2005～2008 年，检察改革的总体目标是：通过不断深化改革，重点解决当前制约检察工作发展的体制性、机制性问题，努力做到检察体制更加合理，检察工作机制更加完善，检察工作保障更加有力，检察人员素质进一步提高，全面增强检察机关的法律监督能力，发展、完善中国特色的社会主义检察制度。

2005～2008 年，中国检察改革的主要任务如下。

一是改革和完善对诉讼活动的法律监督制度，切实维护司法公正，保障人权。为此，检察改革要探索完善刑事立案监督机制；健全对侦查活动中刑讯逼供等违法行为的监督查处机制；健全刑事审判监督机制，完善刑事抗诉制度；完善对刑罚执行活动的监督制度，进一步加强对减刑、假释、暂予监外执行的监督，建立健全监外执行罪犯脱管、漏管的监督机制；建立健全预防和纠正超期羁押的长效工作机制；探索建立检察机关发现司法工作人员在立案、侦查、起诉、审判和执行中有渎职行为或其他影响公正办案情形的，可以建议有关部门更换办案人员的制度，明确检察机关发现办案人员渎职的途径、建议更换办案人员的具体情形以及提出建议更换办案人员的程序；健全司法工作人员渎职案件的查办和移送机制；完善检察院对民事审判、行政诉讼活动实行法律监督的范围、措施和程序，研究探索建立民事、行政公诉制度和检察院参与民事、行政诉讼的制度；完善检察长列席法院审判委员会会议的制度，规范检察长、受检察长委托的副检察长列席审判委员会会议的具体程序等。

二是完善检察机关接受监督和内部制约的制度，保障检察权的正确行使。进一步完善人民监督员制度；建立省级以下检察院直接受理立案侦查案件的备案、批准制度；建立以纠正违法办案、保证案件质量为中心的检务督察制度；健全和规范执法责任制与责任追究制度，重点明确执法领导责任制和执法人员责任制，明确岗位职责，合理确认执法责任；全面实行当事人权利义务告知制度，进一步完善律师会见犯罪嫌疑人以及在侦查、审查逮捕、审查起诉过程中听取当事人及其委托人意见的程序，实行犯罪嫌疑人约见检察官控告违法行为的制度；进一步深化检务公开。

三是创新检察工作机制，规范执法行为。进一步规范检察机关的侦查工作，健全职务犯罪侦查一体化工作机制；继续深化审查逮捕方式的改革。进一步规范介入侦查的范围、方式和程序，健全审查逮捕中讯问犯罪嫌疑人的制度，对审查逮捕工作文书实行繁简分流，完善审查逮捕和审查起诉的衔接机制；进一步深化公诉方式改革；在检察机关实行未成年人犯罪案件专人负责制，有条件的地方逐步设立办理未成年人犯罪案件工作机构；在检察工作中进一步完善贯彻"宽严相济"刑事政策的工作机制和工作制度；进一步深化检察委员会制度和工作机制改革，规范议事程序，加大决策事项的督办力度，适时修改检察委员会组织条例，提高检察委员会议事质量和效率；严格依法规范执法行为和办案程序；推行检察业务、队伍和信息化建设"三位一体"工作机制；进一步完善司法解释工作机制，最高人民检察院修改完善司法解释工作程序的规定，实行司法解释报送全国人大常委会备案制度。

四是完善检察机关组织体系，改革有关部门、企业管理检察院的体制。逐步改革铁路、林业等部门、企业管理检察院的体制，将部门、企业管理的检察院纳入国家司法管理体系，明确有关检察院的经费来源、人员编制、选拔任用以及案件管辖权等；规范检察院派出机构的设置；改革检察机关司法鉴定机构。

五是改革和完善检察干部管理体制，建设高素质、专业化检察队伍。落实宪法和法律规定的上下级检察院的领导体制，采取措施加大上级检察院对下级检察院领导班子的协管力度；落实地方各级检察院通过考试录用工作人员的制度，面向社会，从通过国家统一司法考试取得任职资格的人员中公开选拔初任检察官。逐步建立上级检察院检察官从下级检察院检察官中择优选拔的工作机制。推行检察人员分类改革，对检察人员实行分类管理；完善检察官晋升、奖惩、工资、福利、退休、抚恤、医疗等保障制度，协调落实检察津贴；研究制定贫困地区检察官选任录用的特殊政策，采取措施吸引人才到贫困地区、少数民族地区检察机关工作。通过实行干部交流、挂职、特殊津贴等措施，保障贫困地区检察机关的队伍稳定和检察工作的协调发展。

六是改革和完善检察机关经费保障体制，切实解决基层检察院经费困难问题。探索建立检察院的业务经费由国家财政统一保障、分别列入中央和省级财政预算的制度。研究制定县级检察院经费基本保障标准。

5. 继续加强法制宣传教育

2006 年是"五五"普法的启动年。"五五普法"将继续巩固"四五"普法规划提出的"两个转变、两个提高"目标，广泛深入地开展以法律进农村、进社区、进企业、进校园活动为重点的全民普法教育，以领导干部、公务员、青少年、企业经营管理人员和农民为宣传教育的重点，进一步提高全体公民的法律意识和法律素质，使公民理性对待权利与义务，"学法律、讲权利、讲义务、讲责任"，全面推进依法治理工作，不断提高各级政府和社会组织依法管理和服务的水平。

"五五"普法的主要任务如下。一是深入学习宣传宪法，努力提高全体人民特别是各级领导干部和公务员的宪法意识。二是深入学习宣传经济社会发展的相关法律法规。三是深入学习宣传与群众生产生活密切相关的法律法规，普及知识产权法律法规，培养全社会尊重劳动、尊重知识、尊重人才、尊重创造的观念；开展与城镇房屋拆迁、农村土地征用和承包地流转、国有企业改制等相关法律法规的宣传教育，预防和减少社会矛盾。四是深入学习宣传整顿和规范市场经济秩序的法律法规，深入开展以打击制售假冒伪劣食品、药品、农资等为重点的法制宣传教育，开展以打击偷税、骗税、非法减免税为重点的税收征管法制宣传教育。五是深入学习宣传维护社会和谐稳定、促进社会公平正义的相关法律法规，开展以"学法律、讲权利、讲义务、讲责任"为主要内容的公民法制宣传教育，促进公民依法行使权利、履行义务，自觉用法律规范行为，形成遵守法律、崇尚法律、依法办事的社会风尚。六是坚持普法与法治实践相结合，大力开展依法治理，鼓励公民积极参与公共管理，促进依法行政、依法管理和公正司法，努力提高全社会法治化管理水平。七是组织开展法制宣传教育主题活动。大力推进法制宣传教育进机关、进乡村、进社区、进学校、进企业、进单位，在各行各业掀起学法用法的热潮。

在中国，一切有接受教育能力的公民，都要接受法制宣传教育，其中教育的重点是各级领导干部、公务员、青少年、企业经营管理人员和农民。为了保证普法工作的顺利进行，国家要求各级政府要健全普法依法治理领导机构，明确领导职责，建立和完善领导小组定期会议、联席会议、年度工作汇报、工作督查等制度；各级人大要加强对法制宣传教育工作的检查和督促，保障规划确定的各项任务的落实，在立法过程中，逐步扩大公民对立法工作的有序参与；把法制宣传教育纳入国民经济和社会发展规划，纳入各地区各部门各行业的目标管理责任制。

6. 进一步尊重和保障人权

依法治国必须树立切实尊重和保障人权的观念，把保障人权作为政府一切工作的根本出发点和归宿。《国民经济和社会发展第十一个五年规划纲要》明确提出，"尊重和保障人权，促进人权事业全面发展"。根据"十一五"规划纲要精神，"促进人权事业全面发展"要把工作重点放在以下方面。①切实保障人民的生存权和发展权，使人民总体生活水平和质量持续得到较大的、明显的改善，不断满足人民日益增长的、多样化的物质文化需求。②切实保障公民权利和政治权利，健全民主制度，丰富民主形式，扩大公民有序的政治参与，保证人民依法享有广泛的民主权利和自由。③加大人权的司法保护力度，依法打击各类犯罪活动，加强对司法活动的监督和制约，维护公民、法人和其他组织的合法权益，确保严格执法、公正执法、文明执法。④不断提高人民享受经济、社会和文化权利的水平，大力发展教育、科学、文化、卫生、体育等各项社会事业，健全劳动保护、社会保障、社会福利和社会救助制度，促进全体人民平等参与发展，共享发展成果。⑤切实保障少数民族的平等权利和特有权利，加快民族自治地方的经济社会发展，巩固和发展平等、团结、互助的社会主义民族关系，促进各民族共同繁荣进步。⑥切实加强对残疾人、妇女、未成年人、老年人合法权益的保护，注重维护他们在康复、教育、就业、交通、住房、家庭生活、社会保障、卫生保健、文化体育等方面的特有权益，在全社会形成尊重、关爱的和谐氛围。中国政府已经签署了联合国《公民权利与政治权利国际公约》，中国有关部门正在加紧研究和准备，一旦条件成熟，国务院将提请全国人大常委会审议批约问题。

（二）中国法治未来发展的基本态势

21 世纪头二十年是中国发展的重要战略机遇期。必须紧紧抓住机遇，应对各种挑战，认真解决长期积累的突出矛盾和问题，突破发展的瓶颈制约和体制障碍，开创社会主义经济建设、政治建设、文化建设、社会建设的新局面，为后十年顺利发展打下坚实基础。在推进依法治国、建设法治国家宏伟目标的过程中，中国法治发展将呈现以下态势。

1. 以初级阶段的基本国情为出发点

在中国进行法治建设，必须立足于中国实际，从国情出发。最大的国情，就是中国现在处于并将长期处于初级阶段。社会主义初级阶段，是逐步摆脱不发达状态，基本实现社会主义现代化的历史阶段；是由农业人口占很大比重、主要依靠手工劳动的农业国，逐步转变为非农业人口占多数、包含现代农业和现代服务业的工业化国家的历史阶段；是由自然经济半自然经济占很大比重，逐步转变为经济市场化程度较高的历史阶段；是由文盲半文盲人口占很大比重、科技教育文化落后，逐步转变为科技教育文化比较发达的历史阶段；是由贫困人口占很大比重、人民生活水平比较低，逐步转变为全体人民比较富裕的历史阶段；是由地区经济文化很不平衡，通过有先有后的发展，逐步缩小差距的历史阶段；是通过改革和探索，建立和完善比较成熟的充满活力的社会主义市场经济体制、社会主义民主政治体制和其他方面体制的历史阶段；是广大人民牢固树立建设中国特色社会主义共同理想，自强不息、锐意进取、艰苦奋斗、勤俭建国，在建设物质文明的同时努力建设精神文明的历史阶段；是逐步缩小同世界先进水平的差距，在社会主义基础上实现中华民族伟大复兴的历史阶段。这样的历史进程，至少需要一百年时间。

由初级阶段的基本国情所决定，未来中国的法治仍将是世界法治文化精髓与中国国情的结合，是具有中国特色的社会主义法治。

2. 以社会主义市场经济为基础

改革开放以来，中国经济体制逐渐由计划经济向市场经济转轨，建立以公有制为主体、多种所有制经济共同发展的市场经济体制已成为全社会的共识。十多年来，中国的社会主义市场经济体制初步建立，公有制为主体、多种所有制经济共同发展的基本经济制度已经确立，全方位、宽领域、多层次的对外开放格局基本形成。改革的不断深化，极大地促进了社会生产力、综合国力和人民生活水平的提高，使中国经受住了国际经济金融动荡和国内严重自然灾害、重大疫情等的严峻考验。但同时也存在经济结构不合理、分配关系尚未理顺、农民收入增长缓慢、就业矛盾突出、资源环境压力加大、经济整体竞争力不强等问题，其重要原因是中国处于社会主义初级阶段，经济体制还不完善，生产力发展仍面临诸多体制性障碍。为适应经济全球化和科技进步加快的国际环境，适应全面建设小康社会的新形势，必须加快推进改革，进一步解放和发展生产力，为经济发展和社会全面进步注入强大动力。未来完善市场经济体制的目标和任务，是要按照统筹城乡发展、统筹区域发展、统筹经济社会发展、统筹人与自然和谐发展、统筹国内发展和对外开放的要求，更大程度地发挥市场在资源配置中的基础性作用，增强企业活力和竞争力，健全国家宏观调控，完善政府的社会管理和公共服务职能，为全面建设小康社会提供强有力的体制保障。主要任务是：完善公有制为主体、多种所有制经济共同发展的基本经济制度，建立有利于逐步改变城乡二元经济结构的体制，形成促进区域经济协调发展的机制，建设统一开放、竞争有序的现代市场体系，完善宏观调控体系、行政管理体制和经济法律制度，健全就业、收入分配和社会保障制度，建立促进经济社会可持续发展的机制。

经济基础决定上层建筑。在未来的发展中，法治作为中国上层建筑的重要组成部分，必须尽快完全适应市场经济体制的需要，培育新的法治观念，建构和完善市场经济基础之上的法治原则、法律体系、法律制度和法治机制，使法治的各个方面都能够适应市场经济平等自由、正义公平、诚实信用、依法办事的要求，实现依法治国与建立市场经济体制的互动发展。

3. 以社会主义民主政治为依托

民主政治是法治的前提和保障，没有人民当家作主的民主政治，就不可能真正实现依法治国。正如中国改革开放总设计师邓小平指出的那样："中国的民主是民主政治，是同法治相辅相成的。"中国的民主政治符合中国的国情，保证了人民以国家和社会主人的身份充分发挥建设国家、管理国家的积极性、主动性和创造性，不断推动中国的经济发展和社会全面进步。同时，中国的民主政治建设仍有许多需要克服和解决的问题。这主要表现在：民主制度还不够健全，人民在社会主义市场经济条件下当家作主管理国家和社会事务、管理经济和文化事业的权利在某些方面还没有得到充分实现；有法不依、执法不严、违法不究的现象依然存在；官僚主义作风、腐败现象在一些部门和地方滋生和蔓延；对权力运行进行制约和监督的有效机制有待进一步完善；全社会的民主观念和法律意识有待进一步提高；公民有序的政治参与尚须扩大。中国的民主政治建设还有很长的路要走，这将是一个不断完善和发展的历史过程。

一切权力属于人民的民主政治是法治的政治基础，决定着中国法治的本质、功能、发展方向和实现过程。以建设法治国家为目标的中国法治在未来的发展，必然继续以民主政治为依托，坚持人民代表大会制度，进一步实现民主政治的法治化和法治的民主化，使民主与法治更加完满地融合起来。

4. 以构建社会主义和谐社会为目标

构建社会主义和谐社会是中国改革和发展的既定目标。构建和谐社会，是在中国特色社会主义道路上，全体人民共同建设、共同享有的和谐社会。构建和谐社会，必须坚持以人为本，始终把最广大人民的根本利益作为执政党和国家一切工作的出发点和落脚点，不断满足人民日益增长的物质文化需要，做到发展为了人民、发展依靠人民、发展成果由人民共享；必须切实抓好发展这个执政党执政兴国的第一要务，统筹城乡发展、统筹区域发展、统筹经济社会发展、统筹人与自然和谐发展、统筹国内发展和对外开放，转变增长方式，提高发展质量，切实把经济社会发展转入科学发展的轨道；必须坚持社会主义市场经济的改革方向，适应社会发展要求，推进经济体制、政治体制、文化体制、社会体制改革和创新，进一步扩大对外开放，建立健全充满活力、富有效率、更加开放的体制机制；必须加强社会主义民主政治建设，实施依法治国基本方略，建设社会主义法治国家，树立社会主义法治理念，逐步形成社会公平保障体系，促进社会公平正义；必须把改革的力度、发展的速度和社会可承受的程度统一起来，以改革促进和谐、以发展巩固和谐、以稳定保障和谐，确保人民安居乐业、社会安定有序、国家长治久安；必须坚持科学执政、民主执政、依法执政，发挥执政党的领导核心作用，维护人民群众的主体地位，团结一切可以团结的力量，调动一切积极因素，形成促进社会和谐的强大合力。

2005年9月，中央领导在第二十二届世界法律大会上指出："法治是人类文明进步的重要标志。法治是以和平理性的方式解决社会矛盾的最佳途径。人与人的和睦相处，人与自然的和谐相处，国家与国家的和平共处，都需要法治加以规范和维护。""和谐社会首先是一个民主法治社会。我们将继续发展社会主义民主政治，健全民主制度，丰富民主形式，保证人民依法实行民主选举、民主决策、民主管理、民主监督。"和谐社会是民主法治的社会，民主法治则为社会和谐提供了基础和保障，构建和谐社会成为中国民主法治建设的重要目标和必然要求。

5. 以充分实现人权为重要内容

人权与法治有着必然的内在联系。在国际上，保障人权和实行法治已成为国际社会共同关注的人类文明进步的标志。中国尊重国际人权文件中关于人权的普遍性原则，但同时认为，由于各国社会制度、文化、历史传统和经济发展程度不同，保护人权的具体措施和民主的表现形式应有所不同。在中国国内，执政党在规划把建设中国特色的事业全面推向21世纪的宏伟蓝图时，明确提出建设法治国家的奋斗目标和尊重、保障人权的时代要求。中国是一个人口众多的发展中大国，必须首先保障最广大人民的生存权和发展权，不然一切其他权利都无从谈起。中国保障集体人权与个人人权、经济社会文化权利与公民政治权利紧密结合和协调发展，这适合中国国情因而是中国人权事业发展的必然道路。中国集中力量发展经济，促进社会全面进步，坚持发展社会主义民主，建设社会主义法治国家，都是为了促进中国人民的人权事业。中国法治在未来的发展中，必然顺应国际人权法治发展的进步潮流，从中国的具体国情出发，以尊重和保障人权为价值取向和重要内容，通过改革和完善各方面体制，依法治国，努力把中国建设成为富强、民主、文明的法治国家。

6. 以法治的统一性与多样化协调发展为特征

法治应当是统一协调的体系，这是法治的一个普遍属性和基本特征。但是，由于中国为解决香港、澳门和台湾问题而实行"一国两制"

方针，在一个国家的前提下，允许这些地方保留资本主义制度和不同的法治体系，因此，中国法治未来的走向，必然呈现出统一性和多样化协调发展的特征。一方面，法治具有统一性特征。因为中国的国家统一和主权完整是人心所向，大势所趋，必须有统一的法律和法治来确认和保障国家及其主权的统一完整性，不允许任何分裂祖国、危害国家安全的行为存在。另一方面，法治具有多样化的特征。这是因为香港、澳门和台湾实行资本主义制度，它们的法治是资本主义性质的法治。同时，在法系的归属上，香港的法治属于普通法系传统，澳门和台湾的法治属于大陆法系传统，中国内地实行的则是中国特色社会主义的法治，它们在许多方面有不同的内容、表现形式和运作方式，已形成"一国""两制""三法域"的多样化格局。在今后相当长一个时期，这种格局将继续长期存在和发展。中国法治将在"一国两制"方针指引下，关注并研究解决不同法律和制度实施产生的冲突问题，保障法治的统一性和多样化协调稳定发展。

7. 以全球化和国际化发展趋势为参照

对外开放是中国一项长期实行的基本国策。当今世界，经济、科技和信息发展出现了全球化和国际化的趋势，统一的市场和跨越国界的科技与信息传播，势必向传统的以国界为空间范畴的法律制度提出挑战。为了回应时代的挑战，中国法治的未来发展，必然要适应进一步对外开放的需要，把全球化和国际化的许多经济、科技、文化甚至政治行为的规则作为立法、执法、司法和法律实施的参照系，学习、吸收、借鉴和移植一切有利于中国法治发展的人类法治文明的成果，在坚持中国法治的性质和中国特色的前提下，实现法治发展的国际接轨。

28年民主法治建设，弹指一挥间。新的世纪，将是和平与发展、知识经济与信息革命的世纪，是人类面临空前挑战与获得巨大发展机遇的世纪，也是中国社会和中国法治空前发展的世纪。中国的民主法治在新世纪新阶段的发展进程中，将抓住机遇，迎接挑战，再接再厉，努力实现建设社会主义法治国家的宏伟目标。

（参见法治蓝皮书《中国法治发展报告 No. 4（2006）》）

第四章　2006 年中国法治发展与展望

2006 年是中国"十一五"规划的开局之年，也是社会主义民主持续发展、社会主义法治不断完善之年。十六届六中全会《关于构建社会主义和谐社会若干重大问题的决定》为中国法治进一步发展提出了新要求，展示了新视野，注入了新活力。中共中央提出的科学发展观与构建社会主义和谐社会的战略思想，是马克思主义在中国的新发展，对中国社会主义法治建设具有巨大的推动作用，对中国特色社会主义法治模式的形成具有至关重要的引导作用。

2006 年，中国在依法治国进程中坚持"以人为本"的思想，人民作为法治的主体地位得到更好保障，公民有序参与不断加强；社会主义法治理念深入人心，依法治国基本方略进一步得到落实，法治发展的重要性日益凸显；尊重人权的观念得到进一步彰显，保障人权的实践不断取得新成果；通过法律制度和法治机制促进和谐社会的建立，民主法治、公平正义、诚信友爱、充满活力、安定有序、人与自然和谐相处的要求正在探索和实践之中。

回顾 2006 年，我们应看到：依法治国仍处于初级阶段，理念、水平和自觉性、自主性有待提高；民众有序参与有待扩大，基层民主监督制度有待完善，对各级政府一把手的监督有待加强；社会立法相对滞后的状况有待改变，促进民生事业发展的立法有待加强；保障人权的力度要切实加大。因此，在新的一年，中国应以科学发展观与构建和谐社会的战略思想指导立法工作，全面推进法律的"立、改、废"，实现立法的民主化、科学化和高质化；行政机关要摆脱部门利益，全面推进依法行政实施纲要，真正做到有法必依、违法必究、执法为民，努力建设法治政府；司法机关要在党的领导和监督之下，推动新一轮的司法体制改革，更为有效地行使职权、履行职责，使司法更具有权威性，更能够发挥消解矛盾和纠纷的作用。

和谐社会呼唤法治、信仰法治、恪守法治，是一个民主法治社会。建设民主法治的和谐社会，不仅需要坚持既有的以立法为主导的法治发展思路，更应当把立法与法律实施、法律实效结合起来，实现将法治建设重心由立法向法律实施的转移；不仅需要关注立法、执法、司法、法律监督、守法、法律服务等各个环节"独善其身"的制度改革，更应当关注中国法治系统的整体协调问题，推进法治的全面和谐发展。

一　和谐视野：2006年法治回顾

（一）立法进展

立法是实行社会主义法治和依法治国的前提，是分配正义与和谐的重要制度。2006年全国人大常委会立法工作取得了新的进展，共审议24件法律和有关法律问题决定的草案，其中14件已经获得通过，5件提请大会审议，为实现十届人大立法目标迈出了坚实的步伐。2006年的立法呈现如下突出特点。

一是立法指导思想由单纯强调以经济建设为中心转变为全面贯彻落实科学发展观、构建社会主义和谐社会。中央主要领导同志2004年9月15日在纪念全国人大成立五十周年的讲话中明确提出，法律要体现"统筹城乡发展、统筹区域发展、统筹经济社会发展、统筹人与自然和谐发展、统筹国内发展和对外开放"的要求，以立法推进社会主义和谐社会建设。这一指导思想，对中国的立法工作提出了新的更加科学、明确的标准和要求。

二是立法内容由强调经济立法转变为经济立法、社会立法、民事立法、刑事立法等全面协调发展，程序性立法与实体性立法并重发展，逐步调整了过去以经济立法为主的立法格局，转而强调经济立法、社会立法和其他立法协调发展。尤其是凸显了社会立法的内容和要求，包括《就业促进法》《劳动合同法》。在十届人大以前社会立法所占的比例通常只有2%~6%，而经济法律的比例高达40%~60%。现在社会立法比例逐年攀升，在国家层面社会立法的比例达到20%~30%，在有的地方社会立法比例已经达到了50%~60%，体现了构建社会主义和谐社会的要求。

三是立法过程更加凸显民主立法、科学立法。民主参与立法越来越制度化、规范化、程序化。全国人大常委会法工委召开个人所得税法立法听证会，以及就《物权法（草案）》《劳动合同法（草案）》《就业促进法（草案）》等听取民众意见，征求专家学者和社会各界的意见。2006年8月27日，十届全国人大常委会第二十三次会议高票通过了《各级人民代表大会常务委员会监督法》。这部法律，从1986年起草到最终通过出台历时20年，这在新中国立法史上是少有的。20年间，历次全国人大会议都有人大代表提出关于制定监督法的议案，共计222件，参与联名代表共计4044人次。

《劳动合同法（草案）》收到了各方面意见19万多条，其中65%来自基层劳动者；并收到来自各省、自治区、直辖市和49个较大的市人大常委会，45个中央有关部门，45家大型企业和高等院校、社会团体提出的意见。《物权法（草案）》公布以后，共收到11000多条修改意见。提交十届全国人大四次会议审议的《物权法（草案）》由全国人大常委会审议了7次，在本次会议审议过程中又对《物权法》的60多处进行了修改。这些都充分说明，民主立法在中国立法工作中发挥着越来越大的作用。

四是立法质量进一步提高，为2010年形成中国特色社会主义法律体系迈出了坚实的一步。主要表现在：其一，法律草案更多地听取专家学者、法律实务工作者、利益相关者等各方面的意见，使法律条文和规范能够更好地体现人民的意志，符合国情和实际的需要；其二，立法体现了实事求是原则，不照搬照抄西方立法规定和立法模式，而是从现实可行、科学合理的情况出发，通过民主立法、科学立法等方式，使所立之法能够切实有用；其三，立法的质量和技术水平越来越高，无论是框架结构还是语言文字，无论是逻辑位阶还是立法精神，与十多年前相比，其质量都有了很大提高；其四，制定新法和修改旧法结合进行，而且，修改和补充旧法的比重越来越大，说明和谐社会建设对立法提出了新的、更高的要求——不仅要创制新法以调整规范社会关系，而且要修改完善旧法以保证法律体系的与时俱进。目前，中国已经修改法律的数量约占整个立法数量的 50%。

（二）行政体制改革

2006 年，中国政府行政体制改革可以用两个字来概括：一是"热"，二是"稳"。所谓"热"，是因为 2006 年是全国人大批准国家"十一五"规划纲要（即《国民经济和社会发展第十一个五年规划纲要》，以下简称《纲要》）以及《纲要》开始实施的第一年。在《纲要》中，行政体制改革被列为"十一五"期间中国深化体制改革的中心工作和主要内容，位置十分突出，引起社会热议。所谓"稳"，则是指在过去的一年里，中国并没有出台重大行政体制改革举措，改革进程总体上比较平稳，稳中有进。中国（海南）改革发展研究院的一项问卷调查显示：认为 2006 年中国行政体制改革取得重大突破的占 2.59%，有所进展的占 36.49%，基本没有进展的占 52.30%，有所倒退的占 5.46%，不好判断的占 3.16%。认为"基本没有进展"的竟然占到半数以上，如果加上认为"有所进展"的 36.49%，两者高达 88.79%，占调查对象的绝大多数。这一问卷结果从一个侧面反映和印证了 2006 年中国行政体制改革较为缓和的总体状况。2006 年，中国行政体制改革的进展突出表现在，保障行政过程公开性和透明度的体制和机制进一步得到加强和完善。

2006 年，中央政府门户网站正式开通，标志着中国政府信息公开和电子政务工作进入一个新的阶段。截至 2006 年，全国 80% 的县级以上政府和政府部门建立了门户网站，74 个国务院部门和单位，31 个省、自治区、直辖市建立了新闻发布和发言人制度。国务院有 55 个部门和单位成立了政务公开领导小组及其办事机构，36 个部门和单位建立了政务公开制度。全国 12 个省（自治区、直辖市）、16 个较大的市制定了专门针对政务公开的地方性法规或规章，信息公开立法的起草工作也在这一年进入最后的收尾阶段。全国乡镇普遍推行了政务公开，85% 以上的县级政府机关、83% 的地市级政府机关实行了政务公开，省级政府机关的政务公开也在 2006 年取得明显进展。此外，专家咨询、论证，社会听证、社会公示，通过包括网络在内的大众传媒公布立法或行政决策草案，直接征求公众意见等方法和手段在行政立法和行政决策的过程中得到更加广泛的运用。2006 年，中国还在党政领导干部考核、选拔任用程序中首次引入民意调查程序，与民主测评、民主推荐等程序相结合，进一步增强了组织人事工作的民主性和公开性。

2006 年，国务院还明显加强了有关社会管理和公共服务方面的立法，以此引领和促进政府职能的进一步转变。在强化行政执法责任制、加大行政问责力度、加强对行政行为特别是抽象行政行为的监督等方面也采取了一些新的改革措施，如一些中央部门建立督察制度或在地方设立自己的直属机构，加强了对地方的巡查和对地方行政机关的监控；行政问责方式开始由"上级问责"向"制度问责"转变，问责对象从追究违法、违纪官员向不作为的公务员深化，问责范围从安全生产领域向其他领域推进。

（三）司法改革

党的十六届六中全会从加强社会主义和谐社会司法保障的高度，提出要坚持司法为民、公正司法，推进司法体制和工作机制改革，建设公正、高效、权威的社会主义司法制度，发挥司法维护公平正义的职能作用。2006 年 5 月，中共中央作出了《关于进一步加强人民法院、人民检察院工作的决定》（中发〔2006〕11 号）。按照中央关于司法体制和工作机制改革的部署，根据《人民法院第二个五年改革纲要（2004~2008）》和《关于进一步深化检察改革的三年实施意见（2005~2008）》的精神，2006 年最高人民法院和最高人民检察院以"公正与效率"为主题，在审判体制和检察体制改革方面做了大量的工作，取得了明显的成效。

2006 年，在规范司法权与其他权力（主要是立法权和行政权）的外部关系方面，司法改革的进展体现在如下方面。第一，贯彻实施人民陪审员制度，深化人民监督员制度试点工作。2006 年共有 48211 名人民陪审员参与审理案件 339965 件，改变了人民陪审员制度"名存实亡"的局面；全国有 86%的检察院开展了人民监督员试点工作，对违法搜查、扣押等"五种情形"规定了具体的监督程序。第二，通过报告工作、执法检查等制度，实现人大及其常委会对司法机关的监督。例如，最高人民法院向全国人大常委会报告了全国法院开展规范司法行为专项整改的情况，配合全国人大常委会开展了《法官法》执法检查和人民陪审员制度实施情况的检查。第三，深化司法公开，拓宽社会监督渠道。法院系统健全了新闻发布制度，并主动听取各民主党派、工商联以及无党派人士的意见和建议；最高人民检察院制定了《关于进一步深化人民检察院检务公开的意见》，增加 12 项向社会和诉讼参与人公开的工作制度、办案规程等方面的内容，并在省级以上人民检察院设立了新闻发言人。第四，完善刑事司法与行政执法的衔接机制。最高人民检察院会同有关部门下发了《关于在行政执法中及时移送涉嫌犯罪案件的意见》，明确了检察机关对行政执法机关移送涉嫌犯罪案件进行监督的具体程序，加大了对刑事犯罪特别是经济犯罪的打击力度。

2006 年，在司法机关的内部关系与组织管理方面也进行了改革，主要措施如下。第一，最高人民法院收回死刑案件核准权。全国人大常委会于 2006 年 10 月 31 日通过《关于修改〈中华人民共和国人民法院组织法〉的决定》，明确从 2007 年 1 月 1 日起，所有死刑案件核准权都收归最高人民法院统一行使。届时，部分死刑案件复核权授权地方高级人民法院行使的 26 年历史就此告终。这一变革将促进刑事审判的统一性、严肃性和公正性，彰显中国《宪法》所强调的"尊重和保障人权"原则，符合世界范围内减少死刑的趋势和中国倡导的"少杀"和"慎杀"的刑事政策。最高人民法院从 2007 年 1 月 1 日起统一行使死刑案件核准权，并于 2006 年从思想、制度、组织和物质装备等方面为死刑案件核准权的收回作了充分准备。第二，改革和完善人民法庭工作机制。人民法庭的立案管理、巡回办案、诉讼调解和适用简易程序等工作均已形成制度性规定。第三，完善审判委员会制度。对审判委员会的工作方式、表决机制、委员任职资格等制度作了修改。第四，改革和完善执行体制与工作机制。由中央各有关部门牵头，分别建立了解决执行难问题的领导协调机制、典型事例通报制度和目标考核机制。法院系统完成了执行案件信息管理系统开发和试点工作，并于 2007 年 1 月 1 日起在全国法院正式运行，为建立国家执行联动机制打下了良好的基础。第五，完善司法人员管理体制。最高人民法院修订了《法官培训条例》，制定了《2006~2010 年全国法院教育培训规划》；最高人民法院从下级法院、大专院校、科研单位和律师队伍中选调、招录 100 多名优秀人才从事审判工作，同时，选派多名法官到地方挂职锻炼；最高人民检察院建立完善了领导干部个人有关事项报告制度和述职述廉制度，并对 662 名检察长进行了异地交流。

2006 年，司法程序改革方面的进展突出表现为以下方面。第一，完善死刑案件的二审程序和核准程序。最高人民法院、最高人民检察院制定了《关于死刑第二审案件开庭审理程序若干问题的规定》，2006 年上半年对因案件重要事实和证据提出上诉以及人民检察院提出抗诉的死刑二审案件，一律开庭审理；从 2006 年下半年开始，所有死刑二审案件全部开庭审理。第二，简化诉讼程序，方便群众诉讼。法院系统推行人民法庭直接立案制度，解决偏远地区当事人申请立案不便问题；有 328 个中级法院和 2307 个基层法院建立了"一站式"立案大厅，为当事人免费提供诉讼指南；完善巡回审判制度，直接到当事人所在地或案发地开庭审理案件，方便群众参加诉讼；扩大简易程序适用范围；为经济上确有困难的当事人提供司法救助。第三，加强司法调解工作。贯彻落实"能调则调、当判则判、调判结合、案结事了"的民事司法原则，以定分止争为目标，最大限度地化解社会矛盾纠纷。第四，改革民事、行政案件审判监督制度。建立全国法院涉诉信访案件处理协调机制，解决申诉难、申请再审难问题。第五，完善司法解释工作机制。最高人民法院专门制定了司法解释工作规范，同时规定重要司法解释出台前，要通过互联网等媒体予以公布，广泛征求有关部门、专家学者和社会各界的意见，所有司法解释均严格按照《司法解释备案审查工作程序》规定，报送全国人大常委会备案。第六，健全对侦查取证活动的监督机制。最高人民检察院制定了《关于在审查逮捕和审查起诉工作中加强证据审查的若干意见》，进一步完善了对违法侦查行为的监督机制。第七，推行讯问职务犯罪嫌疑人全程同步录音录像制度。2005 年建立这一制度后，最高人民检察院于 2006 年制定了两个技术规范，完善了具体的操作程序。

2006 年的司法体制改革贯穿了"司法为民"的指导方针，人民陪审制度的加强，人民监督员制度的试点，司法公开的深化，报告工作、执法检查等制度的落实，诉讼程序的简化等，均反映了司法体制改革对司法民主的追求。"公正司法"是 2006 年司法体制改革的另一关键词。最高人民法院、最高人民检察院加强司法人员队伍建设，完善司法人员管理体制；最高人民法院完善审判委员会制度，收回死刑案件核准权，完善死刑案件二审程序和核准程序；最高人民检察院健全对侦查取证活动的监督机制，推行讯问职务犯罪嫌疑人全程同步录音录像制度等，均体现了司法体制改革对司法公正的追求。

从总体上看，司法体制改革既涉及司法权在整个国家权力体系中的合理定位，也涉及司法权内部的合理构造。2006 年的司法体制改革强化了人大对司法机关的监督，加强了对司法活动的社会监督，在加强监督的同时也注意避免过度监督对司法独立构成威胁。2006 年的改革基本未触及司法权与行政权的关系、执政党与司法机关之间的关系。司法体制改革侧重于对司法权的内部关系进行调整，人民法庭工作机制的改革、审判委员会制度的完善、死刑案件核准权的收回等体现了这一倾向。

（四）反腐倡廉法治

2006 年，中央高度重视反腐倡廉工作。2006 年 10 月 22 日，国际反贪局联合会第一次年会暨会员代表大会在北京人民大会堂举行。中央主要领导人出席开幕式并会见了出席会议的各国家和地区的高级官员及有关国际组织领导人。2006 年度，反腐倡廉法治获得新的进展：以查处商业贿赂为中心开展反腐倡廉工作；查处包括陈良宇等在内的重大违法违纪案件多起；不断推出反腐倡廉的重要举措，中央高度重视反腐倡廉的制度建设与理论研究等。

2006 年，全国共查处 10883 起商业贿赂案件，涉案总金额 37.66 亿元。260 多万个企业事业单位和相关主（监）管部门开展不正当交易行为自查自纠活动。据最高人民检察院反贪污贿赂总局披露：2006 年 1～10 月，全国检察机关共立案查办商业贿赂犯罪案件 8010 件，涉案总金额 8.8 亿余元，批准逮捕各类商业贿赂犯罪嫌疑人 5117 人，提起公诉 4212 人。各级纪检监察机关共给予党纪处分 97260 人，3530 人被移送司法机关处理，37775 人受到政纪处分。

2006 年，有 7 名省部级干部因涉嫌贪污贿赂犯罪被移送司法机关处理。典型的腐败案件包括：①上海社保局局长祝均一，福禧投资董事长张荣坤，上海电气董事长王成明、副总裁韩国璋被牵出的上海社保案，原上海市委书记陈良宇已被中央立案审查；②北京市原副市长刘志华，因严重违纪受到开除党籍、行政开除处分，涉嫌犯罪问题移交司法机关依法处理；③国家统计局原局长邱晓华收受不法企业主所送现金，生活腐化堕落，已经"双开"，并移送司法机关依法处理；④2006年12月28日，已经卸任一年零六个月的国家食品药品监督管理局原局长郑筱萸，因涉嫌收受贿赂，被中纪委"双规"；⑤2006年8月27日，全国人大常委会批准免去李宝金的天津市人民检察院检察长职务，经中共中央批准，李宝金受到开除党籍处分，涉嫌犯罪问题移送司法机关依法处理；⑥湖南省郴州市委原书记李大伦利用职务之便，涉嫌与家人等共同收受他人钱物折合人民币1434.4001万元，尚有1765.2958万元财产无法说明来源，窝案包括郴州市委原副书记、纪委原书记曾锦春受贿，郴州市委原常委、宣传部长樊甲生受贿。

2006年，中纪委查处"跑官要官"等违反组织人事纪律者424人，全国有1269名领导干部因违反规定收送现金、有价证券和支付凭证受到查处。2006年，全国纪检监察机关查处的案件有46.2%来源于信访举报。比如，福建省委原常委、宣传部长荆福生案，安徽省原副省长何闽旭案等都是根据信访举报被查获的。

2006年，中国不断推出反腐倡廉的重要举措。

（1）2月8日，中共中央办公厅、国务院办公厅联合下发《关于开展治理商业贿赂专项工作的意见》（中办发〔2006〕9号）。中共中央、国务院同时决定，调整中央治理商业贿赂领导小组组成人员。

（2）2月12日，中国正式成为《联合国反腐败公约》缔约国。中国政府于2006年1月13日向联合国秘书长正式递交了批准书和政府声明。2006年2月12日《联合国反腐败公约》正式对中国生效。6月13日，中纪委会同有关部门，召开了实施公约第二阶段工作会议，就中国法律制度与公约相衔接需要完成的20项工作进行了全面部署。

（3）进一步强化了中纪委领导下的巡视制度。2003年以来，中纪委、中组部共同组建了专门的巡视机构。巡视组能较长期地驻在一个地方或单位，充分听取干部群众意见，深入了解情况，发现存在的问题。中纪委对巡视过程中发现的涉嫌违纪违法案件线索，及时进行核查或督促相关部门进行核查，从中发现和查处了一些大案要案。例如，天津市人民检察院原检察长李宝金，山东省委原副书记、青岛市委原书记杜世成等案，都是在巡视中发现的问题。

（4）高度重视并开展反腐败的国际合作。4 月 12 日，在亚太经合组织的反腐败研讨会上，中美双方发表了一项联合声明，呼吁亚太经合组织各经济体进一步加强交流与合作，共同努力遏制腐败。

（5）10 月 22 日，国际反贪局联合会第一次年会暨会员代表大会在北京开幕。中央主要领导同志出席年会并表示，中国政府将继续旗帜鲜明、毫不动摇地开展反腐败斗争。

2006 年，修订与完善的反腐倡廉规章制度包括《行政监察法》《中国共产党纪律检查机关案件检查工作条例》和《关于党员领导干部报告个人有关事项的规定》等。此外，《刑法修正案（六）》扩大了原刑法中的公司企业人员受贿罪和对公司企业人员行贿罪的犯罪主体，明确了贪污贿赂犯罪为洗钱罪的上游犯罪之一。

（五）法律实施与监督改善

2006 年，关于法律实施和法律监督，全国人大常委会出台监督法，加强对规范性文件的备案审查监督工作，组织多次执法检查活动，对《专利法》《归侨侨眷权益保护法》《节约能源法》《法官法》《检察官法》以及有关环境保护的法律的实施情况进行检查监督。

2006 年 8 月 27 日，十届全国人大常委会第二十三次会议表决通过《各级人民代表大会常务委员会监督法（草案）》，自 2007 年 1 月 1 日起施行。监督法具体落实了宪法关于各级人大及其常委会的各项监督职权，使法律监督体制更加规范化、制度化和程序化。全国人大及其常委会对行政法规、地方性法规、自治条例、单行条例、司法解释等规范性法律文件予以备案和审查是一项重要职权，如果发现这些规范性法律文件与宪法和法律相抵触，有权予以撤销。社会组织和个人如果发现这些规范性法律文件与宪法和法律相抵触，也可以向全国人大常委会提出审查建议。

　　中国实行民主集中制的政治体制，全国人大及其常委会不仅是立法机关，同时也监督宪法和法律的实施。2006年，全国人大常委会组织多次执法检查活动。①2006年5月对《专利法》的实施情况进行检查，听取了国家知识产权局、科技部、国家发展改革委、商务部、国务院国资委和最高人民法院关于《专利法》实施情况的汇报，组成三个检查小组赴北京、上海、辽宁、江苏、广东、四川六省（市）进行检查，还委托天津、重庆、河北、浙江、福建、湖北、湖南、陕西八省（市）人大常委会在本行政区域内对《专利法》实施情况进行了自查。②2006年4月至5月组成执法检查组对《归侨侨眷权益保护法》的实施情况进行检查。4月初，听取国务院十个部门、最高人民法院、最高人民检察院及中国侨联关于法律实施、维护侨益的情况汇报；4月9日至5月22日，检查组分成三个小组赴广东和上海、福建和山东、广西和陕西等六个省（自治区、直辖市）进行检查。③2006年5月组成执法检查组对《节约能源法》的实施情况进行检查，听取了国家发展改革委、财政部、建设部、交通部、质检总局、统计局等部门的汇报，分成五个小组赴天津、山西、新疆、重庆、湖北、河南、河北、内蒙古、浙江、吉林等十个省（自治区、直辖市）了解情况，并对工业、建筑、交通、民用等领域的节能情况作了专题调研。④2006年，组成执法检查组检查《法官法》和《检察官法》（以下简称"两官法"）的实施情况，对广东、浙江、云南、新疆等地实施"两官法"的情况进行调研，召开地方人大内务司法工作座谈会，6、7月执法检查组实地检查"两官法"在黑龙江、江苏、湖北、广西、贵州五省区的实施情况，山西、吉林、河南、上海、宁夏等5省（自治区、直辖市）人大常委会受全国人大常委会办公厅委托对本地区实施"两官法"的情况进行了检查。最高人民法院、最高人民检察院通过调研、自查等方式配合全国人大常委会"两官法"的执法检查工作，并向执法检查组作了专题汇报。⑤2006年5月组成执法检查组对有关环境保护的法律实施情况进行了检查。5月22日，检查组听取了国家环保总局、国家发展改革委、财政部、水利部、建设部、海关总署等部门的汇报之后，分成五个小组，赴四川、湖北、山西、北京、陕西等五省（市）进行检查。检查期间，分别听取了五省（市）及其所属部分市、县地方政府的汇报，实地察看了城市污水和垃圾处理设施、工业企业污染防治、医疗废物和危险废物处置设施、流域污染防治和饮用水源地保护等方面的情况。与此同时，委托天津、辽宁、内蒙古、上海、福建、江西、广东、重庆、甘肃、宁夏等十省（自治区、直辖市）人大常委会在本地区进行检查。中华环保世纪行配合这次执法检查，对过去三年中常委会检查过的重点地区和企业进行了跟踪采访和报道。

2006 年，司法部门开展规范司法行为专项整改，确保司法公正和权威。根据中央政法委员会的统一部署，最高人民法院和最高人民检察院自 2005 年 5 月开始，进行了为期一年多的规范司法行为专项整改。最高人民法院专项整改的目的主要是：规范立案行为，畅通人民群众依法表达诉讼请求的渠道；规范审判行为，解决少数案件特别是民商事审判中存在的司法不公问题；规范执行行为，缓解人民群众反映强烈的"执行难"问题；规范再审行为，解决人民群众关心的申请再审难问题；加强司法管理，建立法院内部权责分明、相互制约的制度体系。最高人民检察院专项整改活动主要包括：加强思想教育，树立正确的执法观念；深入查摆整改，着力解决执法不规范的突出问题；健全规章制度，完善执法规范体系；强化督促检查，推动制度规范落实；完善监督制约，促进检察权的规范、正确行使。

（六）香港、澳门、台湾地区的法治状况

1. 香港地区法治的发展

香港回归以来，中央秉持"一国两制、依法治国"的基本原则，严格按照基本法的有关规定，处理香港事务，充分尊重香港特别行政区实行高度自治。香港回归近十年来，中央政府完全尊重香港司法的独立性，香港的司法制度也在基本法所确定的条件下发挥着自己的作用。全国人大常委会有关香港基本法的解释，对香港有关法律争议问题的解决和基本法的有效实施起到了关键性的作用。近十年全国人大常委会解释基本法共使用了三次，一是 1999 年关于基本法第 22 条、第 24 条的解释（即有关"居港权"的解释）；二是 2004 年关于香港基本法附件的解释，此次人大释法是自行解释基本法；三是 2005 年就香港基本法第 53 条第 2 款作出解

释，明确新的行政长官的任期为原行政长官的剩余任期。全国人大常委会对基本法的解释一直本着极其慎重的态度，通过全国人大常委会对基本法进行必要的解释，可以明确基本法的含义，起到稳定香港社会的作用，进一步增强香港社会各界的信心。尽管香港也有人认为，人大释法不符合基本法，有损香港司法独立，有违"一国两制"精神，但释法还是为香港各界多数人士所接受。基本法实施中产生新的问题是对基本法认识的偏差、基本法实施的研究不够以及内地、香港法律界沟通不足造成的。事实证明，全国人大常委会对基本法的解释对保持香港社会的繁荣、稳定和发展，维护香港居民的利益等方面起到了积极作用。

此外，所谓"普选问题"也是香港政治体制发展中的重要问题。香港的一些组织和个人提出，行政长官和立法会所有议席的产生，都应当尽快实行普选，而基本法第45条和第67条字面上虽然没有排除这种可能，但应该承认，在现有条件下，马上实行普选不符合基本法条文中"香港特别行政区行政长官和立法会的产生办法应根据香港特别行政区的实际情况和循序渐进的原则而规定"的要求。推进香港民主逐步向前发展是中央一以贯之的方针政策。第一，推进香港民主逐步向前发展，是由中国的国体即国家的性质所决定的。中央政府从人民共和国这一国家性质出发，从保证香港回归后香港居民行使当家作主的权利出发，率先宣布要在香港实行民主选举制度。第二，推进香港民主逐步向前发展，是"港人治港"、高度自治的应有之义，是基本法的重要精神。香港特区的高度自治权来自中央通过基本法的授权，香港居民按照基本法规定行使当家作主权利，这是最重要的民主体现。香港基本法不仅对香港民主发展的近期步骤作出明确规定，而且还规划了香港民主发展的远景目标，充分体现了中央不断推进香港民主向前发展的决心和信心。第三，香港回归十年来，香港的民主一直在中央的支持下按照基本法规定的步骤向前发展。毫无疑问，香港目前的民主水平是香港历史上从未有过的，而这些进步无不是在中央支持下取得的，今后中央也必将会一如既往地支持按照基本法的规定不断推进香港民主向前发展。推进香港政制发展必须求真务实地在基本法规定的轨道内进行。求真就是求香港实际情况之真，务实就是务循序渐进地发展香港的民主制度之实。求真务实，严格遵循基本法规定的轨道，是解决香港政制发展问题上的分歧和争拗的关键。基本法和全国人大常委会的有关解释及决定，为香港政制发展指明前进的步骤和方向，为香港政制发展留下了广阔的讨论空间，当务之急是齐心协力朝着决定指明的方向前进。

2. 澳门地区的法治状况

澳门回归以来，中央秉持"一国两制、依法治国"的基本原则，严格按照基本法的有关规定，处理澳门事务，充分尊重澳门特别行政区实行高度自治。澳门特别行政区的行政、立法、司法各机关都按照基本法规划的蓝图顺利运转，实现了政府架构的平稳过渡，创造了澳门历史上的奇迹。回归前的澳门，经济连续四年负增长，失业率不断上升；治安形势恶化，使以旅游业为龙头的澳门经济雪上加霜；法制不完备，政府效率低下，百姓怨声载道；公务员素质参差不齐，高层官员出现本地化断层。

澳门特别行政区新成立了终审法院、检察院、审计署、海关、警察总局等部门，重组和调整了一些政府机构，并建立了非政权性的市政机构，基本完成了由"葡人治澳"转为"澳人治澳"的高度自治的政治体制和行政架构的建构工作。由于历史原因，澳门回归后的整个特区管治队伍几乎都是新人，如澳门行政长官以及九位主要官员、立法会主席都是回归后才担任现职，近50个局级部门首长中超过三分之二是回归前夕或回归后才被委任的。但是，他们全都具有澳门永久性居民的资格，符合"澳人治澳"原则，澳门政府领导层本地化，是葡萄牙统治澳门四百多年也没能实现的目标。回归后澳门的治安形势有了明显好转。通过强化警员队伍内部建设，调整职能，通过两大警务部门的共同努力，有效地遏制了罪案的发生。与回归前相比，严重罪行案件的案发率明显下降，破案率大为提高，尤其是重大案件的破案率和破案速度颇为令人鼓舞。当然，澳门的法治建设也面临很多困难和问题。法律本地化、与基本法衔接的大量立法工作、原有法律与回归后不相适应部分的修改与完善、提高社会整体法治水平等，都是回归后澳门面临的艰巨法律任务。这些任务对于过渡期才产生形成的年轻的澳门法律工作者团队而言，是极其艰巨的。

3. "法理台独"对两岸关系的冲击

2006年，"台独"势力猖獗，陈水扁等人企图加速"法理台独"步骤，采取相对隐晦的手段推进"法理台独"的发展。两岸关系的发展，一方面，两岸经济、文化的交往日益密切。从台湾地区到大陆投资的台商越来越多，投资额不断加大。双方的贸易额快速增加，2006年，双边贸易额已达到1000亿美元，其中台湾地区向大陆出口达到800亿美元。台湾各界要求"三通"的呼声很高。对于两岸关系，大陆方面一向采取积极推进的态度，如对台湾农产品增加进口，为其开辟"绿色通道"，等等。大陆方面非常重视对台胞合法权益的保护，积极推动全面的、直接的"三通"。台湾当局不得不正视现实，有限地开放台商到大陆投资的规模和类别限制，有限地开放大陆人民赴台旅游观光。而且，在春节、清明等传统节日期间，台商包机已成为一种比较固定的方式。另一方面，台湾当局顽固坚持"台独"立场，不断制造事端，为两岸的统一设置障碍，在"台独"的道路上渐行渐远。2006年，台湾当局不顾承诺，采取了所谓的"废统方案"，"中止"了"国家统一委员会"和"国家统一纲领"。陈水扁还抛出所谓"四要一没有"，即"要独立、要正名、要新宪、要发展；在两岸关系上，只有统独之分，没有中间道路"，为"台独"制造舆论。应该指出，台湾当局及民进党中的"台独"势力最擅长使用的手段就是玩弄所谓"法理"，以法律为政治工具，玩程序、玩词汇、玩提案、玩选举、玩草案，颠倒是非，以退为进，目标就是把持政权，施行"台独"的政策方针。

近来，台湾当局还授意具有"台独"倾向的政客推出所谓的"第二共和宪法"草案，以呼应陈水扁的"宪法改造"台湾的言论，"法理台独"愈演愈烈。"台独"分子们闻风而动，纷纷抛出各种版本的"新宪"草案，据称，这类草案已超过15个版本。这一切，都是所谓"法理台独"的有机组成部分。可以说，"宪改"是否碰触"主权"等敏感问题，是判断"法理台独"的根本依据。

（七）法制宣传的发展

2006年是"五五"普法启动之年。自2000～2005年中国已经顺利实施了"四五"普法规划，人民群众的法律意识和法律素质明显提高，依法治理工作深入开展，各项事业的法治化管理水平逐步提高。2006年的普法工作主要是总结"四五"普法经验，部署"五五"普法依法治理工作。2006 年上半年是宣传发动阶段，下半年转入组织实施阶段。各地区、各部门按照"五五"普法规划研究制定地方、部门和行业五年规划，做好宣传、发动工作，营造浓厚的社会氛围。各省（自治区、直辖市）、中央和国家机关制定的"五五"普法规划，报全国普法办备案。根据"五五"普法规划，法制宣传教育工作应坚持以下原则：坚持围绕中心，服务大局；坚持以人为本，服务群众；坚持求实创新，与时俱进；坚持从实际出发，分类指导。"五五"普法在确定把一切有接受能力的公民作为普法对象的同时，强调重点加强对领导干部、公务员、青少年、企业经营管理人员和农民的法制宣传教育。

社会主义法治理念宣传是 2006 年的核心内容。2006 年 4 月，中央政法委在北京举办社会主义法治理念研讨班，全面部署社会主义法治理念教育活动。中央有关领导同志指出：依法治国、执法为民、公平正义、服务大局、党的领导是社会主义法治理念基本内涵的五个方面。根据中央统一部署，全国政法系统开展了广泛深入的社会主义法治理念教育活动，政法队伍的执法意识进一步增强，执法作风进一步转变，执法水平进一步提升。

（八）和谐世界与国际法治

中国的国际法治以追求和谐世界为目标。以下分国际公法、国际私法与国际经济法三个领域来回顾 2006 年的国际法治问题。

1. 国际公法

2006 年的国际法治继续向前发展，国际人权法、国际组织法、集体安全、国际环境法、国际刑法等各个国际法领域都有新的进展，国际法在国际关系和人类生活中起到越来越重要的作用。

在国际人权法领域，2006 年联合国人权委员会被联合国经济社会理事会正式撤销，取而代之的是联合国大会于 2006 年 3 月 14 日通过的第60/251 号决议建立的联合国人权理事会。2006 年 5 月 19 日，联合国大会选举人权理事会的 47 名成员；2006 年 6 月 19 日，人权理事会第一届会议在日内瓦召开，标志着人权理事会正式开始运作。

在国际组织法领域，联合国组织改革问题被国际社会广为关注。2006年底，韩国原外交通商部长官潘基文当选联合国第八任秘书长，这是亚洲人第二次当选这一最高国际行政职务。2006年6月，成立于2005年的联合国建设和平委员会①召开首次会议，讨论了布隆迪和塞拉利昂问题，10月11日联合国还启动了"建设和平基金"，以便为发生冲突后的国家提供立即的支持，帮助它们解决短期的资金不足问题，使和平得以建立。建设和平委员会的成立及其工作表明，联合国一如既往地将和平与安全作为重点工作领域之一，而且其工作重心已经从预防冲突、维持和平向冲突后创建有利于长期和平的局面和体制发展。

在集体安全领域，2006年10月9日朝鲜进行了核试验。联合国安理会10月14日一致通过1718号决议，谴责朝鲜的核试验并对其实施禁运制裁，该决议还成立制裁委员会以监督决议实施情况。朝鲜核危机和伊朗核问题表明，目前国际防核扩散机制的实效性面临着严峻的考验。2006年，通过国际合作打击恐怖主义仍是联合国工作的一个重点，但是在完成并通过《关于国际恐怖主义的全面公约》方面仍无实质性的进展。联合国国际法委员会于2006年通过了《外交保护条款草案》并提交联合国大会，同时仍进行着若干专题的研究与起草工作，有力地推动了国际法的编纂与发展。此外，国际法院、国际刑事法院和国际海洋法法庭也都在各自负责的领域内，促进了国际法规则的适用和发展。

在国际环境法领域，2006年联合国气候变化大会于11月6日在肯尼亚首都内罗毕开幕，大会期间举行了《联合国气候变化框架公约》第12次缔约方大会和《京都议定书》缔约方第二次会议等一系列关于全球气候问题的国际会议。主要议题是"后京都"问题，即2012年之后如何进一步降低温室气体的排放。

---

① 2005年12月20日，联合国大会和安全理事会同时通过决议，成立联合国建设和平委员会，该委员会将帮助各国从战争过渡到和平，就冲突后建设和平及复原工作提出咨询意见，并重点关注冲突后复原所必需的重建和体制建设。

在国际刑法领域，2006 年 12 月 10 日，《联合国反腐败公约》① 第一次缔约国会议在约旦举行。与会代表重点讨论了如何加强国际合作打击腐败、追回流失资产以及如何为预防和惩治腐败提供必要的技术手段等问题，并共同商讨如何将反腐败公约落实到行动上。

2006 年，中国在国际公法领域取得的主要成就和面临的主要问题有：①陈冯富珍当选世界卫生组织总干事，这是中国人首次担任主要国际组织的首要行政职务，也从一个侧面表明中国在国际事务中发挥着越来越重要的作用；②加入 WTO 五年过渡期届满，中国面临着如何更全面地履行 WTO 规定的义务，同时更好地利用 WTO 机制维护中国利益的问题；③钓鱼岛问题、东海大陆架问题等与中国国土和海洋利益紧密相关的问题尽管仍悬而未决，但得到了政府、学者和民众的更多重视，中国在其中起着重要作用的上海合作组织也在顺利发展。

2. 国际私法

20 世纪 90 年代以来，伴随全球经济一体化与法律全球化趋势，世界各国出现了国内国际私法立法的高潮，数十个国家制定了新的国际私法或修订了旧的国际私法。各国国际私法立法发展呈现多种表现形式，包括立法集中化、立法结构的统一等，体现了稳定性与灵活性的结合②。总体而言，2006 年各国国际私法立法与实践稳步进行，在涉外民商事案件审理中，国际惯例越来越受到各国司法机关的尊重，对外国法的适用与查明进行了广泛讨论。

中国越来越重视国际私法，民法典草案中已经专设国际私法规则篇，共 90 多条。而根据学者的统计，在 2000~2005 年最高人民法院的司法解释中，有 48 个与台湾相关的有关国际私法方面的法律也正在起草过程中。2006 年的国际私法发展集中在国际私法的立法与实践、区际法律冲突的解决、区际民事诉讼、国际商事仲裁制度以及加入 WTO 后产生的国际私

---

① 联合国历史上通过的第一个用于指导国际反腐败斗争的法律文件《联合国反腐败公约》于 2005 年 12 月 14 日正式生效，对预防腐败、界定腐败犯罪、反腐败国际合作、非法资产追缴等问题进行了法律上的规范，对各国加强国内的反腐行动、提高反腐成效、促进反腐国际合作具有重要意义。

② 《国际法的新发展学术研讨会综述》，《法学研究》2007 年第 1 期。

法等方面。2006 年的国际私法实践中，滥用诉权增加，表现为：一是当事人在与案件无关的国家起诉，二是当事双方协议选择起诉法院，三是当事人在具有平行管辖权的多个国家法院起诉，四是当事人在多个与案件有关的国家重复起诉。

中国签署和批准了《跨国收养方面保护儿童及合作公约》，涉外收养立法受到广泛关注。国际航空私法领域，继 2005 年 7 月 31 日《蒙特利尔公约》在中国生效后，2006 年 1 月 29 日国务院批准发布的《国内航空运输承运人赔偿责任限额规定》扩大了国内航空运输责任限制制度的适用范围，提高了航空旅客运输的赔偿限额，引入了限额调整机制，加重了航空承运人的责任，强化了对航空运输消费者的保护，从而对中国《民用航空法》采取的"双轨制"与公约采取的"双梯度责任制度"作了一定的协调。中国还在探索国际私法的立法、涉外民事案件管辖权、涉外继承法律制度、小额信贷的国际私法适用等问题。

3. 国际经济法

当前，经济全球化浪潮势不可挡，各国间经济相互融合、相互渗透的趋势日益明显，以国际经济关系为调整对象的国际经济法在发展中同时面临着巨大的机遇和挑战。

2006 年，中国已成为世界第三大贸易国。中国大规模参与了 WTO、国际货币基金组织、联合国有关经济组织、地区性经济组织以及双边自由贸易协定谈判等的各项活动，为国际经济法的创新和发展作出了重要贡献。在国际经济法领域，WTO 法律规则的修改与完善、竞争与贸易、贸易与环境、跨国公司行为规范等方面的法律规则，国际货币基金组织等国际经济组织行动以及具体法律规则完善与制定的理论研究和实践均取得重要进展，中国、印度等新兴市场国家在国际贸易规则制定方面享有了更多的发言权，区域贸易自由化以及双边自由贸易协定继续保持强劲的增长势头。

2006 年是中国入世五周年，年初 WTO 对中国的贸易政策进行了全面审议。《贸易政策审议——WTO 秘书处关于中华人民共和国的报告》①

---

① 参见 WTO 秘书处编著《贸易政策审议——WTO 秘书处关于中华人民共和国的报告》，刘敬东等译，中国财政经济出版社，2006。

（以下简称《报告》）从中国的宏观经济政策、贸易法律体系、具体政策措施、特定部门的贸易政策等四大方面对中国加入 WTO 以来的经济贸易政策和做法进行了详细的评述。《报告》对中国经济体制、履行加入 WTO 时所作的承诺、贸易政策与法律以及对多边贸易体制的贡献等均作了详尽介绍，认为"中国是负责任的 WTO 成员"。《报告》同时也指出中国的宏观经济和贸易政策应"关注"的领域①：贸易和投资政策、制度仅有部分得到了修改或废除；贸易和贸易改革的出口体制改革步伐落后于进口体制；知识产权保护力度不够，某些关键性服务业部门的自由化落后于其他部门。

2006 年 7 月 24 日，WTO 多哈回合多边贸易谈判被迫宣布中止，致使 WTO 成立后首次全球性贸易谈判遭受严重挫折，以贸易自由化为基石的 WTO 多边贸易法律体系受到前所未有的冲击。这是由某些西方发达国家奉行新保护主义造成的必然结果。多哈回合包含的议题十分广泛，主要有农产品开放、非农产品市场准入、服务业市场准入、知识产权保护等，涵盖贸易便利化、贸易与环境、电子商务等新议题。由于美、欧等在农产品补贴、市场开放等问题上针锋相对、互不让步，最终多哈回合被迫中止。

2006 年，中美、中欧之间有关纺织品出口、鞋类出口、汽车零部件进口等方面的贸易摩擦不断，在中国知识产权保护、人民币汇率改革等方面，美国频频向中国政府施压，在汽车零部件进口关税、禁止性补贴等问题上，美国等国启动了 WTO 争端解决程序。中美、中欧之间的贸易关系面临严峻考验。

2006 年，在对外贸易法律实践领域，商务部对原产于欧盟的进口马铃薯淀粉，对原产于日本的进口电解电容器纸，对原产于印度的进口磺胺，对原产于日本、韩国、新加坡和中国台湾地区的进口双酚 A，对原产于日本、新加坡和中国台湾地区的进口甲乙酮等五种进口产品进行反倾销立案调查。商务部对 2006 年以前立案的八种进口倾销产品作出终裁决定，裁定这些产品存在倾销行为，并征收反倾销税。在反倾销调查中，中国始终遵循世界贸易组织有关规则和国内的法律法规。来自商务部的最新统计

---

① 《WTO 对中国首次贸易政策审议（06.04.30）》，上海 WTO 事务咨询中心网站。

显示，从 1997 年中国开始对进口新闻纸采取第一起反倾销措施起，到 2006 年底，中国共对来自 24 个国家和地区的 44 种进口产品发起了 47 起反倾销调查。对 32 起反倾销案作出肯定性裁决，加征反倾销税；作出无损害裁决二起，终止调查四起。这些产品涉及中国化工、轻工、钢铁、纺织、电子、医药、农业七大行业。与此同时，2006 年中国仍为全球遭遇反倾销调查最多的国家，截止到 2006 年 10 月共计 71 件。随着中国贸易大国地位的确立，贸易总量的大幅上升，中国面临的双边贸易摩擦，包括反倾销、反补贴、保障措施在内的贸易救济措施的法律实践将进一步增多。

二　走向和谐：2007 年法治展望

"和谐"是 2006 年法治的主题词，也是 2007 年法治持续关注的问题。2007 年的中国法治，将继续围绕落实科学发展观与构建社会主义和谐社会，加强立法工作，深化司法体制改革，推进行政体制改革，进一步落实法治为民，加大普法宣传、依法治理工作力度，弘扬社会主义法治理念，把和谐植根于法治建设的每一步、每一处。

（一）2007 年是形成中国特色社会主义法律体系的关键之年

2007 年是完成十届全国人大的立法任务、形成中国特色社会主义法律体系的关键一年。2007 年全国人大及其常委会将安排审议法律草案 20 件。

（1）提请十届全国人大五次会议审议的两件：《物权法（草案）》《企业所得税法（草案）》①。

（2）计划再次审议的有五件：《劳动合同法（草案）》《突发事件应对法（草案）》《行政强制法（草案）》《禁毒法（草案）》《反垄断法（草案）》。

（3）计划初次审议的有 13 件：2 月的常委会第二十六次会议审议

---

① 根据 2007 年 3 月的全国两会，《物权法》与《企业所得税法》已经通过，即将实施。

《就业促进法（草案）》，4 月的常委会第二十七次会议审议《劳动争议调解仲裁法（草案）》《城乡规划法（草案）》，6 月的常委会第二十八次会议审议《节约能源法（修改草案）》《律师法（修改草案）》《民事诉讼法（修改草案）》，8 月的常委会第二十九次会议审议《循环经济法（草案）》《科学技术进步法（修改草案）》《刑法修正案（七）（草案）》，10 月的常委会第三十次会议审议《违法行为矫治法（草案）》《刑事诉讼法（修改草案）》，12 月的常委会第三十一次会议审议《社会保险法（草案）》《食品卫生法（修改草案）》。

（4）2007 年立法计划还安排了九件预备项目，即制定侵权责任法、初级卫生保健法、国防动员法、电信法，修改《邮政法》《保险法》《兵役法》《消防法》《国家赔偿法》。对这九件立法项目，有关单位正在抓紧起草、修改。把制定、修改这九部法律列入 2007 年立法计划的预备项目，在草案稿和立法时机都比较成熟时，将及时安排审议。

总体上说，上述法律草案在提请审议或通过后，在十届全国人大及其常委会任期内基本形成中国特色社会主义法律体系的立法目标将如期实现。到 2008 年初，中国现行有效的法律将达 230 件左右。

2007 年值得关注的另一项重要立法安排，是国务院在建设法治政府的过程中，将全面清理 655 件现行行政法规、3031 件国务院部门规章和 9664 件地方政府规章。这项大规模立法清理工作拟于 2007 年 10 月底前完成。这项工作对维护社会主义法治的权威，保证社会主义法律体系的统一、协调、有序，推进依法行政将产生重要影响。全面深入推进立法民主化和科学化，建立立法质量评估制度，明显减少立法中的"部门保护主义"和"地方保护主义"，进一步改进和完善立法工作，不断提高立法质量和水平，将是中国立法发展任重而道远的艰巨任务。

（二）建立和完善预防和解决突发性事件机制

2007 年完善纠纷解决机制，从总体上看，一方面要加强解决纠纷的法律制度建设，强化法定渠道解决纠纷的作用，将社会纠纷控制在制度允许的范围内；另一方面，应当建立和完善突发性纠纷预防和应对机制，重点防范和应对社会影响面大、冲突激烈和问题比较复杂的群体性纠纷。从

对策上分析，要改变"大信访"的思路，充分发挥诉讼等其他法定渠道
的作用，加强信访工作的法治化建设，制定《信访法》，实行信访源的集
中管理和信访工作的专门化，减少领导批示，完善并规范信访工作程序；
要积极稳妥地推进司法体制改革，不断完善诉讼机制，提高诉讼实效；要
修改《行政诉讼法》和《行政复议法》，建立和完善行政诉讼和行政复议
对抽象行政行为的审查制度；要完善内部纠纷解决机制，建立人事争议仲
裁与诉讼相互衔接的制度和统一的国家机关工作人员申诉控告制度，进一
步完善劳动集体争议协商制度；要完善调解制度，增强非司法调解的法律
效力，充分发挥调解在解决社会纠纷中的辅助作用。要适时启动对法律法
规和规章合宪性的审查机制，克服地方保护主义和部门保护主义，为通过
法定渠道解决社会纠纷提供根本的制度保障。

（三）逐步深化行政体制改革

2007 年，我们必须正视：中国当前行政体制的"老"问题仍然存在，
即权力过分集中，而制约权力的机制和力量过于弱小，以至于产生腐败并
衍生出行政权力越位、缺位、错位等各种弊端。中国行政体制改革的首要
目标应当是建立切实有效的权力制约和监督机制，即民主的机制和法治的
机制。行政体制中的民主和法治机制具有优先于其他机制的地位，民主和
法治机制建立不起来，机构的精简、职能的转变、社会公共治理结构的形
成、服务型政府的构建都难奏其效。改革开放以来，特别是十六大以来，
行政权力的外部监督机制发展较快，有关法律框架与基本制度均已形成并
在不断改进完善之中，但行政权力内部制约机制的改革和构建相对缓慢。

新时期中国行政体制改革，关键并不在于权力的划分、规模的压缩、
层次的减少、职能的转变、是否实行大部制，或者根据西方新公共管理理
论将市场竞争机制引入公共行政，建立所谓"企业型"政府等，而在于
在继续完善外部权力制约机制的同时，着力加强、深化尤其是创新行政体
系的内部权力制衡机制，真正将"一把手"的权力纳入法治轨道。2007
年，需要将法治原理、原则和机制不断由行政体系外部引入行政体系内
部，探索并促进行政首长负责制由传统集权的单一模式向虚实有别、虚实
结合的多种模式和形态转变，推动行政体制内部决策、执行和裁判三种基

本权能的适当分离，区分政治决策与一般行政事务决策，赋予一线公务员在一定范围内权责统一、依法独立履行其职责的权利、义务和责任等。加强行政过程的公开性、透明度，引入公众和社会舆论的参与和监督，以及加大司法审查力度，对建立健全现代行政体制中的民主、法治机制必不可少。

（四）司法体制改革将进一步以司法为民为宗旨，强调公正司法

2007 年，司法体制改革将围绕中央政法委确定的目标进行：①为人民群众的诉讼活动提供方便，践行执法为民宗旨；②强化诉讼活动监督制约，促进司法公正；③进一步深化司法公开，以公开促公正；④完善刑事政策和矛盾纠纷多元调处机制，不断增加社会和谐因素，改革管理方式，进一步提高司法效率，改革和完善诉讼制度，推进司法民主；⑤改革职权划分和管理制度，进一步保障人权；⑥改革、完善干部管理体制和经费保障机制，缓解影响政法工作的后勤保障压力。司法体制改革的核心是三权的配置与划分问题，应改革司法权，对其进行合理构造，推动程序改革。可以预见，2007 年司法机关将进一步落实司法为民的措施，从立案、审判、执行、再审等各个环节方便当事人参与诉讼；拓宽诉讼调解的适用范围，尝试在刑事自诉案件和其他轻微刑事案件中适用调解；建立案件办理情况查询机制，推行裁判文书公开查阅制度；关注经济困难群体的司法需求，进一步完善司法救助制度；积极推进涉讼信访信息化建设，方便群众进行网上信访和查询。司法机关还将逐步推进包括诉讼制度、审判组织、司法管理在内的各项改革，促进司法公正与社会和谐，如完善死刑案件核准程序和裁判标准，健全重要证人、鉴定人出庭作证制度，执行宽严相济的刑事政策，完善刑事被害人救助办法，推行被告人认罪案件简便审判制度，探索案例指导制度，规范法官自由裁量行为，等等。

（五）反腐倡廉法治将继续加强

2007 年，中国反腐倡廉工作将继续围绕建立健全公平完善的社会保障体系开展，督促各级党组织和政府把完善公共财政制度，实现基本公共服务均等化，完善收入分配制度，规范收入分配秩序，完善社会保障制

度，保障群众基本生活等工作纳入重要议事日程，落到实处，努力促进社会公平正义原则的全面落实。具体而言，中国将围绕完善有关就业安置政策、教育培训政策、医疗卫生政策、文化发展政策、环境保护政策开展反腐倡廉工作，围绕建立健全有效清廉的社会管理体系开展监督检查，并将研究制定专门的反腐败法，以便卓有成效地打击官员腐败或商业腐败行为。

（六）法律实施与监督将更注重实效

2007 年，法律实施与监督的任务仍很艰巨。根据对 2006 年法律实施与监督的调研，当前各地依法治国方略实施的重点和难点在于有法不依、执法不严，法律执行秩序参差不齐。各地法律实施的条件和环境、人口变动与迁徙都是法律实施效果的重要影响因素。以人口为例，中西部内陆地区，外出务工人员多而当地实际居住人口大为减少，由于外出务工多为青壮年，留下来的不仅数量少，而且主要是老人、妇女和儿童。东部沿海地区，无论是城市还是农村，则聚集着大量的外来人口。人口构成的变化，一方面反映了社会经济的发展变化，另一方面肯定会对法律的实施带来前所未有的挑战。

2002~2006 年，全国人大常委会先后听取和审议"一府两院"44 个专项工作报告，检查了 21 部法律的实施情况，通过人大监督工作保证了法律的正确实施，促进了依法行政、公正司法，维护了人民群众的合法权益。2007 年是监督法实施的第一年。全国人大常委会将以贯彻实施监督法为契机，进一步加强和改进监督工作，依法规范监督形式，严格执行监督程序，努力增强监督实效。根据全国人大常委会工作报告，2007 年计划组织实施三个方面的执法检查，听取和审议九个专项工作报告。一是听取和审议国务院关于推进社会主义新农村建设情况的报告、关于节约能源和保护环境工作的报告。二是听取和审议国务院关于城乡医疗卫生体制改革和加强食品、药品安全监管情况的报告，关于维护职工合法权益的报告，检查《义务教育法》的实施情况。三是听取和审议最高人民法院、最高人民检察院关于完善审判监督制度和检察监督制度的报告，跟踪检查《法官法》《检察官法》执法检查报告所提建议的落实情况。四是听取和审议国务院关于侨务工作的报告、关于保护台湾同胞投资合法权益情况的报告，跟踪检查《民族区域自治法》执法检查报告所提建议的落实情况，以及相关配套法规规章的制定情况。

2007 年，全国人大常委会还将加强预算和经济工作监督，听取和审议国务院关于 2006 年中央决算的报告和审计工作报告，听取和审议关于规范财政转移支付情况的报告，听取和审议国务院关于国民经济和社会发展计划执行情况的报告，加强对行政法规、地方性法规、司法解释等规范性文件的备案审查工作，进一步加强信访工作。

2007 年，根据最高人民检察院工作报告，最高人民检察院的法律实施与监督工作将呈现三个趋势：第一，认真履行法律监督职责，依法履行批捕、起诉职责，重点关注打黑除恶专项斗争、职务犯罪、商业贿赂，并强化诉讼活动的法律监督职责，加强对民事审判、行政诉讼和刑罚执行活动的监督；第二，强调贯彻宽严相济的刑事司法政策，最高人民检察院制定了《关于在检察工作中贯彻宽严相济刑事司法政策的若干意见》，法律的实施与监督将突出刑事政策的指导作用；第三，加强检察机关的自身建设与改革，重点建立健全对司法工作人员渎职行为的监督机制，完善检察机关的内部监督制约，推动人民监督员制度规范化、法制化。

根据最高人民法院工作报告，2007 年最高人民法院的法律实施与监督工作将呈现三个趋势。第一，继续依法履行审判职能，维护社会稳定，尤其是突出对群体性行政争议事件的处理，防止和避免因工作方法不当激化矛盾、引发群体性事件。第二，突出重点，加强法律实施工作。例如，反腐败，死刑的控制和慎重适用，刑事被害人救助，被告人认罪案件简便审判，执行工作力度加大与执行措施强化、执行机制的完善。第三，着力完善监督制约机制，保证审判权和执行权的正确行使，强调以完善法院内部监督制约体系为着力点，如加强审级监督、审判工作监督、完善再审制度。

（七）促进"一国两制"的完善和发展

2007 年 7 月 1 日，我们将迎来香港回归祖国十周年的庆典。香港回归十年，是香港基本法有效实施的十年，也是"一国两制"伟大构想成功实践的十年。十年中，基本法逐渐为香港人民所认识、所理解、所拥护。2007 年乃至今后的港澳法治工作中，应该着重注意以下问题。第一，深入研究香港、澳门地区的法律制度，并与香港、澳门法律界和法学界进行有效的沟通，以期消除对基本法的认识差异，弥合因认识差异而产生的分歧。第二，密切关注香港、澳门政治体制的改革，并就其中可能出现的法律问题进行超前性研究。"根据香港特别行政区的实际情况、循序渐进发展香港的民主制度"是中央主张并支持在香港特别行政区发展民主的一贯立场。在澳门，中央也持相同的立场。第三，加紧香港、澳门与内地的司法合作，创造法律合作的空间，如在遣返罪犯等问题上的合作，等等。第四，澳门法治建设要充分关注法律语言问题、法律专业人才本地化问题、司法成本等问题，特别应重视实力强大的外资进入博彩业后，冲击本地市场、就业、青少年教育、房地产价格，进而可能影响澳门安全等风险和问题。

当前，"法理台独"是"台独"势力在两岸统一问题上制造事端的主要伎俩，是两岸和平统一的最大障碍，也是法律界、法学界应该充分研究的紧迫课题。所谓"法理台独"，一般而言是指"台独"势力通过台湾地区的法律程序，以法律的形式，谋求实现"台湾独立"，尤其是意图通过修改台湾地区的"宪法"或制定"新宪法"，完成所谓"台湾国"法律层面的建构。目前，台湾当局和"台独"势力已经开始了"法理台独"的实际准备和实施步骤，去"中国化"就是其中一项内容，如用"台湾的自我认同"等名词替代"台独"，搞所谓的"去中国化"，将教科书中原来的"本国""我们""大陆"等都替换为"中国"，以示与台湾的区别，"中华民国邮政"已经变为"台湾邮政"，等等。

如果把"法理台独"加以细分，还可以区别为"直接法理台独"和"间接法理台独"。"直接法理台独"的基本主张有三种：其一，通过修改"宪法"，改变"中华民国"的国号，变"中华民国宪法"为"台湾新宪法"；其二，冻结"中华民国宪法"，同时制定"新宪法"；其三，以更直接的方式，用"台湾共和国宪法"，取代"中华民国宪法"。"间接法理台独"的基本主张也有三种。其一，不改变"中华民国国号"，但改变法律中的关键词，如将"中华民国主权属于全体国民"，改为"属于台湾全体人民"，将"中华民国领土依其固有疆域"改为"中华民国领土只限于台、澎、金、马地区"，或"只限于台湾"。其二，冻结"中华民国宪法"相应条款，增加新的条款。这种新条款的内容实际上就是对"台独"的一种间接表述，如陈水扁在2006年的元旦讲话，就是这种表述的一个例证，其言："台湾是我们的国家，土地面积三万六千平方公里。台湾的'国家主权'属于二千万人民，并不隶属中华人民共和国。"其三，修改"中华民国"行政区域，将其"主权"与管辖范围规范在台、澎、金、马地区，并改为"四省一特区"等。因此，遏制"法理台独"是2007年乃至今后一段时间内的当务之急。

对于"台独"势力的"法理台独"攻势，我们不能掉以轻心，不能为其所牵制，必须在祖国统一的问题上进行理论创新，完善国家统一的法学理论，与其进行针锋相对的斗争。用历史的事实、完善的统一理论来挫败"法理台独"的挑衅。通过法律制度的构建，使两岸人民的关系越来越紧密，越来越不可分离，使人民对统一理念的理解越来越深入，使统一成为一种法律要求。我们应对台湾地区的政治走向进行动态的、追踪式的研究，要对台湾地区的政治和法律作制度上的分析和研究，要对台湾地区政党政治的新格局、新变化、新理论、新做法进行及时有效的掌握和研究。要与台湾各政党、各阶层进行多层次、多渠道的联系与沟通。与台湾要求统一的同胞们消除隔阂、澄清误解、增进了解、求同存异，在促进祖国统一的大前提下，更广泛地团结一切可以团结的力量。

两岸关系关键在于维护台海的和平与稳定。我们坚决反对台湾"法理台独"等任何形式的分裂活动，我们密切关注台湾分裂势力在"台独"道路上所采取的种种行动和他们的分裂图谋，我们绝不允许改变台湾自古以来就是中国领土不可分割的一部分的历史事实和公认的国际法律地位。2005年3月，全国人大通过的《反分裂国家法》是国家反分裂、促统一的基本法律。一方面要坚定不移地贯彻这部法律，坚定反对分裂祖国的立场，认真进行《反分裂国家法》的理论研究，不断丰富和完善《反分裂国家法》的理论，对台湾当局的"法理台独"进行有针对性、有预见性的立法研究，使反"台独"的立法工作更有效、更有力；另一方面，要加强两岸"反独促统"力量的合作，加强与台湾各界的交往，用不断向前迈进的统一步伐来回应包括"法理台独"在内的一切形式的"台独"，加强包括两岸关系中政党间的交往、民间的交往、经贸往来、法律上的交流与合作等。

（八）持续开展普法教育依法治理工作

根据"五五"普法规划，"五五"普法从 2006 年开始实施，到 2010 年结束，共分三个阶段。①宣传发动阶段：2006 年上半年。各地区各部门要根据本规划研究制定地方、部门和行业五年规划，做好宣传、发动工作，营造浓厚的社会氛围。各省（自治区、直辖市）、中央和国家机关制定的"五五"普法规划，报全国普法办备案。②组织实施阶段：2006 年下半年至 2010 年。依据本规划确定的目标、任务和要求，结合地方、部门和行业实际，每年制定工作计划，突出年度工作重点，做到部署及时、措施有效、指导有力、督促到位，确保"五五"普法规划全面贯彻落实。2008 年开展督导检查活动。③检查验收阶段：2010 年。在党委统一领导下，各级普法、依法治理主管机关具体组织对"五五"普法规划实施情况的总结验收。

按照"五五"普法规划与 2007 年全国普法、依法治理工作的要点，2007 年是实施"五五"普法规划的关键之年，将按照党的十六届六中全会明确提出的"深入开展法制宣传教育，形成全体公民自觉学法、守法、用法的氛围"，大力推进如下工作：大力开展法制宣传教育，为构建和谐社会营造良好的法治环境；大力加强重点对象的宣传教育，提高社会各方面依法处理利益关系、化解社会矛盾的意识和能力；大力推进"法律六进"活动，提高法制宣传教育的覆盖面和渗透力；大力创新法制宣传的方式、方法，提高宣传的针对性和实效性；大力推进依法治理，积极促进全社会法治化管理水平的提高；大力加强指导、督促和表彰工作，激活普法、依法治理工作开拓创新的原动力；大力加强队伍建设和阵地建设，为深入开展"五五"普法提供必要保障。

此外，2007 年的法治宣传还将围绕依法治国方略确立 10 周年和纪念香港基本法实施 10 周年而展开。

（九）迈向和谐世界的国际法治

国际法今后面临的主要任务是如何促进和平与安全、发展、人权互相联系的三大主题，避免违反《联合国宪章》和国际法原则的行为和现象，增强联合国的权威和国际法的实效性，促进国际法治的建立健全都是今后数年国际法面临和需要着重解决的重要问题。

2007 年，人权同和平与安全、发展一道成为联合国的主要工作领域之一，2006 年设立的人权理事会有望发展成为联合国的主要机构之一。人权理事会设立了普遍审查制度，联合国的所有成员国均有义务向理事会提交报告，说明其保护和促进人权的情况，突破和补充了现有国家仅根据参加的国际人权公约的规定提交报告的制度。联合国和国际社会对人权理事会在全世界范围内更有效地促进人权寄予厚望。人权理事会将在首届会议一年内审查并在必要时改进及合理调整人权委员会的所有任务、机制、职能和职责，这一工作是理事会 2007 年工作的一个重点领域。

中国国际私法立法问题将备受关注。21 世纪是一个信息、知识经济、经济全球化和网络空前发展的新世纪，与新的世纪相适应，国际私法也将呈现新的发展趋势，如何对这种趋势进行预测并引导趋势的走向，是新世纪国际私法需要解决的重大问题。中国实行改革开放至今，对外民商关系得到空前发展，但中国至今没有一部独立、系统的国际私法，只在相关法规中设置了若干零星的国际私法规则。目前，中国正在起草制定民法典，其中第九篇是设置国际私法规则的专篇，共有九十多条。2007 年，中国还将应对加入 WTO 后有关国际私法问题和互联网的发展带来的国际私法问题，以及应对国际私法统一化和趋同化问题。在"一国两制"框架下，中国还将加强对中国区际冲突法的研究，总体而言，中国区际冲突法的理论体系还不健全，立法还很不完善，实践中还存在许多难以解决的问题。比如，中国区际法律冲突的现状和特点，中国区际法律冲突的解决方法和途径，中国四个法域国际私法和区际冲突法的比较，中国区际冲突法立法的完善，中国区际民商案件管辖权的确立和协调，中国区际民事诉讼程序的完善，中国四个法域之间的法律协调和司法协作等。此外，2007 年，中国台湾地区的"国际私法"将形成草案。

2007 年，中国仍将面临与西方贸易大国之间的贸易摩擦和争端的巨大压力，特别是汽车零部件进口税、禁止性补贴和知识产权保护等还可能要应对美国在 WTO 争端解决机制中的申诉。在贸易救济措施方面，中国企业仍将处于其他国家反倾销诉讼的巨大压力之下，商务部、有关行业协会等应进一步加强协调和管理被诉企业维护自身合法权益的活动，外交部应强化中国企业海外投资合法权益的领事保护。对外商投资以及进出口商品应当进一步加强监管，运用 WTO 规则赋予成员方的权利，依法采取反倾销、反补贴和保障措施等贸易救济措施维护中国国内市场的公平秩序，对 WTO 规则和争端解决机制进行修改与完善。需要引起注意的一个趋势是：区域贸易自由化。当前，WTO 多边贸易体制受到广泛质疑，而区域间或双边自由贸易协定受到实践的欢迎，对已经成功运行半个世纪的多边贸易体制产生了严重冲击，国际贸易应当选择多边体制还是自贸体制？一般认为，区域贸易自由化的实行不应当以牺牲多边贸易体制为代价。参加区域贸易自由化的世界贸易组织成员方应在区域贸易自由化的政策目标及维护多边贸易体制的基本秩序之间寻求适当平衡①。中国将坚持原则并坚定不移地参加区域贸易自由化。

（参见法治蓝皮书《中国法治发展报告 No.5（2007）》）

---

① WTO 秘书处：《贸易政策审议：WTO 秘书处关于中华人民共和国的报告》，刘敬东等译，中国财政经济出版社，2006，第 364 页。

第五章　2007 年中国法治发展与展望

2007 年是中国特色社会主义民主法治建设具有特别重要意义的一年。

2007 年是依法治国基本方略正式确立十周年。十年来，中国的法治建设取得巨大进步：社会主义法治理念、法治精神和法治文化广泛传播，法制宣传教育广泛深入开展，依法治国观念深入人心；科学执政、民主执政、依法执政成为执政党提高执政能力和执政水平的重要原则；民主立法、科学立法，不断提高立法质量，中国特色社会主义法律体系已经初步形成；依法行政，建设法治政府，正在国家行政机关如火如荼地全面展开；司法体制改革（司法改革），保证法院、检察院依法独立行使职权，实现司法公正，取得初步成效；加强对权力的监督制约，尊重保障人权，不仅是一种政治观念，而且越来越普遍地落实到各种制度、程序和规范之中……总之，十年依法治国，成绩巨大，困难不少，前途光明。

2007 年 10 月召开的中国共产党第十七次全国代表大会，总结了中国民主法治建设的成绩，作出了推进社会主义民主政治建设、深化政治体制改革、全面落实依法治国基本方略、加快建设社会主义法治国家的战略部署。

2007 年 11 月 27 日，十七届中共中央政治局以《完善中国特色社会主义法律体系和全面落实依法治国基本方略》为题进行第一次集体学习，这标志着新一届中央领导集体对依法治国的高度重视，表明中国共产党毫不动摇坚持依法治国的执政理念和执政方略未改变。

2007 年，中国法治高举邓小平中国特色社会主义理论的伟大旗帜，坚持以人为本，深化改革，开拓创新，在立法发展、司法改革、依法行政、法律宣传教育、依法治理、法律教学与研究等各方面都取得明显进步；在民商事法治、市场经济法治、社会法治和刑事法治等方面，都有重大进展。

2008 年是全面贯彻落实党的十七大战略部署的第一年，是实施"十一五"规划承上启下的关键一年，是中国改革开放 30 周年，也是北京的奥运之年。2008 年中国将按照中央经济工作会议的部署，防止经济增长由偏快转为过热、防止价格由结构性上涨演变为明显的通货膨胀；将举行十一届全国人大一次会议和全国政协十一届一次会议，选举产生国家领导人，组成新一届中央政府。2008 年实施的《劳动合同法》《企业所得税法》《反垄断法》《城乡规划法》《就业促进法》等一批重要法律，将又一次见证中国经济社会又好又快发展，见证中国民生法治全面崛起。

一 回顾 2007 年：法治以改革为主题

（一）"以人为本"的民主法治

中国共产党第十七次全国代表大会是 2007 年中国政治生活的重大事件，也是中国民主政治建设与法治建设的重大事件。十七大在系统总结历史经验尤其是十一届三中全会以来社会主义建设经验的基础上，鲜明地提出高举中国特色社会主义伟大旗帜，深刻地阐明坚持科学发展观的伟大战略思想。十七大强调"以人为本"，尊重保障人权，维护社会全体成员的权利，实现人的全面发展，对中国社会主义民主法治发展具有重要意义。

十七大报告特别将"以人为本"置于科学发展观的核心位置，指出"必须坚持以人为本"，并在新修改的党章总纲中明确规定了"尊重和保障人权"。

（二）民主政治不断发展

2007 年，社会主义民主政治建设坚持党的领导和人民当家作主的有机统一。坚定不移地坚持党的领导和人民当家作主的有机统一，是中国特色社会主义民主政治发展的特色和主线。改革开放 30 年来，中国在创造举世瞩目的经济奇迹、中国人民在开辟社会主义市场经济新道路的同时，建设并发展了具有鲜明中国特色的社会主义民主政治。实践证明，党的领导和人民当家作主相辅相成、相互支持、相互促进，二者缺一不可。

党内民主继续扩大并深入发展。十六大以来，中国共产党开始实行政治局向中央委员会报告工作、中央政治局常委会向政治局通报民主生活会情况；各级地方党委领导班子也按照中央要求，向同级党委全委会述职和报告工作、接受全委会监督，全委会在重大问题上的决策职能得到进一步强化。党的十六大"两委"选举差额比例在5%左右，党的十七大"两委"选举差额比例都超过了8%，进一步扩大了代表的选择权。2007年召开的十七大将保证人民当家作主作为深化政治体制改革的根本，并提出"人民民主是社会主义的生命"，"人民当家作主是社会主义民主政治的本质和核心"，重申"发展社会主义民主政治是我们党始终不渝的奋斗目标"。中国共产党以改革的精神积极发展党内民主，创新协商民主，在理论和实践上取得了重要进展。

2007年，民主政治建设成就卓著。①通过有计划地组织县乡两级同步选举，进一步保障人民的选举权利，巩固基层政权建设。根据十届全国人民代表大会常务委员会第十二次会议的决定，2006年7月1日至2007年12月31日，县、乡两级人民代表大会代表换届选举工作顺利开展。这是宪法、选举法和地方组织法将乡镇人大任期由三年改为五年后，县乡人大的第一次同步换届选举。换届选举涉及选民9亿左右，其中乡级人大代表换届选举涉及选民就有6亿多，全国一半的公民都在这次选举浪潮中被动员起来。②通过任命党外人士担任国务院部委正职领导，进一步发挥多党合作和政协协商制度的作用。2007年，民主党派和无党派人士出任国务院部委正职领导，非中共人士担任政府部委正职将对权力运行机制产生重大影响。③通过贯彻实施监督法，进一步加强各级人大常委会对"一府两院"的法律监督，充分发挥代表机关的民主监督功能。2007年1月1日起正式施行的《各级人民代表大会常务委员会监督法》全面和系统地规范了各级人大常委会与"一府两院"（人民政府、人民法院和人民检察院）之间的关系，创设了许多具体的监督形式，进一步完善了监督程序，提高了各级人大常委会对"一府两院"的监督实效。④2007年9月13

日，以反腐倡廉为宗旨的国家预防腐败局在京正式挂牌成立，该机构从动议到正式挂牌历时 4 年。⑤进一步加强对政府公务员、事业单位职工的权利保障制度建设。2007 年 10 月 9 日在北京正式成立的"中央机关及所属事业单位人事仲裁委员会"，标志着以事业单位聘用人员、政府机关聘用制公务员以及军队文职人员为主体的传统行政管理体制下的"国家干部"自身的合法权益获得了人事争议处理机制的救济。⑥进一步强调民主立法、科学立法，积极慎重、稳妥、及时地出台保障公民权利的各项重要法律。

（三）立法民主化、科学化

2007 年是形成中国特色社会主义法律体系的关键一年。回顾改革开放以来 30 年的立法历史，中国除了制订 1982 年宪法和对 1982 年宪法进行四次修正外，全国人大及其常委会制定了 229 件现行有效的法律和 170 多件有关法律问题的决定，国务院制定了 700 多件现行有效的行政法规，地方人大及其常委会制定了 7400 多件现行有效的地方性法规。

根据《宪法》和《民族区域自治法》，中国实行民族区域自治制度，在国家统一领导下，在少数民族聚居的地方实行区域自治，设立自治机关，依法行使自治权。目前，中国共建立了 5 个自治区，30 个自治州，120 个自治县（旗）。在中国 55 个少数民族中，有 44 个少数民族实行了地方自治，实行区域自治的少数民族人口占少数民族 10449 万总人口的 71%。截至目前，全国 155 个民族自治地方共制定自治条例和单行条例 660 多件；民族自治地方根据本地实际，制定对《婚姻法》《继承法》《选举法》《土地法》《草原法》等国家法律的变通和补充规定 70 件。经过 30 年的努力，以宪法为统帅，由宪法及宪法相关法、民法商法、行政法、经济法、社会法、刑法、诉讼法与非诉讼程序法七个法律部门，以及法律、行政法规、地方性法规三个层次构成的中国特色社会主义法律体系，已经基本形成，中国在政治、经济、文化和社会生活的主要方面，已经基本实现了有法可依。

2007 年，全国人大及其常委会继续加强立法工作，坚持民主立法、科学立法，不断提高立法质量。根据全国人大常委会的立法规划，2007

年集中力量，确保提请审议或通过的法律案20件，其中再次审议的7件，初次审议的13件（修改7件，新制定13件），预备项目9件。截至目前，全国人大及其常委会已经出台的法律有：《物权法》《企业所得税法》《劳动合同法》《劳动争议调解仲裁法》《突发事件应对法》《禁毒法》《反垄断法》《就业促进法》《城乡规划法》《城市房地产管理法（修改）》《节约能源法（修改）》《律师法（修改）》《民事诉讼法（修改）》《科学技术进步法（修改）》《道路交通安全法（修改）》《国境卫生检疫法（修改）》《文物保护法（修改）》等。

综观2007年的立法，大致有以下几个特点。

第一，以科学发展观为指导，凸显以人为本、科学发展、社会和谐的理念。《物权法》《劳动合同法》《就业促进法》等基本法律的制定，明显改变了过去以经济立法为中心的立法结构。改革开放以来，经济立法始终是国家立法工作的重点，而社会立法则处于相对滞后状态。截至2003年的统计①，六届全国人大常委会共立法37件，其中经济立法22件，社会立法1件；七届全国人大常委会共立法62件，其中经济立法21件，社会立法5件；八届全国人大常委会共立法118件，其中经济立法35件，社会立法6件；九届全国人大常委会共立法124件，其中经济立法29件，社会立法4件。四届全国人大常委会总计立法341件，其中经济立法107件，占31.4%；社会立法16件，仅占4.7%（见表1）。

表1　全国人大常委会经济社会立法统计

单位：件，%

全国人大常委会	立法总数	经济立法	占立法总数的比重	社会立法	占立法总数的比重
六届全国人大常委会	37	22	59.5	1	3.7
七届全国人大常委会	62	21	33.9	5	8.0
八届全国人大常委会	118	35	29.7	6	5.0
九届全国人大常委会	124	29	23.4	4	3.1
总　　计	341	107	31.4	16	4.7

---

① 该统计含已废除和被修改的全部法律，而不是仅指现行有效的法律。

事实上，"十一届三中全会以来，全国人大常委会共制定 300 多部法律和有关法律问题的决定，其中三分之一以上是经济法律"[①]。在 2003 年公布的第十届全国人大常委会立法规划中，本届人大任期内审议的法律草案 59 件，其中经济法类法律草案 14 件[②]，社会法类法律草案 6 件[③]；研究起草、成熟时安排审议的法律草案 17 件，其中经济立法 6 件，社会立法 0 件。在 2005 年第十届全国人大第三次会议上，全国人大代表团和联名代表共提出 991 件议案，其中行政法类 316 件，经济法类 237 件，社会法类只有 128 件，远远少于经济法类议案。在地方立法中，重经济立法、轻社会立法的现象依然存在。例如，江苏省人大常委会 1993~1997 年共制定和批准了 76 件经济法规，占立法总数的 55%；安徽省九届人大制定、修改、批准经济类法规 70 件，占立法总数的 54.7%。

十届全国人大以来，社会立法的比重越来越大，经济立法与社会立法不协调、不平衡的问题，正在以人为本的科学发展观指导下逐步得到解决。

第二，立法进一步民主化。民主立法日益成为中国立法的价值取向和基本原则，许多涉及国计民生和公民基本权利的基本法律，经过多轮次征询社会公众意见，在最大程度吸收社会公众意见的基础上，通过严格的立法程序谨慎出台。《物权法》经过八次审议，广泛征求了社会各界意见，召开了上百次的座谈会，并召开了论证会，直接听取各方面的意见，经过反复修改才由全国人大制定出台，并从 2007 年 10 月 1 日起正式实施[④]。《劳动合同法》《就业促进法》等重要法律的出台都经过严格的立法程序，

---

① 郭道晖总主编《当代中国立法》（上），中国民主法制出版社，1998，第 603 页。

② 具体包括：《国有资产法》、"外汇法"、《反垄断法》、"反倾销和反补贴法"、"保障措施法"、《企业所得税法》、《银行业监督管理法》、《中国人民银行法（修订）》、《预算法（修订）》、《个人所得税法（修订）》、《审计法（修订）》、《土地管理法（修订）》、《对外贸易法（修订）》、《反不正当竞争法（修订）》。

③ 具体包括：《社会保险法》（或者养老、医疗、失业、工伤保险分别立法）、"社会救济法"、《劳动合同法》"农民权益保护法"、《妇女权益保障法（修订）》、《未成年人保护法（修订）》。

④ 2007 年 10 月 8 日，湖南省长沙市芙蓉区一起关于房屋产权纠纷的诉讼案件一审结束，成为中国适用刚刚施行的《物权法》的第一案。

充分吸收了民意。民主立法、开门立法正在成为中国立法的一种常态，而"长官意志立法""关门立法"越来越成为非常态。

第三，立法进一步科学化。搞立法就是搞科学，不能有任何"弄虚作假"。中国立法机关按照社会发展规律和立法规律来立法，更多地发挥专家学者在立法中的作用，更多地学习和借鉴外国经验。

第四，2007年国家立法的突出特点是向社会立法倾斜，不仅体现为社会立法的数量增多和社会立法的比重大幅提高，而且社会立法的质量得到提高。

2007年立法在立法结构、立法技术、立法规范、立法程序和立法质量等方面，都有不同程度的进步，但立法中的部门保护主义、地方保护主义倾向还没有得到有效遏制，一些部门和地方借立法扩权卸责、以立法谋部门地方之私的现象尚未消除；科学立法、民主立法工作才刚刚起步，民众的利益诉求、社会的意志表达、公民的立法参与等，离中国特色社会主义民主政治的本质要求还有一定差距；过去长期积累的重复立法、空洞立法、形式主义立法、追求数量的立法等问题仍然不同程度地存在。如何解决这些问题，使立法真正成为社会关系的调节器、公平正义的分配器，体现对人权的尊重保障和对民生的切实关注，中国还有较长的路要走。

（四）进一步推进司法改革

根据党的十六大关于推进司法体制改革的战略决策，中央司法体制改革领导小组2004年底出台了《关于司法体制和工作机制改革的初步意见》，对推进司法体制改革作出了全面部署；2006年5月，中央作出了《关于进一步加强人民法院、人民检察院工作的决定》；2007年，司法改革的各项工作按照该意见和决定的要求全面推进。

截至2007年，人民法院工作在五个方面取得了发展。一是审判和执行工作全面发展，有力地促进了社会和谐稳定。二是司法改革稳步推进，进一步健全和完善维护公平正义的司法体制和工作机制。三是队伍建设成效显著，司法能力和司法水平显著提升。四是确立司法为民指导思想，司法便民措施不断完善。五是基层基础建设不断加强，物质技术装备明显改善。

2007 年，法院体制的司法改革主要有以下方面。

第一，改革和完善死刑核准制度，深化刑事审判制度改革。根据中央的部署和全国人大常委会修改的《人民法院组织法》的规定，最高人民法院 2007 年 1 月 1 日起统一行使死刑核准权。2007 年 2 月 27 日，最高人民法院颁布了《最高人民法院关于复核死刑案件若干问题的规定》。2007 年 3 月 12 日，最高人民法院、最高人民检察院、公安部、司法部联合出台了《关于进一步严格依法办案 确保办理死刑案件质量的意见》。根据最高人民法院的要求，2006 年下半年起各地开始死刑案件二审一律开庭审理。2007 年以来，死刑二审一律开庭程序基本落实。自死刑案件核准权收归最高人民法院统一行使以来，死刑数量继续明显下降。最高人民法院 2007 年 9 月下发了《关于进一步加强刑事审判工作的决定》，这是我国深化刑事审判制度改革、维护和促进社会和谐稳定的一项重要举措。

第二，围绕《民事诉讼法》修改，改革和完善民事再审、民事执行制度。全国人大常委会 2007 年 10 月修改的《民事诉讼法》，完善了再审制度，为解决申诉和申请再审难问题打下了良好的基础。《民事诉讼法》的修改通过以下几方面的制度建设，为解决执行难问题创造了条件：一是规定立即执行的制度；二是建立财产报告制度；三是建立执行联动机制；四是建立执行异议制度；五是延长申请执行的期间，明确规定申请执行期间为两年，并且适用中止、中断的规定，利于当事人更好地行使权利、履行义务。

第三，进一步推进审判公开。2007 年 6 月，最高人民法院发布了《关于加强人民法院审判公开工作的若干意见》，要求在各项审判和执行工作中依法充分落实审判公开。该意见的出台，有助于各级人民法院从完善制度、工作机制、加大投入等方面加强审判公开工作，提高司法的透明度，更加有力地维护当事人的诉讼权利。

第四，改革和完善法官制度。法官职业化建设的重点是深入推进法院工作人员分类管理，而推行法官助理制度是关键和突破口。2004 年，最高人民法院确定在北京市海淀区人民法院、广东省深圳市中级人民法院等 18 个法院试行法官助理制度。三年来，18 个试点法院经过艰辛努力，取得了积极成效，推动了全国法院系统法官遴选工作的制度化、规范化和科学化。

截至2007年，检察改革三年实施意见确定的任务已基本完成。

2007年，检察改革主要围绕四个方面推进。一是改革和完善对诉讼活动的法律监督机制，规范死刑复核监督的方式和程序，完善派员列席法院审判委员会会议制度，进一步健全防止和纠正超期羁押的长效工作机制。二是加强对司法工作人员渎职行为的监督，完善查办刑讯逼供等司法人员职务犯罪案件的工作机制。三是改革和完善检察机关内部监督制约机制，加强对执法办案活动的监督，完善错案责任追究制度。四是改革和完善对刑罚执行和劳动教养活动的监督机制，健全检察院派驻机构与看守所、监狱、劳教所工作联系制度，完善减刑、假释监督程序，健全监外执行罪犯脱管、漏管监督机制，建立对劳动教养审批活动的法律监督制度，规范死刑执行临场监督。除此之外，2007年，检察院积极推进未成年人司法制度的改革和完善，主要有五个方面的内容：一是推动未成年人检察机构的建立，有条件的地方要逐步建立专门机构，条件暂不具备的要配备专门人员；二是在继续做好未成年人刑事检察工作的同时，研究充分发挥检察职能，在民事、行政诉讼工作中保护未成年人合法权益的具体措施；三是改革完善未成年人犯罪案件的办案方式，建立适合未成年人特点的审查逮捕、审查起诉工作机制；四是加强对不捕、不诉未成年人的帮教、挽救工作；五是配合有关部门对1991年最高人民法院、最高人民检察院、公安部、司法部制定的《关于办理青少年刑事案件建立相互配套工作体系的通知》进行修订。最高人民检察院2006年底修订、下发的《人民检察院办理未成年人刑事案件的规定》是推进未成年人司法制度的重要司法解释。2006年制定下发的《关于在检察工作中贯彻宽严相济刑事司法政策的若干意见》《关于快速办理轻微刑事案件的意见》也涉及对未成年人的司法保护。

（五）行政体制改革渐进展开

2007年，行政管理体制改革进一步推进。根据国务院的部署，国务院办公厅牵头研究深化行政管理体制改革总体方案，中央机构编制委员会办公室、国务院行政审批制度改革办公室、国家发展和改革委员会、国务院机关事务管理局、国务院法制办公室、监察部都参与其中。2007 年 7 月，国务院召开全国市县政府依法行政工作会议，这是国务院第一次就市县政府依法行政工作召开全国性会议①。2007 年，行政法制进一步健全和完善。一是行政组织和公务员法制进一步完善。国务院制定了《地方各级人民政府机构设置和编制管理条例》和《行政机关公务员处分条例》。2007 年 10 月，中央机关及所属事业单位人事争议仲裁委员会成立；2007 年 9 月，国家预防腐败局揭牌仪式正式举行。二是行政立法的清理工作取得重大进展。在向社会公开征求意见的基础上，国务院法制办公室对 655 件行政法规逐件进行了分析研究。目前，行政法规的全面清理工作已基本完成。三是行政执法和行政程序制度建设成绩显著。国务院制定了《政府信息公开条例》，以统一规范政府信息公开工作，强化行政机关公开政府信息的责任，明确政府信息的公开范围。2007 年 7 月的全国市县政府依法行政工作会议上，国务院明确要求推行行政处罚裁量权基准制度，一些地方进行了积极探索。四是行政救济和行政监督工作得到强化。国务院制定《行政复议法实施条例》，总结了行政复议的实践经验，把《行政复议法》规定的各项制度具体化，增强了行政复议制度的可操作性。2007 年国务院共收到行政复议申请 701 件，办结率为 96%，受理 65 件，已审结 46 件。在已经审结的案件中，发出改进意见书 19 份，改变被申请人的具体行政行为 6 件。五是国务院继续完善法规规章备案制度，加大备案审查工作力度，加强对地方政府规范性文件备案制度建设的指导，推动地方建立四级政府、三级备案的规范性文件监督体制。目前，全国 90% 以上的市级政府和 80% 以上的县级政府建立了规范性文件备案制度，地方四级政府、三级监督的备案审查制度初步形成，监督力度不断加强。2007 年国务院共收到备案的地方性法规 667 件、地方政府规章 633 件、部门规

---

① 2007 年，全国 90% 以上的市县政府成立了依法行政领导机构并制订了依法行政实施方案；超过 90% 的市县政府建立了领导干部学法制度和行政执法人员资格制度；全国约 80% 的市县两级政府建立了政府决策合法性审查制度、行政执法人员考评和责任追究制度；80% 以上的市县政府建立了行政执法投诉举报制度和矛盾纠纷排查制度；超过 70% 的市县政府建立了依法行政定期报告制度，出台了规范行政决策方面的专门规定，并建立了政府决策公开听取公众意见的制度。参见《国务院 2007 年法制工作综述：重视民生开门立法》，《人民日报》2007 年 12 月 20 日。

章 209 件，经审查发现问题的有 51 件，已经对其中 47 件进行了不同方式的处理。

（六）反腐倡廉法规制度体系建设成绩显著

中国历来高度重视从制度上、法律上、机制上加强反腐倡廉建设。到 2007 年，中国特色反腐倡廉法规制度体系建设在以下方面取得明显进展。执政党党内监督制度体系初步形成，从政行为制度不断完善健全，违纪违法行为惩处制度更加充实，制度建设工作视野不断开阔。从 2002 年开始，中央纪委、监察部对改革开放以来涉及党风廉政建设和反腐败工作的法规和规范性文件 1500 余件进行了全面清理，废止了其中 115 件法规和规范性文件，将现行有效的 1100 余件党风廉政和反腐败法规制度进行汇编，出版了《党风廉政和反腐败现行法规制度全书》。另外，中央纪委、监察部共备案审查地方法规文件 1500 余件，审议规范性文件 800 余件，对维护反腐倡廉法治的统一性和权威性，推进国家法治建设进程发挥了重要作用。

2007 年 1 月 9 日，中央领导在中纪委第七次全体会议上强调，要全面加强新形势下的领导干部作风建设，在各级领导干部中大力倡导八个方面的良好风气。

2007 年，中央开始首次大规模对副处级以上领导干部进行婚姻及家庭涉外情况普查。调查内容包括官员本人、配偶、子女三个层面。北京市委常委会通过《〈关于党员干部报告个人有关事项的规定〉实施办法》，规定北京市副处级以上（含副处级）党员领导干部本人的婚姻变化应当向组织申报。这一年，治理商业贿赂正在向难点突进，集中在工程建设、产权交易、医药购销、土地出让、政府采购及资源开发和经销等六大领域。据统计，自 2005 年 8 月至 2007 年 8 月，全国共查结商业贿赂案件 31119 件，涉案总金额 70.79 亿元，其中涉及公务员案件 6971 件，有 151 名厅局级干部和 1412 名县处级干部被查处。

2007 年，反腐倡廉着重度建设。5 月 30 日，中央纪委下发名为《关于严格禁止利用职务上的便利谋取不正当利益的若干规定》，从八个方面细化了党员干部在经济和社会交往方面的违纪政策界限，首次明确将通过干股、赌博、"合作"办公司、证券买卖、特定关系人等八种渠道进行权钱交易的行为列入严查之列。最高人民法院、最高人民检察院随后联合发布的《关于办理受贿刑事案件适用法律若干问题的意见》明确规定，国家工作人员利用职务上的便利为请托人谋取利益，授意请托人以意见所列形式，将有关财物给予特定关系人的，以受贿论处①。这是党纪与国法衔接的重要一步。10月12日，中纪委发布《安全生产领域违纪行为适用〈中国共产党纪律处分条例〉若干问题的解释》。这是中纪委第一次对查处某一领域违反党纪案件如何适用纪律处分条例作出解释，进一步细化了党纪处分条例中关于安全生产领域违纪行为的相关规定。

2007年，中国进一步改革反腐败体制机制，根据反腐败的需要和《联合国反腐败公约》的要求，成立了国家预防腐败局②。这是党中央、国务院科学判断形势，为深入推进预防腐败工作采取的一项重大举措。在加强反腐败体制机制建设的同时，中国加大了对特大要案的查处。①4月23日，经中纪委常委会议审议并报中共中央政治局决定，给予青岛市委原书记杜世成开除党籍、开除公职处分，涉嫌犯罪问题移送司法机关依法处理③。②5月29日，北京第一中级人民法院一审判决以受贿罪、玩忽职守罪判处国家药监局原局长郑筱萸死刑，剥夺政治权利终身，没收个人全部财产。7月10日，郑筱萸在北京被执行死刑。③6月3日，天津市政协主席宋平顺自杀身亡。中纪委决定并报经中共中央批准，开除宋平顺党籍。④7月26日，中央政治局会议审议了中纪委《关于陈良宇严重违纪问题的审查报告》，决定给予陈良宇开除党籍、开除公职处分，对其涉嫌

---

① 浙江省交通厅原厅长赵詹奇的情妇汪沛英成为以"特定关系人"涉嫌受贿被起诉的第一例。

② 国家预防腐败局列入国务院直属机构序列，在监察部加挂牌子。国家预防腐败局领导职数为一正二副，局长由中央纪委副书记、监察部部长兼任。国家预防腐败局的主要职责有三项：一是负责全国预防腐败工作的组织协调、综合规划、政策制定、检查指导，二是协调指导企业、事业单位、社会团体、中介机构和其他社会组织的预防腐败工作，三是负责预防腐败的国际合作和国际援助。

③ 2007年10月，中国共产党第十六届中央委员会第七次全体会议审议并通过了《中共中央纪律检查委员会关于杜世成问题的审查报告》，确认中央政治局2007年4月23日作出的给予杜世成开除党籍的处分。

犯罪问题移送司法机关依法处理①。除此之外，中纪委对陕西省政协原副主席庞家钰、安徽省原副省长何闽旭、济南市人大常委会原主任段义和、北京市原副市长刘志华、天津市人民检察院原检察长李宝金、江苏省人大常委会原副主任王武龙、国家统计局原局长邱晓华、北京市海淀区原区长周良洛、上海市宝山区原区长秦裕、云南省交通厅原副厅长胡星、上海房地局土地利用管理处原处长朱文锦进行查处，全国人大代表资格审查委员会终止彭振坤、杜崇烟两位全国人大代表的资格。这一系列反腐败工作成绩显著，凸显了中央反腐败的决心，表明党与腐败水火不相容。

（七）民商事法治进一步发展

2007 年，中国民商事法治进一步发展，《物权法》的制定和新《企业破产法》的实施是 2007 年民商事法治的两个亮点。

1.《物权法》的制定和实施

《物权法》的出台是 2007 年民事法治最具标志性的事件②。《物权法》创造了新中国立法史审议次数的纪录，全国人大常委会对《物权法（草案）》审议了七次，加上全国人大审议一次，共审议八次。理论界与实务界围绕《物权法》的争论更为激烈，甚至有人提出草案违宪并上书中央。《物权法》制定的争议凸显了中国改革开放以来积淀的各种社会矛盾及不同利益集团的法律诉求。与以往的立法相比，《物权法》最重要的突破主要表现为：一是关注民生，强化对私人所有权的保护，如第一次确认物权的平等保护原则，强化个人所有权保护，严格规定征收制度，为解决实践中最普遍的侵害物权行为——滥用征收制度——提供了法律依据；二是新设多种物权类型，真正体现了物尽其用的精神，如新增地役权制度、

---

① 2007 年 10 月，中国共产党第十六届中央委员会第七次全体会议审议并通过了《中共中央纪律检查委员会关于陈良宇问题的审查报告》，确认中央政治局 2007 年 7 月 26 日作出的给予陈良宇开除党籍的处分。

② 新中国成立以来，《婚姻法》（1950 年）、《继承法》（1985 年）、《民法通则》（1986 年）和《合同法》（1999 年）分别建构了我国的婚姻家庭制度、市场交易制度和民事制度的一般法律框架。《公司法》《合伙企业法》《企业破产法》等市场主体的法律基本已接近国际惯例，而《合同法》本身的国际化特色就很强。《物权法》的制定为我国的民法典奠定了良好的基础。

扩大抵押物的范围，等等；三是明确了物权确认、行使和冲突等方面的处理规则，如物权变动规则、所有权的特别取得规则、共有权利的行使规则、担保物权的优先性规则和占有规则等。2007 年民事法治实践主要围绕《物权法》展开，典型的是小区居民与房地产开发商和物业管理公司的博弈，如车位的归属、开发商的"二次销售"等。在《物权法》实施之前，重庆"史上最牛钉子户"的长期力争即凸显了国家保护私有财产权的精髓。

《物权法》直接修改了中国很多相关法律，如《土地管理法》《城市房地产管理法》等有关土地征收制度。为了确保《物权法》的正确适用，最高人民法院已经启动物权法司法解释的起草工作。

2. 商事法治的完善

在《证券法》修改之后，证券交易制度、证券发行制度、上市公司治理以及《证券法》的责任等方面成为商事法治的重点。对于证券交易制度，中国正酝酿改变单一的现货交易制度，逐步引入期货交易制度和信用交易制度，引入做空机制，以实现资产定价的合理化，同时允许设立股指期货，以实现证券投资的便利化。但是，在中国现有的信用机制不力情形下，如何有效监管值得研究。2006 年出台的《合伙企业法》是 2007 年商法实施的重点，有限合伙制度的完善仍然受到支持，仍有观点主张借鉴美国等西方国家有关特殊合伙、有限合伙等的法律设计，研究完善中国有限合伙制度。2006 年出台 2007 年实施的《企业破产法》借鉴西方成熟的破产制度，在破产管理人制度、破产程序的模式结构、适用范围、破产程序的适用条件、重整制度等方面都有较大的制度创新，新《企业破产法》的顺利实施成为 2007 年商事法治的亮点。

2007 年，《保险法》修改进程加快。目前，监管部门和学术界已经对《保险法》的修订工作达成大体一致的意见，并且形成了《〈保险法〉修改草案建议稿》，其中保险合同法律规范、保险市场主体的管理制度、保险经营规则、保险监管制度、强化保险违法行为的法律责任等制度完善都是关键问题。尤其是在保险监管制度建设中，如何在保险公司自治和行业监管两者之间寻找合适的均衡点，是《保险法》研究的一个重要课题。

（八）社会法治逐步健全

2007 年，中国社会立法获得高度重视，立法步伐加快，社会执法强化。2007 年，全国人大及其常委会修订或制定的法律共 13 部，其中社会立法有 4 部①。国务院颁布了十余部重要的社会性行政法规和其他规范性文件，包括《人体器官移植条例》《残疾人就业条例》《关于解决城市低收入家庭住房困难的若干意见》《关于加强食品等产品安全监督管理的特别规定》《关于在全国建立农村最低生活保障制度的通知》《关于开展城镇居民基本医疗保险试点的指导意见》等。劳动和社会保障部、民政部、卫生部、教育部、建设部、国家食品药品监督管理局以及国家环保总局等部委，2007 年颁布了大量与社会建设相关的部门规章。2007 年的立法注意到法律修订和清理的必要性和重要性②，如国务院于 2 月份发布关于行政法规规章清理的通知，5 月份国务院又就行政法规的清理向社会征求意见。

2007 年，国务院推动社会法治的工作力度进一步加大，主要体现为：一是加强住房保障工作，建立健全廉租房制度、经济适用房制度；二是保障公民环境权益，加大环境整治力度；三是保障公民受教育权利，严格执行教育法律法规；四是继续推进医疗卫生体制改革和医疗保障制度改革；五是进一步加强社会保障体系建设，完善企业职工基本养老保险制度、城镇居民基本医疗保险制度、农民工的工伤保险和大病医疗保障制度等；六是不断完善社会救助体系，如城市居民最低生活保障制度、城乡医疗救助制度、城市生活无着的流浪乞讨人员救助制度、农村最低生活保障制度、防灾减灾救灾等临时性社会救助制度③。2007 年，执行社会法律重点突

---

① 即《节约能源法》《就业促进法》《动物防疫法》《劳动合同法》。

② 长期以来我国社会领域的立法主要是行政法规、部门规章和地方政府规章，由于立法在一定程度上缺乏必要的系统性和前瞻性，数量庞大的规范性文件彼此间协调性差，或与上位法抵触，或实际上已被新法所替代，或早已过时，极大地影响了法律适用效果。

③ 以农村最低生活保障制度为例，国务院 2007 年 7 月 11 日发出通知，在全国建立农村最低生活保障制度，以切实解决农村贫困人口的生活困难。中央财政全年安排农村低保补助资金 30 亿元。目前，全国 31 个省、自治区、直辖市建立了农村最低生活保障制度，2000 多万农村贫困人口纳入保障范围。

出，同时兼顾措施的配套性和协调性，社会弱势群体确实享受到了法律所保护的利益。

2007年，食品药品安全法治建设是社会法治的重点，食品药品安全法治建设有了新进展，食品药品安全保障水平有了进一步提高。2007年，国务院颁布了《国务院关于加强食品等产品安全监督管理特别规定》，明确责任主体的法律责任，完善产品安全监督管理法律制度，如产品召回制度、检查验收制度等，加大了对违法行为的惩治力度。国务院法制工作办公室组织起草了《食品安全法（草案）》。总体思路为：一是建立以风险评估为基础的科学管理制度；二是坚持预防为主，实行全程监控；三是进一步明确食品生产经营企业和政府各自所负的食品安全责任；四是建立权责明确、统一效能的食品安全监管体制。2007年，食品药品监管部门加大了食品药品监管制度建设，共颁布部门规章8部。其中，食品安全监管领域2部，药品安全监管领域6部：①国家质量监督检验检疫总局公布了《食品召回管理规定》，建立食品召回管理制度；②商务部发布了《流通领域食品安全管理办法》，完善流通领域食品安全管理制度；③国家食品药品监督管理局公布了修订的《药品注册管理办法》，完善药品注册管理制度；④国家食品药品监督管理局公布了《药品召回管理办法》，建立药品召回管理制度；⑤国家食品药品监督管理局公布了修订的《药品流通监督管理办法》，完善药品流通监管制度；⑥国家食品药品监督管理局、国家工商行政管理总局联合发布了修订的《药品广告审查发布标准》《药品广告审查办法》，完善药品广告审查制度；⑦中国人民解放军总后勤部、国家食品药品监督管理局发布了《军队麻醉药品和精神药品供应管理办法》，建立特殊药品供应管理制度。除此之外，部分省市结合本地实际，出台了有关加强食品药品安全监管的地方性法规，如《广东省食品安全条例》《北京市食品安全条例》《吉林省药品监督管理条例》。2007年，国家努力健全食品药品的法治运行机制，包括责任追究机制、绩效评价机制、信用奖惩机制。

（九）法治促进国民经济又好又快发展

2007年是中国入世后实现全面对外开放、深入实施国家"十一五"

规划的重要一年，经济立法和经济执法更加务实、稳健。

2007 年 8 月 30 日颁布的《反垄断法》是中国特色社会主义市场经济法律体系形成的重要标志之一。该法明确将垄断协议、滥用市场支配地位以及经营者集中等垄断行为纳入中国《反垄断法》的调整范围，同时规定行政机关和法律法规授权的具有管理公共事务职能的组织不得滥用行政权力，排除、限制竞争。新《企业所得税法》在 2007 年颁布，为各类企业创造了公平、规范、透明的所得税制环境。税制改革结束了多年来中国内资企业与外商投资企业和外国企业分别适用两套所得税制，在实际税率、税基和税收优惠政策等方面因规定不统一而导致的税负不公现象，使中国在公平税负、简化税种、提高效率、健全法制、促进竞争方面迈出了更加坚实的一步。2007 年，中国加强个人所得税的征管，提高个人所得税起征点至月收入 2000 元，充分发挥利息税的调控功能，并对年所得 12 万元以上等纳税人实行自行纳税申报，明确对储蓄存款利息所得开征、减征、停征个人所得税及其具体办法，由国务院规定。随后，国务院重新修订《对储蓄存款利息所得征收个人所得税的实施办法》，对储蓄存款利息所得按 5% 的比例税率征收个人所得税，同时规定减征幅度的调整由国务院决定，并自 2007 年 8 月 15 日起施行，使得利息税的调控作用进一步增强。2007 年 12 月 29 日，十届全国人大常委会第三十一次会议审议通过《个人所得税法（修正案）》，将《个人所得税法》中工资、薪金所得的减除费用标准由原来的每月 1600 元提高到 2000 元。这样一来，工薪阶层纳税人数占全国职工总数的比例将由 50% 左右降为 30% 左右，大部分工薪收入者因收入达不到减除费用标准而免于纳税，中等收入者税负也将大大减轻。

2007 年，物价持续走高，通胀压力加大，价格总水平在 2005 年上升 1.8%、2006 年上升 1.5% 的基础上，出现显著变化，短时间内出现较大幅度上涨。这一年，中国严格价格执法，稳定市场价格总水平。8 月份后，国家发展改革委统一部署，各地价格主管部门开展了食品价格及相关收费专项检查，依法查处了一批价格收费违法案件，制止了多起串通涨价行为，其中重点查处了房地产开发企业相互串通、合谋涨价，恶意炒作、哄抬房价等违法行为，维护了市场秩序。

2007 年，中国进一步健全金融监管法律体系，维护国家金融安全。2007 年 3 月 6 日国务院发布《期货交易管理条例》，并自 4 月 15 日正式施行，初步形成了以《期货交易管理条例》为核心，部门规章、规范性文件、自律规则为补充的期货市场法规体系。2007 年，中国重视金融调控，实施适度从紧的货币政策。在加大公开市场操作的同时，根据流动性管理需要，中国人民银行频繁上调金融机构存贷款基准利率和存款准备金率。针对 2007 年 4 月美国出现的次级抵押贷款风波，中国人民银行加强对商业银行的"窗口指导"和信贷政策引导，传达宏观调控意图。这一年，中国继续完善以市场供求为基础、参考一篮子货币实行浮动汇率制度，同时加快外汇管理体制改革，促进国际收支基本平衡。自 2007 年 8 月 12 日起，中国取消对境内机构经常项目外汇账户的限额管理，境内机构可根据经营需要自行保留经常项目外汇收入。外汇管理方面，中国有序拓宽外汇资金流出渠道，允许保险机构运用自有外汇或购汇进行境外投资，稳步扩大合格境内机构投资者（QDII）对外证券投资，并在银行间市场推出了人民币外汇货币掉期交易，为企业和居民提供更全面灵活的汇率、利率风险管理工具。

（十）宽严相济的刑事法治

2007 年，中国刑事法治除死刑核准制度改革之外，落实宽严相济刑事政策是刑事法治领域的重中之重。2006 年 10 月中共中央十六届六中全会提出的宽严相济刑事政策，标志着中国刑事政策正由过去的重"严打"调整为"宽严相济"。宽严相济刑事政策主要内容为：对罪恶极其严重、当判重刑者绝不宽宥，适用死刑必须严加限制，以最大限度地减少、控制死刑。各地法院通过适度提高管制刑、罚金刑和缓刑适用比例的方法，进一步落实了宽严相济刑事政策中的"当宽则宽"政策。各地大力推行的社区矫正、司法和解、非监禁刑等措施，也不同程度地体现了宽严相济的政策精神。最高人民法院 2006 年出台的《关于审理未成年人刑事案件具体应用法律若干问题的解释》在 2007 年获得了更为普遍的适用，刑事法治中针对未成年人轻微刑事犯罪行为的非犯罪化裁定工作迈入了新阶段。

与此同时，相配套的社区矫正工作进一步发展。自 2003 年开展社区矫正试点工作以来，社区矫正试点范围逐步扩大和不断深入。最高人民法院下发《关于为构建社会主义和谐社会提供司法保障的若干意见》，明确提出要配合做好社区矫正工作；最高人民检察院下发《关于在社区矫正试点工作中加强法律监督的通知》，加强了对社区矫正的法律监督。围绕社区矫正工作制度，各地制定了社区矫正试点工作领导小组例会制度、部门联席会议制度、联合检查督促制度，建立起各部门间的工作协调机制。社区矫正工作体系和保障机制、社区矫正部门协调配合的工作机制基本建立。截至 2007 年 6 月底，北京、上海、江苏已经在辖区全面开展社区矫正工作。山西等 7 个非试点省（自治区、直辖市）也在一定范围开展了试点工作。目前，社区矫正试点工作已经在中国 25 个省（自治区、直辖市）的 123 个地（市）、517 个县（区、市）、4189 个街道（乡镇）展开，分别占建制数的 78.1%、36.9%、18.1% 和 10.1%。累计接收社区服刑人员 114320 人，其中解除矫正 45226 人，现有社区服刑人员 69094 人。

2007 年，司法机关认真贯彻《国家赔偿法》，依法办理刑事赔偿案件，刑事赔偿工作取得新进展，赔偿请求人的合法权益进一步得到保障和实现。2007 年刑事赔偿呈现如下特点：①刑事赔偿确认率和决定赔偿率呈大幅度继续上升态势，赔偿申请数继续呈现下降趋势；②赔偿案件主要集中于人身羁押赔偿；③赔偿决定多数由赔偿义务机关自己作出；④大部分赔偿案件集中在基层司法机关，执行难度较大。当前，刑事赔偿工作正面临着许多新情况、新问题，主要是：赔偿范围偏窄；免责条款难以把握；赔偿标准过于绝对；赔偿义务机关规定不尽合理；赔偿程序不够完善；赔偿经费管理体制和支付方式不合理，赔偿决定执行难。

（十一）　法治建设中的性别平等与主流化发展

针对中国出生人口性别比长期居高不下的状况，2007 年 1 月 22 日中共中央、国务院发布的《关于全面加强人口和计划生育工作统筹解决人口问题的决定》提出，力争在 10~15 年内基本实现人口出生性别比正常，采取综合措施治理出生人口性别比偏高问题。国务院 2007 年立法计划已将《禁止非医学需要的胎儿性别鉴定和选择性别的人工终止妊娠的规定》作为需要抓紧研究、待时机成熟时提出的立法项目。劳动和社会保障部

2007 年 11 月 5 日发布的《就业服务与就业管理规定》要求用人单位在招用人员时，除国家规定的不适合妇女从事的工种或者岗位外，不得以性别为由，拒绝录用妇女或者提高对妇女的录用标准。用人单位录用女职工，不得在劳动合同中规定限制女职工结婚、生育的内容。2007 年，贵州、安徽、上海、宁夏、广东等省份呼应 2005 年《妇女权益保障法》的修改，相继出台了本地区实施妇女权益保障法办法。各地实施办法在妇女参政、反对就业性别歧视、生育保险、家庭暴力、性骚扰、农村妇女土地承包权益和财产权益等方面的规定亮点颇多，具有较强的操作性。

（十二）法律服务体制进一步改革完善

2007 年，法律服务体制改革最引人注目的成就是 10 月 28 日全国人大常委会通过的《律师法修正案》。修改主要体现在七个方面：一是微调律师职业定义，更加强调律师基于当事人的委托、为当事人提供服务的契约关系性质；二是保障律师执业权利，增强律师权益的保障，如强调规定律师会见权、扩大律师查阅案卷材料权、加强律师调查取证权和律师在诉讼活动中的人身权利保障；三是加强律师执业监管，增加律师职业道德和执业纪律的内容等；四是推进法律服务市场化，降低了律师事务所的设立条件，明确规定允许有五年以上执业经历的律师设立个人律师事务所，设立人对律师事务所的债务承担无限责任；五是调整法律服务模式，没有取得律师执业证书的人员，不得以律师名义从事法律服务业务，除法律另有规定外，不得从事诉讼代理或者辩护业务；六是落实法律援助责任，强调律师的法律援助责任；七是拓展"两公"律师试点[①]。2007 年，该工作进一步拓展，覆盖面逐步扩大。北京等 18 个省（自治区、直辖市）工会、全国总工会机关和民航工会全国委员会机关开展了公职律师试点工作，重庆进一步深化律师制度改革，将法律援助律师按照公务员进行管理，等等。部分地方还为"两公"律师的试点工作制定了规范性法律文件。比如，北京市司法局制定了《公职律师试点工作实施办法（试

---

① 自司法部 2002 年 10 月发布《关于开展公司律师试点工作的意见》和《关于开展公职律师试点工作的意见》（简称"两公"律师）以来，"两公"律师的试点工作逐步展开。

行）》，宁夏回族自治区司法厅制定了《公司律师试点工作管理暂行办法》。

（十三）"一国两制"良好发展

2007 年，香港继续保持自由港和国际大都市的特色，保持国际金融、贸易和航运中心的地位，仍然是全球最自由开放的经济体和最具发展活力的地区之一。2007 年是香港回归十周年，香港法治在基本法的框架下健康发展，特别行政区行政长官选举与区议会选举按期举行。十年来，香港基本法在香港越来越受到重视，香港的政治民主发展在香港基本法的框架内稳步前进。"一国两制"由科学构想变为生动现实的十年，是实行"港人治港"、高度自治的十年，也是香港保持繁荣稳定的十年。十年来，基本法从法律制度上保障了"一国两制"方针的实施，是"一国两制"方针的具体化、法律化，基本法是繁荣稳定之本已成为香港各界的共识。2007 年 3 月 25 日，香港特首选举揭晓。曾荫权获得 649 票，以超过八成的得票率连任。11 月 19 日，香港新一届区议会选举结果揭晓，405 名区议员当选。

政制发展一直是香港社会面临的一个重大课题。严格遵循基本法的规定，才能够妥善处理香港特别行政区政制发展的问题。2007 年 7 月 10 日，特区政府公布政制发展绿皮书，提出三类方案，即在 2012 年、2017 年或 2017 年后，经提名委员会普选特首。2007 年 12 月 12 日，香港特别行政区行政长官向全国人大常委会提出了《关于香港特别行政区政制发展咨询情况及 2012 年行政长官和立法会产生办法是否需要修改的报告》。12 月 17 日，委员长会议研究决定，将审议香港特别行政区行政长官的报告列入常委会会议议程，同时将报告交国务院提出意见。12 月 29 日，十届全国人大常委会第三十一次会议通过了《关于香港特别行政区 2012 年行政长官和立法会产生办法及有关普选问题的决定》。决定明确 2012 年行政长官和立法会产生办法可作适当修改，明确行政长官和立法会全部议员普选的时间表。全国人大常委会的决定对于全面贯彻落实"一国两制"方针和香港基本法，切实维护保障香港特区的民主制度按照基本法的规定循序渐进地健康发展，保持和促进香港的长期繁荣稳定，具有重大意义。

2007 年，澳门法治在基本法的框架下，继续稳定、有序发展。同时，澳门政府也在积极探讨政治发展的方式与方法，探讨解决澳门法制发展中出现的问题的途径。澳门立法会与特区政府提出《二〇〇七至二〇〇九年度公共行政改革路线图》，拟启动三层式的公共行政改革中央统筹机制，逐步落实 34 项行政改革项目和 38 项法规项目。

2007 年是两岸交流 20 周年。2007 年大陆出台的惠台政策超过 20 项，涵盖两岸人员往来、经贸交流、文化产业互动等各个方面。2007 年，围绕选举，台湾各方政治力量采取各种法律手段，为选举作准备。从"特别费案"到"机要费案"，从地方选举的复查到党主席的换马，都与选举密切相关。2007 年，台湾正在选战前夕。出于"大选"和"台独"的双重需要，陈水扁当局不断推出"台独"举措，如"入联公投""统独公投"，企图制造社会的分裂、民众的分裂、族群的分裂和党派的分裂。"台独"分裂势力的分裂活动已经严重危害两岸关系和平发展。党的十七大报告提出，在一个中国的前提下，可以就任何问题开展交流对话、协商谈判，正式结束两岸敌对状态，达成和平协议，构建两岸关系和平发展框架，开创两岸关系和平发展新局面。这是关于两岸关系的新的战略思考。

二 展望 2008 年：法治在改革中全面发展

2008 年是新时期中国改革开放与民主法治建设的 30 周年。2008 年，中国的法治建设将围绕改革开放、科学发展、保障民生、促进和谐、维护稳定，深化政治体制改革，全面落实依法治国基本方略，加快建设社会主义法治国家，推动中国特色社会主义民主政治建设向纵深发展。2008 年，全国将隆重纪念改革开放 30 年，纪念新时期法治建设和法学发展 30 周年。国务院新闻办公室将以"中国的法制建设白皮书"的形式，对中国特色社会主义法治建设的理论、道路和成就作出全面总结和阐述。

（一）坚持以人为本，继续推进民主法治建设

2007 年召开的十七大坚持"以人为本"，反映执政党期望通过保障民权、改善民生，进一步巩固自己的执政基础。根据"以人为本"的

要求，2008 年的立法将更加注重执政党的主张与人民意志的统一，更加注重统筹兼顾，正确处理人与自然的关系，正确处理中央与地方、地方与地方、城市与乡村的关系，正确处理工业与农业、工农业与服务业的关系，正确处理不同民族、不同行业、不同性别、不同群体的关系，正确处理国内与国际事务及相关行为准则的关系；更加注重中国法律反映不同地区、不同阶层、全国人民和中华民族的意愿，形成思想统一、内容和谐的法律体系；更加注重宪法法律实施，进一步推进依法行政和公正司法，深入贯彻落实执政党确立的"权为民所用、利为民所谋、情为民所系"以及"执政为民""执法为民""依法执政"的亲民思想，坚持法律面前人人平等，真正做到"有法可依，有法必依，执法必严，违法必究"，维护社会主义法治的统一、尊严和权威，实现国家各项工作的法治化，实现全社会的公平正义，为国家长治久安与社会和谐稳定提供法治保障。

（二）民主政治继续深化

2008 年，加强社会主义民主政治建设面临新的机遇。社会主义民主范围不断扩大——民主不仅涵盖大陆居民，而且包括香港、澳门、台湾居民，还包括侨居世界各地的中国人；民主形式不断增多——除宪法和选举法规定的选举制度，协商民主将以成文和不成文规定的形式运作；民主内容不断丰富，质量不断提高——不同地区和制度的代表介入，将会多角度审视我国的政治生活，促进不同观念和不同区域文化会通，推动我国经济、政治、文化和社会体制改革和发展。

2008 年的民主政治建设将贯彻十七大确定的全面系统的新思想和新思路：①从各个层次、各个领域扩大公民有序政治参与，保障人民的知情权、参与权、表达权、监督权，并逐步实行城乡按相同人口比例选举人大代表①；②通过党内民主带动人民民主，以增进党内和谐促进社会和谐，党的代表大会制度任期制，党的地方各级全委会、常委会工作机制，党内

---

① 事实上，正在举行的乡、县、市三级人大代表换届选举工作中，西藏拉萨、日喀则等地方的农村和城镇的选民已经开始按照同等比例选举人大代表。

选举制度将会不断完善；③逐渐健全基层党组织领导的充满活力的基层群众自治机制，扩大基层群众自治范围，推进厂务公开，完善政务公开、村务公开；④中国特色的协商民主不断发展，人民代表大会制度与中国共产党领导的多党合作和政治协商制度相辅相成，民主政治的深度和广度获得持续拓展①。十七大报告明确指出：人民民主是社会主义的生命。发展社会主义民主政治是我们党始终不渝的奋斗目标。中国的民主政治建设不断推进社会主义政治制度自我完善和发展，推进社会主义民主政治制度化、规范化、程序化，为党和国家的长治久安提供政治和法律制度保障。

（三）立法进一步完善

2008 年是十届全国人大的换届年。换届前后，既需要检视 5 年来立法规划完成的数量和质量情况，也需要规划未来 5~15 年的立法。中国的立法将在未来深化政治体制改革、推进法制整体改革和全面落实依法治国基本方略的历史进程中接受洗礼。进一步完善中国特色社会主义法律体系的立法发展目标，将从理念具体落实到立法规划，进入立法议事日程。以立法为中心的法治发展模式将转变为立法与法律实施协调发展模式，以法律实施来检验和推动中国立法质量不断提高，促进中国立法的民主化、科学化；经济立法与社会立法、公法立法与私法立法、实体法立法与程序法立法、国内立法与批准国际公约，都将进一步紧密结合，协调发展；以创制新法为主要立法形式的发展方式，将由综合采用多种立法形式的发展方式取代，立法工作不仅面临大量的创制新法律的任务，而且面临着繁重的修改法律、补充法律、解释法律和废止法律的任务。

（四）司法体制改革深入推进

未来一个时期中国司法改革的基本任务是：围绕党的十七大对深化司法体制改革的重要部署，进一步完善机构设置、职权划分、管理制度和保障制度，进一步健全权责明确、相互制约、高效运行的司法体制，切实维

---

① 2007 年 11 月 15 日，中国国务院新闻办公室发表《中国的政党制度》白皮书，全面详细地介绍了中国政党制度的形成、主要特征、基本内涵、发展历程以及在中国经济社会发展中的重要作用。这是关于中国特色协商民主的一份重要文献。

护人民群众的合法权益，维护社会公平正义，为构建和谐社会、全面建设小康社会、促进科学发展提供强有力的司法保障。

2008 年，完善社会主义检察制度的重点是：强化法律监督职能，保证检察机关依法独立公正地行使检察权。要围绕强化法律监督职能，创新工作机制，改进工作方式。一要推进检察业务工作机制改革，强化法律监督职能，即通过改善检察领导体制，完善职务犯罪侦查体制、侦查监督工作机制，改革刑事公诉机制、民事行政检察体制机制，理顺控辩审三者关系，理顺检警关系，维护司法公正。二是改革检察人事管理制度，加强队伍建设，改革经费保障机制，保证检察机关独立行使职权。

2008 年，人民法院将进一步落实《人民法院第二个五年改革纲要（2004~2008）》的精神，重点进行以下几个方面的改革：一是优化法院系统内部权力结构，建立以审判权为中心的管理体制，形成配置科学、运行顺畅、公开透明的司法工作机制；二是完善法官遴选制度，包括法官定额制度、法官准入程序、规范选任工作；三是在西部地区推行法官助理制度，从 2008 年起在西部 12 省（自治区、直辖市）800 余个基层人民法院试行法官助理工作；四是完善制约监督机制，建立审判权与监督权符合司法活动规律、科学合理的权力结构和运行机制；五是加强保障依法独立公正行使审判权的制度建设。

（五）行政管理体制改革与行政法制建设进一步推进

十七大对行政管理体制改革和行政法制建设提出了新的要求，涉及加快制订行政管理体制改革的总体方案，推行电子政务，强化社会管理和公共服务，加强行政执法部门建设，规范垂直管理部门和地方政府的关系，探索实行职能有机统一的大部门体制，减少行政层次，加快推进事业单位分类改革，推进决策科学化、民主化，等等。十七大报告将成为未来五年我国行政管理体制改革和行政法制建设的重要指引。

2008 年，行政管理体制改革将进一步推进。由国务院办公厅牵头，中央机构编制委员会办公室、国务院行政审批制度改革办公室、国家发展和改革委员会、国务院机关事务管理局、国务院法制办公室、监察部等参与其中的深化行政管理体制改革将获得推进。改革可能突破的包括：一是规范垂直管理部门和地方政府的关系，二是职能有机统一的大部门体制，三是加快推进事业单位分类改革。

2008 年，各地方、各部门的规章清理工作在 2007 年取得了实质性进展，将于 2008 年上半年全部完成。为保障国家法制的统一，国务院继续完善法规规章备案制度，加大备案审查工作力度，加强对地方政府规范性文件备案制度建设的指导，推动地方建立四级政府、三级备案的规范性文件监督体制。

（六）反腐败斗争不断深入

反腐败斗争关系人心向背，关系党的生死存亡，关系国家的长治久安。党和国家反腐败的力度会越来越大，制度建设将会不断加强。2005 年 1 月颁布的《建立健全教育、制度、监督并重的惩治和预防腐败体系实施纲要》是当前和今后一个时期深入开展党风廉政建设和反腐败工作的指导性文件，是对建立健全惩治和预防腐败体系蓝图的科学设计和总体规划。有关部门正在起草《中国共产党巡视工作条例》，以进一步加强制度建设，进一步拓宽巡视范围，进一步改进工作方式方法，进一步加强巡视队伍自身建设，提高队伍素质，建立和完善选人用人机制。执政党在完善纪委制度的同时，也在尝试设立专门监督党委和纪委的监督委员会，将党内监督与自下而上的民意监督、民主党派监督、舆论监督结合起来建设政党内部的专职监督机构。党和国家正在按照纲要的要求，推动反腐倡廉在法治轨道上进一步前进，力争"让权力在阳光下运行"。

（七）民事法治不断发展

2008 年，《物权法》依然是民事法治的重点。《物权法》的实施为司法解释和其他特别法留下很多空间，如《物权法》没有规定农村集体是否可以开发土地，实践中普遍存在的"小产权房"，实践中频发的宅基地使用权流转问题亟待解决①。集体开发自己的土地问题，必须与国家的治理目标、经济发展和民生问题联系起来考虑，广东部分地区已经逐步许可

---

① 北京通县宋庄发生的卖房农民因反悔而起诉买房的画家的案件，引起社会各界的热议。

集体有限地开发自己的土地，这一问题需要今后继续探索。《物权法》的实施为银行和担保公司拓展业务提供了广阔的空间，但《物权法》确立的新制度，如应收账款质押、企业抵押等，实践中如何操作才能降低信贷风险，需要建立一系列的配套制度。

未来一年，中国民事法治面临的两大挑战是不动产统一登记制度和征收征用制度。尽管《物权法》努力统一不动产登记机关，但考虑到现实的复杂性，《物权法》规定在法律、行政法规没有统一不动产登记机关以前，由地方先统一。未来不动产登记机关的统一为我们留下很大的想象空间。征收制度则更有待政府对各方利益的考量。伴随《物权法》《劳动合同法》《就业促进法》的实施，未来一年会产生诸多性别与法律问题，理论界正在努力推动将制定家庭暴力防治法纳入国家立法机关未来五年立法规划。

（八）市场经济法治健全

未来一年，《反垄断法》的实施是一个备受关注的问题。中国竞争法涵盖反不正当竞争、反限制竞争以及反垄断等内容，主要的两部法律——《反垄断法》与《反不正当竞争法》互相独立、互为补充，共同鼓励和保护市场自由竞争与公平竞争，成为中国竞争法体系的核心和社会主义市场经济健康发展的重要奠基石。《反垄断法》在对限制竞争行为的调整上与《反不正当竞争法》存在一定交叉，但按照新法优于旧法的法律适用原则，其适用具有优先性；而且，《反垄断法》在适用范围上，更是扩大至对中国境内市场竞争产生排除、限制影响的境外垄断行为。因此，协调两部法律的关系，尤其是突出《反垄断法》的实施将成为2008年市场经济法治的热点问题。在宏观调控领域，鉴于美国次级抵押贷款风波冲击全球金融市场、贸易保护主义趋势加强、国际原油价格持续走高、全球通货膨胀压力加大等因素，结合中国经济运行的突出矛盾有所缓解，各类企业自由公平竞争的法律环境已经建立，企业的社会责任不断强化等现实情况，2008年中国将继续采取综合措施，适当加大调控和监管力度，保持货币信贷合理增长，防止经济增长由偏快转向过热，促进经济实现又好又快发展。

（九）国家知识产权战略的实施

国务院成立"国家知识产权战略制定工作领导小组"，由分管副总理担任组长。同时，国务院的 28 个部委和中国科学院、中国工程院、中国社会科学院以及最高人民法院和最高人民检察院，成为领导小组的成员单位，参与国家知识产权战略的制定工作。国家知识产权战略的制定工作，自 2005 年 1 月开始，于 2007 年初基本完成。在制定知识产权战略方面，中国具有四个鲜明的特点，即政府主导、专家参与、面向企业、重在过程。根据计划，国家知识产权战略将在 2008 年 5 月公布，并进入全国实施阶段。

（十）突出民生法治

十七大报告进一步明确经济、政治、文化和社会"四位一体"建设的发展思路，社会建设被提到前所未有的高度。未来社会建设将更为突出地依靠社会法治来加以推进，只有依靠法治才能为社会建设、为构建社会主义和谐社会提供强有力的保障。中国目前的社会立法存在如下不足：第一，社会保险法、社会救助法、社会补偿法、慈善法、初级卫生保健法、医疗法等重要的社会立法进程缓慢；第二，全国人大颁布的社会法律数量有限，社会立法限于部门立法模式，主要靠部门规章发挥作用；第三，政策和以通知形式发布的规范性文件过多，法律法规和规章相对不足，导致规范性文件的可执行性差，实施效果不佳。2008 年，《劳动合同法》实施是一个重大问题，如 2007 年华为员工集体辞职再次签订合同等《劳动合同法》实施的问题在未来一年会越来越多。2008 年，与保障和改善民生相关的更多社会法律将陆续颁布，社会法律体系将不断丰富，劳动和社会保障制度、医疗卫生制度尤其会进一步完善，教育、就业、环保等领域将通过强化执法得到促进。

2008 年，全国人大常委会将通过《食品安全法》。修改后的法律不仅要突出企业和政府的保障责任，而且要突出社会中介和消费者的参与责任，使其能够成为全社会共同关注、共同维护食品安全的有力工具。2008 年，国家食品药品监督管理局将积极做好《处方药与非处方药分类管理条例》的制定和《医疗器械监督管理条例》《中药品种保护条例》等的修改准备工作，出台《药品出口管理办法》等 13 部局颁规章。

（十一）刑事法治进一步健全

2008 年的刑事法治将继续贯彻宽严相济的刑事政策，关注刑事和解及其他非监禁措施的改革。2007 年以来，立法机关已开始草拟《刑法修正案（七）》，2008 年有望通过。2007 年之后，随着现已提上立法日程的《社区矫治法》的出台，部分轻微犯罪行为将进一步被司法分流出去，客观上会促进刑事法治朝着犯罪化与非犯罪化"并步同行"的大方向发展。

改革和完善中国刑罚执行制度是构建社会主义和谐社会的内在要求，是建立和完善中国特色社会主义刑罚执行制度的客观需要。2008 年，刑罚执行制度改革应从以下几个方面加以改革和完善：①逐步建立统一的刑罚执行体制；②积极落实宽严相济的刑事政策；③不断提高行刑社会化水平；④不断完善刑罚执行立法工作。2008 年，刑事赔偿制度的修改完善，需要根据现实国情逐步推进。当前，重点是要通过理顺体制、畅通机制、消除障碍，着力解决实际存在的突出问题，保障赔偿请求人依法及时获得赔偿，同时根据现实国情，适当提高赔偿水平。比如，适度扩大刑事赔偿范围、完善免责条款规定、适当提高刑事赔偿标准、修改完善赔偿义务机关制度、完善赔偿程序、改革赔偿费用负担体制和支付方式。

（十二）法律服务进一步改进

2008 年，如何提高律师的社会地位，保障律师的合法权益，将成为社会各界关注的一个焦点问题[①]。改革与探索并不会因为《律师法》的修改而终止，法律服务的定位与法律服务体制改革将持续进行。法律服务具

---

① 全国人大常委会执法检查组《关于检查〈中华人民共和国律师法〉实施情况的报告》指出，"律师执业困难较多"，律师执业权利得不到尊重和保障。律师执业困难主要体现在两个方面：一是律师难以有效提供法律服务，存在所谓的阅卷难、会见难、取证难、辩护难等问题；二是由于《律师法》《刑法》《刑事诉讼法》等的不利规定，刑事诉讼律师的刑事辩护活动存在较大的人身危险。

有双重属性：一是一定的契约性，以律师和委托人之间的契约为基础提供服务，忠实于委托人的利益；一是一定的公益性，维护和追求有别于委托人利益的公共利益。如何侧重，理论上将继续保持争议，制度和政策上将不断探索。鉴于我国法律服务的体制模式已经基本确立，基本内容包括市场化、职业化、服务主体多元化等方面。改革内容包括：①法律服务市场化以后，对于无力购买法律服务市场产品的弱势群体，政府的责任是什么？②法律服务应当实行一元化的体制（律师垄断法律服务业务）还是多元化的体制（多种法律服务主体提供法律服务）？③应当完全由正规化的律师队伍垄断法律服务，还是也允许非正规化的基层法律工作者、普通公民从事法律服务工作？

（十三）港澳台法治平稳发展

十七大报告强调将坚定不移地贯彻"一国两制""港人治港""澳人治澳"、高度自治的方针，严格按照基本法办事；全力支持特别行政区政府依法施政，着力发展经济、改善民生、推进民主；加强内地与香港、澳门的交流合作，实现优势互补、共同发展；积极支持香港、澳门开展对外交往，坚决反对外部势力干预香港、澳门事务。强调要坚持一个中国原则，提出在一个中国的前提下开展交流对话、协商谈判，正式结束两岸敌对状态，达成和平协议，构建两岸关系和平发展框架，开创两岸关系和平发展新局面。按照中央的部署，2008 年的港澳台法治可能呈现如下图景。

十届全国人大常委会第三十一次会议 2007 年 12 月 29 日通过了《关于香港特别行政区 2012 年行政长官和立法会产生办法及有关普选问题的决定》。决定清楚表明，香港可于 2017 年普选行政长官，在行政长官普选后，立法会全部议员也可以由普选产生。这一重要决定，对于全面贯彻落实"一国两制"、"港人治港"、高度自治方针和《香港特别行政区基本法》，保障香港民主制度按照基本法的规定循序渐进地健康发展，保持和促进香港长期繁荣稳定，具有重大而深远的意义。

根据澳门立法会与特区政府提出的《二〇〇七至二〇〇九年度公共行政改革路线图》，澳门拟启动三层式的公共行政改革中央统筹机制，逐步落实路线图中的 34 项行政改革项目和 38 项法规项目。其中 2008 年拟提出完成公务人员"一般职程"及大部分"特别职程"制度的修订方案；完善有关津贴制度的修订方案；完善中央招聘、中央调解及中央纪律处分制度；完善各公共行政财政管理制度；跟进《澳门特别行政区基本法》第 23 条的立法工作；推动澳门法律研究及整理工作。2008 年是《澳门特别行政区基本法》颁布 15 周年，届时会有一系列围绕基本法的宣传推广。

2008 年是台湾的选举年，台湾当局领导人及立法机构选举都将在 2008 年进行。未来一年，台湾法治将围绕选举展开，两岸关系的核心议题也是选举问题。

（十四）国际关系民主法治化

2008 年，国际法将继续围绕构建和谐世界展开，旨在推动国际关系民主法治化。基于经济全球化的背景与国际关系格局的调整，发展中国家尤其是新兴经济体外汇储备已占世界外汇储备的 3/4，新兴国家经济占全球经济比重大幅上升，中国、印度已经成为全世界投资最具吸引力的两个国家。发展中国家力量的上升正在改变世界经济格局，并谋求通过国际法推动国际关系民主化，推动世界继续向多极化发展。这意味着世界不再是单极的，是对强权政治和单一民主价值观的否定。世界各国要求建立真正的"集体安全"，强调安全是"相互的""平等的"，主张在重大国际安全问题上应当更多地发挥联合国安理会的积极作用，或由各利益相关国家实现对话、协商解决。

2008 年，各大国之间的磋商与合作将继续增加，共识和利益汇合点继续增多，共同利益相应拓宽。但是，不应忽视的是，大国之间的竞争与合作同在，各国在太空、南北极地区的竞争加剧，国际形势总体缓和但局部紧张，如非洲之角、伊朗与美国、巴基斯坦、俄罗斯与格鲁吉亚、乌克兰危机，等等。恐怖主义的国际化趋势会不断加强，国际反恐合作也会更为深入。中国将一如既往地参加联合国维护和平、促进发展的活动，为建立和维护国际经济、政治新秩序和构建多极世界而努力。2008 年，为批准加入《公民权利和政治权利国际公约》而做好准备是中国国际法理论界与实务界面临的重大事件。

2008 年，举世瞩目的奥运会将在北京召开。这需要最大限度地保证涉外案件在我国法院得到公平合理的解决，以树立我国良好的对外形象，促进国际经贸合作的发展。现阶段中国涉外审判中存在若干问题：平行诉讼、对抗诉讼问题尚未得到有效解决；法律文书送达率低、送达难；境外证据的取证、举证、质证、认证问题缺乏统一的标准；查明外国法律的途径不多，难度较大；法官业务素质参差不齐，司法水平有待进一步提高；办案不规范的情况时有出现；审判质量和效率意识尚待进一步提高，等等。未来的一年乃至数年，亟待我们启动涉外民事法律关系法的制定，修改《民事诉讼法》与《仲裁法》。冲突法问题的焦点是外国法在中国的适用问题，必须根据冲突法的原则、国际法惯例，结合我国法律的相关规定探讨冲突法问题的解决。在海牙《选择法院协议公约》签署和生效之后，协议管辖问题成为国际民事诉讼管辖权领域的热点问题。中国《民事诉讼法》应如何应对该公约，非常值得探讨。

当前，多哈回合谈判举步维艰，WTO 多边贸易体制正处于发展的关键时期；面对中国经济的振兴和贸易地位的迅速提升，西方发达国家表现出贸易保护主义的危险倾向；在国际经济、贸易规则制定过程中，广大发展中国家与占据传统优势地位的发达国家之间的力量对比业已发生明显变化，切实维护发展中国家利益、促进经济共同发展和繁荣成为国际经济立法的热点和主题。2008 年，中国将继续积极参与 WTO、国际货币基金组织、联合国贸易与发展会议、联合国国际贸易法委员会等国际组织的各项谈判、会议和立法活动，充分代表和维护广大发展中国家利益。在国际贸易保护主义的强大压力和冲击下，中国将维护以促进贸易自由化为宗旨的WTO 多边贸易体制，充分运用国际规则和惯例维护自身合法权益。

（参见法治蓝皮书《中国法治发展报告 No. 6（2008）》）

第六章　2008 年中国法治发展与展望

　　对于中国而言，2008 年是极其不平凡的一年。2008 年是中国改革开放 30 周年，从百废待兴到蓬勃发展，中国在几代人的努力下，无论是经济发展，还是制度建设，都创造了令世界瞩目的成就。2008 年也是继往开来的一年、再创辉煌的新起点。在这一年里，中国成功举办了奥运会和残奥会，向世界展示了中国的进步、人民的热情，展示了中国人权、法治建设所取得的成就，也经受住了来自国际上的种种责难和压力。

　　2008 年，中国还经历了诸多令人难以忘怀的事件。年初的冰雪灾害使中国的交通、电力等基础设施遭受了严重的破坏，对大半个中国的人民群众的生产和生活带来了巨大的影响；汶川大地震巨大的破坏力使得很多地方瞬间房倒楼塌，无数生命逝去。中国政府处置自然灾害等突发事件的能力让世人刮目相看，严峻的自然灾害激发的中华儿女的向心力和凝聚力也让世界重新认识了中国。2008 年下半年席卷全球的金融危机给中国经济发展带来了难以估量的压力和困难，中国各级政府正在积极采取对策，努力将其影响降至最低，保稳定，保民生，确保中国经济的持续、健康、稳定发展。

　　中国共产党第十七次全国代表大会提出了落实科学发展观，推进社会主义民主政治建设，全面落实依法治国基本方略，构架服务型政府，加快社会主义法治国家建设的战略部署，2008 年是落实该部署的第一年。中国政府在国内、国外众多困难和考验中，积极推进中国特色社会主义法治国家建设，稳步解决依法治国进程中的各项问题，进行了大量有益的实践。

　　2008 年，中国政府首次发布了《中国的法治建设》白皮书，向全世界介绍了中国法治建设所取得的辉煌成就。同时，中国政府还决定制定国家人权行动计划，对未来两年中国人权事业的发展作出规划。这表明了中国进一步改善人权状况，全面推进人权事业发展，促进社会和谐的决心。事实上，中国人权事业的发展依赖于不断推动实现依法治国、建设中国特色社会主义法治国家的方略，而中国 2008 年的法治发展无疑也在推进人权事业方面具有重要意义。

一 社会主义法律体系进一步趋于完善

不断加强立法是确保形成完善的中国特色社会主义法律体系的重要保障。2008 年，全国人民代表大会及其常务委员会、国务院为了实现这一目标，进一步加强了相关领域的立法。2008 年，全国人大常委会审议通过了《循环经济促进法》《企业国有资产法》和《防震减灾法》，修订了《残疾人保障法》《水污染防治法》《消防法》和《专利法》，还有多部法律草案正在审议中。国务院制定和修改了行政法规 28 部。各地方人大共计制定、修改了 217 部①地方法规；各部委以及各地政府制定、修改了 84 部部门规章和 62 部地方规章，这些地方法规、部门规章以及地方规章对相应的行政行为设定了规范、提出了要求。2008 年的立法活动呈现很多特点。

第一，立法活动更加关注民生。关注民生乃是 2008 年中国法治发展的重要亮点。全国人大常委会修订的《残疾人保障法》立足于保障残疾人的生存与发展，为适应近年来社会发展对进一步保障残疾人合法权益、促进残疾人更好地参与社会活动等的需求，从多个方面对原有制度进行了修订和完善。《乳品质量安全监督管理条例》针对"三鹿婴幼儿奶粉事件"所暴露出来的乳制品安全监管中存在的问题，完善了有关的监管机制。《汶川地震灾后恢复重建条例》对汶川大地震灾区过渡性安置、恢复重建规划、恢复重建实施、资金筹集与政策扶持等进行了专门规定。《防

---

① 地方法规的数据来源于全国人大网站（http://www.npc.gov.cn/npc/xinwen/index.htm）所作的初步统计，截止到 2008 年 11 月 22 日。

震减灾法》则强化了政府在防震减灾方面的职能、职责,加强了物质保障、科技保障与法律责任方面的规定。

第二,立法活动继续为经济社会服务,并力求实现可持续发展。《循环经济促进法》将鼓励资源的减量化、再利用、资源化等政策措施法定化,以增强全社会的环境保护意识,构建资源节约型、环境友好型社会。修订的《水污染防治法》规定了水环境保护目标责任制和考核评价制度、水环境生态保护补偿机制、重点水污染物排放总量控制、水污染应急机制等制度,以解决近年来水环境逐步恶化的问题。《公共机构节能条例》重在推动公共机构节能,提高公共机构能源利用效率,发挥公共机构在全社会节能方面的表率作用。修订的《专利法》则立足于提高国家的创新能力,提高了专利授予标准,增加了专利侵权的赔偿标准。

第三,立法活动更加关注现有法律制度的实施。《企业国有资产法》对《物权法》中涉及国有资产的原则性规定作了进一步细化。《劳动合同法实施条例》适时出台,澄清了社会各界对《劳动合同法》中有关制度的认识分歧,提高了法律中有关制度的可操作性。《证券公司监督管理条例》《证券公司合规管理试行规定》《证券公司业务范围审批暂行规定》《证券发行上市保荐业务管理办法》《证券公司风险处置条例》等规范性文件也为《证券法》的具体实施创造了可操作性条件。

第四,立法活动更加注重民主化和科学化。2008年,中国的许多重要法律法规的起草制定都向全社会公开并征求意见。全国人大常委会先后就《防震减灾法(修订草案)》《国家赔偿法修正案(草案)》《邮政法(修订草案)》《专利法修正案(草案)》《刑法修正案(七)草案》《保险法(修订草案)》《食品安全法(草案)》等向社会征集了意见。国务院于2008年正式启动了"行政立法草案意见征集管理信息系统"(http://yijian.chinalaw.gov.cn/lisms/action/guestLoginAction.do),公众只要进入该系统,就可以对任何正在征集意见的行政立法草案发表意见。立法活动公开征求意见不仅有效地保障了公众参与国家管理的权利,也使相关制度的创设更具科学性。

第五,及时清理与社会发展不相适应的法律法规。中国当前立法中的主要矛盾不再是相对有限的法律制度不能满足经济社会快速发展的需要,而是已有法律法规不能适应经济社会不断发展的实际情况，以及相关法律法规之间存在矛盾或冲突，因此，适时清理已出台的法律法规显得尤为重要。2008年，全国人大常委会针对20世纪90年代以前制定且未作过系统修改的法律，开展了系统的清理工作，重点解决法律规定明显不适应经济社会发展需要，法律之间规定不尽一致或衔接不够，法律操作性不强、影响实施等问题。国务院于2008年1月15日发布了《国务院关于废止部分行政法规的决定》，在对截至2006年底的655件现行行政法规进行了全面清理后，废止了49件行政法规，宣布43件行政法规失效，并对部分内容不适应经济社会发展的行政法规进行了修订。

二　进一步推进依法行政，深化服务型政府建设

中国共产党第十七次全国代表大会提出，要加快行政管理体制改革，建设服务型政府。2008年，中国各级政府坚持科学发展观，在行政法治方面进一步深入推进依法行政，着力打造服务型政府，取得了很大进展。

第一，行政管理体制改革得到深化。2008年2月27日，中共十七届二中全会通过了《关于深化行政管理体制改革的意见》，意在进一步改变政府职能转变不到位，对微观经济运行干预过多，部门职责交叉、权责脱节和效率不高，对行政权力的监督制约机制不完善等问题。

在此基础上，中国于2008年启动了改革开放以来的第六次机构改革，继续推行"大部制"改革。此次改革涉及15个机构，进一步合理配置了宏观调控部门的职能，如加强了能源管理机构，组建了工业和信息化部、交通运输部、人力资源和社会保障部、环境保护部、住房和城乡建设部，国家食品药品监督管理局改由卫生部管理。改革的核心内容是转变政府职能，推进政企分开、政资分开、政事分开、政府与市场中介组织分开；重点是理顺部门职责关系，做到权力与责任对等，避免职能交叉重叠、政出多门，建立健全部门间的协调配合机制，切实提高行政效率，精简和规范议事协调机构及其办事机构。

第二，依法行政继续按计划、有步骤地推行。2008年6月18日，国务院公布了《关于加强市县政府依法行政的决定》。一些地方在实践中被

证明行之有效的制度，如"红头文件"两年一清、重大决策"立体"监控、常务会议先学法律、无资格者禁止执法、领导任用重"法"背景、案卷评查一年一次、依法行政每年报告等，得到了确认。根据国务院的统一部署，各地方开始采取多种形式全面推进市县政府依法行政，并取得了初步成效。例如，国内首部监督政府依法行政的地方规章——《陕西省依法行政监督办法》已经于 2008 年 1 月 1 日起开始实施。

第三，政府运行的透明度步入法制化轨道。《政府信息公开条例》经过 1 年的准备期，于 2008 年 5 月 1 日开始实施。国务院办公厅、财政部、国家发展改革委等部门相继出台规范性文件对相关制度进行了细化和解释。各地方各部门纷纷依据《政府信息公开条例》的规定，制定或者修改了本地方本部门的有关规定。各地也出现了一定数量的"政府信息公开第一案"。在汶川大地震抢险救灾过程中，相关信息的及时全面公开极大地提升了政府抗震救灾的效率，进一步证明政府运行的公开透明既有利于维护公众的权益，也有利于提升政府管理水平。

第四，行政问责制得到进一步加强。《国务院 2008 年工作要点》《关于加强市县政府依法行政的决定》都强调要加快实行行政问责制。"山西襄汾尾矿库溃坝"事件、"三鹿婴幼儿奶粉"事件发生后，一批官员因此被追究责任。行政问责制度趋于常态化、制度化、规范化。

第五，行政救济法律制度的完善提上议事日程。作为行政救济机制中的重要制度，《国家赔偿法》的修订已经纳入全国人大常委会的立法日程，并经过全国人大常委会首次审议。此次修订的重点是畅通赔偿请求渠道、完善赔偿办理程序、确定双方举证义务、明确精神损害赔偿等。

第六，政府应急管理的制度建设得到重视和加强。2008 年接连发生了一系列突发自然灾害事件、突发公共卫生事件、突发群体性事件。在处置突发事件过程中，近年来逐步确立的政府应急管理体制发挥了应有的作用。政府应急管理制度是否完善，政府应急管理机制的设置是否合理，政府应急管理体制是否高效有力，政府应急管理预案的编制是否科学等，都得到了全面的检验，为今后进一步完善中国的政府应急管理制度提供了全面、科学的依据。

第七，地方政府在依法行政方面进行了有益的探索。湖南省在地方政府中率先出台了《湖南省行政程序规定》。该规定创新了行政决策机制，要求县级以上人民政府在作出重大决策前，必须严格遵循调查研究、专家论证、公众参与、合法性审查、集体研究的程序，统一了省内现行红头文件的有效期。这被认为是地方政府自我限权的重要举措，为国家层面行政程序立法提供了有益的实践经验。在规范自由裁量权方面，一些地方政府进行了有益的探索。比如，《武汉市城市管理相对集中行政处罚权执法依据、步骤及自由裁量权适用标准》根据违法违规行为的情节、种类和性质，要求执法者对违反城市管理规定的 127 种行为进行分级、分等处罚，限缩了执法者的处罚弹性，有利于从根本上避免行政处罚中随意性大、执法不公、执法不严等问题。

三　刑事法治不断趋于完善

2008 年，中国政府进一步完善了刑事法治，刑事法律制度的修订可谓各界关注的重点。《刑法修正案（七）》提交全国人大常委会审议，此次修正的内容如下。首先，对于受贿罪的犯罪主体有所放宽，国家工作人员的近亲属或者其他与该国家工作人员关系密切的人，以及离职的国家工作人员或者其近亲属，以及其他与其关系密切的人如犯受贿罪，都拟纳入受贿罪刑事处罚的对象。其次，巨额财产来源不明的刑期拟大幅提高，最高刑将可能提升至 10 年。再次，买卖公民个人信息将可能受到刑事处罚，这主要涉及国家机关或者金融、电信、交通、教育、医疗等单位的工作人员，该规定将对滥用个人信息的行为起到一定的遏制作用。《刑事诉讼法》的全面修改是 2008 年度继续关注的问题，相关讨论仍在进行之中。

十届全国人大常委会第三十次会议于 2007 年 10 月 28 日修订通过《律师法》，自 2008 年 6 月 1 日起施行。修订后的《律师法》在解决律师"会见难""阅卷难""取证难"等老大难问题上实现了一系列重要突破。这些突破受到了社会的普遍欢迎，但新《律师法》颁布后的执行力如何至关重要，直接关系到该法修订的目标能否实现。自 6 月 1 日实施以来，相关部门均采取了各种措施落实《律师法》的规定，如北京市海淀区人民检察院首创了律师提前介入审查逮捕阶段的制度。根据这一制度，在检察机关审查批准过程中，律师可以针对案件事实、法律适用、逮捕的必要性、侦查活动是否合法等，向检察机关发表意见，提供线索，检察机关在充分考虑上述情况后，再作出是否逮捕的决定。海淀区检察院审查批捕阶段律师介入的机制主要从告知、会见、审查决定、结果反馈四个环节进行了制度建构，并建立了相应的配套机制确保运作。该制度实施半年来，在完善证据、保证全面审查案件、提供法律意见、准确定性案件方面取得了显著成效。有 21 名律师对海淀区人民法院受理的 18 起刑事案件中的 21 名犯罪嫌疑人予以提前介入，其中 10 名犯罪嫌疑人被批准逮捕，对 11 名犯罪嫌疑人作出了不批准逮捕的决定，不捕率达到 52%[①]。尽管该制度取得了显著的成效，但律师介入案件的数量还有待提高。一些律师不知道或者不了解这个新制度，还有一些律师不相信此制度的作用。因此，《律师法》要得到顺利实施，还需要多方的共同努力。

"两高"等部门还针对特定类型的案件出台了相关的司法解释。比如，《最高人民法院、最高人民检察院关于办理非法采供血液等刑事案件具体应用法律若干问题的解释》《最高人民检察院、公安部关于经济犯罪案件追诉标准的补充规定》《最高人民法院、最高人民检察院关于办理商业贿赂刑事案件适用法律若干问题的意见》等分别就有关刑事案件具体适用法律的问题作出了解释。

四 民事法律制度的落实成为民事法治的重要内容

经过多年的努力，中国的民事法律体系已经逐步趋于完善，《物权法》的颁布弥补了中国民事法律基本制度的空白，是 2007 年中国最热门的法制事件。2008 年，民事法治的主要内容是如何推动相关法律制度的实施，民事法治的发展从观念转向了技术。

对《物权法》最重大的立法发展是《企业国有资产法》的出台，而《物权法》的一大制度创新和贡献——不动产统一登记制度却发展有限。

---

① 《全国首个律师提前介入审查逮捕制度在海淀检察院实施半年来成效显著》，《北京青年报》2008 年 12 月 6 日。

2007 年以来，有关登记的部门规章层出不穷。2008 年，公安部修改了《机动车登记规定》（2008 年 5 月 27 日）；建设部修改了《房屋登记办法》（2008 年 2 月 15 日）。不过，不动产登记继续保持部门割据的状态，不动产登记的统一尚未实现。

如何具体适用《物权法》的相关制度，是中国司法实践普遍面临的问题。2008 年，《物权法》已经成为公众主张和维护自身合法权益的重要武器和依据。《物权法》生效后，各地纷纷出现了"物权法第一案"，但《物权法》的诸多规定都比较模糊，歧义纷呈，统一适用难度很大，因此，最高人民法院把《物权法》的适用纳入其 2008 年的司法解释立项计划。鉴于建筑物区分所有权和物业服务纠纷是实践中最为常见的纠纷类型，最高人民法院于 2008 年 6 月 15 日向社会公布了《关于审理建筑物区分所有权纠纷案件具体应用法律若干问题的解释（征求意见稿）》和《关于审理物业服务纠纷案件具体应用法律若干问题的解释（征求意见稿）》，征求社会各界的意见。前者是《物权法》颁布施行后最高人民法院根据《物权法》起草的第一个司法解释，后者是最高人民法院首次针对物业服务纠纷案件审判工作起草的司法解释。

与以往的法律相比，《物权法》对农村地权没有重大的制度性突破，但这在 2008 年 10 月 12 日中共十七届三中全会通过的《中共中央关于推进农村改革发展若干重大问题的决定》中得到了改变。该决定明确了农村地权改革的方向，主要包括：赋予农民更充分并有保障的土地承包经营权，现有土地承包关系要保持稳定并长久不变；搞好农村土地确权、登记、颁证工作；完善农村宅基地制度，严格宅基地管理，依法保障农户宅基地用益物权；改革征地制度，严格界定公益性和经营性建设用地，逐步缩小征地范围，完善征地补偿机制；在土地利用规划确定的城镇建设用地范围外，经批准占用农村集体土地建设非公益性项目，允许农民依法通过多种方式参与开发经营并保障农民的合法权益。

五　商事法治仍以完善和修补立法中的问题为主

作为市场经济规则的承载者，商事规范随着市场环境的变迁而不断变化，因此，在商事法制框架基本确立的情形下，与时俱进地对现行法律法规进行必要的修正和适时的完善是中国商事法治发展的显著特征。2008年度的商法发展仍循此迹。在继续贯彻落实《企业破产法》《农民专业合作社法》以及修订后的《公司法》《证券法》《合伙企业法》等的基础上，中国商事法治的发展完善主要体现在以下 4 个方面。

第一，继续出台《公司法》的司法解释。为正确适用《公司法》，建立有序的法人退出机制，保护公司债权人的合法权益，最高人民法院就规范审理公司解散和清算案件的法律适用问题出台了《公司法司法解释（二）》（即最高人民法院《关于适用〈中华人民共和国公司法〉若干问题的规定（二）》），以统一执法尺度，指导全国审判工作。此外，规范公司的设立、出资、股东资格等问题的《公司法司法解释（三）》也即将出台，针对股东权保护问题的《公司法司法解释（四）》也进入了征求意见阶段。《公司法》司法解释的相继出台，在解决新旧《公司法》法律适用与衔接问题的同时，为《公司法》的全面落实奠定了坚实的基础。

第二，审议《保险法》修订草案。为了规范保险经营、监管保险行为、促进保险业健康发展，《保险法》修订草案进入了审议阶段。修订草案从保护被保险人利益的角度，细化完善了保险合同的有关规定，明确了保险活动当事人的权利和义务；修改了保险公司相关制度，强化了对保险中介机构的管理；明确了保险监管机构的监管原则和监管职责，增加了保险监管机构的监管手段和措施。

第三，推动《企业破产法》的实施。为了使《企业破产法》在人民法院审理案件中能正确适用，最高人民法院已全面启动《企业破产法》司法解释的调研、起草工作。为保护债权人和公众股东的利益，适应资本市场发展实践的需要，中国证券监督管理委员会发布了《上市公司重大资产重组管理办法》《关于规范上市公司重大资产重组若干问题的规定》以及《关于破产重整上市公司重大资产重组股份发行定价的补充规定（征求意见稿）》等规章，以进一步规范上市公司重大资产重组行为，理顺《证券法》和《企业破产法》的衔接问题。

第四，完善《证券法》的配套性规范文件。修订后的《证券法》预设了许多制度空间，急需进一步的实施细则来贯彻落实。2008 年有关部门为完善资本市场的制度性建设制定了一系列规范性文件。例如，为规范证券公司行为，保护投资者的合法权益和社会公共利益，中国证券监督管理委员会制定颁布了《证券公司监督管理条例》《证券公司合规管理试行规定》《证券公司业务范围审批暂行规定》《证券发行上市保荐业务管理办法》《证券公司风险处置条例》等规章，这些规范性文件为《证券法》的具体实施创造了可操作性条件。

六　经济法治力促经济平稳较快发展

2008 年，国内外经济环境发生了重大变化，尤其是国际金融危机对全球经济产生了极为不利的影响，给中国经济平稳较快发展带来了不小的困难。本年度，中国政府加快重点经济立法，推进经济法治，合理把握宏观调控的重点、节奏和力度，保持了经济社会平稳较快发展。

本年度，中国进一步完善了税收法律制度。《企业所得税法》及其实施条例正式施行后，为加强和规范企业所得税的征管工作，财政部和国家税务总局联合发布了《关于企业所得税若干优惠政策的通知》，国家税务总局制定了《企业所得税核定征收办法（试行）》，科技部、财政部和国家税务总局联合制定了《高新技术企业认定管理办法》及《国家重点支持的高新技术领域》，并均溯及至 2008 年 1 月 1 日起施行。新法及其配套制度的实施对提高中国引进外资的质量，加快中国经济结构的调整以及实现经济增长方式的根本转变开始产生实际影响，使中国在公平税负、简化税种、提高效率、健全法制、促进竞争方面迈出了更加坚实的一步。在流转税制改革方面，国务院全面修订了《增值税暂行条例》《营业税暂行条例》和《消费税暂行条例》，增值税开始向"消费型"全面转型。另外，成品油税费改革的实施成为国家建设节约型社会的重点。

《反垄断法》在中国经济生活中的重要地位开始显现。2008 年 8 月 1 日《反垄断法》生效后，北京兆信信息技术有限公司等四家企业当天即将国家质量监督检验检疫总局诉至北京市第一中级人民法院，请求确认该局推广的电子监管网经营业务以及强制要求企业对产品赋码缴费加入电子监管网的行政行为违法，成为中国反垄断诉讼第一案。此外，可口可乐收购汇源案、百度以及微软等公司滥用市场支配地位反垄断调查案等，都受到社会各界的普遍关注和热议。反垄断执法机制是否有效、各项制度能否落实，将使反垄断执法机构和人民法院面临重要考验。

2008 年上半年，中国把防止经济增长由偏快转为过热、防止价格由结构性上涨演变为明显通货膨胀作为新时期宏观调控的首要任务，并实行了稳健的财政政策和从紧的货币政策。随着世界金融危机的日趋严峻，为抵御国际经济环境对中国的不利影响，中国开始采取灵活审慎的宏观经济政策，实行积极的财政政策和适度宽松的货币政策。例如，为配合国家宏观调控政策需要，经国务院批准，自 2008 年 10 月 9 日起，对储蓄存款利息所得暂免征收个人所得税。中国人民银行连续动用利率杠杆调控经济，特别是下半年，多次下调存贷款基准利率。例如，出台更加有力的扩大内需措施，加快民生工程、基础设施、生态环境建设和灾后重建，提高城乡居民特别是低收入群体的收入水平，促进经济平稳较快增长。

面对中国经济发展的实际情况以及国际金融形势，中国不断加强和改善金融监管。

第一，有关部门清理了相关的规范性文件。2008 年 1 月，中国人民银行在清理规章后，宣布废止包括《信贷资金管理暂行办法》《个人定期储蓄存款存单小额抵押贷款办法》《中外合资投资银行类机构管理暂行办法》《大额现金支付登记备案规定》等在内的 15 项规章。同月，中国人民银行与国家发展和改革委员会废止了《关于对高级防伪纸张生产实行统一管理的若干规定》。

第二，采取措施积极服务小企业，满足小企业的金融服务需求，扩大就业和增加收入。中国银行业监督管理委员会在 2008 年 3 月 11 日发布《关于在从紧货币政策形势下进一步做好小企业金融服务工作的通知》之后，8 月 29 日又发布了《关于认真落实"有保有压"政策 进一步改进小企业金融服务的通知》，进一步改善小企业融资困难的状况。

第三，为灾后重建地区及时提供金融支持和服务。为抗击冰雪凝冻灾害，2008 年 2 月 29 日，中国银行业监督管理委员会发出紧急通知，要求做好灾后恢复重建金融服务工作。5 月 12 日四川汶川地震发生后，中国银行业监督管理委员会于次日即发出做好抗震救灾金融服务有关工作的紧急通知。中国银行业监督管理委员会发布《关于鼓励信托公司开展公益信托业务支持灾后重建工作的通知》，鼓励信托公司依法开展救济贫困、救助灾民、扶助残疾人，发展公益信托业务。8月6日，中国人民银行、中国银行业监督管理委员会、中国证券监督管理委员会、中国保险监督委员会联合发布了《关于汶川地震灾后重建金融支持和服务措施的意见》，鼓励金融机构加大对灾区的信贷投放，加大对灾区金融机构的资金支持力度，引导各类资金支持灾后重建工作。

第四，重点提升农村金融服务。为引导资金流向农村和欠发达地区，支持社会主义新农村建设，中国银行业监督管理委员会与中国人民银行于5月4日联合发布了《关于小额贷款公司试点的指导意见》，并于10月15日联合发布了《关于加快推进农村金融产品和服务方式创新的意见》，对试点的指导思想、目的、原则、内容和配套政策以及实施步骤等作出了具体部署和规定。

第五，加强和改善金融监管。中国人民银行、中国银行业监督管理委员会出台《经济适用住房开发贷款管理办法》，规范经济适用住房的信贷管理，配合政府做好经济适用住房的开发建设工作。中国银行业监督管理委员会公布实施了新修订的《汽车金融公司管理办法》，在准入资格条件和业务内容规定上，突出了汽车金融公司的专业化发展和核心主业要求，在风险监管指标设置上，注重体现汽车金融业务及风险管理特性的要求。为规范和加强对银行及其附属机构的并表监管，防范金融风险，中国银行业监督管理委员会颁布实施了《银行并表监管指引（试行）》，明确了并表监管的范围、要素、方式以及跨境并表监管、银行集团的并表监管。

第六，进一步改进外汇管理。国务院修改了《外汇管理条例》，进一步完善了人民币汇率形成机制，强化了对跨境资金流动的监测，引入了国家对国际收支采取必要的保障、控制等措施的制度。

七　知识产权保护进一步受到国家的重视

2008年4月9日，国务院常务会议原则通过了《国家知识产权战略纲要》（以下简称《战略纲要》），并于2008年6月5日正式公布。这是继科教兴国战略、人才强国战略和可持续发展战略之后，又一个国家层面的发展战略。

中国制定和实施国家知识产权战略是为了解决经济和社会发展中出现的资源短缺、能源紧张和环境恶化等问题，摆脱劳动密集型和资源消耗型的经济发展模式，进行产业升级，实现国民经济在更高层面上的发展。

《战略纲要》提出了中国知识产权战略的长远目标和近五年目标。长远目标是要在 2020 年把中国建设成为知识产权创造、利用、保护和管理水平较高的国家。近五年的目标主要包括：自主知识产权水平大幅度提高，拥有量进一步增加；运用知识产权的效果明显增强，知识密集型商品比重显著提高；知识产权保护状况明显改善；全社会特别是市场主体的知识产权意识普遍提高，知识产权文化氛围初步形成。

值得注意的是，《战略纲要》在知识产权的获取方面，不仅提及了国际上公认的版权、专利、商标、商业秘密、地理标志、植物新品种和集成电路布图设计，而且提到了遗传资源、传统知识和民间文艺。

在知识产权的保护方面，《战略纲要》在肯定司法保护体系和行政执法体系的同时，强调了司法保护的主导作用。这就意味着，在知识产权的保护方面，行政保护将逐渐淡化，司法保护将成为主要途径。正是由此出发，《战略纲要》提出要完善知识产权审判体制，优化审判资源配置，简化救济程序。

关于知识产权的利用，《战略纲要》不仅提出要促进创新成果的知识产权化、商品化、产业化，引导企业采取知识产权转让、许可、质押等方式实现知识产权的市场价值，而且提出要发展知识产权的中介服务，包括代理服务、评估服务和技术市场服务等。

根据《国家知识产权战略纲要》的要求，为了实现中国共产党十七大报告提出的提高自主创新能力、建设创新型国家的目标，也为了适应世界贸易组织多哈部长级会议通过的《关于〈与贸易有关的知识产权协定〉与公共健康的宣言》、世界贸易组织总理事会通过的《修改〈与贸易有关的知识产权协定〉议定书》、《生物多样性公约》等国际法律文件的规定，中国开始着手对《专利法》进行修改。修订的《专利法》已于 2008 年 12 月 27 日获得通过。

八 以科学发展推进环境法治

2008 年是科学发展观的深入学习和贯彻落实年，中国环境政策的发展、环境立法的完善、环境法的实施及其监督等无不体现着科学发展的理念，并取得了一定的成绩。

节能减排的政策创新和完善是 2008 年的亮点。2007 年国家制定了节能减排综合性工作方案、节能减排统计监测考核实施方案和办法。2008 年的政府工作报告提出了 10 项具体措施，加大了对节能减排的支持力度。本年度，中国在节能减排经济、技术和行政政策方面开展了多项工作。一是建立节能减排目标考核制度，并对考核结果的落实进行监督。2008 年 5～6 月，国务院相继公布了对各省级人民政府节能减排的考核情况。二是进一步完善产业结构调整制度，通过信贷、土地等手段遏制高耗能行业的增长。三是完善淘汰落后产能的制度，争取关停小火电 1300 万千瓦，分别淘汰水泥、钢、铁落后生产能力 5000 万吨、600 万吨、1400 万吨。四是通过国家投入等经济扶持措施抓好节能减排的重点环节和工作。为了落实节能减排综合性工作方案，中央和地方目前已经建立了节能减排指标体系、监测体系、考核体系和目标责任制。另外，促进全民深入开展节能减排行动的政策也正在完善之中。

在环境立法方面，2008 年修订了《水污染防治法》，出台了《循环经济促进法》。新修订的《水污染防治法》除了继续坚持环境污染损害的无过错责任原则外，在环境污染民事纠纷解决机制方面还有一定的创新，包括：水污染损害赔偿诉讼由排污方就法律规定的免责事由及其行为与损害结果之间不存在因果关系承担举证责任；加重了排污企业的注意义务；引入了共同诉讼、支持诉讼和法律援助制度，规定了委托监测的证据取得方法和程序；为防止环境保护等行政主管部门过多地卷入民事纠纷，把其处理职责明确为"调解处理"；引进了行政代拆除和代治理制度，杜绝违法不究的现象。此外，《水污染防治法》在新修订时，把区域和流域限批制度予以法定化，消除一些人对区域和流域限批制度不合法的误解。

《循环经济促进法》把开源、节流和保护环境三方面的措施有效地结合起来，目的在于解决中国长期以来经济增长与资源环境之间的尖锐矛盾。该法作为促进循环经济发展的框架法和基本法，综合体现了促进经济增长、提高资源利用效率及保护和改善环境的立法理念，突出了政府的责任以及预防优先和综合治理相结合的管理思想等。

在环境执法主体方面，环保总局升格为环境保护部，表明国家更加重视环境保护执法。环境保护部的职能配置正朝着统筹协调、宏观调控、监督执法和公共服务四个方向强化。环境保护部在人员编制、机构、职能等方面都有所加强，对推动全国环保系统机构改革、加强系统的组织和能力建设将产生积极的推动和引导作用，也将更有利于环境保护工作。

2008 年，节能减排责任制的落实成为环境法治实施机制的重要亮点。2007 年底，中国政府发布了以节能效果考评地方省级官员的文件[①]。从 2008 年开始，地方省级官员如果节能成绩"不合格"，将面临问责和"一票否决"。在省一级的层次上，山东省和甘肃省省长在 2008 年的"两会"上率先向中央立下"军令状"，完不成节能减排的指标，就辞去省长职务。在省以下的层次上，2008 年，各级党委和政府都把节能减排列入了重要工作日程，并把减排目标分解落实到了责任单位和责任人，实行严格的问责制。例如，昆明市各级政府部门，包括区县、乡镇、办事处乃至社区，层层签订了责任书。如果达不到所规定的环境保护指标、节能减排指标要求，就按照规定问责一把手；如果出现问题，"一把手"就要被免职。

在环境法实施的监督方面，中国更加重视公众参与和监督机制的构建。与《政府信息公开条例》的实施同步，《环境信息公开办法（试行）》也开始实施。该办法规定了环保部门主动公开环境信息和依公众申请公开环境信息的制度，同时，也将企业纳入环境信息公开的义务主体，规定了企业自愿公开环境信息和强制公开环境信息的制度。毫无疑问，环境信息的公开透明必将促进公众参与环境保护活动，有效地参与对环境法实施的监督。

---

① 即《单位 GDP 能耗统计指标体系实施方案》《单位 GDP 能耗监测体系实施方案》《单位 GDP 能耗考核体系实施方案》和《主要污染物总量减排统计办法》《主要污染物总量减排监测办法》《主要污染物总量减排考核办法》。

九　社会法治关注民生

关注民生是近年来中国政府的工作重点之一。2008 年，中国在社会法治方面着力推动了以下几项工作：进一步加强对劳动者权益的保护，采取措施促进就业，继续扩大社会保障的覆盖范围，正式启动新一轮医疗改革。

2008 年，《劳动合同法》及其实施条例、《劳动争议调解仲裁法》等重要的劳动权益保护法律法规相继实施。全国人大常委会在《劳动合同法》实施不到 1 年的时间内，就决定开展劳动合同法执法检查，重点是劳动合同签约率低、劳动合同短期化、劳务派遣不规范等侵犯劳动者利益的问题，尤其是农民工合法权益被侵犯的问题。《劳动合同法》实施之后，劳动争议的处理力度也大大提高，《劳动争议调解仲裁法》的实施为劳动争议的有效处理提供了更为完善的法律保障。经过多年的发展，劳动争议调解仲裁组织体系逐步形成。仲裁机构的实体化建设取得明显进步，全国各省（自治区、直辖市）、地（市）、县（区）都已经设置了劳动争议仲裁委员会，劳动争议案件较多的地区还在乡镇、街道设立了劳动争议仲裁委员会的派出机构，仲裁人员的专业化水平不断提高。一些地方还积极采取措施维护劳动者合法权益。比如，河北省就决定停收劳动争议仲裁费，降低劳动者维权成本。

促进就业是 2008 年中国各级政府的一项重要工作。席卷全球的金融危机给中国的就业形势带来了严重的冲击。年初开始实施的《就业促进法》明确规定促进就业是各级政府的重要职责。国务院办公厅转发了《关于促进以创业带动就业工作的指导意见》，要求从创业意识、创业能力和创业环境着手，逐步形成以创业带动就业的工作新格局，并采取放宽市场准入、改善行政管理、强化政策扶持、拓宽融资渠道等多种措施，加强组织领导，提升服务水平。为此，多个部门纷纷出台了配套政策，促进了就业。

2008 年，中国各级政府进一步采取措施扩大社会保险的覆盖范围。据人力资源和社会保障部的数据，截至 2008 年 6 月底，全国农民工参加工伤保险的人数达 3062 万人，有一半左右有相对稳定劳动关系的农民工加入了工伤保险，全国养老保险、医疗保险、工伤保险参保人数也同比大幅提高。一些地方政府采取积极措施，逐步完善社会保障制度。北京市在 2007 年实施针对城镇无医疗保障的老年人和学生、儿童的大病医疗保险制度基础上，2008 年又对城镇劳动年龄内的无业居民实施了大病医疗保险制度，实现了基本医疗保险制度的全覆盖。而且，北京市还每月为全市城乡 70 万 60 岁及以上无养老保障的老年人发放福利养老金，基本实现了城乡居民养老保障制度的全覆盖。社会保险的跨地区转移和结转问题被提上议事日程，一些地方积极推行本地区内部的转移和结转。《浙江省人民代表大会常务委员会关于修改〈浙江省职工基本养老保险条例〉的决定》就明确规定，各地对省内养老保险关系转移不得设置限制条件，要求省政府制定保障养老保险关系转移续接的具体办法。

医疗体制改革是 2008 年社会法治发展的另一亮点。经过一年的努力，中国在"医改"领域取得了重大进展。首先，城镇居民医疗保险试点工作全面部署，试点城市由 2007 年的 79 个增加到 229 个，有力地推动了覆盖城乡居民的医疗保障体系建设。2008 年，全国人均社区卫生服务预防保健经费达到 25 元，工伤预防和工伤康复工作稳步展开。其次，城乡医疗救助事业有了较大发展，救助办法日趋完善，尽量减少"因病致贫""因病返贫"的家庭数量。截至 2008 年 9 月，全国享受城市医疗救助的数量达到 362.7 万人次，86% 的县（市、区）建立了城市医疗救助制度；排除资助参加新型农村合作医疗的人数，城乡医疗救助共达 760 万人次。最后，新型农村合作医疗制度基本覆盖到农村全部地区，筹资水平和报销比例逐步提高，个人负担逐步减轻。2008 年，中央财政对参加新农村合作医疗农民的补助标准有所增加，全国绝大部分省（自治区、直辖市）和县财政补助都有所提高，缓解了农民看病就医的经济负担，增强了农民的医疗保障水平，提高了农民的生活质量。同时，被征地农民的社会保障工作逐步规范，农村养老保险工作通过试点也取得了一定的成功。

2008 年 10 月 14 日，国家发展改革委发布了《关于深化医药卫生体制改革的意见（征求意见稿）》，新一轮"医改"开始启动。此次"医改"的重点主要涉及：强化政府责任和投入，加强农村和城市社区医疗卫生服务体系建设，改革医院管理体制和运行机制，加快多层次医疗保障体系建设，建立国家基本药物制度，加强卫生人才队伍建设。

十　"一国两制"取得新进展

2008年对于两岸关系而言，是峰回路转的一年，台湾地区人民用选票表达了希望两岸和平、反对"台独"分裂势力的真实意愿，验证了"寄希望于台湾人民"的正确性，也为两岸法治的协调提供了新的机遇。经过两岸的共同努力，在"九二共识"的基础上，大陆海协会和台湾海基会的协商机制得以恢复，海协会会长陈云林和海基会董事长江丙坤在台北会晤，不仅实现了汪道涵和辜振甫两位先辈未能实现的夙愿，更以四项协议开启了两岸全面"三通"的进程。

2008年12月31日，党和国家主要领导人在纪念《告台湾同胞书》发表30周年座谈会上发表了题为《携手推动两岸关系和平发展，同心实现中华民族伟大复兴》的重要讲话，指出，解决台湾问题的核心是实现祖国统一，目的是维护和确保国家主权和领土完整，追求包括台湾同胞在内的全体中华儿女的幸福，实现中华民族的伟大复兴。该讲话提出了几个方面的内容：一是恪守一个中国原则，增进政治互信；二是推进经济合作，促进共同发展；三是弘扬中华文化，加强精神纽带；四是加强人员往来，扩大各界交流；五是维护国家主权，协商涉外事务；六是结束敌对状态，达成和平协议。建立政治互信，合情合理协商台湾参与国际组织活动以及两岸进行适时军事交流，探讨建立军事安全互信机制等内容是中国政府在台湾问题上具有重大突破性的建议，尤其是对民进党认清时势、停止"台独"分裂活动的善意劝告引起了台湾方面及国际社会的良好反响。

十一　中国在国际法治建设中发挥着
越来越重要的作用

2008年，中国在国际法方面的法治建设活动稳步发展，在参与国际法律活动、缔结多边和双边条约、制定和实施与国际法有关的法律和政策方面，都有很大的进步。

中国相继批准了《残疾人权利公约》《儿童权利公约关于儿童卷入武装冲突问题的任择议定书》《核材料实物保护公约》《上海合作组织成员国长期睦邻友好合作条约》等一批国际条约，承诺履行承担的国家义务，并着手修改完善相关国内法，以使有关条约能够得到切实实施。

2008 年，中国同一些国家签订了一系列多边或者双边条约，在司法协助、能源、边境等方面加强了同有关国家的合作。《中华人民共和国和葡萄牙共和国关于移管被判刑人的条约》《中华人民共和国和科威特国关于民事和商事司法协助的协定》《中华人民共和国和澳大利亚引渡条约》《中华人民共和国和法兰西共和国引渡条约》《中华人民共和国和阿尔及利亚民主人民共和国关于刑事司法协助的条约》《中华人民共和国和阿尔及利亚民主人民共和国引渡条约》《中华人民共和国和日本国关于刑事司法协助的条约》《中华人民共和国和纳米比亚共和国关于刑事司法协助的条约》《中华人民共和国政府和巴基斯坦伊斯兰共和国政府关于刑事司法协助的协定》《中华人民共和国和葡萄牙共和国引渡条约》等的签订和批准，进一步加强了中国与其他国家的法律合作，特别是在刑事司法方面的合作，对于打击跨国犯罪，特别是"贪官外逃"，有重大的现实意义。

在东海问题上，中国与日本通过平等协商，达成了原则共识。双方同意在协商确定的一个海域区块进行共同开发，并为尽早实现在东海其他海域的共同开发继续磋商。

在领土问题上，中国与俄罗斯在黑瞎子岛举行了"中华人民共和国与俄罗斯联邦国界东段界桩揭幕仪式"，两国外交部通过换文确认了《中华人民共和国政府和俄罗斯联邦政府关于中俄国界东段的补充叙述议定书》及其附件正式生效，这标志着中俄 4300 公里的边界全线勘定，中俄历史遗留的边界问题得到圆满解决。

在国际私法方面，2008 年 10 月出台的十一届全国人大常委会新的立法纲要明确将"涉外民事法律关系适用法"的立法工作纳入立法规划，中国第一部法典性质的国际私法立法已经呼之欲出。

2008 年，中国多次根据载有司法协助和引渡条款的国际公约，相互请求和提供有关协助，如根据《关于向国外送达民事或商事司法文书和司法外文书公约》进行文书送达方面的协助等。区际司法合作也取得重大进展，2008年7月3日最高人民法院发布了《关于内地与香港特别行政区法院相互认可和执行当事人协议管辖的民商事案件判决的安排》（法释〔2008〕9号）。根据该规定，内地人民法院和香港特别行政区法院在具有书面管辖协议的民商事案件中作出的须支付款项的具有执行力的终审判决，当事人可以根据本安排向内地人民法院或者香港特别行政区法院申请认可和执行。这是内地与香港之间相互承认民商事判决的第一步，也是双方为应对海牙《选择法院协议公约》的重要举措，必将更加深入地促进两地间的民商事交往，降低两地居民解决区际民商事争议的成本。

在国际民商事争议解决层面，延续至2008年的"湖广铁路债券案""仰融诉辽宁省政府案"，以及在瑞典斯德哥尔摩国际商会仲裁院仲裁的"百事中国诉四川百事案""法国达能诉杭州娃哈哈"案等，均在国内外产生了很大影响。尤其是"法国达能诉杭州娃哈哈"斯德哥尔摩仲裁案以中方当事人胜诉而告终，这将鼓励更多的中国企业通过国际商事仲裁的大舞台，维护自己的合法权益。

北京奥运会召开过程中，作为国际私法重要组成部分的国际体育仲裁机构对于解决奥运体育争议发挥了重要作用。两位华人律师获选为2008年北京奥运会临时仲裁庭仲裁员，中国国际商事仲裁在世界舞台上具有越来越重要的地位。包括阿塞拜疆曲棍球队诉西班牙曲棍球队兴奋剂案等一系列体育争议在北京通过法律手段得到了解决。

在国际经济法领域，中国长期实行灵活审慎、稳步有序的金融管理政策，保证了中国金融业的稳步运行、健康发展。此次全球性金融危机尽管也给中国的经济发展造成不小的困难，但对中国的实际影响有限，其中的一个重要原因在于中国始终奉行稳健、有序的金融开放政策，国内金融体系与国际金融体系相对独立。事实证明中国实施的适合中国金融业发展特点、稳定有序的金融开放政策是正确的。

此次全球金融危机爆发后，中国政府多次表示中国将努力把自己的事情办好，保持国内经济稳定、金融稳定、资本市场稳定，同时以负责任的态度和实际行动积极参与国际合作，共同维护全球经济金融稳定，积极主张并支持改革现行国际金融体制。中国政府将坚定不移地实施对外开放政策，继续支持经济全球化和贸易自由化进程，与各国政府一道防止贸易保护主义抬头，坚决维护 WTO 多边贸易体制及其法律制度的权威。中国在多哈回合谈判中已充分表现了灵活性和建设性，主张尽快恢复并成功结束多哈回合谈判。

十二　2009 年中国法治发展展望

在 2008 年法治状况取得较大进展的基础上，2009 年，中国必将立足科学发展，进一步推动社会主义法治国家建设。

2009 年，中国将进一步加强法律的制定与修改，《食品安全法》《国家赔偿法（修订）》《社会保险法》《刑法修正案（七）》等多部重要的法律有望在 2009 年获得通过。

中共中央政治局 2008 年 11 月 28 日召开会议讨论了深化司法体制改革工作。会议原则同意中央政法委员会《关于深化司法体制和工作机制改革若干问题的意见》，要求深化司法体制和工作机制改革，要从人民群众的司法需求出发，以维护人民利益为根本，以促进社会和谐为主线，以加强权力监督制约为重点，紧紧抓住影响司法公正、制约司法能力的关键环节，进一步解决体制性、机制性、保障性障碍，优化司法职权配置，规范司法行为。在此次会议精神的指导下，2009 年中国司法改革有望得到进一步深化。

大力推行依法行政、打造服务型政府仍将是今后中国法治发展的重点。新的一年中，中国的行政法治必将在推行公开、深化行政管理体制改革、完善行政执法机制等方面加大工作力度。2009 年，政府运行透明度将进一步提高。随着《政府信息公开条例》的进一步贯彻实施以及广大公众权利意识的不断提升，政府机关推行政府信息公开的力度将继续加大。不过，由于政府机关及其工作人员公开意识的提升不可能一步到位，政府信息公开的许多配套制度还有待完善，因此，《政府信息公开条例》的实施在 2009 年将面临许多挑战。

行政管理体制改革仍旧需要继续大力推进。2008 年的机构改革启动了中国渐进式推进大部制改革的历程，这是深化行政管理体制改革的重要方面。在中央国家机关的改革初步告一段落之后，地方政府面临着如何在本地推行行政管理体制改革的任务。同时，怎样从根本上划清行政权力的界限，合理配置行政职能，也将是今后行政法治关注的重点。

探索如何完善行政执法体制是中国行政法治的重要任务。2008年，各类安全生产事件的发生暴露出中国行政执法体制上存在的问题，也进一步印证了过分依赖市场机制可能带来的巨大危害，政府不是管得越少越好，而是要管好该管的事。如何合理配置行政权力，确保政府对经济、社会的有效监管，将是2009年中国政府需要着力研究解决的问题。

2009年，为了应对金融危机给中国经济带来的巨大影响，中国将继续贯彻适度宽松的货币政策，加强宏观调控，确保宏观经济持续稳定快速发展。金融危机暴露了一些发达国家金融监管体制存在的致命缺陷，给中国的金融监管敲响了警钟。2009年中国有关部门势必将在加强金融监管，有效防范金融风险方面有所作为。比如，中国将进一步加强和完善金融法制，包括建立健全信用评级制度、加强资产证券化的风险控制和监管、进一步完善金融调控法和金融监管法、加强金融衍生品监管等。

2009年，中国在民生方面的法治进展尤其值得关注。《中共中央关于推进农村改革发展若干重大问题的决定》进一步明确了农村地权改革的方向，2009年，中国政府为此所可能出台的各项配套措施值得期待。

面对金融危机所造成的就业压力，中国将在2008年工作的基础上，进一步完善劳动者权益保障，采取各种有效措施，促进劳动者创业、就业。中国有关部门将继续加大政策支持力度，扩大就业，并将继续加强劳动执法检查力度，维护劳动者合法权益。

2009年，社会保障的法治发展仍将是公众的关注重点。新一轮医疗改革方案将逐步得到落实。在此次改革中，中国将进一步扭转医疗卫生领域的市场化、商业化倾向，坚持"医改"的公益性方向。为此，政府补助要到位，同时改革医疗机构的内部运行机制，使之以"社会效益"而非"经济效益"为重，加强对医疗卫生机构的监管。同时，将逐步实现医疗卫生资源的均衡配置和城乡医疗保障的一体化发展，确保人人享有基本卫生保健，推动城乡医疗资源公平分配，使集中在大城市、大医院的资源分布到城市基层社区医院和农村基层卫生院，为大多数民众而不是

"少数人"提供医疗服务。此次医改还将会逐步实现公立医院与营利性医院分离、医院"管办分离"和"医药分离",医院从"以药养医"逐步走向"以医养医",真正降低药品消耗费用,减轻群众负担。新"医改"方案已经于 2009 年 1 月 21 日出台。

随着城市化和工业化的发展,中国城市住房的需求压力很难在短期内得到缓解,如何进一步完善住房保障机制,尤其是如何不断提升中低收入者的住房水平,这将是今后中国迫切需要解决的问题。

(参见法治蓝皮书《中国法治发展报告 No. 7(2009)》)

第七章　2009 年中国法治发展与展望

　　2009 年，中国人民迎来了新中国成立 60 周年的盛典。60 年来，中国法治发展经历了两大阶段：一是新中国成立至"文化大革命"结束，其间废除旧法统，奠定了中国社会主义法制的基础，又因"反右运动""文化大革命"等而受挫；二是改革开放之后，确立依法治国、建设中国特色社会主义法治国家的方略，社会主义民主法治稳步发展。新中国成立60 年，尤其是改革开放 30 余年来，法治观念日益深入人心，民主法治理论不断丰富，社会主义法治不断发展，依法治国基本方略得到重视和实施。在中国共产党的领导下，中国人民经过革命、建设、改革和发展，逐步走上了建设社会主义法治国家的道路。从"人治到法治""从法制到法治"，法治观念的不断转变和更新成为 60 年法治建设取得成功的重要条件。依法治国方略改变着中国人的观念，法治观念的提升进一步推动了依法治国的进程。中国法治发展也是国家坚持以人为本、尊重和保障人权的过程。60 年来，国家不断加强对公民政治权利、人身权利、经济社会和文化权利、少数民族权利以及妇女、儿童、残疾人权利的法律保障。大量法律法规相继出台，以宪法为核心的中国特色社会主义法律体系初步形成，并逐步从急于解决无法可依向提升立法的科学化、民主化，确保立法质量的方向转变。作为依法治国的重要环节，依法行政正从多方面稳步展开并取得了巨大成绩。多年来，国家加大力度，规范和监督行政权力的设置、行使，保障公民的合法权益，不断转变政府职能，着力打造透明政府、责任政府、服务型政府。伴随着新中国法治发展的进程，司法改革逐步深化。国家不断建立和完善司法体制和工作机制，加强司法民主建设，强化对司法权的监督制约，提升司法效率，努力通过公正司法来保障公民和法人的合法权益，实现公平正义。司法改革初见成效。法律服务不断发展，逐步实现了专业化、正规化、市场化，多层次、多渠道的法律服务为提升公众法律意识、推动中国法治进程作出了巨大贡献。法学教育的规模和质量不断提升，经历了全面恢复和快速发展时期，为社会各界培养了大批高质量的法律专业人才。

2009 年，全球金融危机给世界经济和社会稳定等带来巨大挑战，与此同时，中国法治以谋发展、保民生、促稳定为重要目标，取得了重大进展。2009 年，为了落实"国家尊重和保障人权"的宪法原则，国家发布了首个《国家人权行动计划（2009～2010 年）》，明确了 2009～2010 年中国政府促进和保障人权的工作目标和具体措施。2009 年，一部分 2008 年已经开始审议的重要法律顺利通过，一部分法律草案正在按照法定程序进行审议。2009 年，在中央的安排和部署下，有关部门进一步探索推动司法改革工作。在依法行政、构建服务型政府方面，行政管理透明度不断提升，机构改革稳步推进。为了应对国际金融危机的负面影响，国家采取了积极的财政政策，强化金融监管力度，较快地扭转了经济增速下滑态势，实现了国民经济增速逐季回升，为世界作出了贡献。在社会保障方面，国家继续深化社会保障制度改革，养老保险覆盖面不断扩大，医疗改革进入实质性阶段。

一 立法工作取得新的进展

2009 年是建设中国特色社会主义法律体系的关键一年。全国人民代表大会及其常务委员会、国务院及各地方、国务院各部门在立法方面取得了新的进展。立法活动更加注重坚持科学立法、民主立法，面向服务于改革、服务于民生、服务于推动依法治国，着力制定在中国特色社会主义法律体系中起支架作用、现实生活迫切需要、立法条件比较成熟的法律法规，并清理和修改与经济社会发展不相适应的规定。

在 60 年的社会主义建设发展过程中，中国特色社会主义法律体系日趋完善，但不可否认，仍有众多领域尚缺乏专门的法律法规。因此，依法解决经济建设、保障民生、维护稳定中的重大问题，进一步解决个别领域无法可依的状况，填补相关领域的空白，仍旧是 2009 年立法的一个重要特点。

2009 年的中国立法注重与时俱进，通过对既有法律法规的清理，协调新法制定与旧法清理之间的关系，适时解决法律制度滞后与经济社会不断发展之间的矛盾。法律清理的重点是，解决改革开放早期制定的与经济社会发展特别是社会主义市场经济要求明显不适应的法律规定以及法律之间明显不一致、不协调的问题。具体包括：废止明显不适应现实要求、已基本不适用的法律；对有些法律中明显不适应社会主义市场经济和经济社会发展要求的规定进行修改；对法律之间前后不一致、不衔接，并且适用《立法法》规定的法律适用规则也难以解决的规定进行修改。通过对一系列法律法规的立改废活动，立法机关力求解决和应对经济社会不断发展进程中遇到的各种新问题、新情况。

2009 年的立法活动更加注重质量。首先，立法的开放程度越来越高，更注意吸纳民意。全国人民代表大会常务委员会先后就多部法律草案向社会公布征求意见。国务院利用 2008 年开通的"行政立法草案意见征集管理信息系统"，不但公开了国务院相关立法项目的草案，还公开了部分国务院所属部门拟定的行政立法项目的草案，面向全社会征集意见。其次，立法机关在审议通过法律时越来越慎重，不因法律法规较为重要、社会需求较高而急于求成。2009 年审议的《行政强制法（草案）》和《国家赔偿法修正案（草案）》都已经历了三次审议，但由于其中部分内容仍存在一定争议，这两部法律草案都未能付诸表决。原定于 2009 年 8 月第三次审议的《社会保险法（草案）》也因未能就养老保险制度达成共识而推迟至下一年度。

法律的实施问题受到更多关注。通过制定行政法规和地方性法规对法律的规定进行具体化，是法律实施的重要方式之一。紧随着《食品安全法》的出台，《食品安全法实施条例》正式公布实施。《全国人民代表大会常务委员会 2009 年立法工作计划》特别强调，要督促有关方面制定和修改法律配套法规，从机制上加强与法律相配套的法规的制定和修改工作，保证法律的有效实施。该立法工作计划要求，在法律起草和审议过程中，有关方面要对拟确立的重要制度和政策措施的实施办法等配套法规，及早进行研究和谋划，作出必要的安排、准备和说明，与法律实施相配套的重要法规，原则上应当在法律通过后、施行前制定完毕，争取与法律同步实施。

二　行政法治在透明、负责、服务中稳步推进

2009 年，中国的行政法治继续稳步推进。一系列涉及行政管理活动及推动行政法治的法律法规经过了立法机关的审议，并相继出台，对确保行政管理活动有法可依、依法监督行政权力意义重大。在转变政府职能、推进依法行政、构建服务型政府方面，各级政府也取得较大进步。在中央的稳步协调和逐步推动下，地方政府先后开始尝试启动新一轮的政府机构改革。公众参与政府管理的需求与热情高涨，各级政府机关更加注重与公众的沟通、协作，透明政府、责任政府和服务政府的建构在内力和外力的交互作用下稳步推进。

2009 年涉及行政管理活动及推动行政法治的法律法规制定、修改活动亮点不少。《食品安全法》和《食品安全法实施条例》的出台初步理顺了食品安全监管体制，明确了分段监管体制下卫生、农业、质检、工商、食药等有关部门的具体职责，强化了食品安全监督管理机制。《行政强制法（草案）》第三次提请全国人民代表大会常务委员会审议。推进依法行政的另一部重要法律——《国家赔偿法修正案（草案）》2009 年度又经历了两次审议。

2009 年，地方政府先后启动了本地的机构改革工作。本轮改革中，中央为地方因地制宜改革预留了广阔的空间和较大的自主权。大部分地方都注意与国务院机构改革相衔接，对部分机构进行了调整整合。此次机构改革也是建设责任政府的重要方面，通过整合原有的政府机构，明确了各部门的职权与职责。

2009 年，中国启动了地方财政制度改革，即所谓的"省管县"财政体制改革。根据中共中央、国务院《关于 2009 年促进农业稳定发展、农民持续增收的若干意见》（即 2009 年中央"一号"文件），财政部公布了《关于推进省直接管理县财政改革的意见》，鼓励省直接管理县（市），在

政府间收支划分、转移支付、资金往来、预决算、年终结算等五个方面绕开市财政，使省财政与市（县）财政建立直接联系，以增强县域经济发展活力。

2009 年，各级政府机关更加注重增强行政管理的透明度，加强了与公众的沟通。2009 年度，《政府信息公开条例》的实施跨越了一周年的时间点，虽然实施中仍然存在众多问题，但不可否认，政府管理活动正在变得越来越透明。北京市财政局形成了定期向市人大代表寄送预算执行情况报告的机制；依照当事人申请，广州市财政局在政府网站上公开了过去被作为国家秘密的财政预算信息。一些地方政府还创造性地创设了网络新闻发言人制度。作为此制度的首创者，贵阳市政府自 2009 年 9 月 1 日正式启动了市政府系统网络新闻发言人工作，由网络新闻发言人在市政府门户网站及各部门网站上，以视频、文字、图片等多种形式发布新闻，对网民所发的帖子进行跟帖、回复。南京市政府在其官方网站上建立了南京网络发言人论坛，推出了 90 个部门的网络发言人，要求网络发言人在 24 小时内回复公众的网上帖子。广东省于 2009 年 9 月批准 15 个厅局设置网络新闻发言人，专门在网上回复网友的质疑和意见。云南省政府新闻办公室开设了国内第一家政府微博客"微博云南"，第一时间在网络上对突发事件等重要事件作出简要说明。

责任型政府建设是 2009 年中国行政法治发展的一个重要方面。《关于实行党政领导干部问责的暂行规定》和《关于建立促进科学发展的党政领导班子和领导干部考核评价机制的意见》的发布体现了中央决策层对推进责任型政府建设的坚定决心，而问责机制的引入及其制度化、规范化是确保责任政府建设目标实现的关键。此外，广泛的公众参与也是责任型政府建设的关键。2009 年，随着互联网的进一步普及，公民通过互联网渠道"捕捉"了许多"问题官员"，发现了公权力运作过程中的许多问题，初步显现出网络在监督行政法治和反腐败领域的巨大潜能。

为了保障公众依法提起行政诉讼，解决行政诉讼案件立案难等问题，《最高人民法院关于依法保护行政诉讼当事人诉权的意见》要求各级法院不得随意限缩受案范围、违法增设受理条件，并依法积极受理新类型行政案件。另外，《政府信息公开条例》实施后，最高人民法院抓紧制定了司法解释，并公布了《最高人民法院关于审理政府信息公开行政案件若干问题的规定（征求意见稿）》，向全社会公开征求修改意见和建议。

三　司法改革贯彻司法为民理念

中央政法委 2008 年 11 月出台的《关于深化司法体制和工作机制改革若干问题的意见》标志着中国拉开了新一轮司法改革的大幕。最高人民检察院和最高人民法院分别印发了《关于贯彻落实〈中央政法委员会关于深化司法体制和工作机制改革若干问题的意见〉的实施意见——关于深化检察改革 2009～2012 年工作规划》（以下简称《深化检察改革工作规划》）、《人民法院第三个五年改革纲要（2009～2013）》（以下简称《人民法院第三个五年改革纲要》），为 2009 年以及今后一个时期内的司法改革勾画了基本蓝图。

《深化检察改革工作规划》将强化人民检察院的法律监督职能和加强对人民检察院自身执法活动的监督制约，作为今后一个时期深化检察改革的重点。2009 年，检察工作进一步完善了监督制约机制。最高人民检察院 2009 年 9 月初下发的《关于省级以下人民检察院立案侦查的案件由上一级人民检察院审查决定逮捕的规定（试行）》增强了对自身执法的监督，确保职务犯罪侦查权依法正确行使，并探索审查批捕阶段的律师介入制度。检察监督工作也得到了强化，民事、行政诉讼实施法律监督的范围、程序和方式得到不同程度的完善。最高人民检察院还专门出台了《检察官职业道德基本准则（试行）》，以强化检察官职业道德建设。

《人民法院第三个五年改革纲要》则针对当前中国司法体制中存在的主要问题，系统部署了 2009～2013 年法院改革的各项措施，提出要进一步优化人民法院职权配置，落实宽严相济刑事政策，加强队伍建设，改革经费保障体制，健全司法为民工作机制，着力解决人民群众日益增长的司法需求与人民法院司法能力相对不足的矛盾，推进中国特色社会主义审判制度的自我完善和发展，建设公正高效权威的社会主义司法制度。

2009 年，人民法院继续深化改革，着力提高人民法院解决纠纷、维护社会公正的能力。最高人民法院《关于建立健全诉讼与非诉讼相衔接的矛盾纠纷解决机制的若干意见》提出，充分发挥人民法院、行政机关、社会组织、企事业单位以及其他各方面的力量，促进各种纠纷解决方式相互配合、相互协调和全面发展，做好诉讼与非诉讼渠道的相互衔接，为人民群众提供更多可供选择的纠纷解决方式。

2009年，司法便民有了更加明确的规范要求。最高人民法院《关于进一步加强司法便民工作的若干意见》要求，设立专门的诉讼服务部门，专门负责诉讼服务工作，打破常规，提供特殊诉讼服务，加强巡回办案，就地解决问题。该意见还规定了人民法院提高诉讼效率的几项重要措施，包括建立远程立案模式，建立繁简分流和速裁机制，简化案件审理程序。该意见结合法院审判工作的实际情况，要求加大司法公开力度，包括完善旁听制度，方便人民群众旁听案件，建立诉讼文书公开查询制度，在执行、再审审查、减刑、假释、国家赔偿等案件中推行公开听证制度。意见还提出，要推进司法大众化，让人民群众对诉讼活动、诉讼结果能听得清楚、看得明白。

2009年，执行工作得到加强。最高人民法院《关于进一步加强和规范执行工作的若干意见》提出，要建立执行快速反应机制，完善立、审、执协调配合机制，建立有效的执行信访处理机制和执行工作联席会议制度，优化执行职权配置，统一执行机构设置，合理确定执行机构与其他部门的职责分工。一些地方也探索了执行体制的改革，北京市高级人民法院及所辖三家中级人民法院成立了执行局，各执行局下设3个执行庭（处），分别负责执行案件的不同环节，以提高执行效率。

人民法院进一步加强了对自身的监督，确保司法公正。最高人民法院《关于在人民法院审判执行部门设立廉政监察员的实施办法（试行）》明确了廉政监察员制度的具体机制，将协助纪检监察部门核查违纪违法案件线索规定为廉政监察员的重要监督职责和监督手段，规范了廉政监察员协助核查案件线索的工作方式。最高人民法院《关于人民法院接受新闻媒体舆论监督的若干规定》《关于司法公开的六项规定》则进一步明确了司法公开、接受监督的相关事项。

此外，一些地方也围绕司法改革开展了相应的实践。比如，北京市西城区人民法院启用了网上诉讼平台，开始为诉讼当事人提供网上立案、法官在线、案件查询、档案网上预约查询等服务。安徽省启动了政府经费保障体制改革，实行政法经费与罚没收入相脱钩，以确保司法公正，保障公众的合法权益。

四　刑事法治秉持法治、人权理念

2009 年，中国的刑事法治继续在坚持和贯彻法治以及维护和保障人权的理念中稳步发展。《刑法修正案（七）》于 2009 年初获得审议通过。《最高人民法院、最高人民检察院关于执行〈中华人民共和国刑法〉确定罪名的补充规定（四）》对相关的罪名进行了修改和增删。《刑法修正案（七）》实施后，司法机关即开始援用新规定处理案件，乌鲁木齐市沙依巴克区人民法院首次以非法提供获取公民个人信息罪，对买卖高考学生信息的嫌疑人判处刑事处罚；杭州市拱墅区人民检察院也以涉嫌非法获取公民个人信息罪依法对通过网络批量获取他人个人信息的当事人批准逮捕。

除了国家立法之外，最高人民法院、最高人民检察院等机关还各自或联合发布了多部司法解释，如最高人民法院、最高人民检察院《关于办理职务犯罪案件认定自首、立功等量刑情节若干问题的意见》，《最高人民法院关于在执行附加刑剥夺政治权利期间犯新罪应如何处理的批复》，《最高人民法院、最高人民检察院关于办理生产、销售假药、劣药刑事案件具体应用法律若干问题的解释》，最高人民法院、最高人民检察院、公安部联合印发的《关于办理制毒物品犯罪案件适用法律若干问题的意见》，《最高人民法院关于审理洗钱等刑事案件具体应用法律若干问题的解释》，最高人民检察院《关于省级以下人民检察院立案侦查的案件由上一级人民检察院审查决定逮捕的规定（试行）》，《最高人民法院关于修改〈最高人民法院关于审理非法制造、买卖、运输枪支、弹药、爆炸物等刑事案件具体应用法律若干问题的解释〉的决定》，最高人民法院、最高人民检察院《关于妨害信用卡管理刑事案件具体应用法律若干问题的解释》等。这些司法解释对于指导各级司法机关在其司法活动中具体适用法律意义重大。

2009 年，人民法院对量刑程序的改革和完善进行了探索。最高人民法院出台了《人民法院量刑指导意见（试行）》和《人民法院量刑程序指导意见（试行）》，量刑规范化改革同时在全国 120 多家法院试点。有的地方法院还探索了量刑程序的改革，如河南省高级人民法院在死刑量刑中引入了辩论程序，死刑二审案件的审理允许被告发言。

2009 年，刑事被害人救助制度进入实践阶段。宁夏回族自治区、江苏省无锡市均出台了被害人救助方面的地方性法规。江西省委政法委、省高级人民法院、省人民检察院、省公安厅等八部门联合制定了《关于开展刑事被害人救助工作的实施办法（试行）》。该制度的引入对于保障刑事被害人的合法权利意义重大。

2009 年，社区矫正开始在全国试行。最高人民法院、最高人民检察院、公安部、司法部联合下发的《关于在全国试行社区矫正工作的意见》规定，社区矫正适用于被判处管制、被宣告缓刑、被暂予监外执行、被裁定假释以及被剥夺政治权利并在社会上服刑的五种罪犯。

有关部门加大了对一些重点案件的侦办、查处力度。针对 2009 年初云南发生的犯罪嫌疑人在拘留所中非正常死亡的"躲猫猫"事件，公安部在全国公安监狱系统开展了教育整顿活动，以杜绝牢头狱霸。在全国范围内，有关部门先后开展了打击拐卖妇女儿童犯罪、打击假币犯罪、打击和整治发票犯罪等的专项行动，并集中对利用商业贿赂操纵足球比赛案件进行了查处。中国人民银行会同反洗钱工作部际联席会议成员单位共同制定、发布了《中国 2008~2012 年反洗钱战略》，推动反洗钱工作的开展。

另外，一些典型案件的定罪量刑受到普遍关注。司法机关首次援用《刑法》中以危险方法危害公共安全罪判处酒后驾驶致多人伤亡的孙伟铭无期徒刑，剥夺政治权利终身，这成为酒后驾驶等危险驾驶行为案件审判量刑的重要参照案件。公安部针对危险驾驶行为危害巨大的问题，下发了《关于修改酒后驾驶有关法律规定的意见（征求意见稿）》，拟将醉酒驾车等行为纳入《刑法》处罚范围，并拟将与醉驾司机同乘一车的乘客也纳入受处罚范围。公安部修订后的《机动车驾驶证申领和使用规定》也加大了对酒后驾驶行为的处罚力度。新疆维吾尔自治区乌鲁木齐市各级人民法院依法对乌鲁木齐"7·5"打砸抢烧严重暴力犯罪事件的部分被告人进行公开开庭审理并当庭宣判，审判严格遵循了中国的现行法律，体现了法律面前人人平等原则，做到了罪罚相当、程序公正。

五　反腐败法治惩防并举

2009 年，腐败问题仍旧是中国公众反映较为强烈、关注度较高的问题，依法预防和惩治腐败也是中国法治进程中的重要方面。在反腐败过程中，中国政府秉承了多年来反腐败斗争中所形成的思路与方略，继续加大对腐败渎职案件的查处和惩治力度，注重从源头上遏制腐败，强化对腐败行为的预防。

2009 年，中国继续加大惩治腐败渎职案件的力度，相关的法律制度和工作机制不断完善。《刑法修正案（七）》放宽了受贿罪的犯罪主体，扩大了受贿罪的打击面。最高人民法院、最高人民检察院《关于办理职务犯罪案件认定自首、立功等量刑情节若干问题的意见》进一步规范了职务犯罪自首、立功等量刑情节的认定。最高人民法院发布的《人民法院有关部门配合监察部门核查违纪违法线索暂行办法》明确了人民法院有关部门与监察部门在核查违纪违法线索中合理分工、相互配合的工作机制、工作程序。

为了确保群众举报渠道的畅通，及时有效地获取腐败犯罪线索，最高人民检察院修订了《人民检察院举报工作规定》，在传统的走访、电话、书信等举报方式之外，增加了网络、传真等举报形式，并要求各级人民检察院落实阳光执法，及时向举报人答复举报处理情况和处理结果。该规定特别强调对举报人的保护，允许举报人选择举报地，依法查处打击报复举报人的行为，对举报线索予以加密，进一步明确了举报奖励方式、数额和经费来源等。

2009 年，随着信息化手段的发展、公众参与和监督意识的提升，腐败行为的公众监督力度大幅加强，特别是公众通过互联网监督领导干部的频率和力度正在不断加大，"网络反腐"在 2009 年受到更多的关注。继一些腐败官员因为被网民在网上曝出其腐败行为被查处之后，有关部门进一步健全了网络举报工作机制，最高人民检察院专门开通了全国统一的举报电话和举报网站，中央纪委监察部开通了全国纪检监察举报网站。网络反腐方兴未艾，腐败行为日益陷入公众监督的海洋之中。

从中央到地方，各级政府纷纷探索有效规范领导干部行为的腐败预防机制。2009 年，《党员干部廉洁从政准则》进一步明确了党员干部的行为规范。中纪委明确要求，将领导干部的住房、投资、配偶子女从业等情况列入《关于领导干部报告个人重大事项的规定》所规定的报告内容，加强对其配偶子女均移居国（境）外的公职人员的管理。中纪委发布了《设立"小金库"和使用"小金库"款项违纪行为适用〈中国共产党纪律处分条例〉若干问题的解释》，对设立"小金库"和使用"小金库"款项的违纪行为进行处理的依据作了明确规定。2009 年，国企高管薪酬受到社会普遍关注。为建立健全中央企业负责人收入分配激励和约束机制，人力资源和社会保障部会同中央组织部、监察部、财政部、审计署、国务院国资委等部门联合下发了《关于进一步规范中央企业负责人薪酬管理的指导意见》；财政部下发了《关于金融类国有和国有控股企业负责人薪酬管理有关问题的通知》，并印发《金融类国有及国有控股企业负责人薪酬管理办法（征求意见稿）》，拟控制金融类国有企业负责人薪酬过高的问题。

一些地方政府积极探索构建完善的腐败预防机制。在官员财产申报方面，继新疆维吾尔自治区阿勒泰市之后，2009 年，浙江省慈溪市、湖南省浏阳市、湖南省湘乡市等纷纷尝试开展领导干部财产申报制度。在规范领导干部行为方面，一些地方不断探索确立相应的标准和机制。湖北省纪委、省监察厅明令禁止党政机关工作人员违规参加营业性娱乐活动；上海市出台了《关于进一步规范本市公务员离职后从业行为的若干规定》，禁止副处级（含副处级）以上干部离职后 3 年内、禁止其他公务员离职后 2 年内到与原工作单位业务直接相关的企业或者中介机构等营利性组织任职，并禁止其从事与原工作业务直接相关的营利性活动或者其他可能与公共利益相冲突的活动。在规范职务消费方面，公车改革继续受到关注。昆明市针对公车私用问题，规定凡公职人员公车私驾的，一律停职免职；杭州市取消副厅级以下领导干部专车，建立公务用车服务中心。各地关于公车改革的探索将对职务消费改革提供借鉴。

六　民商经济法治直面危机挑战

爆发于 2008 年、蔓延至 2009 年的全球金融危机给中国经济发展带来巨大冲击，给民商事主体的经济活动带来了巨大挑战。2009 年民事、商事、经济、知识产权等领域的法治无不以应对全球金融危机为重中之重。

（一）民事法治

《侵权责任法》的出台是民事立法的重点。在审议过程中，同命同价赔偿、医疗损害责任"举证倒置"、医疗损害责任的免责、劳务派遣相关情形下的责任承担、商业侵权、媒体侵权、网络侵权（特别是人肉搜索）等问题引起了广泛的关注。未来，该法相关制度的执行与相关法律制度的关系协调等值得关注。

《食品安全法》明确规定了明星在代言食品广告活动中的连带责任，强化了明星代言行为的社会责任。对于这种连带责任模式能否推广到食品广告外的其他广告领域，突破传统民法的规则，值得关注。

《物权法》迎来了第一批司法解释。最高人民法院《关于审理物业服务纠纷案件具体应用法律若干问题的解释》和《关于审理建筑物区分所有权纠纷案件具体应用法律若干问题的解释》涉及了建筑物区分所有权和物业管理方面的一系列热点、难点问题，具体包括业主身份的界定、车位车库纠纷的处理、住改商纠纷的处理、物业费纠纷处理、物业服务合同的解除及相应纠纷的处理等。

针对频繁发生的城镇房屋租赁合同纠纷，《最高人民法院关于审理城镇房屋租赁合同纠纷案件具体应用法律若干问题的解释》在遵循法律规定的精神的基础上，要求采用宽严适当的原则确定合同效力，在尽量维持合同效力的基础上，促进社会资源的有效利用，保障房屋租赁市场的健康发展。

金融危机给国内企业经营活动带来了困难，最高人民法院以做好国际金融危机司法应对工作为重点，提出"能动司法"的理念，并相继出台了一系列的司法解释，以缓解企业的经济困难。《最高人民法院关于适用

〈中华人民共和国合同法〉若干问题的解释（二）》确立了《合同法》
中没有规定的情势变更原则，对合同效力坚持从宽认定，明确了违约金调
整规则。《关于当前形势下进一步做好涉农民事案件审判工作的指导意
见》对国际金融危机给涉农案件审判工作带来的不利影响，就农村土地
承包经营权侵权案件、农民工的就业歧视问题、家电下乡中的产品质量及
损害赔偿等纠纷作出了指导性要求。《关于当前形势下审理民商事合同纠
纷案件若干问题的指导意见》针对金融危机下经济环境的变化，进一步
完善了《最高人民法院关于适用〈中华人民共和国合同法〉若干问题的
解释（二）》中的若干规定。《关于当前形势下进一步做好房地产纠纷案
件审判工作的指导意见》则针对房地产行业面临的负面影响，要求各级
法院准确把握宏观经济形势发生的客观变化，在法律和国家政策规定的框
架内，适用原则性和灵活性相统一的方法，妥善审理房地产案件。

现实中的各种重大案件也引发人们对民法制度的深入思考。罗彩霞冒
名顶替案对教育权保障的又一次挑战，湖北大学生救人溺水死亡案折射出
的见死不救的冷漠，朝阳医院拒绝手术签字致孕妇死亡案及北大医学教授
死于北大医院案凸显的医患矛盾，河南郑州开胸验肺案反映出的劳动者的
维权艰难，航空黑名单案、包头空难赔偿案和上海倒楼事件显现的消费者
维权的艰难等，都值得从民法角度深入反思。

（二）商事法治

2009 年，修订后的《保险法》的出台引人关注。新《保险法》注重
加强对投保人和被保险人利益的保护，明确了保险合同成立的时间与效
力，强化了保险人对保险合同格式条款的说明义务，规范了保险公司理赔
的程序和时限，增设了保险合同"不可抗辩"条款。该法立足保险业发
展的需要，强化对保险公司的监管，拓宽保险资金的运用渠道，增加了保
险监管机构的监管手段和措施。与之相衔接，《最高人民法院关于适用
〈中华人民共和国保险法〉若干问题的解释（一）》对人民法院在审理保
险合同纠纷案件中如何适用新法作出规定，以统一裁判标准，切实维护当
事人的合法权益。

2009 年，证券监管力度继续加大。有关部门继续完善上市公司监管

的相关制度。为保护上市公司和投资者的合法权益，促进上市公司质量不断提高，优化资本市场法治生态环境，增强资本市场可持续发展能力，中国证券监督管理委员会公布了《证券公司分类监管规定》《期货公司分类监管规定（试行）》《关于加强上市证券公司监管的规定》等，为《证券法》的具体实施创造了可操作性条件。为配合创业板的启动，证券投资市场的相关监管制度进一步明确。为了规范创业板上市公司的组织和行为，推动创业板市场的健康稳定发展，根据《公司法》《证券法》等相关法律规定，深圳证券交易所发布了《深圳证券交易所创业板股票上市规则》以及《深圳证券交易所创业板上市公司规范运作指引》。中国证券监督管理委员会设立了创业板发行监管部，明确了其六大主要职责，证券监管的执法力度不断加强。2009年，证券监管机构及行业协会继续面向投资者开展深入的风险提示和投资者教育活动。为了保护投资者利益、维护证券市场健康发展，证券监管机构加强了对非法证券活动、非法证券投资咨询和委托理财活动的查处和监管。

受金融危机影响，2009年度阻碍经济良性运行的负面因素和潜在风险明显增多，许多企业因资金链断裂引发的系统风险不断显现，企业的破产问题愈加严重。为此，最高人民法院发布的《关于正确审理企业破产案件、为维护市场经济秩序提供司法保障若干问题的意见》强调了《企业破产法》的适用方向问题，对如何正确适用《企业破产法》的各项制度，充分保护债权人合法权益，尤其是对《企业破产法》中新设的破产管理人制度的适用作出了具体规定。

（三）经济法治

在应对国际金融危机一揽子经济刺激计划的作用下，2009年中国经济法治重点加强食品安全、统计、邮政等方面的经济立法，着力发挥投资和内需对经济增长的拉动作用，较快扭转了经济增速下滑态势，实现了国民经济增速逐季回升，保障了经济平稳较快发展，在保增长、调结构、促改革、惠民生中发挥了实际效益。

国家通过实施积极的财政政策应对金融危机的成效颇为显著。2009年的积极财政政策措施可以用"三加一减一优化"来概括："三加"是指扩大政府公共投资、增加对低收入群体的补贴、大力支持科技创新和节能减排；"一减"是指实施结构性减税政策；"一优化"是指调整财政支出结构，向保障和改善民生倾斜。

在税收法治方面，2009 年 1 月 1 日起实施的《增值税暂行条例》统一了全国增值税政策，取消了进口设备增值税免税政策和外商投资企业采购国产设备增值税退税政策，将小规模纳税人征收率降低为 3%，将矿产品增值税税率从 13% 恢复到 17%。这次改革不仅消除了生产型增值税制存在的重复征税因素，降低了企业设备投资的税收负担，而且起到了鼓励投资，扩大内需，推动企业技术进步、产业结构调整和经济增长方式转变，提高中国企业竞争力和抗风险能力的积极作用。为保持增值税、消费税、营业税相关政策和征管措施之间的有效衔接，同期修改的《消费税暂行条例》和《营业税暂行条例》延长了纳税申报期限，调整了消费税的纳税地点，明确了营业税境外纳税人的身份确定、扣缴义务发生时间、扣缴地点和扣缴期限等。积极财政政策的实施，使政府公共投资明显加快，企业和居民负担有所减轻，居民消费能力明显增强，财政支出结构继续优化，经济结构调整和发展方式继续向前推进。

在税收执法方面，税务部门进一步转变了执法理念、加大了税收征缴力度。国家税务总局首次发布了《关于纳税人权利与义务的公告》。根据有关法律法规，系统列举了纳税人的权利与义务，以增强纳税人权利义务意识，规范执法。国家税务总局《关于加强税种征管、促进堵漏增收的若干意见》提出加强税种征管、促进堵漏增收的若干意见，包括强调推进全员全额扣缴明细申报；国家税务总局《关于明确个人所得税若干政策执行问题的通知》对个人所得税的执行口径予以集中解释；财政部《关于企业加强职工福利费财务管理的通知》则规范了企业职工福利费用的管理。

（四）知识产权法治

2009 年，国务院在第十一届全国人民代表大会第二次会议上所作的政府工作报告中首次把知识产权战略与科教兴国和人才强国战略并提为中国经济发展三大战略。《2009 年国家知识产权战略实施推进计划》和

《2009 年中国保护知识产权行动计划》相继印发实施。《最高人民法院关于贯彻实施国家知识产权战略若干问题的意见》就 16 类知识产权案件审判实践中的重点和难点问题提出了指导性意见。截至 2009 年 8 月，有 15 个省、自治区、直辖市制定并颁布了地方知识产权战略纲要或相应实施意见。这是实施国家知识产权战略的重要举措，表明中国政府对推进知识产权法治的高度重视。

中国近年来知识产权保护法治的进展也得到了国际社会的认可。世界贸易组织争端解决机构会议于 2009 年 3 月审议通过的中美知识产权 WTO 争端案专家组报告，驳回了美方的绝大部分指责，充分肯定了中国的知识产权制度。

2009 年，实施国家知识产权战略成为中国应对世界性金融危机的重要举措。《最高人民法院关于当前经济形势下知识产权审判服务大局若干问题的意见》对国际金融危机背景下知识产权审判工作如何更好地服务于"保增长、保民生、保稳定"的工作大局提出了要求，明确和完善了一系列新形势下的知识产权司法政策。国家知识产权局还专门印发了《关于促进企业运用知识产权应对金融危机的若干意见》。

2009 年度中国知识产权法的修改引起世界的关注。修改后的《专利法》开始实施，从整体上提高了中国专利保护的水平。《商标法》的第三次修改以及《著作权法》个别条款的修改也在紧锣密鼓地进行。

知识产权执法不断取得新进展。国家知识产权局开展了区域专利执法保护试点工作，重点推进地方知识产权局有关执法工作的机制建设、条件建设、队伍建设（简称"5·26"工程），到 2009 年 10 月，分两批批准了 41 个地方知识产权局进入"5·26"工程。国家知识产权局还开展了建立专利保护重点联系基地工作，到 2009 年 10 月底，分两批批准了 26 家单位成为全国专利保护重点联系基地。商标执法方面，国家工商行政管理总局启动了国家商标战略实施示范城市（区）及示范企业工作。

中国知识产权法律制度的司法改革得到积极推进。最高人民法院印发的《人民法院第三个五年改革纲要（2009~2013）》明确提出，建立健全符合知识产权案件特点的审判体制和工作机制，在直辖市和知识产权案件较多的大中城市，探索设置统一受理知识产权案件的综合审判庭。截至 2009 年 8 月，全国有 3 个高级法院、12 个中级法院和 24 个基层法院开展了由一个审判庭统一受理知识产权民事、行政和刑事案件的试点工作。最高人民法院还统一了专利商标等授权确权类知识产权一、二审案件的审理分工，将该类案件统一交由北京市有关法院和最高人民法院的知识产权审判庭审理。各级法院还统筹规划和适当调整了知识产权案件审判管辖体制，到 2009 年 10 月底，全国具有专利案件管辖权的中级法院达到 76 个，基层法院 1 个（浙江省义乌市人民法院）；具有植物新品种一审案件管辖权的中级法院达到 42 个；具有集成电路布图设计一审案件管辖权的中级法院达到 43 个；可以审理一般知识产权民事案件的基层法院达到 84 个。2009 年底，珠海还在国家高新技术开发区设立了全国首家知识产权法庭。

（五）民商事纠纷处理机制

2009 年，民商事纠纷处理机制也在多个方面取得进展。《最高人民法院关于审理民事级别管辖异议案件若干问题的规定》明确了对民事级别管辖异议的处理，摒弃了以往的行政化处理模式，采取与地域管辖异议相同的诉讼化模式。为了积极应对国际金融危机的冲击，最高人民法院出台了《关于当前形势下进一步做好涉农民事案件审判工作的指导意见》，要求各级法院切实做好国际金融危机影响下涉农民事案件审判工作，维护农民合法权益。

在仲裁机制方面，《农村土地承包经营纠纷调解仲裁法》首次明确了农村土地承包经营纠纷的调解与仲裁的原则、方式和程序，确立了仲裁组织的法律地位。中国国际贸易促进委员会、中国国际商会通过的《中国国际经济贸易仲裁委员会网上仲裁规则》则为以在线仲裁方式解决电子商务争议及其他经济贸易争议提供了依据。

七　传媒法治在自由与秩序之间摸索前行

2009 年，中国传媒法治在立法、执法、司法等方面更加强调在确保自由与维持信息交流的基本秩序中寻求平衡。

2009 年，整治低俗信息、净化信息环境成为传媒法治监管的重要内容。2009 年初，国务院新闻办、工业和信息化部、公安部、文化部、工商总局、广播电影电视总局、新闻出版总署以及中国互联网违法和不良信息举报中心等部门联合拉开了整治互联网低俗之风专项行动的序幕。在约一个月的整治行动中关闭了大量传播淫秽色情和低俗内容的违法违规网站，关闭多个淫秽色情博客，公开曝光了一批网站，查处了多家违规网络技术服务商。下半年，有关部门又掀起了整治手机网站淫秽色情信息的专项活动。全国"扫黄打非"办公室发布《关于严厉打击手机网站制作、传播淫秽色情信息活动的紧急通知》，要求就手机网站制作、传播淫秽色情等有害信息活动进行专项治理。工业和信息化部部署了加强手机网站业务管理、加强手机网站代收费管理、推进技术管理手段三项治理措施。中国互联网协会互联网违法和不良信息举报中心、工业和信息化部所属 12321 网络不良与垃圾信息举报受理中心、公安部所属网络违法犯罪举报网站、全国"扫黄打非"办公室举报中心联合发布了《举报互联网和手机媒体淫秽色情及低俗信息奖励办法》。在此次整治活动中，有关部门和公众普遍注意到淫秽色情手机网站背后的赢利链条，意识到对接入服务商、网络广告代理商等企业加强监管的重要性，以及企业履行社会责任的必要性。

规范广播电视广告管理，促进广播电视广告业健康发展，保障公民合法权益成为 2009 年传媒法治领域关注度较高的又一问题。广播电影电视总局公布的《广播电视广告播出管理办法》《关于加强电视购物短片广告和居家购物节目管理的通知》对商业广告的播放时间、播放频率、播放内容、播放对象等都作了明确的规定。继《食品安全法》首次明确规定了明星在代言食品广告活动中的连带责任后，广告监管问题进一步引发关注，有关部门强化相关领域广告监管和广告违法行为查处的力度。国家工商行政管理总局发布的《流通环节食品安全监督管理办法》明确规定，社会团体或者其他组织、个人在虚假广告中向消费者推荐食品，使消费者的合法权益受到损害的，与食品生产经营者承担连带责任。国家工商行政管理总局、卫生部、国家食品药品监督管理局联合发布的《医疗器械广告审查发布标准》则明确了医疗器械广告发布的具体要求。《最高人民法院、最高人民检察院关于办理生产、销售假药、劣药刑事案件具体应用法律若干问题的解释》也规定，知道或者应当知道他人生产、销售假药、劣药，仍为其提供广告等宣传的，以生产、销售假药罪或者生产、销售劣药罪等犯罪的共犯论处。在虚假广告方面，广大媒体和社会公众更多地关注到了影视明星代言虚假广告的法律责任及其道义问题，但实际上，广告发布涉及监管机关、新闻媒体、广告制作单位、广告演员等众多主体，广告监管机关、新闻媒体、广告制作单位的审查义务和社会责任同样值得注意。

2009 年，中国发生了几起因为网民在网络上发布消息而被拘留甚至被追究刑事责任的案件。在这些案件中，有的是网民在网上曝光地方政府干部违法违纪行为；有的是对一些案件情况发表评论；有的是发布信息的当事人被以涉嫌诽谤刑事拘留，但之后案件得到纠正，当事人获得了赔偿；有的案件还在处理过程中；还有一些案件确系当事人捏造事实、散布谣言。在适用最高人民法院《关于人民法院接受新闻媒体舆论监督的若干规定》关于媒体对正在审理中的案件进行失实或倾向性报道应承担法律责任，以及《侵权责任法》关于新闻侵权、网络侵权的规定等时，未来如何区分正常的发表见解、针砭时弊、监督公权力与侮辱、诽谤、损害他人隐私或者名誉乃至散布谣言等，值得高度关注。

八　环境法治与建设社会主义生态文明同步发展

2009 年，在全球金融危机背景下，中国政府深入贯彻落实科学发展观，全面推进社会主义生态文明建设，中国环境保护法治工作取得了长足的发展。

2009 年度的一个亮点是节能减排和气候变化政策的发展。国务院转发的国家发展和改革委员会等部门的《促进扩大内需，鼓励汽车、家电"以旧换新"实施方案》为应对金融危机背景下节能减排工作作出妥善的政策安排。为配合该方案的实施，推动国务院《废弃电器电子产品回收处理管理条例》的贯彻落实，环境保护部印发了《关于贯彻落实家电以

旧换新政策　加强废旧家电拆解处理环境管理的指导意见》。为了确保实现"十一五"节能减排目标,国务院专门作出《2009年节能减排工作安排》,作为应对国际金融危机、扩内需、保增长、调结构的重要内容,要求各地区、各部门全面落实各项节能减排政策措施。《全国人民代表大会常务委员会关于积极应对气候变化的决议》通过后,国务院于2009年11月25日制定了2020年单位国内生产总值二氧化碳排放比2005年下降40%~45%的温室气体排放行动目标。

《海岛保护法》《可再生能源法》《侵权责任法》明确了资源利用、环境保护制度,规定了环境污染损害的类型和共同侵权责任的分配,完善了环境污染法律责任的归责原则和举证责任制度。

地方司法机关在保障因环境污染和生态破坏招致损害的受害者的利益方面做了许多有益的尝试。2008年末,云南省昆明市中级人民法院继贵阳、无锡之后,成立了环境保护审判庭,对涉及环境保护的刑事、民事、行政案件及执行实行"四合一"的审判执行模式。昆明市环境保护局、市公安局、市人民检察院、市中级人民法院联合制定出台的《关于建立环境保护执法协调机制的实施意见》提出了要在昆明环保法庭探索环境公益诉讼和跨行政区域的环境污染诉讼。对于环境公益诉讼案件,该意见规定可以由检察机关、环保部门和有关社会团体向法院提起诉讼。同时,昆明市公安局设立环境保护分局,昆明市检察院成立了环境资源检察处,负责办理有关环境保护案件的诉讼,职务犯罪案件的侦查、起诉,支持环境保护公益诉讼及环保法制宣传。2009年7月,该院环境资源检察处发出首份检察建议。昆明市在环境司法领域的尝试,对于探索环境执法和司法的协调与衔接,防止环保执法过程中出现以罚代刑、降格处理等行为,以及探索如何开展环境保护公益诉讼有重要的现实意义。

环境公益诉讼的实践在2009年度取得重大进展,中华环保联合会提起的环境公益民事诉讼由江苏无锡市中级人民法院立案受理,并以调解方式结案;中华环保联合会提起的环境公益行政诉讼由贵州省清镇市人民法院受理,由于原告的诉讼请求在开庭前已得到满足,原告当庭申请撤诉结案。与以往的环境公益诉讼相比,这两例案件的起诉主体都是社会团体,这是对中国《民事诉讼法》和《行政诉讼法》的重大突破。

　　进一步加强节能减排是 2009 年度环境执法的重点，各地继续落实节能减排责任制，严格执行节能减排的指标体系、考核体系、监测体系。全国整治违法排污企业环保专项行动持续开展，着力防范各地以扩内需、保增长为名的盲目经济行为。环保专项行动重点对高耗能、高污染和资源性行业中的重污染企业进行监督检查，对不符合产业政策和环境准入条件、采用国家明令淘汰的落后生产工艺的企业进行查处，并对钢铁、涉砷行业集中开展专项检查；进一步巩固饮用水源保护区集中整治成果，并持续开展环境保护督察工作；着力对城镇污水处理厂、垃圾填埋场环境违法问题进行整治，切实发挥治污设施的减排效益。

九　社会法治在关注民生中持续发展

　　谋发展、保民生、促稳定是 2009 年中国法治发展的重点，也是社会法治发展的重要指导思想。本年度，中国社会法治在劳动与社会保障、医疗卫生、住房保障等多方面均取得进展。

　　养老保险制度取得重大突破。国务院办公厅转发了人力资源和社会保障部、财政部《城镇企业职工基本养老保险关系转移接续暂行办法》，保证参保人员跨省流动并在城镇就业时基本养老关系的顺畅转移接续。《国务院关于开展新型农村社会养老保险试点的指导意见》就参保范围、保险金缴纳、保险待遇给付等方面作出明确规定，标志着农村社会保障的最主要制度基本完备，覆盖城乡的社会保障制度体系初步形成。

　　医疗保障制度进一步得到完善。为从制度上配套推进医疗保障制度改革，中国保险监督管理委员会制定了《关于保险业深入贯彻医改意见、积极参与多层次医疗保障体系建设的意见》，就商业医疗保险机构承办补充医疗保险业务、接受政府委托经办基本医疗保险事务、提供健康管理服务、经办医疗执业保险业务等作出明确规定。城镇居民基本医疗保险待遇范围得到拓展。人力资源和社会保障部颁布的《关于开展城镇居民基本医疗保险门诊统筹的指导意见》和《关于妥善解决城镇居民生育医疗费用的通知》将门诊普通疾病医疗服务和城镇居民生育医疗服务纳入居民基本医疗保险的范围，城镇居民基本医疗保险制度向前迈出了实质性的一步。

职业病防治的力度加大。国务院办公厅印发的《国家职业病防治规划（2009~2015）》提出，全面推进职业病防治工作，完善工伤保险政策，健全工伤保险费率调整机制，逐步提高保险待遇和标准。国务院法制办公室为此就修改《工伤保险条例》向社会征求意见，拟简化工伤认定标准和争议处理程序，加强对未参保职工的权益保障以及提高工伤待遇标准。

为保障公民住房福利，国家加快了基本住房保障制度建设。住房和城乡建设部、国家发展和改革委员会、财政部印发了《2009~2011 年廉租住房保障规划》，明确规定了住房保障方式和标准、政府财政补助责任和补助标准以及相应的监管制度等。为保障廉租住房的供给，住房和城乡建设部制定了《廉租住房建设贷款管理办法》，对从事廉租住房建设的房地产开发企业提供利率优惠。此外，住房和城乡建设部还出台政策，对农村居民，特别是中西部贫困地区的困难农村居民、低保户、分散供养的"五保"户等对象提供政府补贴，帮助其进行危房改造，以解决农村困难群众的基本居住安全问题。

在社会救助制度方面，城市街头流浪乞讨人员的救助管理制度得到了进一步巩固，《应征入伍服义务兵役高等学校毕业生学费补偿国家助学贷款代偿暂行办法》的出台也进一步充实了中国的社会补偿制度。另外，《道路交通事故社会救助基金管理试行办法》开始实施，国家设立社会救助基金，垫付交通事故抢救费用。

2009 年是中国卫生法治建设不凡的一年。2009 年 3 月发布的《中共中央、国务院关于深化医药卫生体制改革的意见》规定了未来中国医药卫生体制改革的基本方向、基本理念、基本原则、总体目标和基本医药卫生制度等。为实施该意见，国务院随后发布了《医药卫生体制改革近期重点实施方案（2009~2011）》，提出了五项制度建设规划方案。

2009 年中国卫生法制建设有三个突出点：一是公共卫生立法，二是中医药立法，三是国家基本药物立法。近年来中国公共卫生制度建设步伐加快，公共卫生立法成为卫生法律制度建设的重点。国务院颁布的《流动人口计划生育工作条例》从制度上保障了流动人口能够获得生育健康服务。

按照新医改政策的要求，2009 年国家启动了中医药立法工作。卫生和中医药部门制定并颁布了六部规范性文件，内容既涉及中医药疾病防控服务规范，又包括中医药医疗服务监管，还涉及中医药服务机构建设；既有部门规章，又有技术性规范。

国家基本药物立法是 2009 年度最具意义的医药立法。卫生部、国家发展和改革委员会、国家食品药品监督管理局等九部门联合发布的《国家基本药物目录管理办法（暂行）》和《关于建立国家基本药物制度的实施意见》结束了中国有基本药物目录却没有相应立法的历史。2009 年 9 月，国家食品药品监督管理局、国家发展和改革委员会分别就基本药物质量监管和价格制定了规范性文件。11 月，国家发展和改革委员会、卫生部、人力资源和社会保障部联合发布的《改革药品和医疗服务价格形成机制的意见》要求，进一步理顺医疗服务比价关系，提高诊费，降低药价。与国家政策相配合，一些地方开展了相关实践，杭州基层医疗机构尝试常用药零差价销售，北京启动医院药品集中招标采购，预计 2010 年实现二级以上医院药房的药品同城同价。

十 港澳台法治不断向前迈进

面对全球最严重的金融危机和经济衰退，香港特别行政区政府全力以赴，在最短的时间内推出了"稳金融、撑企业、保就业"的策略。金融管理局推出存款百分百保障措施，银行同业拆息随即大幅回落，政府推出的解困资金达 876 亿港元，相当于本地生产总值的 5.2%，高于二十国集团国家的平均比例，对 2009 年经济有大约两个百分点的提振作用，大大缓和了失业率的升势。

在政制改革方面，根据 2007 年全国人民代表大会常务委员会的决定，香港特别行政区需要对 2012 年行政长官和立法会的产生办法作出修订。目前香港特别行政区政府正就这个问题进行广泛的公众咨询。

2009 年，回归祖国十年后，澳门在法治发展方面取得令人瞩目的成绩。在依法循序渐进地推进民主政制方面，2009 年澳门成功地举行了第三任行政长官和第四届立法会的选举。在维护国家安全方面，澳门立法会于 2 月 25 日经过细则性辩论和表决，高票通过《维护国家安全法》。《维护国家安全法》是根据《澳门特别行政区基本法》第 23 条制定的，该法规定了叛国、分裂国家等 7 种危害国家安全的犯罪行为及其相应的处罚，凝聚了广大澳门居民的集体智慧，填补了澳门回归以来维护国家安全法律的空白。该法的实施标志着澳门特区在全面贯彻落实基本法、认真履行基本法赋予的宪制责任、推进特区法制建设方面迈出了重要一步。

2009 年，海峡两岸法治合作取得了重大进展。4 月 26 日海峡两岸关系协会会长陈云林与台湾海峡交流基金会董事长江丙坤在江苏南京签署了《海峡两岸金融合作协议》《海峡两岸空运补充协议》和《海峡两岸共同打击犯罪及司法互助协议》。《海峡两岸金融合作协议》规定，双方同意相互协助履行金融监督管理与货币管理职责，加强金融领域的广泛合作，共同维护金融稳定。《海峡两岸空运补充协议》规定，双方同意在台湾海峡北线航路的基础上开通南线和第二条北线双向直达航路，并继续磋商开通其他更便捷的新航路。《海峡两岸共同打击犯罪及司法互助协议》使两岸司法主管部门建立了直接、正式以及制度化的业务合作关系，意味着两岸司法机构更深层次合作的开始，是两岸互信与共识积累到一定程度的结果，将对双方在经济、民事等各领域的交流交往起到保护、促进和规范作用，将为两岸关系和平发展保驾护航。

十一 2009 年中国法治的特点和 2010 年展望

2009 年，中国法治在经济社会发展遭遇各种困难时仍稳步前进，在多方面取得了进展。本年度法治的一些特点及未来发展的方向值得关注。

第一，中国法治发展的动力及其成绩是在不断解决和应对各种现实问题中获得的。全球性金融危机对中国经济的影响以及中国改革开放 30 余年来所积累的一系列矛盾与问题，在不同程度上对中国经济社会的发展提出了严峻挑战。各个领域的制度创设和改革无不紧密围绕着这些现实问题而展开。刺激经济、拉动内需、推动出口、促进就业、保障民生、维护稳定，是 2009 年中国法治发展的重要任务。

第二，关注民生仍是中国法治发展的重要主题。众多领域的法治进展，无论是立法中完善食品安全保障，行政管理中完善社会保障、推动医疗改革、加强劳动者及弱势群体权益保障、强化金融监管、保障知识产权，还是司法中贯彻司法为民、有效处理各类纠纷，无不以保障民生为出发点和落脚点。这也是中国法治能够获得公众的普遍支持、保持强大生命力的根本所在。

第三，中央及地方立法虽然取得重大进展，但立法工作仍然有需要加强的地方，特别是提高立法质量仍然是立法工作的重中之重。首先，一些重要领域的制度建设需要破解靠政策还是靠法律推进的问题。比如，目前中国社会保障制度的建设就主要是依靠政策推进的，这不利于社会保障关系的稳定，也不利于切实保障公民的社会保障权益。其次，法律冲突的问题仍然是需要关注的重点。这一方面是因为新出台的法律法规往往各自为战，在效力、具体内容等方面欠缺与相关法律法规之间的协调；另一方面则是下位法与上位法相抵触，而且，由于法规审查机制所发挥的作用有限，很多法规冲突的问题无法得到及时解决。《城市房屋拆迁管理条例》与《物权法》有关规定之间的冲突是一个典型的例子。又如，《天津市商品住宅维修基金管理办法》（津政发〔2002〕90 号）规定，商品房维修基金应由购房人或开发建设单位统一在商品房买卖合同备案时缴存（第 6条），但是，按照《住宅专项维修资金管理办法》（建设部、财政部令第165 号），商品住宅的业主在办理房屋入住手续前缴存即可（第 12 条），天津的规定显然违反了上位法，非法为商品房买受人设定了义务。再次，一些重要法律法规的实施性规定不能及时出台。比如，不仅 2009 年出台的《统计法》《驻外外交人员法》《邮政法》，就连之前出台的《反垄断法》《物权法》等也迟迟没有出台实施细则。一些上位法修改后，原与之配套的实施性规定或者地方法规规章不能及时修改。最后，不断提升立法的科学性和民主性仍是未来确保中国立法健康发展的关键。未来的中国立法仍旧需要注意防止征求公众意见、吸纳专家建议等程序流于形式，以保证立法所确立的制度真正符合中国国情，为公众所认可，并能解决中国社会发展中的实际问题。

第四，中国公权力行使的开放度越来越高，政府更加注重对公众意愿、诉求的回应；公众民主参与的热情高涨、渠道不断增多，这些都为中国不断稳步发展民主法治提供了强大的推动力。从"躲猫猫"事件当地有关部门主动邀请网友参与调查，到各地相继引入网络新闻发言人制度，从行政机关不断推进公开透明制度和加强对社会舆情的关注，到立法机关、司法机关推动公开广纳言论，各级各类国家机关正在改变简单地将公众作为被管理对象的理念与做法，逐步将获得公众的理解、支持、合作作为其工作的重要内容，以更加自信和开放的心态应对各类事件、面对广大公众。随着人民群众文化水平、民主法治意识和主人翁意识的不断提高，公众主动为国家大政方针的制定、相关制度的确立以及各类具体事务的管理提意见、表明见解的愿望和需求不断提升。同时，除传统新闻媒体之外，互联网等新兴媒体成为公众自由发表意见的重要渠道，公众舆论监督的力度空前增强。

第五，政府管理理念在悄然发生转变。2009 年，政府信息公开制度的推行、启动于中央国家机关并在地方逐步推开的机构改革、各地开展的户籍制度改革等都在不同程度上表明，中国的政府管理正在由只重管理向兼顾管理与服务的方向转变。这是未来中国法治发展的重要内容和重要方向。

综上所述，2009 年中国法治取得了骄人的成绩，也存在不足和问题。2010 年，中国法治将面临更多的问题，迎接更多的挑战。

首先，2010 年是中国建成中国特色社会主义法律体系的重要一年，相关法律制度的确立完善不但会进一步丰富社会主义法律体系，也将适应改革开放和社会发展的需求，进一步解决有关领域无法可依的问题。《国家赔偿法》、《保守国家秘密法》、选举法的修订以及《行政强制法》《社会保险法》《社会救助法》《精神卫生法》等的制定，均值得予以高度关注。同时，提升各级立法机关的立法质量及立法的科学化、民主化程度仍是立法活动努力的方向。而且，2010 年，中国仍旧需要进一步清理法律法规，完善配套法规，有效推进法律法规审查工作。

其次，世界与中国的经济形势仍不容乐观，外需萎缩、内需不足将困扰中国经济。2009 年 12 月召开的中央经济工作会议提出了坚持扩大国内需求特别是消费需求的方针，并提出放宽中小城市和城镇户籍限制，稳定农业转移人口，加大收入分配调整，增加普通住房供应。经济状况好转与否必将对中国的社会形势乃至法治发展产生明显影响。

再次，继续保障和发展人权，落实国家人权发展计划的各项指标和任务、深入转变政府管理模式与理念、不断加强对公权力运行的监督与制约，也是各级政府面临的主要任务。继续转变政府职能、建设服务型政府仍旧是中国行政法治发展的重要任务。中国各级政府仍将继续深入推动政府信息公开，深化行政审批制度改革，完善行政收费制度，科学合理地定位政府与社会、政府与市场的关系，减少政府对社会、市场的不必要干预，降低公众、企业等从事经济社会活动的成本。

2010 年，行政法治仍需要不断加强和完善行政执法。2009 年一些地方发生的"钓鱼执法"等事件表明，各级政府仍需要转变"为谁执法、如何执法"等执法理念和执法方式，逐步完善行政法治，加强法律及舆论监督。虽然整治低俗信息、打击拐卖妇女儿童、打击黑恶势力等各种专项治理、集中整治活动在一定时间内取得了明显效果，2010 年，有关部门仍会继续采取类似的执法活动整治相关问题，但不可忽视"一抓就好、一放就乱"的问题，有必要将改进重点从运动式执法转变为如何提升日常管理效果、防患于未然上。

另外，随着信息社会的进一步发展，2010 年，一方面，各级政府机关及其工作人员仍需要提升公开和服务意识，培养公开文化，转变长期形成的封闭的工作模式与作风，有效保障公众的知情权、参与权；另一方面，随着公众民主参与和舆论监督的力度进一步加大，如何引导、提升公众参与的有序、有效和合法性也是各级政府需要认真对待的问题。

最后，中国法治发展需要继续高度关注民生，这也是中国政府面临的最艰难的任务。尽管近年来中国政府已投入巨大的财力扩大社会保障的覆盖面、推进医疗体制改革、保障弱势群体权益，但保障民生的任务仍旧十分艰巨。2010 年，一系列有助于保障和改善民生的制度建设值得期待。例如，2010 年国家将继续采取积极的就业政策，努力扩大就业，并加强劳动执法和劳动者权益的保护力度；进一步通过税收等手段调节社会财富的分配；社会保障事业将会得到较快发展，包括加大对低收入人群的帮扶救助，扩大社会保障的覆盖面，落实全国统一的社会保险关系转移接续政策，推进农村社会养老保险试点；加快医疗卫生体制改革步伐，逐步转变百姓看病难问题；加强廉租房等保障性住房建设，力求实现"居者有其屋"。总之，使人民群众能更好地分享改革开放的成果，实现广大人民群众的共同富裕，是 2010 年及未来中国法治发展进步有待破解的重要课题。

（参见法治蓝皮书《中国法治发展报告 No. 8（2010）》）

第八章　2010年中国法治发展与展望

一　2010年中国法治的进展

2010年，中国的立法工作取得重大进展，一批重要法律法规的如期出台，弥补了相关领域的空白，完善了相关的制度机制；法律实施继续受到各级政府的高度重视，法治政府建设得到进一步加强，执法理念、执法方式有了重大转变，政府管理朝着更加透明、开放、高效、廉洁、负责的方向迈进；司法活动着重解决关系人民群众切身利益的法律适用问题，注重高效、公正、高质量地化解矛盾、解决纠纷。

（一）立法工作取得重大成就

2010年，中国各级立法主体以规范政府权力、保障公民权益、促进民生事业、转变经济发展方式、实现科学发展为出发点，制定、修改了一批重要的法律法规，立法工作呈现如下特点。

1. 一批重要立法相继出台

几部重要的法律法规的出台弥补了相关领域的法律空白。酝酿16年之久的《社会保险法》明确了社会保险参保人员的权利义务，有助于保障公民共享社会发展成果、促进社会和谐稳定。《人民调解法》将人民调解这一具有中国特色的纠纷处理机制纳入法治化轨道，为人民调解委员会正常开展工作提供了有力的人员、物质、制度保障，能更有效地化解社会冲突、稳定社会秩序。《涉外民事关系法律适用法》较为全面地对涉外民事主体、婚姻家庭、继承、物权、债权、知识产权等民事关系适用法律的问题作了规定，在中国对外开放不断深化的过程中，有助于当事人和司法机关正确适用法律，解决涉外民事纠纷，维护当事人合法权益。《石油天然气管道保护法》对调整石油天然气管道建设、运营中的相关法律关系作出了系统规定，促进了能源工业发展和社会的安全稳定。《国防动员法》为在维护世界和平与发展的国际环境下有效保障国家安全、实现国防潜力转化为国防实力提供了法律依据。除此以外，国务院还颁布了一系列行政法规，涉及灾害防御与救助、能源与自然资源的管理与保护、行政管理、国防建设等领域，其中，《自然灾害救助条例》等法规填补了自然灾害救助等相关领域的法规空白。

一批重要的法律法规进入立法程序。《社会救助法（草案）》《农民工参加基本养老保险办法（草案）》《车船税法（草案）》等一批涉及国计民生的重要立法开始征求意见，加快论证。

2. 法律制度创设与制度完善相结合

在出台新法的同时，中国继续注重法律法规的立、改、废。经过新中国 60 余年尤其是改革开放 30 余年的发展，一些创设于过去不同时期的法律制度已经不能适应发展变化的经济关系和社会现实。因此，2010 年，相关立法主体结合社会发展需要，对一些重要法律法规进行了修订。《全国人民代表大会和地方各级人民代表大会选举法》《全国人民代表大会和地方各级人民代表大会代表法》《村民委员会组织法》等法律的修改，加强了对公民宪法性权利的保障；《国家赔偿法》《行政监察法》《保守国家秘密法》《税务行政复议规则》等法律法规的修改，加大了对公权力运行的监督制约力度；《著作权法》《专利法实施细则》《知识产权海关保护条例》等法律法规的修改，加强了对智力成果和创新活动的保护。针对 2010 年一些领域出现的恶意囤积、串通涨价、捏造散布涨价信息、哄抬物价等问题，国务院适时修订了《价格违法行为行政处罚规定》，细化了对价格违法行为的认定，加大了对操纵市场价格、串通涨价造成商品价格较大幅度上涨等违法行为的处罚力度。

拆迁在中国是一件事关稳定和人民利益的大事，各地出现的野蛮拆迁行为严重背离了依法行政、执政为民的宗旨。2010 年，为妥善解决城市房屋拆迁中存在的问题和暴露的矛盾，切实保障被拆迁人的合法权益，国务院起草了《国有土地上房屋征收与补偿条例（征求意见稿）》（即

"新拆迁条例"），并两次公开征求意见。根据第二次公开征求意见稿，新拆迁条例拟取消行政机关强制拆迁的规定，改为由政府申请法院强制执行，将严禁暴力拆迁并依法追究违法者的法律责任，进一步明确了公共利益的范围和认定标准，明确了房屋征收程序，并要求房屋征收部门必须在强制拆迁前给予被征收人货币补偿或者提供调换房、周转用房。

在刑事法治领域，立法机关启动了对《刑法修正案（八）（草案）》的审议工作。针对犯罪形势的变化，拟将数罪并罚的有期徒刑上限提高到25年，并增加恶意欠薪、交通肇事、醉酒驾驶、飙车、非法买卖人体器官等犯罪种类，扩大特殊累犯的范围，严厉打击恐怖活动及黑社会性质组织，降低销售假药、环境污染等的入罪门槛，加大对走私、虚开普通发票等的刑罚惩治力度；拟取消13个经济性非暴力犯罪的死刑，对死缓减刑作出严格限制；拟进一步完善对老年人、未成年人的特殊保护，如对年满75岁的老人不适用死刑，对未满18岁被判处5年以下刑罚的免除其前科报告义务，体现了刑法对人权的保障。

3. 规范和监督公权力运行

规范和监督公权力运行始终是建设社会主义法治国家的重要内容。2010年，中国立法机关通过了修改或修订的《行政监察法》《国家赔偿法》《保守国家秘密法》等法律法规，进一步加大了对公权力运行的规范与监督力度，完善了权力监督体系。修改后的《行政监察法》增强了监察机构的独立性，扩大了监察对象的范围，将法律法规授权的具有公共事务管理职能的组织及从事公务的人员、国家行政机关依法委托从事公共事务管理活动的组织及从事公务的人员纳入监察范围，明确了行政监察方式，授权监察机关对监察对象的执法、廉政、效能情况进行监察。修改后的《国家赔偿法》确立了包括违法归责原则（即以行政主体行为的违法性作为承担国家赔偿责任的基本要件）和结果归责原则（即以行政主体的行为给行政相对人造成危害后果为承担国家赔偿责任的基本要件）在内的多元归责原则，拓宽了国家赔偿范围，改进了国家赔偿程序，明确了赔偿义务机关的举证责任，细化了赔偿标准，将精神损害赔偿纳入赔偿费用的具体范围，完善了赔偿费用的支付机制。该法的修订有望改变其长期被诟病为"国家不赔偿法"的尴尬局面，推动向建设责任型政府迈出实质性的一步。修订后的《保守国家秘密法》缩小并严格控制了国家秘密的范围，增加了确定国家秘密事项的标准，降低了确定国家秘密的任意性，科学地设置了定密权限，规定了保密期限与解密条件，提高了政府工作的透明度，实现了信息安全与信息公开的有机统一。

4. 注重公民各项权利的保障与实现

2010年的立法活动除了加强对公权力的规范和监督外，还注重通过制度建设赋予政府保障公民有关权利的职责，以更加全面地保障民生。

《社会保险法》是此方面较为重要的立法。该法系统地规定了基本养老保险、基本医疗保险、工伤保险、失业保险、生育保险等制度，为公民在年老、疾病、工伤、失业、生育等情况下依法从国家和社会获得物质帮助提供了法律依据。《社会救助法（草案）》将推动民生保障法律法规体系的完善，促进公民有关权利的保障。针对工伤保险制度存在的问题，国务院决定修订《工伤保险条例》，扩大工伤保险适用范围和上下班途中的工伤认定范围，简化工伤认定、鉴定和争议处理程序，提高一次性因工死亡补助金和一次性伤残补助金标准，增加工伤保险基金支出项目。经过此轮修订，因公死亡补助金标准将实现全国"同命同价"。

保障食品安全，加强食品生产监管，仍然是2010年保障公民健康权的重要内容。国家质量监督检验检疫总局、卫生部等国家部委制定了《食品生产许可管理办法》《餐饮服务食品安全监督管理办法》《餐饮服务许可管理办法》《食品添加剂新品种管理办法》等规章，修订了《食品标识管理规定》，为贯彻实施《食品安全法》而制定和修改的配套法规将会为公民生命健康和安全筑起一道坚实的食品安全法律屏障。

2010年是中国新一轮医药卫生体制改革的第二年。根据医药卫生体制改革的有关政策，国家进行了大规模的卫生立法，重点是卫生人力资源立法，解决医疗卫生发展"软件"建设问题。长期以来，卫生人力资源短缺是制约中国基层医疗机构改善服务和提高水平的"瓶颈"，居民"看病难、看病贵"的问题得不到根本解决。为此，有关部门发布了《以全科医生为重点的基层医疗卫生队伍建设规划》，对基层医疗卫生人才培养、调配、待遇保障和规划实施保障等方面作出规定，成为新医改时代规范政府医疗卫生人才工作的重要规范性文件。为进一步规范乡村医生管理，有关部门还专门颁布了《关于加强乡村医生队伍建设的意见》《关于开展农村订单定向医学生免费培养工作的实施意见》，保证农村居民获得均等化的公共卫生服务和安全、有效、方便、价廉的基本医疗服务。《国务院办公厅关于建立健全基层医疗卫生机构补偿机制的意见》要求各地落实基层医疗卫生服务机构补偿政策，建立稳定的补偿渠道和补偿方式，保证基层医疗卫生机构的平稳运行和发展，调动基层医疗卫生机构和医务人员的积极性，确保基本药物制度顺利实施。此外，卫生部与人力资源和社会保障部共同制定的《护士执业资格考试办法》将有利于改变医疗卫生领域医护比过高、护理服务滞后的问题。《关于公立医院改革试点的指导意见》和《卫生部办公厅关于推进乡村卫生服务一体化管理的意见》则是规范和指导近期公立医院改革和基层医疗卫生服务体系建设工作的基本依据。

国家继续加强了依法应对自然灾害的制度建设。国务院颁布的《自然灾害救助条例》明确了自然灾害救助工作遵循以人为本、政府主导、分级管理、社会互助、灾民自救的原则，尤其是规定自然灾害救助工作实行各级人民政府行政领导负责制，要求政府提供资金、物资保障机制，鼓励和引导单位和个人参与自然灾害救助捐赠、志愿服务，并对政府的救助准备、应急救助、信息发布、灾后救助、救助款物管理等作了规定。《气象灾害防御条例》规定了各级政府机关在气象灾害预防、监测、预报、预警以及应急管理等方面的职责，加强对气象灾害的防御，避免、减轻气象灾害造成的损失，保障人民生命财产安全。

5. 促进社会的和谐发展

和谐发展需要处理好人与人以及人与环境之间的关系。实现人与人之间的和谐发展需要有效化解各类纠纷，《人民调解法》无疑为此提供了有力的法律保障。做好节能减排和环境保护工作则要处理好人与自然的关系，为此，有关立法主体出台了一系列相关的法规。《消耗臭氧层物质管理条例》规定，国家将要逐步削减并最终淘汰作为制冷剂、发泡剂、灭火剂、溶剂、清洗剂、加工助剂、杀虫剂、气雾剂、膨胀剂等用途的消耗臭氧层物质，以保护臭氧层和生态环境，保障人体健康。财政部、国家发展和改革委员会、外交部、科学技术部、环境保护部、农业部、中国气象局联合制定的《中国清洁发展机制基金管理办法》就清洁发展基金的筹集、管理作了规定，以支持国家应对气候变化工作，促进经济社会可持续发展。国务院国有资产监督管理委员会制定的《中央企业节能减排监督管理暂行办法》则要求中央企业落实节能减排的社会责任，转变经济增长方式。

6. 立法的公众参与程度不断提高

立法机关开门立法成效突出，有关立法机关完善公众参与机制、拓宽公众参与渠道，就立法草案、立法规划等广泛征求公众意见，公众参与立法活动的热情高涨、参与程度不断提高。广受关注的《车船税法（草案）》完成向社会公开征求意见的程序。据全国人民代表大会常务委员会法制工作委员会公开的信息，在短短一个月的时间内，立法机关共收到97295 条修改意见、建议和 40 封群众来信。事关经济发展和人民群众切身利益的"新拆迁条例"继 2010 年 1 月公开征求意见之后，有关部门又于 2010 年 12 月再度公开向社会征求意见。一年之内就一部法规的制定两度公开征求意见，这在新中国立法活动中尚属首次，充分体现了立法者尊重公众意愿与诉求，努力确保法规科学性和可操作性的态度。

（二）政府法治建设进一步加强

"徒法不足以自行"，实现依法治国，不但要建成完善的法律体系，更要做到政府管理的守法、高效、透明、廉洁、诚信、负责。2010 年度，各级政府机关在推进依法行政、建设服务型政府方面注重转变观念、创新工作机制和工作方式，取得的进展值得关注。

1. 政府继续推进依法行政工作

继 2004 年发布《全面推进依法行政实施纲要》之后，国务院 2010 年又发布了《国务院关于加强法治政府建设的意见》。该意见提出，行政机关工作人员特别是领导干部应当运用法治思维和法律手段解决经济社会发展中的突出矛盾和问题，行政机关工作人员应当重视依法行政意识与能力的培养，明确将公众参与、专家论证、风险评估、合法性审查、集体讨论决定等作为政府机关作出重大决策的必经程序，各级政府机关必须严格规范公正文明执法，全面推进政务公开，强化行政监督和问责，通过调解、复议和诉讼等方式来解决社会矛盾。该意见推动了各级政府机关依法行政工作机制的创新，为中国法治政府建设明确了努力的方向。

2. 政府加强对自身权力的约束和规范

2010 年，中国政府不断加强对自身权力的约束，政府管理活动的规范化程度进一步提高，相关制度不断完善。

各级政府机关继续清理规范性文件，遏制乱收费乱摊派。《国务院办公厅关于做好规章清理工作有关问题的通知》明确要求对现行"红头文件"进行集中清理，查找规章中存在的已经明显不适应经济社会发展要求、规章与上位法的规定不一致、规章之间明显不协调的问题，要求各地、各部门要把此次集中清理与全面清理涉及向企业收费、摊派的规定结合起来，从制度上、源头上切实解决企业负担过重的问题。

有关机关不断加强自身活动的规范化程度。为加强税收规范性文件制定和管理工作，国家税务总局颁行了《税收规范性文件制定管理办法》，对税收规范性文件的起草、审核、决定、公布、备案、清理等作出了详细规定；为维护纳税人的合法权益，规范纳税服务投诉处理工作，构建和谐的税收征纳关系，国家税务总局制定了《纳税服务投诉管理办法（试行）》，对纳税服务投诉范围、提交与受理、调查与处理、指导与监督等事项作出了规定；在税务行政复议方面，国家税务总局废止了《税务行政复议规则（暂行）》，制定了《税务行政复议规则》，强化了税务行政复议对公民、法人和其他组织合法权益的保护和救济，以及对税务机关依法行使职权的监督和保障。江苏省为了限制行政处罚的自由裁量权，降低权力寻租空间，还将每一项行政处罚裁量权细化量化为至少轻、中、重三个等次，全省共制定自由裁量基准 3.3 万个，积极探索规范行政处罚自由裁量权的新举措。此外，不少部门和地方政府也都加强了政府管理程序规范化工作。

3. 政府管理更加开放自信

《政府信息公开条例》实施以来，政府信息公开工作进入法治化轨道，公众获取信息的需求持续攀升，各级政府机关将公开透明作为政府管理的重要内容。《政府信息公开条例》所规定的主动公开、政府信息公开目录、政府信息公开指南、依申请公开、政府信息公开年度报告等制度得到较好贯彻，取得的进展值得肯定。

2010年，从国务院部门到地方政府，推进政府管理公开透明的实践不断创新，公开范围呈逐步扩大趋势。自四川省巴中市白庙乡年初在网络上公示"三公经费"开始，至国务院部门乃至部分地方政府公开年度预算信息，《政府信息公开条例》所要求的预算信息公开取得了重大突破，长期被视为秘密的预算信息开始进入公众的视野。《高等学校信息公开办法》的颁布实施以及一些地方公开水价定价成本的做法标志着公用企事业单位的信息公开逐步进入实施阶段。成都市等在政府网站公开行政权力清单的做法，创新了政府信息公开的方式方法，帮助公民集中便捷地获取涉及行政权力运行的各类信息。一些政府机关还利用博客、微博等互联网上的信息传播渠道，进一步拓宽信息公开的方式。

权力运行的公众参与机制不断健全，政府管理注重与公众的互动和对公众诉求的回应。一些地方积极探索公众参与特定行政管理活动的机制。比如，安徽省合肥市以城建、环保、卫生和城市管理四个部门为试点，启动了行政处罚案件群众公议制度，该市的普通市民可以参与行政处罚案件公开评议，以监督行政处罚权的行使。

各级政府机关主动加强与公众的交流、互动。一些地方政府的公安部门组建了"公共关系领导小组"，承担新闻发布、警民互动、警队形象建设、涉警公共关系危机处置等职责。特别是很多政府机关越来越重视公众舆情，主动运用网络等手段了解社情民意，将收集分析公众舆情作为其重要工作，并对公众的意见建议等作出积极反应。一些公安机关借助微博这一新兴的信息沟通方式，与公众进行有效互动，了解公众意见建议，回应公众诉求，拉近了公安机关与公众的关系，改善了公安机关的形象，引导公众协助公安机关办理案件，提高了公安机关的管理水平。

各级政府机关在与公众的交流、互动中表现得越来越务实、自信。一些地方政府在与公众的互动交流中，摒弃了官话、套话，放下官架子，虚心、耐心地与公众交流。广西壮族自治区公路管理局因其在线回复网民咨询不打官腔、幽默、诙谐，而被称为"最认真、最幽默"的官方网站。这反映了一些政府机关工作态度和工作方式的巨大转变。一些地方政府甚至无惧部分网民的揭短、谩骂，勇于纠正错误、改进工作。这些改变表明，很多政府机关已经不再简单地将与公众的真心交流与互动作为追求政府机关形象与政绩的手段，而是将其作为把握公众诉求、解决公众关心的实际问题的重要渠道。

4. 善于综合运用多种手段、注重管理实效

各级政府机关逐步从过去单一依靠处罚、强制等管理手段向综合运用其他非强制性手段转变，政府管理水平不断提升。

首先，综合运用经济、法律等多种手段，加强宏观调控。2010 年，以农产品为主的居民生活必需品价格的较快上涨增加了居民的生活和国民经济的成本。国家及时出台了一系列调控措施，《国务院关于稳定消费价格总水平　保障群众基本生活的通知》提出了保障供应、加强价格监督检查和反价格垄断执法等措施，规定国家可以动用储备粮，平抑物价。中国人民银行数次上调存款类金融机构人民币存款准备金率，冻结金融机构的流动性资金，中国证券监督管理委员会（以下简称"证监会"）提高了各个期货品种的交易保证金和期货品种的涨跌停板幅度，打击了游资炒作。

其次，信息成为政府管理的新兴手段。以食品安全监管为例，食品安全信息的及时全面发布成为保障公众生命健康的重要手段。卫生部会同农业部、商务部、国家工商行政管理总局、国家质量监督检验检疫总局、国家食品药品监督管理局制定了《食品安全信息公布管理办法》。该办法明确了食品安全信息的分类，并建立食品安全监管相关部门统一的信息公布平台，通过政府网站、公报、发布会、新闻媒体等多种渠道向社会公布食品安全信息。

再次，重视税收等经济杠杆的作用。国家税务总局发布了《关于进一步做好税收促进节能减排工作的通知》，要求认真落实促进节能减排的各项税收政策，依法加强对"两高"及产能过剩行业和企业的税收征管。在保持出口退税政策相对稳定的前提下，国家税务总局取消了钢材等 406 种产品的出口退税，促进国家"十一五"节能减排目标的实现。在房地产市场调控中，财政部、国家税务总局、住房和城乡建设部调整了房地产交易环节契税和个人所得税的优惠政策，对出售自有住房并在一年内重新购房的纳税人不再减免个人所得税。中国人民银行和中国银行业监督管理委员会（以下简称"银监会"）联合发布的《关于完善差别化住房信贷政策有关问题的通知》则希望通过住房信贷手段抑制商品房价格过快增长。

5. 执法力度持续加大

有关部门继续加大了在相关领域的执法力度。在知识产权保护领域，国家加大了对假冒伪劣商品的打击力度。2010 年 10 月份，国务院在全国范围内启动了为期半年的打击侵犯知识产权和制售假冒伪劣商品专项行动。国务院办公厅先后印发了《国务院办公厅关于成立全国打击侵犯知识产权和制售假冒伪劣商品专项行动领导小组的通知》《国务院办公厅关于印发打击侵犯知识产权和制售假冒伪劣商品专项行动方案的通知》，对全国集中开展打击侵犯知识产权和制售假冒伪劣商品专项行动作出了具体部署。

在税收征管方面，有关部门继续加大了征管力度，发挥税收调节分配、调控市场等作用。为配合国家的收入分配改革，加强高收入者个人所得税的征收管理，以发挥个税调节收入分配的作用，有关部门从 2010 年 1 月 1 日起对限售股转让所得按 20% 征收个人所得税。为帮助地震灾区尽快恢复生产生活秩序，国家出台支持青海玉树地震和舟曲灾后恢复重建的税收减免及征管措施。

对土地违法的问责力度加大。2008 年以来，国土资源部、监察部、人力资源和社会保障部第三次联合启动土地违法约谈和问责行动。此次行动中，有关部门约谈了违法用地的部分地方政府的行政首长，首次对其进行问责。

国家继续加大安全生产监督管理力度，提出严格企业安全管理，规范企业生产经营行为，及时排查治理安全隐患，防止重特大事故的发生。企业领导要轮流到现场带班，煤矿和非煤矿山要有矿领导带班并与工人同时下井、升井，而且，全部职工都必须经过培训合格才能上岗。

运用法律武器有效查处证券市场违法违规行为一直是中国资本市场监管的"短板"。证监会持续加大对证券市场违法违规行为的打击力度，重点打击内幕交易、"老鼠仓"和损害上市公司利益等违法违规行为，首次将"老鼠仓"基金经理移送公安机关追究刑事责任。在追究内幕交易方面，国务院办公厅转发的证监会等部门《关于依法打击和防控资本市场内幕交易的意见》，对打击内幕交易进行了全面部署。证监会明确将涉及公司经营方针和经营范围重大变化等 18 种未公开的信息定性为内幕信息。

6. 注重加强民生保障

2010 年，加强民生保障仍旧是政府管理的重点。在教育领域，国务院发布了《国家中长期教育改革和发展规划纲要 （2010~2020 年）》，提出到 2020 年，基本实现区域内均衡发展，确保适龄儿童少年接受良好的义务教育。《国务院办公厅关于开展国家教育体制改革试点的通知》要求启动教育体制改革试点，力争在人才培养体制、办学体制、管理体制、保障体制上取得突破。针对学前教育入园难的问题，《国务院关于当前发展学前教育的若干意见》要求各地制定幼儿园办园标准，鼓励社会力量办幼儿园。

为了抑制房价过快上涨，保障公民的住房权，国务院及相关部门采取了一系列措施。国务院办公厅发布《国务院关于坚决遏制部分城市房价过快上涨的通知》，要求坚决抑制不合理住房需求，实行更为严格的差别化住房信贷政策，强调要严格限制各种名目的炒房和投机性购房。住房和城乡建设部等 7 部门联合制定的 《关于加快发展公共租赁住房的指导意见》则将重点放在解决城市中等偏低收入家庭的住房困难上，填补了长期以来中低收入人群住房政策缺位。为解决房屋租赁市场中存在损害承租人利益等问题，住房和城乡建设部出台了《商品房屋租赁管理办法》，保障房屋承租人的合法权益。

2010 年，卫生行政工作的进步较为明显，体现在卫生行政工作既注重依法管理，同时又不脱离卫生行政管理和医疗卫生服务的高技术性的实际。为了解决医疗服务供给不足的问题，国务院办公厅发布了《关于进一步鼓励和引导社会资本举办医疗机构的意见》，放宽社会办医条件，逐步放开外商独资办医的限制。为了实施《中共中央、国务院关于深化医药卫生体制改革的意见》和《国务院关于印发医药卫生体制改革近期重点实施方案 （2009~2011） 的通知》，国务院办公厅下发了《关于印发医药卫生体制五项重点改革 2010 年度主要工作安排的通知》，明确提出了2010 年度地方政府和中央有关部门的 16 项主要工作任务。该文件体现了

政府内部行政管理规范化和依法行政的理念，文件所确立的目标管理、量
化考核、合同管理和责任令状等工作机制也体现了政府行政管理体制的新
趋势。国务院办公厅下发的《建立和规范政府办基层医疗卫生机构基本
药物采购机制的指导意见》规范了基本药物招标采购，有助于保障基本
药物供应，抑制价格虚高。此外，卫生部发布了《卫生部医政司关于推
荐使用〈医疗知情同意书〉的函》，并通过将北京大学人民医院整理修订
的《北京大学人民医院医疗知情同意书汇编》公布在卫生部网站上的方
式，指导各级各类医疗机构完善机构管理制度、规范医疗服务行为。这更
为具体地展现了卫生行政执法的新理念，注意使用行政指导措施来管理医
疗卫生事业。

2010年，中国各级政府继续加大劳动者权益的保护力度。年初，国
务院办公厅发布了《国务院办公厅关于进一步做好农民工培训工作的指
导意见》，要求提高农民工技能水平和就业能力，促进农村劳动力向非农
产业和城镇转移，推进城乡经济社会发展一体化进程。司法部发布的
《关于充分发挥司法行政工作职能作用、促进解决企业拖欠农民工工资问
题的通知》，要求各级司法行政机关加强涉及农民工的法制宣传教育、法
律服务、法律援助和人民调解工作，有效预防和促进解决企业拖欠农民工
工资问题，切实维护农民工合法权益。多个地方同时提高最低工资标准，
平均增幅都在20%以上，涉及全国27个省、自治区、直辖市，低收入者
已经成为密集加薪的最大受益者。中华全国总工会专门发布《关于进一
步做好职工队伍和社会稳定工作的意见》，要求及时有效地化解矛盾、促
进职工队伍稳定，关注青年职工心理健康，帮助其提高耐挫能力。

7. 加大公职人员廉洁从政的监督力度

2010年，加大公职人员廉洁从政力度，预防和惩治腐败行为，仍然
在中国法治发展中占据重要地位。中国首次发布的《反腐败和廉政建设
白皮书》总结了中国推进反腐败和廉政建设法制化的情况，彰显了反腐
败的决心。修订后的《行政监察法》强化并明确了新时期监察机关的职
权，为有效监督权力、预防和惩治腐败提供了法律依据。不仅如此，有关
部门还继续加大了对公职人员行为、财产、公务消费等的监督力度。

对公职人员行为的监督和规范是廉洁从政的重点。2010年，中共中

央发布的《中国共产党党员领导干部廉洁从政若干准则》对中国共产党党员领导干部的行为作了规范。该准则突出了防止利益冲突的精神，如禁止领导干部违反规定拥有非上市公司（企业）的股份或者证券，禁止违反规定干预和插手市场经济活动。该准则不仅适用于中国共产党党员领导干部，而且对从总体上加大对公职人员廉洁从政的监督力度、促进相关制度建设意义重大。监察部、人力资源和社会保障部的《违反规定插手干预工程建设领域行为处分规定》就工程建设这一具体领域，明确了公职人员违反规定插手干预工程建设领域行为的法律责任，以确保工程建设项目安全、廉洁、高效运行。

加强对公职人员财产等的监督是 2010 年度预防和惩治腐败的一大亮点。中共中央办公厅、国务院办公厅 2010 年发布的《关于领导干部报告个人有关事项的规定》对公职人员报告个人有关事项的主体、范围以及违反规定的法律责任等作了规定。相比之前已经发布的类似规定，本规定适当扩大了被监督主体及其财产等应报告事项的范围，有助于更全面地对公职人员进行监督。同时，2010 年度发布的《关于对配偶子女均已移居国（境）外的国家工作人员加强管理的暂行规定》将配偶子女均移居国（境）外的国家工作人员纳入监督的范围。为了防止因配偶子女移居国（境）外导致公职人员在行使职权中出现利益冲突，避免个别公职人员因此非法敛财，该暂行规定加强了公职人员申报、行使职权中的回避、出入境证照管理等措施。同时，一些地方政府也在积极探索建立新任职公职人员的财产及其近亲属就职情况的申报和公示制度，为进一步加强公职人员财产监督和行为自律积累了有益的经验。

国家继续加大对公职人员履行经济责任的监督。中共中央办公厅、国务院办公厅印发了《党政主要领导干部和国有企业领导人员经济责任审计规定》。该文件将经济责任审计的对象扩大到省部级领导干部，重点审计财政、财务收支的真实合法和效益，并规定在多数人不同意的情况下直接决定重大经济事项造成损失的，有关公职人员应当承担直接责任。

公务消费的管理和监督得到加强。监察部、人力资源和社会保障部发布的《用公款出国（境）旅游及相关违纪行为处分规定》明确界定了"用公款出国（境）旅游行为"及适用的公职人员，加大了处分力度。

《国务院办公厅关于进一步加强节约粮食反对浪费工作的通知》则从厉行节约、反对浪费的角度出发，要求公务接待减少宴请。

（三）司法为民、维护社会公平正义

2010 年，各级司法机关围绕更加注重提高经济增长质量和效益，更加注重推动经济发展方式转变和经济结构调整，更加注重推进改革开放和自主创新、增强经济增长活力和动力，更加注重改善民生、保持社会和谐稳定，更加注重统筹国内国际两个大局的要求（即"五个更加注重"），深入推进社会矛盾化解、社会管理创新、公正廉洁执法三项重点工作，深化司法体制改革，促进司法公正高效。根据社会发展需要，明确重点领域的法律适用，完善司法活动的程序管理，加强对当事人合法权益的保护，推进纠纷解决和矛盾化解，服务于改革、发展、稳定的大局。

1. 司法改革稳步推进

截至 2010 年底，中央确定的 60 项司法体制改革任务，已在两年中累计基本完成 48 项。2010 年，司法机关继续严格规范自身活动，优化司法职权配置，加强执法司法监督，确保执法办案质量，确保司法活动公正廉洁，维护公民合法权益。

（1）加强审判组织的专业化建设。最高人民法院印发了《关于改革和完善人民法院审判委员会制度的实施意见》，要求各级人民法院加强审判委员会的专业化建设，提高审判委员会委员的政治素质、道德素质和法律专业素质，增强司法能力，确保审判委员会组成人员是人民法院素质最好、水平最高的法官。

（2）推进人民陪审工作。最高人民法院发布了《关于进一步加强和推进人民陪审工作的若干意见》，对拓宽人民陪审员选任范围，严格任免程序，依法保障其履行职责，规范人民陪审工作程序，加强培训工作、全面提升陪审能力，强化管理与考核，落实经费保障等作出了规定。

（3）加大检察监督工作力度。最高人民法院和最高人民检察院印发的《关于人民检察院检察长列席人民法院审判委员会会议的实施意见》进一步明确了人民检察院检察长列席同级人民法院审判委员会会议所适用的案件及有关程序。最高人民检察院印发了《关于进一步加强和规范检

察机关延伸法律监督触角 促进检力下沉工作的指导意见》，提出延伸法律监督触角，促进检察力量向基层下沉，畅通群众诉求渠道，加强对依法行政和公正司法的监督。

（4）严格司法人员职业纪律。最高人民法院发布了修订的《法官职业道德基本准则》《法官行为规范》，对法官在立案、庭审、诉讼调解、文书制作、执行、涉诉信访处理、业外活动等各个环节的行为进行规范，对业务活动之外的言行进行约束。监察部、人力资源和社会保障部、公安部联合发布了《公安机关人民警察纪律条令》。这是中国第一部系统规范公安机关人民警察纪律以及对违反纪律行为给予处分的部门规章。

（5）强化对司法人员的行为监督。最高人民法院、最高人民检察院、公安部、国家安全部、司法部联合发布了《关于对司法工作人员在诉讼活动中的渎职行为加强法律监督的若干规定（试行）》，明确界定了检察机关应当进行调查核实的司法工作人员涉嫌渎职的情形和进行调查的权力、程序，加强了检察机关对司法工作人员渎职行为的监督。

（6）加强和改进律师工作。中共中央办公厅、国务院办公厅转发的《司法部关于进一步加强和改进律师工作的意见》规定，要健全律师执业准入机制，严格律师执业准入条件和程序，加强律师执业申请的审核工作；健全律师执业状况评价机制，对律师执业活动进行有效监督；完善律师执业奖惩机制，加强律师行业先进典型的表彰宣传和各类违法违纪、失德行为的处罚。

2. 重视多元化的纠纷化解方式

最高人民法院发布的《进一步贯彻"调解优先、调判结合"工作原则的若干意见》明确指出：人民法院要下大力气把调解作为处理民事案件的首选结案方式和基本工作方法；在贯彻"调解优先、调判结合"工作原则过程中，要切实贯彻当事人自愿调解原则、合法调解原则，科学把握当判则判的时机，加强对调解工作的监督管理，以发挥人民法院调解工作在化解社会矛盾、维护社会稳定、促进社会和谐中的积极作用。

司法部、卫生部和中国保险监督管理委员会共同颁布了《关于加强医疗纠纷人民调解工作的意见》，规定了医疗纠纷人民调解委员会的组织制度、调解员选任制度、调解工作保障制度、调解业务制度等，确立了

"调解优先"原则。该文件的颁布标志着医疗纠纷人民调解制度作为新的专业性人民调解制度正式出现在人民调解制度体系内，标志着中国多元化纠纷解决机制朝着专业化方向发展。

2010 年，中国作家协会成立了著作权纠纷调解委员会，并和北京市高级人民法院开展纠纷调解合作。在调解委员会的组织下，由委员或专家在双方自愿的前提下进行调解。上海市新闻出版局还成立了上海版权纠纷调解中心，与上海市高级人民法院开展合作，无论是在"诉前""审前"，还是在"判前"，只要双方当事人同意，人民法院都可以将纠纷委托给调解中心或者邀请调解中心进行调解。"调解优先、调判结合"原则在知识产权纠纷的处理中得到了切实贯彻。

3. 明确重点领域的法律适用

2010 年，司法机关颁布了一系列规范性文件，明确了有关领域的法律适用，弥补了法律漏洞，以切实履行司法活动保障民生、服务改革开放和社会发展的职能。

最高人民法院《关于审理劳动争议案件适用法律若干问题的解释（三）》明确规定，因用人单位未为劳动者办理社会保险、企业自主改制、加付赔偿金而引发的争议，人民法院应当受理，并对诉讼主体的认定及举证责任、有关的程序作了规定。

最高人民法院《关于审理旅游纠纷案件适用法律若干问题的规定》首次界定了旅游纠纷案件的受案范围，承认集体旅游合同中旅游者个人的诉权，并明确了对旅游者个人信息的保护。

最高人民法院《关于审理商标授权确权行政案件若干问题的意见》，对于审理利害关系人诉国家工商行政管理总局商标评审委员会作出的商标驳回复审、商标异议复审、商标争议、商标撤销复审等具体行政行为的商标授权确权行政案件中的法律适用问题进行了规范。

为了打击危害食品安全的犯罪，最高人民法院、最高人民检察院、公安部、司法部发布了《关于依法严惩危害食品安全犯罪活动的通知》，要求依法严惩危害食品安全的犯罪活动，依法严惩相关的职务犯罪行为，对与危害食品安全相关的职务犯罪分子，一般不得适用缓刑或者判处免予刑事处罚。

最高人民法院、最高人民检察院、公安部发布了《关于办理网络赌博犯罪案件适用法律若干问题的意见》，对于网上开设赌场犯罪的定罪量刑标准，网上开设赌场共犯的认定和处罚，网络赌博犯罪的参赌人数、赌资数额和网站代理的认定，网络赌博犯罪案件的管辖，电子证据的收集与保全等问题作了详细的规定。

最高人民法院、最高人民检察院、公安部、司法部发布了《关于依法惩治拐卖妇女儿童犯罪的意见》，对拐卖妇女儿童犯罪案件的管辖、立案、证据、定性、共同犯罪、一罪与数罪、刑罚适用、涉外犯罪等问题作了规定。

最高人民法院、最高人民检察院发布《关于办理利用互联网、移动通讯终端、声讯台制作、复制、出版、贩卖、传播淫秽电子信息刑事案件具体应用法律若干问题的解释（二）》，明确了相关犯罪的具体法律适用问题。

最高人民法院、最高人民检察院《关于办理非法生产、销售烟草专卖品等刑事案件具体应用法律若干问题的解释》对非法生产、销售烟草专卖品刑事案件的法律适用作了具体规定。

为了充分发挥人民法院的审判职能作用，贯彻落实加快经济发展方式转变、保持经济平稳较快发展的战略部署和政策措施，最高人民法院在《关于为加快经济发展方式转变提供司法保障和服务的若干意见》中提出，人民法院要认真研究加快经济发展方式转变对审判工作提出的新问题、新任务、新要求，为切实加快经济发展方式转变提供有效的司法保障和服务，妥善审理与经济结构调整相关的案件。

配合《国家赔偿法》的修订，司法机关强化了国家赔偿案件的审理。最高人民检察院印发了《人民检察院国家赔偿工作规定》，增加了检察机关对法院赔偿委员会的监督。

4. 完善诉讼程序和证据制度

司法机关继续完善诉讼程序和证据制度，注重提高诉讼的公正性、时效性，保障当事人的合法权益。

（1）行政诉讼简易程序试点启动。2010年，最高人民法院发布了《关于开展行政诉讼简易程序试点工作的通知》，决定在部分基层人民法院试点行政诉讼简易程序。根据该通知，涉及财产金额较小或者属于行政机关当场作出决定的行政征收、行政处罚、行政给付、行政许可、行政强制等案件，以及行政不作为案件、当事人各方自愿选择适用简易程序并经人民法院审查同意的案件，可以适用简易程序。通知允许对适用简易程序的案件采取独任审理形式。这一程序有利于高效地解决行政争议，节约司法资源。

（2）刑事审前程序的规定得以细化。最高人民检察院、公安部《关于公安机关管辖的刑事案件立案追诉标准的规定（二）》对公安机关经济犯罪侦查部门管辖的刑事案件立案追诉标准作出了规定，明确了如何在有关的案件中具体适用《刑法》的相关条款，以有力地打击犯罪。最高人民检察院、公安部联合印发了《关于刑事立案监督有关问题的规定（试行）》，解决了检察机关对公安机关刑事立案信息不畅通的问题，明确了检察机关对公安机关"违法立案"的监督权。最高人民检察院、公安部《关于审查逮捕阶段讯问犯罪嫌疑人的规定》明确了应当讯问犯罪嫌疑人的情形、讯问的要求、讯问的重点以及听取律师意见的方式等。上述规定对保障追诉权的正确行使和犯罪嫌疑人的合法权利，具有积极意义。

（3）法庭记录方式得以规范。为加强审判管理，完善法庭记录方式，保护当事人的诉讼权利，促进司法公正，最高人民法院发布了《关于庭审活动录音录像的若干规定》。该规定旨在解决以下三个方面的问题：当诉讼参与人对笔录有异议时应提供有说服力的核对依据，对法官庭审活动进行有效的监督，对认定扰乱庭审秩序行为提供充分的证据。

（4）量刑程序改革取得进一步发展。最高人民法院印发了《人民法院量刑指导意见（试行）》，从 2010 年 10 月 1 日起在全国法院全面试行量刑规范化改革。最高人民法院、最高人民检察院、公安部、国家安全部、司法部联合制定了《关于规范量刑程序若干问题的意见（试行）》，确认了量刑活动的相对独立性，并对量刑的程序开展、证据运用作出详细规定，以增强量刑的公开性和透明度。河北、河南、广西、湖北、四川等省份的高级人民法院纷纷制定量刑指导意见实施细则，组织开展法官培训，落实量刑规范化改革。最高人民法院《关于处理自首和立功若干具体问题的意见》规范了自首与立功的认定标准，明确了从宽处罚的幅度。

（5）刑事证据制度获得重大发展。最高人民法院、最高人民检察院、公安部、国家安全部和司法部联合发布了《关于办理死刑案件审查判断证据若干问题的规定》和《关于办理刑事案件排除非法证据若干问题的规定》。前者确立了若干证据规则，如质证规则、意见证据规则、原始证据优先规则、有限的直接言词规则，进一步细化了"证据确实、充分"的证明标准，并对各类证据的审查和认定作出详细解释。后者则明确了刑事诉讼中的非法证据排除规则，突破了最高人民法院、最高人民检察院原有的关于排除非法言词证据的司法解释，将证据排除的范围扩大到实物证据。该规定还明确了排除非法证据的程序启动、证据调查、举证责任和处理依据，增强了非法证据排除规则的操作性。上述两项规定的出台，对解决刑讯逼供问题、减少冤假错案、贯彻宽严相济刑事政策、促进司法公正等方面均具有重要意义。

5. 健全未成年人刑事司法制度

中央综治委预防青少年违法犯罪工作领导小组、最高人民法院、最高人民检察院、公安部、司法部、共青团中央六部门联合制定《关于进一步建立和完善办理未成年人刑事案件配套工作体系的若干意见》，提出要建立健全办理未成年人刑事案件的专门机构；办理未成年人案件和执行刑罚时，应当综合考虑案件事实和社会调查报告的内容，对违法和轻微犯罪的未成年人，有条件的地区可以试行行政处罚和轻罪前科消灭制度；强调对未成年犯罪嫌疑人、被告人年龄要进行查证与审核。根据该意见的精神，山东、上海、四川、山西、贵州等省份开始试行未成年人前科消灭制度。各地公检法机关也在继续探索实施讯问未成年人时成年人在场制度、社会调查员制度、企业帮教制度等，以充分保护未成年人的诉讼权利，对其进行教育挽救，促进其复归社会。

6. 加强生效裁判执行工作

2010年，最高人民法院和中央18个部门联合发布了《关于建立和完善执行联动机制若干问题的意见》，要求各部门形成协作配合的执行工作新格局，建立健全解决执行难问题的长效机制，确保生效法律文书得到有效执行。最高人民法院2009年11月制定的《关于财产刑执行问题的若干规定》于 2010 年正式实施，该规定明确了财产刑的执行部门、罚金刑减免的程序、财产刑的执行中止和终结程序等，为财产刑的执行难、结案难问题，提供了相应的解决途径。同时，2010 年度出台的《最高人民法院关于限制被执行人高消费的若干规定》通过限制被执行人的高消费活动，保障了民事生效裁判的有效执行。根据该规定，凡是被执行人有拒不申报财产或者申报不实、拒不配合法院查找财产等消极履行的行为、规避执行的行为或者抗拒执行的行为，法院可以对其采取限制高消费措施。

二　2010 年中国法治建设中有待完善的问题

（一）提高立法质量和加强制度建设仍是需要直面的问题

中国的法治发展仍旧面临着立法活动与现实生活脱节的问题。其中比较突出的是存在立法空白、立法质量有待提升、相关法律制度实施效果不好等问题。经过几十年的努力，中国在建设中国特色社会主义法律体系的过程中，解决了大部分领域无法可依的问题，但是，随着经济社会的不断发展，许多新问题不断涌现，有待不断创设制度加以解决。以医药卫生体制改革为例，该项改革主要是依靠政策和低层级的规范性文件来推行，缺乏必要的法律规范和引导，难以保障改革切实到位。2010 年度备受关注的药价虚高、药品暴利等也与医药市场、药品供应保障的立法缺失有密切关系。

与此相对应的则是一些法律法规并未能在实践中得到很好贯彻实施，存在有法不依的问题，或者有些法律制度的设计不符合社会实际，不能解决实际问题。中国社会科学院法学研究所法治国情调研组 2010 年就电视广告监管所做的调研分析了电视广告监管的现状，也反映了当前一些领域存在的立法空白和制度设计不合理导致有法难依的状况，以及有法不依的问题①。

①　中国社会科学院法学研究所法治国情调研组：《中国电视广告监管调研报告》，载李林主编《中国法治发展报告 No. 9（2011）》，社会科学文献出版社，2011。

立法与现实脱节的问题有多重原因。就客观原因而言，中国幅员辽阔、人口众多，而且，当前正处于经济高速发展期和社会快速转型期，各种新问题层出不穷，缺乏可供参考借鉴的现成经验。就其主观原因而言，则与立法工作不到位、立法水平不高、立法草率有关。近年来，中国各级立法机关探索开门立法，利用公开征求意见、专家咨询等方式广泛论证，一定程度上提高了立法质量。但不容忽视的是，将立法作为形象工程，为了完成立法任务而立法，立法过程缺乏对社会现实的深入调查研究，制度设计脱离现实情况，以及制度设计忽视与相关法律法规的衔接等问题都严重制约了立法的质量，使得部分花费大量成本完成的立法不能真正满足社会发展的需要。

（二）政府管理理念与管理方式有较大改善空间

在建设社会主义市场经济、构建中国特色的社会主义法治国家的过程中，确定正确的管理理念和管理方式至关重要。在此过程中，尤其要处理好政府与市场、政府与社会、公权力与私权利等的关系，准确处理加强政府管理、维护公民合法权益与维护公共利益、稳定、安全等之间的关系。

首先，政府管理中既要避免管理越位，也要防止管理缺位的问题。这关系到如何准确定位政府职能与作用。近年来，在发展社会主义市场经济和推进政府管理改革的过程中，各地推行了教育、医疗卫生等一系列公用事业的民营化，住房等民生问题被推向市场。近年来本着控制政府滥用权力、减轻市场主体与社会主体负担等考虑，政府大刀阔斧地改革了行政审批等制度，一大批行政审批事项被取消。对于转变政府职能、制约政府权力滥用，这无疑是值得肯定的。但限制政府权力滥用、推进政府改革绝不代表政府缩小公共服务范围、放松对社会的监管。2010 年，入园难、就学难、看病难、养老难、房价飙升等民生问题日益突出。普通百姓一方面承担了不低的税费负担，另一方面却仍旧没有享受相应的公共服务。公共投入不足引发的社会问题需要政府用更大的成本与智慧来解决。2010 年中国发生的食品安全事件、腾讯与奇虎 360 之争、个别所谓"养生专家"愚弄公众事件等也都迫切呼唤政府的有效管理。2010 年，有关部门就解决高房价等问题出台了一系列举措，但这些政策是否真正符合市场规律和现代社会的政府管理基本规律，有待实践验证。因此，在防范政府管理越位的同时，防止政府管理缺位，同样是政府改革过程中不容忽视的大问题。

其次，处理好公权力与私权利的关系，正确定位公共利益、维护稳定的问题也是政府管理中迫切需要关注的。有关部门在"金浩茶油致癌物超标"事件中，以关系国计民生、维护社会稳定为借口，不及时公开有关信息；铁道部单方面宣布普通火车发车后，未来得及上车的，不得改签；有的地方发生了以"示众"的方式处理违法者的事件；有的地方强拆被拆迁人房屋、被拆迁人自焚等恶性事件还偶有发生；有的地方城管等执法部门粗暴执法，滥用权力。公权力的行使与公众个人权利的维护本不应当是相互矛盾的，保障公共利益、维护稳定本来与维护公众权益从根本上应当是一致的，有些部门在工作中将两者对立起来，违背了公权力行使的目的，懈怠了对公众权益的保障，有损政府公信力。

再次，个别政府机关在管理中，重形式、走过场的现象突出，有的政府机关实施管理甚至无视法定程序。2010 年，在国家有关部门要求天然气价格应谨慎涨价、一些地方暂缓天然气调价的情况下，兰州市未召开听证会，仅仅召开了兰州市发展改革委、城乡建设局、消协以及部分市人大代表、政协委员及供热企业的代表参加的座谈会，就宣布上调天然气供热价格 30%。还有的政府机关只注重在形式上履行法定的职责，却不关注实施效果。

最后，正确对待政府自身的"面子"也是推进法治发展所不可忽视的。2010 年，个别政府机关及其工作人员利用手中权力、以"诽谤政府"的名义打压批评者。如果政府机关及其工作人员不能把自身的"面子"摆在正确的位置，非但滥用权力的现象难以消除，还会使官办微博、官办博客等很多亲近公众、就教于公众的有益做法流于形式，沦为新的形象工程。

政府管理理念与管理方式上存在的问题，首先与政府管理者不能摆正自身位置有关。长期以来，一些部门的管理者习惯了高高在上的心态和工作方式，总是把自己摆在管理者的位置上，只关注自己管理的方便。其次，这也与一些政府管理者的政绩观有关。有的政府管理者不是把如何最大限度地解决公众需求、解决社会发展中的实际问题作为自己的政绩，而只关注自身的升迁、表面的形象。改变这一状况，要求政府管理者必须搞清楚自身的管理权限从何而来、为何行使，并在管理中高度重视公众的实际诉求和相关权益。

（三）政府管理体制有待完善

首先，执法体制不顺、部门间不能协同管理、无法形成监管合力的问题仍然十分突出。以中国社会科学院法学研究所法治国情调研组 2010 年度对地方政府开展的透明度调研为例，虽然《食品安全法》试图整合食品安全监管部门的职权，提高食品安全监管效果，但是，仅就食品安全信息的公开效果一项就可以发现，各相关监管部门之间各自为战、各管一摊的问题已经十分严重，这令监管效果大打折扣①。

其次，政府管理反应迟缓、监管滞后的问题仍旧较为突出，从根本上说也是一种典型的监管缺位问题。奶粉等食品安全事件、山西地震谣言事件、腾讯与奇虎 360 之争等都典型地说明了有关管理者漠视社会现实、无视公众诉求、管理效率低下、难以适应现代社会高速发展等问题，也反映了一些部门对很多关系公众生命健康安全的事件，往往不能在其萌芽状态即采取有效的监管措施，总是要等到事态严重后才介入干预，既造成管理上的被动，也容易给公众权益造成严重的损害。在这一问题上，业务繁忙、人员紧缺不应当成为其放松监管的说辞。

再次，安全监管仍有待加强。自 2008 年汶川大地震之后，中国迅速建立健全了抗击自然灾害、保障灾后重建的法律制度和管理机制，确保了高效地应对自然灾害，其成功经验不逊于任何一个国家和地区。但是，在预防和处理各种人为因素造成的灾害方面，安全监管制度机制还不够完善。2010 年，全国发生了多起严重矿难、火灾等灾害事故，给人民生命财产造成巨大损失。不少灾害事故都起因于违规操作、管理不善，随着社会的不断发展，城市化、机械化、产业化等所引发的各类危险日益浮现，

---

① 详见中国社会科学院法学研究所法治国情调研组《中国政府透明度年度报告（2010）——以政府网站信息公开为视角》，载李林主编《中国法治发展报告 No. 9（2011）》，社会科学文献出版社，2011。

如何加强安全监管、确保安全监管成效、提升整个社会抵御灾害事故的能力，将是政府管理面临的重大课题。

上述问题表明，体制管理不顺畅、管理效率低下、管理效果不佳等问题依旧未得到根本性改善。虽然近年来国家推动了大部制改革，一些部门进行了机构与职能的整合调整，但是，改革还没有从整体上实现管理职能的有机融合，没有达到有效提高管理效率的目的。另外，从2010年政府处理一些重大事件的方式就可以看出，即便在当前信息技术瞬息万变、信息高速传播的今天，个别政府部门仍旧只会沿用传统的闭门开会、公文旅行的管理模式，在新形势下应对政府管理的意识和能力有待提升。政府管理不能适应社会发展的需要，必将造成管理的滞后与缺位。

（四）责任政府的建设仍需要加大力度

责任政府乃是法治政府和服务型政府的题中应有之义。它既对公权力的行使设定一定的规则，防范公权力的滥用，也要求公权力的行使者能够勇于对自身行为和后果承担相应的责任。2010年，虽然《国家赔偿法》得以修订，个别冤案得以昭雪，国家也一如既往地加大反腐倡廉力度，但是，仍需清醒地看到，公权力滥用导致危害公众合法权益、浪费公有资产乃至损害公共利益的现象仍有发生。在公权力行使缺乏制约、公权力滥用或者管理缺位而无须对相关机构和个人追究责任的情况下，类似2010年初发生的海南饮用水"砒霜门"事件中没有任何机构乃至个人对受害企业的损失进行赔偿的现象，以及有的地方基础设施建设随意性强、资源浪费的问题可能还会继续发生。

责任政府建设的发展在很大程度上起因于管理绩效评估机制的缺失、决策的主体不明、管理责任的划分不清晰。一些决策是否合理、是否符合政府管理的目的，由于现实中缺乏科学的绩效评估体系和评估机制而难以认定。同时，哪些管理者应当对决策失误承担责任、对哪些决策承担责任、如何承担责任，现行制度仍旧有很大的解释空间和制度空白。政府管理中的责任追究机制不健全也是不容忽视的原因。目前，对政府及其管理者的问责应当如何启动、由谁启动以及承担责任的形式还存在不健全的地方。推动责任政府建设仍需要不断完善问责机制的健全和完善。

（五）企业社会责任的缺失同样会影响中国的法治发展

法治发展不仅仅要依靠完善立法、规范政府权力运行，更需要推进企业履行社会责任。2010 年，企业社会责任的缺失对中国法治发展的影响应当引起足够重视。虽然中国企业履行社会责任的情况总体上是好的，但是，2010 年度，打着科学旗号大肆出版所谓养生书籍的出版机构，敢于播出大胆出位的电视征婚节目的电视台，乐于投放夸大宣传、误导公众的广告的新闻媒体，置网民权益于不顾的腾讯与奇虎360，收费欲望与收费规模日益膨胀的银行，勇于涉险制造销售伪劣食品的食品生产经营企业……这些都是企业无视自身社会责任的典型。这其中既有政府监管缺失的问题，也有企业无视自身社会责任的问题。虽然管理企业、督促其守法乃是政府的责任，但是，如果广大企业能够切实履行社会责任，那么，这无疑会促进整个社会的发展与进步，并可令各级政府节约行政成本为公众谋取更大的福利。

企业社会责任的缺失与企业乃至社会各界对"企业社会责任"内涵的认识不全面有关。企业社会责任在中国还是一个相对较新的观念，人们的认识还很不全面。不少人仅仅认为，企业就是以赚钱赢利为存在目的，把企业捐助公益活动看作是履行了社会责任，而忽视了企业作为一个重要的经济主体和社会主体，追求利益最大化的前提乃是必须做到不违反国家法律、不损害消费者权益、不侵害企业劳动者利益、不破坏环境、不损害合作伙伴或者竞争对手的权益等。当然，企业社会责任的缺失也与政府管理缺位有密切关系，政府有责任在管理中引导企业遵纪守法，有效预防并及时纠正其违法行为。

三　2011 年中国法治发展展望

2011 年中国将迎来辛亥革命 100 周年、中国共产党诞生 90 周年。辛亥革命的爆发和中国共产党的诞生，是对中国发展史具有深远影响的事件。从某种意义上讲，辛亥革命虽然未能使民主法治真正得到不可逆的实现，却是新文化运动的真正起点，开启了中国文化从帝制时期的君主专制文化向共和时期的民主法治文化转型的新阶段，加速了国民思想观念的变革。新文化运动则对中国共产党的诞生起到了关键性的推动作用，而中国共产党又带领中国人民走上一条新的发展道路。

早在新中国成立之初，中国共产党就和其他友党一起，在总结中国国民党失政教训的基础上，围绕中国新的建国方略，制定并通过了《共同纲领》，表现了厉行民主法治的愿望和决心。但是，旧中国留给我们的，专制传统比较多，民主法治传统比较少，失去了法治的约束和保障，良好的出发点，也难免走向歧途。历次错误政治运动的教训启示人们，制度好可以使坏人无法任意横行，制度不好可以使好人无法充分做好事，甚至会走向反面。为了保障人民民主，必须加强法治，使民主制度化、法律化。未来相当长一段时间内，社会主义法治建设将会以两方面的强化为基础，一是社会主义市场经济的发展，一是启蒙法治文化和教育的普及。启蒙法治文化不是简单说教就能够实现的，需要让公民从受到法治约束的权力运行实践中体会民主法治的精髓，从受到法治保障的自由活动中了解自由和法治的真谛，而这正是普法教育的应有之道。

2011 年是"十二五"规划（2011~2015）开局之年。"十二五"期间中国将把经济结构战略性调整作为加快转变经济发展方式的主攻方向，国家致力于推进科技进步和创新，保障和改善民生，建设资源节约型、环境友好型社会，改革开放不断深化，政府职能加快转变，政府公信力和行政效率明显提高。2011 年的中国法治发展必将围绕这一目标继续前进，特别是必定会以"让经济发展成果惠及所有人群"作为努力的方向。

2011 年，中国仍会面临国内物价上涨、居民生活成本增加、就业压力加大、转型过程中社会矛盾突出，以及国际上有关国家挥舞货币汇率、贸易壁垒大棒等的问题。2010 年的中央经济会议提出，2011 年中国宏观经济政策的基本取向是积极稳健、审慎灵活，强调努力提高应对复杂局面的能力，保持经济平稳较快发展。为此，国家将围绕加快转变经济发展方式，实施积极的财政政策和稳健的货币政策，加强宏观调控，加快推进经济结构调整，在不断深化改革开放的过程中，着力保障和改善民生，保持经济平稳较快发展，促进社会和谐稳定。2011 年的中国法治发展将围绕这样的经济社会背景进行。

2011 年，加强立法工作仍然是中国法治发展的重要课题。立法活动应进一步实现从数量型立法向质量型立法、从单纯弥补空白向兼顾完善制度的转变。立法活动中应当更加深入开展调查研究，加强分析论证，广泛吸纳社会各界的意见建议，进一步提高立法的科学性和民主性。

国家将继续加大法治政府的建设力度。《国务院关于加强法治政府建设的意见》为未来一个时期内中国的法治政府建设指明了方向、提出了要求。2011 年，国家有望继续在推进科学民主决策、规范公正文明执法、全面推进政务公开、强化行政监督和问责等方面取得进展。修改或修订后的《国家赔偿法》《行政监察法》《保守国家秘密法》等重要法律法规的实施将有力推动依法行政工作。

国家将依法加大宏观调控力度，进一步依法推进货币、金融、价格等的管理机制，有效控制物价，保持经济平稳发展。同时，改革和完善税收制度，积极构建有利于转变经济发展方式、合理调节收入分配的财税体制，将是 2011 年制度建设的一个亮点。2011 年，国家能否如人们期待的那样，通过完善个人所得税制度，加大税收对收入分配的调节力度，减轻中低收入者的税收负担，加大对高收入者的税收调节力度，缩小收入差距，值得关注。在广泛吸纳公众意见，适度调整和完善有关规定后，《车船税法》有望出台。除此之外，自 2011 年开始，国家有望扩大增值税征收范围，相应调减营业税等税收，合理调整消费税范围和税率结构，完善有利于产业结构升级和服务业发展的税收政策；逐步建立健全综合和分类相结合的个人所得税制度；继续推进费改税，全面改革资源税，开征环境保护税，研究推进房地产税改革；逐步健全地方税体系，赋予省级政府适当税政管理权限。

政府管理中如何处理好促进发展与保障公众合法权益的关系问题，将是考验各级政府的重要课题。当前，各地推进大规模的城市发展和建设还在继续，拆迁征地仍旧是各地政府 2011 年面临的严重挑战。为此，必须处理好城市发展与公众的生存权、发展权的关系，公共利益与个人利益的关系，以及公权力与私权利的关系。2011 年，《国有土地上房屋征收与补偿条例》的出台能否为现阶段妥善解决城市拆迁中政府与公众之间日益紧张的关系提供制度解决路径，值得关注与期待。同时，为了消除城乡差别，各地正积极推进城乡统筹和一体发展。一些地方在打破城乡户籍差别，缩小并最终消除依附于户籍制度的各类公共服务待遇的差距，促进城乡人员自由流动，鼓励农民离开农地进城发展方面，做了不少尝试。这是一项中国历史上乃至世界其他国家和地区均没有出现过、促进社会稳定与发展的全新实践，在此过程中，如何保障公众尤其是农民的长远发展权益，也将是 2011 年甚至未来一段时间，考验各级政府智慧的课题。

2011 年，政府管理的公开透明程度有望继续提高。继 2010 年国务院部门预算信息公开成为亮点之后，2011 年，预算信息公开有望在地方政府推广，公开项目有望细化，同时，政府机关主动公开信息的范围有望稳步扩大。信息技术的应用将会进一步推动政府与公众的交流与沟通，新型的沟通平台将会逐步拉近政府与公众的关系，有助于提升政府管理的透明度和公信力，实现政府管理理念与管理方式的变革，提升公共服务水平。

2011 年，国家将继续加大公共服务体系建设，进一步破解保障民生的课题。政府将继续加大保障民生的制度建设和资金投入力度，为社会和公众提供更全面、更优质的公共服务。让广大人民群众共享改革开放成果，首要的是要切实保障民生。虽然国家近年来着力加大了民生保障的力度，民生保障的立法和制度建设取得较大发展，但是，由于社会转型、人员流动、城乡二元化、人口老龄化等因素，民生保障仍旧面临不少问题。为此，2011 年，国家必将继续加大公共财政投入，完善社会保障体系，提高城乡公众的养老、就医水平；在 2010 年启动教育体制改革试点基础上，推动实现教育公平，解决学前教育入园难、义务教育入学难；积极探索住房保障制度建设，起草基本住房保障法，加大住房保障公共财政投入，提高中低收入人群的住房水平。2011 年，《社会保险法》的实施将会积极推动公众社会保障权益的实现。《社会救助法（草案）》《农民工参加基本养老保险办法（草案）》《城镇企业职工基本养老保险关系转移接续暂行办法（草案）》的审议、出台值得期待。

2011 年是深化司法体制和工作机制改革的关键一年，国家将按照原定部署，努力完成 12 项改革任务，提高司法机关维护社会稳定、解决社会纠纷的能力和司法公信力，改善司法机关及其工作人员的生存环境，维护社会正义。司法机关推进司法为民，进一步规范政法干警行使职权的活动，着力解决诉讼难、执行难，严查失职渎职犯罪，延伸人民调解的适用等的举措值得期待。《刑法修正案（八）（草案）》于 2010 年进入立法程序，2011 年如能顺利出台，将会进一步加大对有关领域犯罪活动的打击力度，保障公民的基本人权。正在完善过程中的最高人民法院《关于适用〈中华人民共和国婚姻法〉若干问题的解释（三）》中关于房产归属等的规定在 2010 年引发社会高度关注，2011 年如能出台也必将对新时期的婚姻家庭关系产生一定影响。

国家将会继续着力加强对公权力的监督制约，加大预防和惩治腐败的力度。2010 年出台的有关廉政建设的法规文件将推动中国预防和惩治腐败的工作，各级政府将继续就公职人员财产监督、公职人员行为规范、公务消费等方面进行有益的探索，推动制度创新，进一步构建完善的预防和惩治腐败制度机制。在 2010 年就公职人员财产监督和配偶子女移居境外公职人员的监督出台了规定之后，2011 年，人们也期待国家和地方会继续在公车消费、公款接待等公务消费方面以及公职人员行为规范方面完善相关制度。随着政府管理透明度的提升、网络反腐的方兴未艾、审计监督等的加强，公权力行使将进一步受到全方位的监督。在加强制度建设的同时，还必须大力建设廉洁文化，这必将成为 2011 年及未来中国预防和惩治腐败的新课题。

（参见法治蓝皮书《中国法治发展报告 No.9（2011）》）

第九章　2011 年中国法治发展与展望

2011 年，中国迎来了辛亥革命 100 周年和中国共产党建党 90 周年，同时也是"十二五"规划的开局之年。这一年，全球经济衰退走向复苏的步伐放缓，一些发达经济体面临各种各样的经济和政治问题，中国经济发展虽然面临出口受影响、保增长与防通胀等多重困难，但仍然保持稳定发展。2011 年，中国宣布形成了中国特色社会主义法律体系，立法工作开始从重点解决立法空白问题，向全面实现民主立法、科学立法转变，法治政府、服务型政府建设以及司法改革稳步推进，权力运行不断规范，法治在巩固改革开放成果、保障民生、增进社会福祉方面发挥着越来越大的作用。

一　立法活动力求更加民主化、科学化

2011 年的立法工作继续呈现民主立法和科学立法的显著特点。在立法过程中，除了传统的专家论证会、座谈会，立法部门广泛公开征集意见，采用各种方式，吸纳民意、反复论证，以提升立法的民主性和科学性。据课题组不完全统计，2011 年，有 7 部法律草案或修正案草案公开征求公众意见（见表 1），有 14 部法律或行政法规草案、100 部部门规章的草案或者修正案草案公开征求意见。

表 1　2011 年法律草案公开征集意见情况

草案名称	征集意见起止时间	意见反馈方式
《个人所得税法修正案（草案）》	2011 年 4 月 25 日 2011 年 5 月 31 日	中国人大网（www.npc.gov.cn）或邮寄

续表

草案名称	征集意见起止时间	意见反馈方式
《职业病防治法修正案（草案）》	2011年7月4日 2011年7月31日	中国人大网（www.npc.gov.cn）或邮寄
《刑事诉讼法修正案（草案）》	2011年8月31日 2011年9月30日	中国人大网（www.npc.gov.cn）或邮寄
《精神卫生法（草案）》	2011年10月29日 2011年11月30日	中国人大网（www.npc.gov.cn）或邮寄
《清洁生产促进法修正案（草案）》	2011年10月29日 2011年11月30日	中国人大网（www.npc.gov.cn）或邮寄
《民事诉讼法修正案（草案）》	2011年10月29日 2011年11月30日	中国人大网（www.npc.gov.cn）或邮寄
《出入境管理法（草案）》	2011年12月31日 2012年1月31日	中国人大网（www.npc.gov.cn）或邮寄

资料来源：中国人大网（http://www.npc.gov.cn）。

其中，《个人所得税法修正案（草案）》的意见征集因社会关注度高，公众反馈意见踊跃，形成了全社会大讨论的局面。根据全国人民代表大会常务委员会法制工作委员会经济法室整理发布的《社会公众对个人所得税法修正案（草案）的意见》，此次征求意见，立法机关共收到181封群众来信和82707位网民通过中国人大网提出的237684条意见（每位网民可以对草案的4条规定分别提出意见）。其中，争议的一个焦点是草案所确定的3000元工薪所得减除费用标准（即起征点）。征集的意见显示，要求修改或者反对修改标准的分别占48%和35%。最终通过的法律调高了起征点。这表明，立法征集意见不再是走过场，充分反映和吸纳民意已经成为立法活动的一部分，并在立法的民主性和科学性方面发挥了实际作用。

2011年，几乎每项法律法规规章的制定与修改都受到公众的关注，并有相当数量的公众参与，对其提出意见或建议（见图1、图2）。从行政法规、部门规章的参与情况看，行政法规的参与度高于部门规章，行政法规、规章的立法参与中，与公众切身利益紧密相关的草案参与度更高，部分草案因专业性、技术性强而参与度相对较低。尽管2011年公众参与立法热情高涨，并且颇见成效，但有关部门在拓展网络之外的公众参与渠道、更好地反映和回应民意方面，仍然应当作出更多的努力。

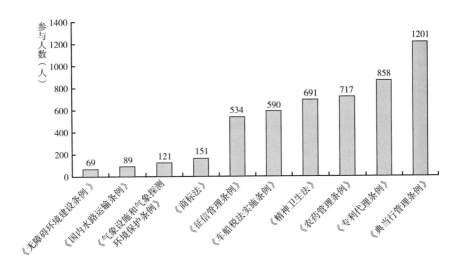

图 1 2011 年公众参与部分行政法规立法情况 *

* 据国务院法制办公室网站"法规规章草案意见征集系统"意见征集数据整理。本报告从 2011 年 2 月 11 日开始征集意见的《专利代理条例（修订草案送审稿）》开始收集，选取了之后征集意见并于 2011 年 12 月 4 日截止征求意见的《国内水路运输条例（征求意见稿）》，共计 10 部。

二　法治政府建设继续深化

2011 年，在法治政府建设方面，各级政府机关依旧将规范行政权、保障相对人合法权益、构建服务型政府，作为其核心。

1. 行政强制行为得到进一步规范

经过近 12 年漫长的立法进程，《行政强制法》终于获得通过，其宗旨是通过规范行政强制的设定与实施，保障和监督行政机关依法履行职责，维护公共利益和社会秩序，保护公民、法人和其他组织的合法权益。该法的亮点是，强调法律保留（第 10 条、第 13 条）、贯彻比例原则（第 5 条、第 43 条）、遵循正当程序（第 14 条、第 3 章、第 4 章），确立了实施行政强制应将对相对人的损害降至最低且不以影响当事人的基本生活为代价的原则。

《国有土地上房屋征收与补偿条例》（即"新拆迁条例"）经过 2010

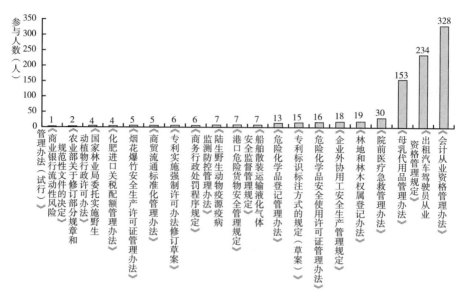

图 2　2011 年公众参与部分部门规章立法情况*

* 据国务院法制办公室网站"法规规章草案意见征集系统"意见征集数据整理。本报告从 2011 年 10 月 10 日开始征集意见的《危险化学品登记管理办法（修订草案）》开始收集，选取了之后征集意见并于 2011 年 12 月 11 日截止征求意见的《商务行政处罚程序规定（试行）》，共计 20 部。

年两次公开征集意见，于 2011 年颁布，对规范国有土地上的房屋征收与补偿活动，维护公共利益，保障被征收房屋所有权人的合法权益，化解拆迁矛盾，推动工业化、城镇化乃至整个现代化进程的顺利进行都具有重要意义。

2. 继续深化行政审批制度改革、提升政务服务水平

推动行政审批制度改革、提升政务服务水平是 2011 年政府法治发展的亮点之一。行政审批制度改革是转变政府职能、规范政府权力、提高政府服务能力的必然要求。建立政务服务大厅、规范行政审批，是各级政府积极探索管理机制创新、推进依法行政、提升行政效率、改进工作作风、方便群众、服务社会的一项重要举措。据课题组调研，全国 43 个较大的市中，有 38 个建有实体的政务服务中心。中共中央办公厅、国务院办公厅印发的《关于深化政务公开加强政务服务的意见》（中办发〔2011〕22号）要求，因地制宜规范和发展各级各类服务中心，明确服务中心职能，凡与企业和人民群众密切相关的行政管理事项，包括行政许可、非行政许可审批和公共服务事项均应纳入服务中心办理，且服务中心管理机构作为行政机构，应使用行政编制，配备少而精的工作人员。文件还提出，服务中心应逐步实行"一个窗口受理、一站式审批、一条龙服务、一个窗口收费"的运行模式；对同一个行政审批事项涉及两个以上部门的，逐步实行联合办理或并联审批，凡进驻服务中心办理的事项都要公开办理主体、办理依据、办理条件、办理程序、办理时限、办事结果、收费依据、收费标准和监督渠道，建立健全首问负责、限时办结、责任追究、效能评估等制度，提高服务水平。深化行政审批制度改革，创新行政审批服务方式，强化对权力运行的监督制约，必将有力推动法治政府、服务型政府建设，推进行政管理体制改革。

3. 规范和监督行政权力运行

不少地方注重结合本地区实际情况对上位法进行细化，为规范和监督行政权力运行提供了切实可行的依据。比如，湖南省出台了中国首部全面规范行政裁量权的省级政府规章《湖南省规范行政裁量权办法》。该办法提出和确定了行政裁量权的"综合控制模式"，采取了控制源头、建立规则、完善程序、制定基准、发布案例等"五项基本制度"，对行政裁量权进行了全面和系统的规范；规定了符合法律目的原则、平等对待原则、排除干扰原则、比例原则、先例原则等行使行政裁量权的一般规则。其中，针对"钓鱼执法""多头执法""重复检查"等行政执法中的痼疾，明确提出了规范要求。针对近年来社会各界对建立合理、公开、透明、高效的行政问责制度的关注和呼声，北京市出台了《北京市行政问责办法》。该办法规定了应当履行而未履行行政职责应予以问责的情形，并规定媒体监督可启动行政问责，且责任人员调岗不能免除行政问责，并新增了对单位问责。

2011 年法治政府建设仍旧面临众多问题。首先，有法不依、权力滥用问题仍是影响法治政府建设的重要因素。以房屋拆迁为例，《国有土地上房屋征收与补偿条例》实施后，违法违规拆迁反倒呈增加趋势。据监察部、国土资源部、住房和城乡建设部、国务院纠风办等部门通报，在调查处理 2011 年上半年吉林长春、辽宁盘锦等地发生的 11 起强制拆迁致人伤亡案件过程中，共给予党纪政纪处分和行政问责 57 人，其中副省级 1 人，市厅级 4 人，县处级 20 人，乡科级及以下 32 人；涉嫌犯罪移送司法机关处理 31 人。其次，行政问责的法制化和公开化程度亟待提高。2011

年，一些地方公职人员被问责后复出的事件引发公众关注和质疑，对行政问责的公信力造成影响，提高法制化和公开化程度刻不容缓。最后，法治政府建设在服务型政府建设方面有待加强。服务型政府是社会发展对政府的内在要求，是政府治理模式的必然方向，也是对法治政府的更高要求。建设服务型政府必须坚持依法行政，并实现政府管理理念与管理手段的创新，这意味着政府不但要向公众提供方便、优质的服务，更要处理好处罚、强制与给付的关系，不能把处罚与强制作为管理的首要方式。

4. 政府透明度逐步提高

2011年，《政府信息公开条例》实施了3年多，政府信息公开范围逐步扩大，规范化程度逐步提高。

首先，政府网站作为政府信息公开的第一平台，其作用越来越大，且越来越受重视。《国务院办公厅关于进一步加强政府网站管理工作的通知》（国办函〔2011〕40号）要求切实解决政府网站管理中的突出问题，充分发挥政府网站的信息公开、互动交流作用。有关部门还宣布在全国选择100个县（市、区），开展依托电子政务平台加强县级政府政务公开和政务服务试点工作。

其次，政府部门财政经费公开逐步制度化。中国社会科学院法学研究所法治国情调研组2010~2011年开展的"公职人员廉洁从政法律对策"问卷调查数据显示，公众对财政经费尤其是"三公"经费公开情况关注度较高，76%以上的公众认为公费宴请应当公开"被宴请人员""宴请目的""宴请标准"和"宴请花销"信息；79%的公众认为"公务考察"应当公开"考察目的""考察计划""考察参与人员""考察费用情况"（见图3）。截至2011年5月20日，报送全国人民代表大会审议预算的98个中央部门中，有88个公开了2011年部门预算。截至2011年7月31日，70个国务院部门公开了2010年出国（境）费、车辆购置及运行费、公务接待费（即"三公"经费）决算支出和2011年"三公"经费预算支出。在地方政府层面，北京市对外公布了31个市级部门和单位2010年度预算执行和其他财政收支的单项审计结果，以及2010年度预算执行情况的检查报告，并公布了44个政府部门2010年的"三公"经费及相关说明；上海市有40个政府部门公开了"三公"经费预算；陕西省有10个部门公开了 2010 年"三公"支出。财政部发布的《关于深入推进基层财政专项支出预算公开的意见》（财预〔2011〕27 号）明确了基层财政专项支出预算公开的重点范围、内容和方式。《机关事务管理条例（征求意见稿）》拟规定，县级以上人民政府应当定期公布公务接待费、公务用车购置和运行费、因公出国（境）费等经费的预算、决算、绩效考评情况。国务院审议通过并提交全国人民代表大会审议的《预算法修正案（草案）》拟规定，除涉及国家秘密的内容外，各级政府和各部门的预算、决算都应依法向社会公开。

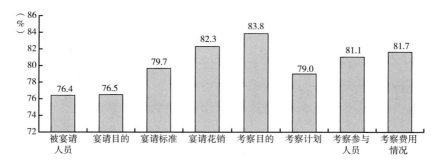

图 3　公众认可公开公费招待、公费考察信息的态度

再次，政府更加注重运用新媒体，提升政府管理透明度，加强与公众的交流互动。继 2010 年公安微博大发展之后，2011 年，各级政府机关纷纷开通微博，注重通过微博发出权威声音，及时与公众进行沟通和互动。2011 年 11 月 17 日，北京市新闻办公室的"北京微博发布厅"上线运行，首批有 20 个北京市政府部门的政务微博加入"北京微博发布厅"，这是全国各省（自治区、直辖市）开通的首个省级政务微博发布群。11 月 28 日，上海市新闻办公室也开通微博"上海发布"，引起市民的高度关注。目前，通过新浪微博认证的各领域政府机构及官员微博已近 2 万个，其中政府机构微博超过 1 万个，个人官员微博近 9000 个；省部级以上政府机构微博 35 个，省部级以上政府官员微博 14 个；厅局级以上政府机构微博 429 个，厅局级以上官员微博 268 个[①]。科技改变了媒体的形式，新媒体提供了信息传播与沟通的新平台，政务微博则创新了政府与人民群众沟通

---

① 《全国首份政务微博年度报告发布》，《光明日报》2011 年 12 月 12 日，第 4 版。

的方式，可以直接体现出政府如何对待人民的权利，以及如何看待自己的
权力。政务微博使政府直接面对公众，如何对待非理性公众的斥责和辱骂
需要高度的政治智慧。

最后，政府信息公开司法审查工作取得进展。《最高人民法院关于
审理政府信息公开行政案件若干问题的规定》（法释〔2011〕17 号）
出台，明确了政府信息公开诉讼的受案范围、案件审理的具体法律适
用。虽然一些规定与理想的政府信息公开司法审查还有差距，但这无疑
推动了此类案件诉讼难问题的解决，也必将进一步推动政府信息公开
工作。

但政府信息公开需要解决的问题还很多。首先，不能正确适用《政
府信息公开条例》的有关规定，影响公众依法获取政府信息的问题还不
容忽视。2011 年的一些案例表明，有关部门错误理解主动公开与依申请
公开、错误适用"一事一申请"等规定和制度的情况十分突出。其次，
为政府信息公开申请人设定义务的情况需要引起重视。比如，河南省某当
事人申请公开某规划信息时，有关部门不允许复印、不盖章，盖章要收 2
万元费用①。再次，政府信息公开标准亟待细化。以预算信息和"三公"
信息的公开为例，中央各部门统计标准不一，缺乏可比性，公开什么、如
何公开五花八门且各部门公开的"三公经费"几乎都是财政拨款，即预
算内费用，而大量的预算外行政事业收费并未公布。政府信息公开应注重
公开效果，既要明确公开重点，满足公众对政府信息公开的需求，更要保
障政府信息方便公众获取、能让公众看懂。

三 预防与惩治腐败取得进展，但仍有众多难题待解

预防与惩治腐败仍旧是 2011 年法治发展的重要课题，有关部门继续
从治理"小金库"和规范公务消费、遏制收受礼金礼品、规范公职人员
家属从业、规范国有企业高级管理人员薪酬、遏制贪官外逃等方面加强了
制度反腐的力度。

---

① 2011 年 5 月 30 日中央人民广播电台中国之声的《新闻纵横》报道。

（一）继续治理小金库、规范公务消费

2011 年，"小金库"专项治理工作继续巩固成效，防止反弹。至 2011 年 11 月底，全国累计查出"小金库"60722 个，涉及资金 315.86 亿元，对 10429 人追究法律责任。

公务用车治理备受关注。各地都在探索公务用车治理工作，截至 2011 年 9 月，全国党政机关发现违规车辆 17.26 万辆。中共中央办公厅、国务院办公厅印发《党政机关公务用车配备使用管理办法》《省部级干部公务用车配备使用管理办法》《关于开展党政机关公务用车问题专项治理工作的实施意见》等，明确了党政机关配备公务用车应当执行的标准以及治理公务用车的要求。财政部还印发了《党政机关公务用车预算决算管理办法》，要求公务用车配备更新需要严格审核。

近年来，一些地方公车改革实行货币化，转为向公职人员发放车辆补贴。对于这种做法，法治国情调研组 2010~2011 年"公职人员廉洁从政法律对策"问卷调查的数据显示，81.8% 的公职人员和 75.7% 的公众赞成发放交通补贴，认为不配公车后应实行实报实销的公职人员有 47.7%，公众的比例则高达 65.8%。这表明公职人员和公众对于是否发放补贴以及发放补贴的方式存在认识上的差异。在实践中，浙江省杭州市 87 个市级机关共有 800 辆公车参加改革，市管干部不论级别高低、官职大小都不再配备公车，且车辆补贴直接打入市民卡，除了可以在公交车、出租车、市公车服务中心、加油站、车辆年检、车辆保险等与公务交通相关事项上支出外，不能取现，也不能在其他商场、超市等场所消费。不过，关于公务用车改革是否变相发钱，是否能有效降低行政管理成本仍然存在争议。

为了有效监管公务消费支出，2011 年财政部公布了《关于实施中央预算单位公务卡强制结算目录的通知》，将办公费、印刷费、咨询费、手续费、水电费、邮电费、物业管理费、差旅费、维修（护）费、租赁费、会议费、培训费、公务接待费、专用材料费、公务用车运行维护费、其他交通费用列为公务卡强制结算目录，以期解决"有卡不用"问题，减少现金支付。

（二）遏制收受礼金礼品

2011 年，国家将收受购物卡纳入廉政建设。中国人民银行、监察部、财政部、商务部、国家税务总局、国家工商行政管理总局、国家预防腐败局出台的《关于规范商业预付卡管理的意见》要求，建立商业预付卡购卡实名登记制度，实施商业预付卡非现金购卡制度和商业预付卡限额发行制度，严禁国家工作人员特别是领导干部在公务活动中收受任何形式的商业预付卡。

（三）规范公职人员家属就职就业

家属在公职人员管理的行业或者领域任职、从事获利活动容易导致公职人员陷入利益冲突，影响其公正履职，更可能滋生腐败，甚至是当前期权腐败的重要形式。对此，法治国情调研组 2010～2011 年"公职人员廉洁从政法律对策"问卷调查的数据显示，无论是公众还是公职人员均认为应当对这种现象进行必要的管制，66.1%的公众和 61.4%的公职人员认同对公职人员亲属在其管理的行业从事获利活动情况进行公示（见图 4）。2011 年，法院系统对此作出了较为严厉的规定。最高人民法院公布的《关于对配偶子女从事律师职业的法院领导干部和审判执行岗位法官实行任职回避的规定（试行）》规定，法院领导干部和在法院立案、审判、执行、审判监督、国家赔偿等业务岗位工作的法官，其配偶子女在其任职法院辖区内开办律师事务所、以律师身份提供诉讼代理或有偿法律服务的，应离岗回避。但在实践中，配偶或子女违规执业的现象并未得到根除，且如何科学设定为防范廉政风险而限制亲属从业自由的合法与合理界限，仍值得深入讨论。

（四）规范企业高管薪酬

针对国有企业因腐败、失职渎职、官僚主义等导致国有资产流失的问题，国务院国有资产监督管理委员会发布的《中央企业贯彻落实〈国有企业领导人员廉洁从业若干规定〉实施办法》规定，中央企业高级管理人员不得自定薪酬、奖励、津贴、补贴和其他福利性货币收入，

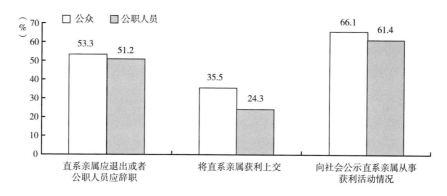

图 4　公众和公职人员对家属在公职人员管理的行业从事获利活动的态度

兼职不得擅自领取报酬及其他收入。地方政府，如河南省出台《关于进一步加强和改进国有及国有控股企业反腐倡廉建设的若干意见》，要求国有企业高级管理人员必须向职工公开薪酬和职务消费情况，不得自定薪酬，不得入股关联企业，退休后 3 年内不得参与与原企业经营业务有关的经济活动。

（五）加强从权力配置和权力运行上防控廉政风险

腐败归根结底是权力配置不科学导致权力失控的结果，对此，一些地方积极探索从权力配置和权力运行上防控廉政风险。北京市出台的《关于进一步加强廉政风险防控管理的意见》提出，建立权力结构科学化配置体系，实现决策权、执行权和监督权相对分离、相互制约、相互协调的权力结构和运行机制。

加强对腐败官员的惩治、防范腐败官员外逃是廉政风险控制的关键。2011 年，经过有关部门多年的不懈努力，厦门特大走私案首要犯罪嫌疑人、将多名官员拉下水的赖昌星最终被遣返回国，接受中国法律的制裁，对外逃腐败官员是个严重警告；有关部门还首次联合澳大利亚司法部门，成功对外逃的腐败贪官进行追诉。这对于遏制腐败官员外逃意义重大，也表明国家依法惩治腐败官员的决心和能力。为了有效防范腐败官员外逃，国家启动了省级防逃追逃协调机制试点工作，包括上海、广东、云南在内的 10 个省市加入试点联防体系。

　　但是，预防和惩治腐败还面临众多难题。首先，认识问题是关键。法治国情调研组 2010~2011 年 "公职人员廉洁从政法律对策" 问卷调查的数据显示，尽管多数人认为，公职人员在履行职务外不得接受管理对象或非管理对象的礼品，但仍然有相当数量的公职人员和公众认为可以接受，这说明在礼品管理和规范上还存在一定的分歧和误区（见图5）。有 18.4% 的公职人员认为可以从事获利性兼职，同时有 15.7% 的公众对此也持赞同态度（见图6）。由上可见，仍有部分公职人员对获利性兼职持赞同态度，这可能是尽管中央三令五申，公职人员兼职现象仍然未得到有效禁止的主要原因。其次，增强预防和惩治腐败法律机制的系统性刻不容缓。当前，预防和惩治腐败的法律法规及各种规范性文件很多，但各个规定之间缺乏协调衔接，重复规定、规定冲突矛盾的问题大量存在，影响预防和惩治腐败工作的效果。因此，推进廉政建设不可忽视廉洁文化的构建，并从人们的认识上打破对各种潜规则的认同和默许。预防和惩治腐败还必须自上而下建立完整、系统的廉政法律体系，注重制度机制之间的衔接。

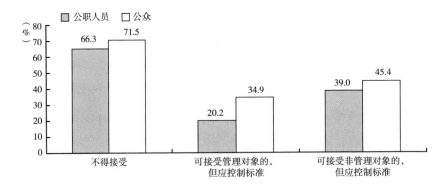

图5　对公职人员履行职务之外接受礼品礼金招待的态度

四　完善刑事法治，彰显人权保障

　　2011 年，《刑法修正案（八）》通过，贯彻了宽严相济的刑事政策，顺应了人权保障的国际潮流，强化了对民生权利和弱势群体的刑法保护；

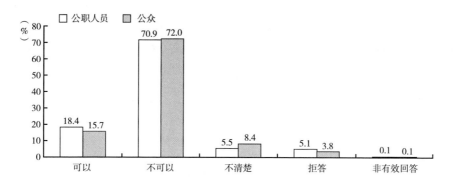

图 6　对政府机关工作人员是否可以从事获利性兼职的认识

《刑事诉讼法》的修订工作启动，对当事人权利的保护有望加强。

首先，死刑罪名大幅削减。2007 年最高人民法院收回死刑核准权，严格死刑在司法实践中的适用，《刑法修正案（八）》则进一步取消了 13 个实践中较少适用或基本未适用过的非暴力犯罪的死刑罪名，占目前死刑罪名总数的 19.1%。

其次，矜老恤幼，完善从宽处理的法律制度。《刑法修正案（八）》体现了对未成年人适用宽缓的刑事政策的价值取向，如规定不满 18 周岁的未成年人再犯罪不构成累犯，不满 18 周岁的未成年人被判处五年有期徒刑以下刑罚的免除前科报告义务等。同时，该修正案还规定了对 75 岁以上的老年人犯罪从宽处理和除以特别残忍手段致人死亡的不适用死刑的条款。

再次，加强对民生的刑法保护。《刑法修正案（八）》将一些社会危害性大、公众反映强烈的违法行为入罪，如新增危险驾驶罪，逃避支付、拒不支付劳动报酬罪，组织出卖人体器官罪。同时，对于一些侵害广大群众生命健康和弱势群体权益的犯罪，降低了入罪门槛，如删除了生产、销售假药罪中"足以严重危害人体健康的"犯罪构成要件，使该罪由危险犯变为行为犯。这意味着，只要实施生产、销售假药的行为即构成犯罪，将受到刑法的制裁。

最后，《刑事诉讼法》的修改草案注重对当事人权利的保障。2011 年公布的修正案草案体现了惩罚犯罪与保障人权并重的价值追求。一方面，延长了侦查机关采取拘传的时间，授权了较为宽松的技术侦察手段，确立了被追诉人逃匿、死亡案件违法所得的没收程序等，以利于追诉机关及时、准确地惩罚犯罪。另一方面，强化被追诉人在刑事诉讼各阶段享有的辩护权，赋予当事人、利害关系人就违法侦查行为申请救济的权利，完善了证据制度与审判程序等，以保障被追诉人及其他诉讼参与人享有的合法权利。

五　司法体制改革稳步推进

2011 年的司法改革继续围绕着"建立科学的司法体制和工作机制"进行。最高人民法院出台了《关于人民法院加强法律实施工作的意见》《人民法院为实施"十二五"规划纲要提供司法保障的意见》等，最高人民检察院发布了《"十二五"时期检察工作发展规划纲要》等文件。2011年的司法改革重点主要包括以下几个方面。

第一，推进司法公开。各地法院建立健全裁判文书上网、诉讼档案查询等制度；各地检察院贯彻落实"阳光检察"相关要求，增强了检察工作的透明度。

第二，加强公民的司法参与。法院系统通过增加陪审员数量、扩大陪审员选任范围、加大普通群众在陪审员中的比例、加强对陪审员的管理和培训以及拓展陪审案件范围等方式，加强了人民陪审制度建设。

第三，规范行为，加强监督，保障司法公正廉洁。最高人民法院发布了《关于在审判工作中防止法院内部人员干扰办案的若干规定》和《关于对配偶子女从事律师职业的法院领导干部和审判执行岗位法官实行任职回避的规定（试行）》。全国多数高级法院开通了违法违纪举报网站，并与最高人民法院举报中心网站联网对接，以方便人民群众进行投诉举报。

第四，加强基层法院基础建设。最高人民法院发布了《关于新形势下进一步加强人民法院基层基础建设的若干意见》，提出要"以审判工作为中心、队伍建设为根本、物资装备为保障"作为基本思路，进一步加强新形势下人民法院基层基础建设。

第五，完善司法程序，规范上下级法院审判业务关系。最高人民法院发布了适用《国家赔偿法》若干问题的司法解释，规范了国家赔偿案件的审理程序；出台了《关于修改〈民事案件案由规定〉的决定》，完善了民事案件立案程序。最高人民法院发布了《关于规范上下级人民法院审判业务关系的若干意见》，进一步明确了上级法院在审判业务上对下级监督指导的范围与程序，以保障各级法院依法独立公正行使审判权。

第六，贯彻落实案例指导制度，完善案件管理制度。最高人民法院发布了首批指导性案例，供各级法院审理类似案件时参照，试图借此相对统一审判结果。最高人民法院修订了《关于开展案件质量评估工作的指导意见》，对于案件质量评估指标体系进行了优化调整，为全国法院加强审判管理，为社会各界了解、监督法院工作，提供了有效的依据。最高人民检察院成立了案件管理办公室，对案件流程、案件质量和案件统计信息等进行集中管理，并承担对全国检察机关案件管理工作的指导职责。

第七，进一步解决执行难问题。最高人民法院出台了《关于执行权合理配置和科学运行的若干意见》，主要从执行机构的内部职责划分、执行机构与立案、审判等机构的职责划分和上下级法院之间的统一管理等方面进行了规范。此外，还通过了《最高人民法院关于委托执行若干问题的规定》和《关于依法制裁规避执行行为的若干意见》，开展了反规避执行专项行动。一些地方法院也积极探索化解执行难的问题，如广东省于2009 年成立的执行指挥中心在实践中发挥了重要作用，该中心搭建了远程指挥监控系统、被执行人信息查询系统、被执行人信息发布系统、执行要情系统和执行案件信息管理系统，并建立了执行联动机制。通过省政务信息资源平台共享广东法院诉讼和执行案件信息后，联动单位一般无须法院另行制作法律文书，即自动启动执行联动程序，对被执行人生产、经营、工作和生活进行全面限制。

第八，加强司法队伍建设。法院系统开展了"发扬传统、坚定信念、执法为民"主题教育活动，弘扬公正、廉洁、为民的司法核心价值观，加强法官职业道德修养，健全司法巡查、廉政监察、网络举报受理、违纪线索核查等工作机制。最高人民法院发布了《2011～2015 年全国法院教育培训规划》，部署了今后五年教育培训的主要任务，提出了加强教育培训工作的具体措施。

第九，加大知识产权司法保护力度。最高人民法院、最高人民检察院、公安部印发《关于办理侵犯知识产权刑事案件适用法律若干问题的意见》，对办理侵犯知识产权刑事案件相关的规范再次作出修改。法院系统建立了中国知识产权司法保护理论研究基地、调研基地、基层示范法院，开展了打击侵犯知识产权专项行动，为推动科技进步与创新提供司法保障。

第十，加强检察机关的法律监督。全国绝大多数的省、自治区、直辖市出台了加强检察机关法律监督工作的决议或决定。最高人民法院下发了《关于自觉接受检察机关法律监督　进一步推进刑事审判工作的通知》，要求各级法院更好地依法自觉接受检察机关的法律监督，提高审理刑事案件的质量和刑事审判工作的效率；同时落实检察长列席法院审判委员会制度，完善依法接受检察机关法律监督的工作机制。

但司法体制改革过程中的一些"瓶颈"问题也需要破解。首先，司法公开与社会的要求仍有不小的差距。根据法治国情调研组对全国部分高级人民法院和中级人民法院司法公开情况的调研，各地法院网站建设情况还不理想，一些地区的中级人民法院甚至没有网站。司法公开水平参差不齐，公开方式和公开内容缺乏相对统一的标准，制约了司法公开的效果，需要在今后的改革中不断完善机制、加大投入。其次，司法体制改革效果依赖于科学的制度机制。以解决执行难为例，有的地方要求法院院长为农民工讨薪，甚至高级人民法院院长亲自为维权未果的农民工讨薪，这虽然有积极的一面，但是由于缺乏制度机制，其效果无法得到保障。此外，有些地方在创新执行方式时遇到了社会诚信缺失、部门之间信息共享困难、合作受阻等难题，只有构建系统的体制机制，才能彻底破解执行难问题。再次，如何监督司法解释活动应作为今后司法改革的重要课题。实践中某些司法解释已不仅是对现行法律规定的适用问题进行规定，而是成为一种实质性立法活动，其合法性存疑。且类似《婚姻法司法解释（三）》这样的规定，为求各级法院判决的一致性而忽视社会现实与对弱势一方的保护，过度限制法官的自由裁量权，是否科学合理值得探讨。至于所发布的指导案例本身说理的充分性也大有讨论空间。

六 市场法治不断完善

2011 年，中国的市场经济法治在促进经济发展方式转变、推进经济结构调整、提升发展质量、增进民生幸福、促进社会和谐等方面继续取得新进展。

（一）继续推进财产税、个人所得税和资源税的税制改革

国家出台了《车船税法》，车船税的征税依据由行政法规上升为法律，对促进税收法律体系的完善以及维护税收法定原则具有重大意义。《车船税法》在调节社会财富分配、引导汽车合理消费、促进产业结构调整和节能减排等方面将发挥积极作用。国务院颁布的《车船税法实施条例》规定，节约能源、使用新能源的车船可以免征或者减半征收车船税，体现了用经济手段引导消费的政策导向。《个人所得税法》的修订使绝大多数工薪所得纳税人享受到因提高减除费用标准和调整税率结构带来的双重税收优惠，该法还适当加大了对高收入者的收入调节力度，方便了纳税人的纳税申报。《资源税暂行条例》的修订有利于促进企业节能减排，公平划分各类企业的资源税费负担，建立地方财政收入稳定增长的长效机制，增强地方保障和改善民生以及治理环境等的能力，增强经济发展的协调性、可持续性和内生动力。

（二）强化银行业监管

中国银行业监督管理委员会修改了《金融机构衍生产品交易业务管理暂行办法》，新制定了《商业银行信用卡业务监督管理办法》《商业银行杠杆率管理办法》《商业银行贷款损失准备管理办法》《商业银行理财产品销售管理办法》等规章。新修订的《金融机构衍生产品交易业务管理暂行办法》初步建立衍生产品交易业务的分层次市场准入机制，进一步完善了衍生产品交易业务的法律风险、操作风险、交易对手信用风险等方面的管理制度。《商业银行信用卡业务监督管理办法》严格信用卡业务市场准入管理，规范信用卡风险资产分类管理和营销管理，切实保护客户

知情权和隐私权。《商业银行杠杆率管理办法》明确了杠杆率监管的基本原则、杠杆率的计算方法和监督管理等，并按银监会的监管新标准统一规划实施差异化的过渡期安排。《商业银行贷款损失准备管理办法》进一步加强了审慎监管。《商业银行理财产品销售管理办法》对商业银行将本行开发设计的理财产品向个人客户和机构客户进行宣传推介、销售、办理申购、赎回等行为进行了规范。

（三）继续推进知识产权保护

首先，知识产权保护法律体系进一步完善。最高人民法院、最高人民检察院、公安部印发《关于办理侵犯知识产权刑事案件适用法律若干问题的意见》，对于办理侵犯知识产权刑事案件相关的规范再次作出修改。国家知识产权局对《专利代理管理办法》进行了修订，发布了《关于加强专利行政执法工作的决定》《专利实施许可合同备案办法》。

其次，知识产权战略成为中国改变经济增长方式的重要举措。国家知识产权战略实施部际联席会议办公室发布了《2011 年国家知识产权战略实施推进计划》，对 2011 年国家知识产权战略实施的各项工作作出了具体安排。科技部、财政部、中国人民银行、国务院国有资产管理委员会、国家税务总局、中国银行业监督管理委员会、中国证券监督管理委员会、中国保险业监督管理委员会联合下发了《关于促进科技和金融结合 加快实施自主创新战略的若干意见》，提出引导银行业金融机构加大对科技型中小企业的信贷支持，优化信贷结构，加大对自主创新的信贷支持。

再次，打击侵权假冒是中国知识产权执法的重点。国务院讨论通过了《关于进一步做好打击侵犯知识产权和制售假冒伪劣商品工作的意见》。商务部、工业和信息化部、公安部、中国人民银行、海关总署、国家工商行政管理总局、国家质量监督检验检疫总局、新闻出版总署（国家版权局）、国家知识产权局联合下发了《关于进一步推进网络购物领域打击侵犯知识产权和制售假冒伪劣商品行动的通知》。2010 年 10 月底开始在全国开展的打击侵犯知识产权和制售假冒伪劣商品专项行动取得重大成效，至 2011 年 6 月，各级行政执法部门共立案 15.6 万件，涉案金额 34.3 亿元，移送司法机关 1702 件，捣毁窝点 9135 个。全国公安机关开展打击侵犯知识产权和制售伪劣商品犯罪"亮剑"行动，重点发起了打击假农资、假药、假食品、假名牌的"四大战役"。

（四）　国家继续加强食品安全监管

2011 年，食品安全事件频发，一再刺激着公众敏感的神经。为了切实保障食品安全，有关部门采取了一系列举措，力求加强食品安全监管。

1. 打击食品非法添加行为

《国务院办公厅关于严厉打击食品非法添加行为　切实加强食品添加剂监管的通知》（国办发〔2011〕20 号）要求严厉打击食品非法添加行为，加强非法添加行为监督查验，依法从重惩处非法添加行为，规范食品添加剂生产使用，严格监管食品添加剂生产销售，加强食品添加剂使用监管，完善食品添加剂标准。卫生部、农业部等部门根据风险监测和监督检查中发现的问题，公布了可能在食品中"违法添加的非食用物质""易滥用食品添加剂"和"禁止在饲料、动物饮用水和畜禽水产养殖过程中使用的药物和物质"的名单。

2. 完善食品安全技术规范体系

2011 年，有关部门致力于完善食品安全的标准、食品安全的技术规范体系，旨在调整和限制食品添加剂的种类、使用、量值等，如《食用盐碘含量》国家标准、《食品添加剂使用标准》、《复配食品添加剂通则》、《亚硝酸钾等 27 个食品添加剂产品标准目录》等。

3. 公安机关介入查处食品安全违法犯罪活动

辽宁、重庆、北京、广西 4 个省、自治区、直辖市的公安机关组建了食品安全执法队伍，一些县（市、区）也成立了类似机构，这对提高食品安全违法犯罪活动的专业打击能力意义重大。

4. 鼓励公众参与食品安全监管

国务院食品安全委员会办公室印发了《关于建立食品安全有奖举报制度的指导意见》，要求各地要在省级政府统一领导下，抓紧制定食品安全举报奖励具体办法，合理确定奖励条件，建立健全奖励机制。据中国社会科学院法学研究所课题组统计，截至 2011 年 12 月初，全国已有 17 个省、自治区、直辖市制定或修订了食品安全举报奖励方面的规章（见表

2）。这一举措有利于调动社会各方主动参与食品安全监管工作，提高广大群众打击食品违法行为的积极性，形成强大的社会压力，对违法生产经营者起到震慑作用，也有助于监管和公安部门及时掌握违法犯罪动态，提高执法效能和工作效率，更有针对性地打击违法犯罪行为。

表2　2011年各省、自治区、直辖市制定或修订食品安全举报奖励制度的情况

地区	规定	最高奖励标准	备注
北京	《北京市食品安全违法案件线索举报奖励办法》	30万元	新修订
上海	《上海市食品药品监督管理局举报有功人员奖励办法》	20万元	新修订
重庆	《重庆市食品生产加工违法行为举报奖励办法（试行）》	5万元	新制定
广西	《广西壮族自治区食品安全违法行为举报奖励办法（试行）》	按货值计算，货值不足100万元的最高5万元，货值100万元以上的不受此限制	新制定
宁夏	《宁夏回族自治区食品安全违法案件举报奖励办法（试行）》	5万元	2007年制定
新疆	《新疆维吾尔自治区食品安全举报奖励办法》	按案值4%及以下给予奖励	新制定
湖北	《湖北省对举报和查处制售假冒伪劣产（商）品违法犯罪行为有功人员奖励办法》	4万元	2001年制定
福建	《福建省食品安全有奖举报实施方案》	10万元	新制定
甘肃	《甘肃省食品安全有奖举报办法（试行）》	2万元	新制定
湖南	《湖南省食品安全有奖举报制度（试行）》	5000元	新制定
山西	《山西省食品安全举报奖励办法（试行）》	8万元	新制定

续表

地区	规定	最高奖励标准	备注
黑龙江	《黑龙江省食品安全举报奖励办法（试行）》	5万元	新制定
辽宁	《辽宁省食品安全举报奖励办法》	20万元	新制定
浙江	《浙江省食品领域违法行为举报奖励办法》	30万元	新制定
海南	《海南省食品安全举报奖励管理办法（试行）》	3万元	新制定
河北	《河北省食品安全有奖举报办法》	10万元	新制定
陕西	《陕西省工商行政管理局流通环节食品安全违法行为举报奖励办法》	案值1万元以下的，最高1000元；案值1万元以上的，给予重奖	新制定

但是，食品安全监管面临的问题仍然很多。首先，监管部门分段监管，各管一摊，看似形成了全方位的监管体制，但根本无法形成监管合力。其次，监管力量严重不足，在食品经营者缺乏自律规范的情况下，根本无法胜任无盲时、无盲区的监管需求，而且，监管中重审批轻监管的问题突出，食品安全事件往往还伴有监管部门和监管人员的玩忽职守与渎职行为。再次，监管技术手段落后，监管标准不能适应食品工业发展的要求。地沟油以及一些食品添加物的检测就暴露出此方面的问题。另外，监管滞后，只能以应急为主，监管机构成了被动灭火的"消防员"，难以掌握食品安全监管的主动权。最后，食品监管和危机应对理念落后，不善于有效利用信息手段，信息披露难以做到准确、全面、及时、有效，往往错过掌握话语权的最佳时机，任由恐慌心理在消费者中蔓延而无良策。国内消费者对境外奶粉的追捧和对国产奶粉的信任缺失就是最好的例子。而2011年，有关部门在制定乳品标准等食品安全标准时公开程度不高、公众参与度不够，都导致国家标准的公信力大打折扣。

（五）环境保护取得一定进展，但仍面临问题

2011 年，国家发布《国家环境保护"十二五"规划》，提出切实解决影响科学发展和损害群众健康的突出法律问题，加快建设资源节约型、环境友好型社会。国家加大环境保护力度，一批重要的环境保护法律法规进入修订程序或者已经出台，相关领域的环境执法继续加强。

1. 环境立法成效显著

2011 年，在国家年度立法计划大幅压缩的情况下，环保立法仍稳步推进。环境保护部拟订的《环境保护法修正案（草案）》已提交全国人民代表大会，并公开征求意见。草案吸收了各地成熟的做法，如按日计罚、限期治理、总量控制、规划环评等环境治理措施。此外，草案还涉及了区域限批、环境公益诉讼、环境信息公开、绿色税收、信贷、保险等内容。该修正案在一定程度上解决了环保法与现实脱节、与单行法冲突的问题。《清洁生产促进法修正案（草案）》已报请第十一届全国人民代表大会常务委员会审议。修正案草案的主要内容是强化清洁生产推行规划、建立清洁生产财政资金、强化清洁生产审核，并对主要部门名称进行了调整。

2011 年颁布的环保法规还有《土地复垦条例》《进口可用作原料的固体废物环境保护管理规定》《工业污染源现场检查技术规范》《自然保护区生态环境监察指南》《畜禽养殖场（小区）环境守法导则》《焦化行业现场环境监察指南（试行）》等。

2. 排污标准和技术规范集中发布

环境保护部先后确立了《环境影响评价技术导则　地下水环境》《稀土工业污染物排放标准》《废矿物油回收利用污染控制技术规范》《土壤　干物质和水分的测定　重量法》《企业环境报告书编制导则》《火电厂大气污染物排放标准》《区域生物多样性评价标准》等 16 项国家环境保护标准；公布了《味精工业废水治理工程技术规范》（征求意见稿），并准备修订 2003 年出台的味精工业污染物排放国家标准。根据环境保护部规划，未来 5 年，该部将陆续制定或修订一系列涵盖各个行业领域的污染物排放标准，包括水污染物、大气污染物、固体废弃物和化学品污染以及

噪声污染等在内的 100 项国家标准。其中，在工业废水污染控制方面，未来的重点行业领域将涉及钢铁、医药、海洋石油工程等。

3. 推动环保社会组织发展

环境保护部发布了《关于培育引导环保社会组织有序发展的指导意见》。这是改革开放以来国家出台的第一部关于培育环保非政府组织（NGO）的政府文件。该意见明确了培育引导环保社会组织的基本原则和总体目标，要求各级环保部门要解放思想，高度重视环保社会组织的发展和管理，进一步转变思想观念，为环保社会组织的公益活动提供力所能及的支持；各级环保部门在制定政策、进行行政处罚和行政许可时，应通过各种形式听取环保社会组织的意见与建议，自觉接受环保社会组织的咨询和监督等。

4. 利用经济杠杆，推动环境保护工作

国家 2011 年开始在内蒙古、新疆、西藏、青海、四川、甘肃、宁夏和云南 8 个主要草原牧区省（自治区）全面建立草原生态保护补助奖励机制。为促进交通运输业的节能减排，首批低碳交通运输体系城市试点正式启动，天津、重庆、深圳等 10 个城市入选。此外，国家将继续依据环境违法信息对违法企业的信贷审批、债券发行、股票发行等融资和再融资行为进行强有力的约束。国家发展和改革委员会、工信和信息化部以及海关总署将继续根据"双高"行业（高污染、高能耗）的设备、产品、工艺名录进一步取消"双高"行业出口退税、禁止加工贸易。

5. 环保公益诉讼获得新突破

"自然之友"和重庆市绿色志愿者联合会起诉云南省陆良化工实业有限公司和其关联企业云南省陆良和平科技有限公司铬渣污染一案，在云南省曲靖市中级人民法院获得立案。这是环保公益组织第一次获得环境公益诉讼的原告资格，具有里程碑意义，开了环保非政府组织介入环境公益诉讼的先河。另外，浙江省嘉兴市人民检察院指导、协调办理的浙江省首例环境保护公益诉讼案由平湖市人民检察院向该市法院依法提起诉讼。检察机关以公益诉讼原告身份，请求法院判令嘉兴市绿谊环保服务有限公司等五被告赔偿因环境污染造成的直接经济损失计人民币 54.1 万余元。此案是《民事诉讼法修正案（草案）》公开征集意见发布后检察机关为原告提起公益诉讼的第一案，该案成功立案，一是因为此案影响大、涉及面广，二是《民事诉讼法》的修订为其提供了契机。

但是，2011 年环境污染事件频发，使公众对环境保护的关注度大为提高。课题组根据公开的报道整理的严重污染事件就有 17 起。其中，有不少案件涉及铅等重金属污染，且对大气、水质、土壤的危害严重，对周边居民人身健康、财产安全造成严重损害。此外，部分地区麦收秋收季节因焚烧秸秆等造成的大范围空气污染，入冬后部分地区出现的雾霾天气均给人们的生产生活造成一定影响，应否公开 PM2.5（大气中直径小于或等于 2.5 微米的颗粒物，也称为可入肺颗粒物）监测数据引发争议。这些事件暴露出环境保护监管存在的问题。

第一，环境信息公开实施效果不理想。《环境信息公开办法（试行）》规定了环境保护部门和企业的信息公开义务。环境保护部门的信息公开工作取得一定进展，但公开范围仍有待扩大。PM2.5 监测数据的公开就是典型的例子。多数情况下企业的环境信息不属于强制性公开信息，即便某些需要强制公开的企业，遵守该规定的情况也不理想。为此，环境保护部《关于加强铅蓄电池及再生铅行业污染防治工作的通知》（环发〔2011〕56 号）要求，各级环保部门应建立企业环境信息披露制度，铅蓄电池及再生铅企业每年应向社会发布企业年度环境报告，公布铅污染物排放和环境管理等情况。而完善企业环境信息公开制度，还需要针对各类企业设计更为系统、更为严格的环境信息强制披露制度。

第二，环境影响评价制度存在严重缺陷。造成污染的企业绝大多数都通过了环境影响评价，但事后发现评价报告几乎都存在这样那样的问题。以浙江德清血铅超标事件为例，有关机构为浙江海久电池有限公司编制的环境影响评价报告"遗漏"了企业周边 500 米范围内的 113 户居民。如何确保环境影响评价机构的客观性和独立性将是未来完善环境影响评价制度的努力方向。

第三，地方保护和相关部门不作为是环境污染频发的重要因素之一。环境污染事件的发生，在多数情况下，或者是因为地方政府贪图经济效益而容忍其存续发展，或者是因为执法部门疏于监管、视而不见。因此，扭转唯 GDP 是尊的政绩观，树立绿色、可持续发展的政绩观，加强对地方政府、环境保护部门的问责刻不容缓。

第四，环境保护执法方式还需改进。对违法者的处罚、收费固然重要，但是，只靠处罚、收费还不足以减少环境污染，还需要发挥间接"诱导式管制"的积极作用，疏堵结合，引导企业、个人减少对资源和环境的破坏。

七　依法保障民生仍是法治发展的重心

依法保障民生，让更多的人享受改革开放的成果，是近年来中国法治发展的重心之一。2011 年，国家继续完善相关制度，加大投入，提高民生保障水平。

（一）社会保险法治继续完善

在社会保险领域，有关部门着力落实《社会保险法》，扩大社会养老保险的覆盖范围。人力资源和社会保障部发布了《实施〈中华人民共和国社会保险法〉若干规定》、《社会保险个人权益记录管理办法》和《社会保险基金先行支付暂行办法》，以规范社会保险个人权益记录管理，维护参保人员的合法权益。7 月 4 日，该部又发布了《关于领取失业保险金人员参加职工基本医疗保险有关问题的通知》（人社部发〔2011〕77 号），要求各地社保机构与财政部门密切协作，及时沟通，确保领取失业保险金人员参加职工医保工作顺利实施。由于持续通胀，社保基金面临高负利率风险，人力资源和社会保障部开始会同有关部门研究制定基金投资运营办法，以实现基金的保值增值。

2011 年发布的《国务院关于开展城镇居民社会养老保险试点的指导意见》（国发〔2011〕18 号）提出，建立个人缴费、政府补贴相结合的城镇居民养老保险制度，实行社会统筹和个人账户相结合，与家庭养老、社会救助、社会福利等其他社会保障政策相配套，保障城镇居民老年基本生活。指导意见规定，年满 16 周岁（不含在校学生）、不符合职工基本养老保险参保条件的城镇非从业居民，可以在户籍地自愿参加城镇居民养老保险，2012 年要基本实现城镇居民养老保险制度全覆盖。

（二）住房保障大大加强

在住房保障领域，国家加快推进保障性安居工程建设，着力解决广大公众住房难问题。《国务院办公厅关于进一步做好房地产市场调控工作有关问题的通知》（国办发〔2011〕1号）提出，要进一步落实地方政府责任，继续增加土地有效供应，进一步加大普通住房建设力度；继续完善严格的差别化住房信贷和税收政策，进一步遏制投机投资性购房；加快个人住房信息系统建设，逐步完善房地产统计基础数据；继续做好住房保障工作，全面落实好年内开工建设保障性住房和棚户区改造住房的目标任务。《国务院办公厅关于保障性安居工程建设和管理的指导意见》（国办发〔2011〕45号）规定，重点发展公共租赁住房，根据实际情况继续安排经济适用住房和限价商品住房建设，加快实施各类棚户区改造，加大农村危房改造力度。2011年，全国建设保障性住房和棚户区改造住房1000万套。为了保证安居工程切实达到保障低收入人群的目标，国办发〔2011〕45号文件要求，规范准入审核，严格租售管理，加强使用管理，健全退出机制。各地加大了对骗保行为的监督查处力度，北京、上海、河北、河南等地出台新的保障房管理办法，加强保障房管理，对保障资格审核标准、操作办法、监督方式、退出机制等作出规定。另外，个别地方暴露出保障房质量问题，显现了保障房质量监管存在的不足，需要在今后着力完善。

（三）劳动权益保障继续完善

加强劳动者权益保护、协调劳资关系仍是劳动法治的重要内容。2011年，人力资源和社会保障部等七部委制定并发布了《促进就业规划（2011~2015）》，提出健全劳动关系协调机制和企业工资分配制度。本年度，劳动法治的法律体系继续完善，相关法律实施取得进展。

1. 出台多项法规规章，推进劳动者权益保障

全国人大常委会修订了《职业病防治法》，完善了职业病防治的保障机制和配套措施。人力资源和社会保障部公布了新修订的《非法用工单位伤亡人员一次性赔偿办法》，规定相关单位必须向伤残职工或者死亡职工的近亲属、伤残童工或死亡童工的近亲属给予一次性赔偿，赔偿办法和标准较之前发生了较大变化。为了维护在中国境内就业的外国人依法参加社会保险和享受社会保险待遇的合法权益，人力资源和社会保障部制定了《在中国境内就业的外国人参加社会保险暂行办法》。

2. 劳动者工资待遇继续提高

2011 年，《劳动合同法》稳步实施。劳动行政部门继续开展小企业劳动合同制度实施专项行动和农民工劳动合同签订"春暖行动"，提高小企业和农民工劳动合同签订率。国家加强企业工资分配宏观调控工作，指导各地调整最低工资标准。截至 2011 年 9 月底，北京、天津、山西等 21 个地区相继调整最低工资标准，平均调增幅度 21.7%。目前全国月最低工资标准最高的是深圳市（1320 元），小时最低工资标准最高的是北京市（13 元）。25 个省份发布了 2011 年度工资指导线，基准线多在 14% 以上。劳动行政部门和工会部门积极稳妥推进集体合同制度，实施"彩虹计划"，重点推进非公有制企业工资集体协商工作，积极探索开展行业性工资集体协商，推动建立企业工资正常增长机制。

3. 劳动争议解决机制继续完善

劳动部门加强调解仲裁工作。基层调解组织建设稳步推进，企业预防调解示范工作进展顺利，劳动人事争议仲裁院建设取得积极进展。针对企业内部劳资双方沟通机制普遍缺失、劳动者的利益诉求表达渠道不畅、企业劳动争议调解委员会作用弱化等比较突出的问题，人力资源和社会保障部发布了《企业劳动争议协商调解规定》。该规定要求，企业应当依法执行职工大会、职工代表大会、厂务公开等民主管理制度，建立集体协商、集体合同制度，维护劳动关系和谐稳定，企业应当建立劳资双方沟通对话机制，畅通劳动者利益诉求表达渠道。

但是，2011 年，个别地区和领域也发生了因劳动关系紧张、劳资双方对抗性增加引发的劳动纠纷群体性事件。这些事件的发生表明，劳动保护执法还存在一些问题。

第一，部分劳动密集型中小企业及非公企业劳动合同签订率仍然偏低，部分已签的劳动合同内容不规范、履行不到位，一些地方对企业用工和劳动合同签订情况底数不清的问题仍然没有很好解决。建筑、制造、采矿和服务等行业中部分劳动密集型中小企业和非公企业，因经营规模小、基础管理工作薄弱、社会配套服务缺失、经营者劳动合同法律意识淡薄，劳动合同签订率仍比较低，已签订的劳动合同也存在必备条款不齐、变更解除不规范以及不按时足额支付工资、不缴或者少缴社会保险费等问题。有关部门对小企业劳动用工缺少管理手段，许多基本情况未掌握，难以实施动态监管和有效指导。

第二，劳务派遣在部分单位被滥用，损害派遣工合法权益问题比较突出。近三年来劳务派遣公司和劳务派遣人员明显增多，用工单位用工有不少超出临时性、辅助性、替代性岗位范围，在主营业务岗位长期使用劳务派遣人员；劳务派遣人员同工不同酬、不予参加社会保险或少缴社会保险费，参加工会和参与企业民主管理等权利得不到保障，利益诉求表达渠道不畅，缺乏归属感和责任心并希望改变现状等问题比较突出；不少劳务派遣机构资质较低，难以履行法律责任，保障劳动者合法权益能力较低问题比较突出。

第三，集体合同签订率和履约质量有待进一步提升。集体合同覆盖范围不够广，签订集体合同的企业所占比例不高，小企业和外资企业中所占比例更低。集体协商工作仍存在"企业不愿谈、职工不敢谈、双方不会谈"和"重签订、轻协商，重文本、轻履行"的问题。

第四，劳动保障监察执法队伍建设滞后。中国现有劳动保障执法专职监察员约2万人，平均每人需面对1700多家用人单位、近2万名劳动者。特别是基层力量薄弱，机构不健全。与所承担的执法任务相比，劳动保障监察执法机构设置不规范、专职劳动保障监察员严重不足、执法装备落后以及执法力度不够、监察队伍素质有待加强等问题十分突出。多数地区劳动监察执法力量只能基本满足查处举报投诉案件的需要，对案件被动地进行处理，难以对用工单位实施主动的全面监察，也就难以发挥预防违法行为的作用。

第五，劳资双方协商谈判的渠道受阻。劳资双方存在明显的信息不对称，企业不仅掌握了资产、管理、信息，连企业的工会主席、工会委员都由其发工资，因此，在集体协商中很难做到对等。现行的法律虽然规定了工会组织有代表劳动者进行集体谈判的权利，却没有明确规定企业方不进行集体谈判应当承担的责任。这就使得工会组织在开展集体谈判时缺少同企业抗衡的手段。

八　2012 年中国法治发展展望

2012 年是实施"十二五"规划承上启下的重要一年，国家仍将实施积极的财政政策和稳健的货币政策，保持宏观经济政策的连续性和稳定性，着力保障和改善民生。2011 年中央经济工作会议提出：2012 年，国家将继续加大和改善宏观调控，促进经济平稳较快发展，深化重点领域和关键环节改革，大力保障和改善民生，加强和创新社会管理。法治发展必将继续以服务于改革开放、服务于保障和发展人权、服务于科学发展为主要目标。

2012 年，立法工作将更加注重民主化和科学化。《刑事诉讼法》《民事诉讼法》的修改将会在广泛征求社会意见，并就相关有争议的问题进行论证讨论的基础上，继续完善有关的制度设计。《行政诉讼法》和《行政复议法》的修改能否启动立法程序值得期待。

文化产业发展将获得更多的政策支持。《中共中央关于深化文化体制改革　推动社会主义文化大发展大繁荣若干重大问题的决定》提出，要完善政策保障机制，推进文化改革发展，推动社会主义文化大发展大繁荣。2012 年，有关部门有望出台一系列政策法规，支持文化产业发展。

加强行业监管将是 2012 年政府管理的重点。2011 年发生的食品安全事件、环境污染事件以及劳资纠纷都表明，必须依法加强执法和监管。为此，需要逐步理顺监管体制，明确监管责任，创新监管模式，确保法律法规规定的制度得到更好的落实。经历了 2011 年频发的校车事故，《校车安全条例（草案征求意见稿）》已经公开征求意见，有望在 2012 年为监管校车安全、中小学生就学安全提供法律保障。但校车事件所暴露出的教育资源分布不均衡、不合理，教育经费投入不足等深层次问题则有待逐步破解。

政府管理公开化程度将进一步提升。继 2011 年国务院部门和部分地方政府公开预算及"三公"经费信息之后，2012 年，财政信息公开有望深化，并可能进一步推动《预算法》的修改完善，并有力地促进对"三公"经费等一般性政府支出的控制。最高人民法院出台的《政府信息公开条例》司法解释有望加大对政府信息公开的监督力度，有望使其所规定的各项公开制度逐步得到更全面的贯彻落实。

慈善事业亟待加强法律管制。2011年慈善事业发展因为某些慈善组织高额消费、借慈善名义从事商业活动、善款使用不透明等，引发严重的信任危机，也暴露出慈善事业亟须填补法律空白，加强法律管制。民政部发布的《中国慈善事业发展指导纲要（2011~2015年）》提出，要完善慈善事业法规政策体系，完善慈善事业监管体系，推进慈善信息公开制度建设。为了规范基金会的行为，提高基金会的治理水平和财务工作透明度，充分发挥注册会计师审计监督作用，维护基金会、捐赠人和受益人的合法权益，民政部发布了《公益慈善捐助信息公开指引》，财政部、民政部起草了《关于进一步加强和完善基金会注册会计师审计制度的通知（征求意见稿）》。因此，2012年，加快慈善立法，完善慈善组织准入与管理，加强慈善组织活动的透明度，将是有关部门工作的重点。

完善医疗法治，深化医疗体制改革，妥善处理医患关系。2011年，中国发生多起严重的医疗纠纷以及患者伤害医生的事件，医患关系极度紧张，医生的公信力和社会形象受到严重损害。其根源在于，现行医疗体制导致了医疗资源分配严重失衡，医院被过度商业化，医患关系被过度简单化为金钱关系，医患之间存在严重的信息不对称，造成信任缺失。因此，2012年，国家必将继续完善医疗法治，推动医疗体制改革，逐步化解看病难问题，重构良性和谐的医患关系。

国家还将推动社会诚信法治。诚信缺失严重影响社会和谐，增加社会成本，成为制约中国经济社会健康发展的因素之一。无论是执行难、见死不救，还是食品安全事件，都无不与诚信缺失有密切联系。而且，诚信缺失还导致政府公信力大打折扣。依法加强诚信建设必将是2012年法治发展的另一个重要课题。首先，酝酿多年的《征信管理条例》能否冲破部门利益阻隔，在立法进程上取得重大突破，值得关注。其次，能否打破部门之间的信息孤岛，实现部门之间的信用信息有序共享，将成为诚信体系建设的前提。最后，依法建立失信惩戒机制和行业禁入制度将成为诚信体系建设能否发挥实际效果的关键。对于树立政府公信力，其关键一是规范政府权力，切实解决民生问题，并推进政府决策的民主化、科学化；二是提高政府管理的透明度和公众的参与度。

2012 年各级政府仍需注意妥善应对群体性事件。2011 年群体性事件仍然呈高发势态，原因多种多样。在某种意义上说，群体性事件是公众表达的一种形式，在社会转型期，此类事件应该被视为一种常态，关键在于让群众充分表达意见，并倾听其表达，实现政府管理者与公众的良性互动，并解决好引发群体性事件的矛盾纠纷。2012 年，各级政府妥善应对群体性事件，不但要创新思路和手段，更要着力解决引发纠纷的深层次问题。

（参见法治蓝皮书《中国法治发展报告 No. 10（2012）》）

第十章　2012 年中国法治发展与展望

2012 年，中国共产党第十八次全国代表大会（以下简称"十八大"）胜利召开。大会总结了过去十年中国取得的成就，指出要坚持科学发展观，全面建成小康社会，与时俱进发展中国特色社会主义，并对中国今后的法治发展提出了明确具体的要求。

2012 年，继 2009 年制定首期国家人权行动计划，中国政府又制定了《国家人权行动计划（2012～2015 年）》，明确了未来三年促进和保障人权的目标和任务，提出全面保障经济、社会和文化权利，依法有效地保障公民权利和政治权利，充分保障少数民族、妇女、儿童、老年人和残疾人的合法权益，广泛进行人权教育，积极开展国际人权交流与合作。

2012 年是 1982 年《宪法》颁布 30 周年。30 年来，在《宪法》这一根本大法的指引下，中国法治稳步发展，公民权利保障机制逐步完善，公权力制约监督机制逐步健全。

2012 年，中国的法治建设取得了可圈可点的成绩。立法更加重视法律的修改完善，法治政府、透明政府、廉洁政府、服务型政府建设继续深化，司法改革深入开展，司法公开力度加大，维护司法公正仍是其重要课题。法治在规范公权力、服务经济社会发展、保障民生等方面发挥着越来越大的作用。当然，法治建设中还存在这样那样的问题。

一　立法更注重公开与参与，参与机制尚待健全

继 2011 年中国特色法律体系建成以来，立法工作开始从着重填补立法

空白向促进制度完善、提高立法质量的方向转变，且更加重视立法公开和公众参与。

（一）修改法律成为工作重点

2012 年，全国人民代表大会及其常委会新通过或修改的法律涉及民事司法、刑事司法、环境保护、邮政行业监管、农业技术推广等领域。新出台的《出境入境管理法》实际上是在《外国人入境出境管理法》和《公民出境入境管理法》的基础上制定的，也具有法律修改的特点。为满足实施《行政强制法》等的需要，《国务院关于修改和废止部分行政法规的决定》修改了部分与之不适应的行政法规，并废止了部分已经不适应现实情况的行政法规。为配合《刑事诉讼法》的修改，全国人大常委会一揽子修改了 7 部相关法律，为未来法律制定、修改中协调与相关法律的关系提供了很好的模式。

立法机关完成了对《民事诉讼法》的修改。修改后的《民事诉讼法》明确规定，进行民事诉讼应当遵循诚实信用原则，完善了调解与诉讼相衔接的机制，进一步保障了当事人的诉讼权利，完善了当事人举证、简易程序、审判监督程序、执行程序等的规定，强化了法律监督；很多内容如公益诉讼、小额诉讼、检察建议、调解协议的司法确认、实现担保物权案件等，都是首次作出规定。这些新制度的确立和对原有制度的修改都反映了中国民事司法制度的新发展，顺应了时代与社会发展的需要。

（二）立法公开成为常态

法律法规出台前，向社会公开草案，并预留一定时间给公众提出意见建议，这已经成为立法的必经程序。2012 年，全国人大常委会共有 10 部法律草案公开征集意见，还有数十部法律法规草案和部门规章草案通过国务院法制办公室的"行政法规草案意见征集系统"和"部门规章草案意见征集系统"公开征集了意见。一些国务院部门和有立法权的地方人大、政府也都严格实行了征集意见制度，并在本部门网站开辟了专门的"法规征求意见"栏目，或者开发了专门的意见征集系统。

（三）立法参与的程度逐步提升

各级各类立法主体基本上都已经做到通过自身网站的"法规征求意见"栏目或者意见征集系统，公开征集意见，不少法律法规、规章修改的公众参与较为踊跃。《劳动合同法修正案（草案）》征集到 557243 条意见，《预算法修正案（草案）》征集到 330960 条意见（见表 1），已经远远超出 2011 年《个人所得税法修正案（草案）》的公众参与规模。政府部门也积极参与立法意见征集，如环境保护部公开了《关于报送对〈环境保护法修正案（草案）〉意见和建议的函》（环函〔2012〕284号），这虽然是部门对修正案草案的意见建议，但为公众全面了解立法中的问题、更好地参与立法，提供了有利条件。此外，有的地方还积极反馈公众对法规草案的意见，如上海市人民政府在规章出台后，通过网站发布意见采纳情况的专题报告，或者对建议人单独回函告知，对不予采纳的意见，也充分说明理由。

表 1　全国人大常委会 2012 年征集法律草案意见的情况 *

法律草案名称	参与人数（人）	意见条数（条）
《特种设备安全法（草案）》	124	527
《旅游法（草案）》	544	2270
《环境保护法修正案（草案）》	9582	11748
《预算法修正案（草案）》（二次审议稿）	19115	330960
《老年人权益保障法（修订草案）》	1418	56861
《劳动合同法修正案（草案）》	131912	557243
《证券投资基金法（修订草案）》	1132	88226
《农业技术推广法修正案（草案）》	1180	3244
《资产评估法（草案）》	6372	156122
《出境入境管理法（草案）》	98	1193

　* 数据来源于中国人大网的《法律草案征求意见》栏目，http://www.npc.gov.cn/npc/flcazqyj/node_ 8195.htm。

（四）立法工作存在的不足

立法活动中还存在一定的不足。首先，法律法规的清理工作存在一定的滞后性。法律的制定修改往往牵一发而动全身，不对相关的法律制度进行全面清理、修改，就难以落实新制定或修改的制度。以 2012 年实施的《行政强制法》为例，大量的法律法规清理工作未能在法律出台的同时或者出台后及时完成，以至于新法的出台还难以立即在保障公民权益方面发挥作用，造成了很多实施难题。

其次，立法公开有待进一步深化。立法草案的公开往往局限于草案本身，从全国各类立法主体立法公开的情况来看，仅有全国人大常委会及少数立法主体或者少数立法会公开草案的起草说明。国务院法制办公室的"行政法规草案意见征集系统"和"部门规章草案意见征集系统"虽然预留了《相关材料》栏目，但鲜有公开相关背景材料的实例。由此，公众很难了解某些草案条文的立法目的、立法理由以及某一制度的产生背景等，公开效果大打折扣。此外，对所征集意见的采用情况（特别是为何采纳或者不采纳某一观点）还缺乏公开机制。

最后，公众参与程度参差不齐。公众参与仍然出现极不平衡的状况，有的参与度高，有的几乎无人问津，立法参与机制形同虚设。以 2012 年国务院部门规章的意见征集情况为例，根据国务院法制办公室"部门规章草案意见征集系统"的数据，参与人数最多的是《药品经营质量管理规范（修订草案征求意见稿）》，有 3185 人参与提出意见建议，但有的规章草案竟无一人参与。广东省人民政府法制办公室的"立法意见征集"系统显示，2012 年参与提出意见建议人数最多的是《广东省车辆通行费年票制管理办法（送审稿）》，为 1057 人，最少的则无人参与。这有诸多原因：一是某些法规草案涉及的领域较为专业，与普通公众日常生产生活关系不密切；二是某些法规草案内容晦涩难懂，非专业人士难以提出意见建议；三是最根本的，即立法公开程度还有待提高，公众无从知晓，遑论参与。

二 法治政府力促规范透明，管理水平有待提高

2012 年，中国的法治政府建设继续加速，着力提升政府管理的规范化程度，提高政府管理的透明度，探索政府职能转变，压缩行政成本，提升管理水平。

（一）深化行政审批制度改革，提升政务服务水平

改革行政审批制度，落实《行政许可法》，是行政管理体制改革的突破口，也是转变政府职能，建设服务型政府，实现依法行政的重要内容。2012 年，《国务院关于第六批取消和调整行政审批项目的决定》（国发〔2012〕52 号）决定取消 171 项行政审批项目，下放 117 项行政审批项目的管理层级，减少 9 项行政审批项目的审批部门，合并 17 项行政审批项目。凡公民、法人或者其他组织能够自主决定，市场竞争机制能够有效调节，行业组织或者中介机构能够自律管理的事项，政府都要退出，凡可以采用事后监管和间接管理方式处理的事项，一律不设前置审批。可见，积极推进行政审批规范化建设，加快推进事业单位改革和社会组织管理改革，进一步健全行政审批服务体系是 2012 年的主要工作。

截至 2012 年底，省级政府中，有 13 个省、自治区和直辖市已经建立了实体政务服务中心，未建设实体政务服务中心的省级政府中，7 个建立了专门的在线审批网站。22 个省份的 43 个较大的市全部建立了实体的政务服务中心。实践证明，建设好政务服务中心有助于规范和监督行政审批权，提高行政审批服务水平。

2012 年，一些地方积极创新行政审批制度改革工作。广东省在行政审批制度改革方面获得先行先试的授权，全国人大常委会授权国务院同意广东省对 25 项法律规定的行政审批进行改革试点。广东省则发布了《广东省"十二五"时期深化行政审批制度改革先行先试方案》，连续发布了 2 批行政审批制度改革事项目录，正式开通运行网上办事大厅，实行网上政务"一站式办理、一条龙服务"。《广东省行政审批事项目录管理办法》还规定，各级人民政府保留的行政审批事项都要纳入本级行政审批事项目

录进行统一管理,未纳入目录的行政审批事项不得实施。海南省政府在原有"三集中"改革的基础上,率先制定了《海南省政务服务管理办法》,明确实行行政审批目录管理,规定了政府服务管理机构与进驻部门的职责职权。此外,该省还进一步展开了网上审批工作,将每一个审批流程固化为在线流程,利用技术手段降低人为因素对审批流程的干预。

(二) 加强行政经费支出管理,降低行政运行成本

降低行政运行成本一直是政府管理和政府法治的重要课题。2012 年,各级政府继续探索加强行政经费支出管理。

行政运行成本法制化取得进展。国务院发布了《机关事务管理条例》,这是中国首部专门规范机关事务管理活动的行政法规,其规范重点是公务接待、公务用车购置和运行、因公出国(境)等问题,明确了机关运行经费、机关资产和服务管理的基本制度与要求。条例要求县级以上人民政府机关事务主管部门根据机关运行的基本需求,结合机关事务管理实际,制定实物定额和服务标准,财政部门参考有关货物和服务的市场价格,组织制定机关运行经费预算支出定额标准和有关开支标准,且应当将公务接待费、公务用车购置和运行费、因公出国(境)费纳入预算管理,严格控制公务接待费、公务用车购置和运行费、因公出国(境)费在机关运行经费预算总额中的规模和比例。

行政运行成本管理更加细化。财政部发布了《关于进一步加强党政机关出差和会议定点管理工作的通知》,要求中央党政机关工作人员出差住宿、举办会议应到定点饭店,使用公务卡结算住宿费,不得超标接待和转嫁费用负担。财政部、中国人民银行联合发布了《关于加快推进公务卡制度改革的通知》(财库〔2012〕132 号),要求各地扩大公务卡改革覆盖面,减少现金交易漏洞,动态监控公务支出。

各地也积极探索创新行政成本管理工作。浙江省温州市委办公室和温州市人民政府办公室出台了《关于改革和加强公务接待管理的通知》以及《落实公务接待"三严四禁"规定实施细则》,规定严格执行工作餐制度、公务卡消费制度、公示报告制度,禁止午餐饮酒、同城接待、超规格接待和经费超支。一些地方政府继续推动公车改革,压缩公车运行成本,

如浙江省温州市、辽宁省阜新市、广东省惠东县和惠州市惠阳经济开发区、陕西省榆林市、云南省曲靖市麒麟区等，这些地方除了延续之前的公车货币化改革方法外，还探索了一些遏制公车私用等的方法。首先，取消领导干部专车，按照职级发放限额货币补贴，不少地方的主要领导也不保留专车。其次，将车辆进行分类，非留用车辆实行拍卖或者报废。再次，严格留用车辆管理。留用车辆仅限于执法执勤用车，并明确其使用范围，利用技术手段实行实时监控，喷涂统一标识，接受社会监督。有的地方将执法执勤用车固定为面包车和皮卡车，防止"补贴照拿、公车照坐"的现象。最后，逐步从货币化改革向市场化改革转变。货币化是目前公车改革的普遍做法，但只是权宜之计，为此，有的地方提出组建公务租车公司，以期未来逐步通过市场化方式解决执法执勤之外的公务用车需求。

（三）重视政府信息公开工作，促进透明政府建设

2012 年，政府信息公开工作继续稳步推进。国务院办公厅印发了《2012 年政府信息公开重点工作安排》（国办发〔2012〕26 号），提出加强财政预算信息、保障房信息、食品安全信息、环境保护信息等重点领域的政府信息公开工作，并要求制定完善《政府信息公开条例》实施办法，进一步加强政府网站等公开渠道建设，加强机构和队伍建设。

政府管理的公开工作规范化程度逐步提高。《机关事务管理条例》明确要求，各级人民政府依法定期公布公务接待费、公务用车购置和运行费、因公出国（境）费等机关运行经费的预算和决算情况，为规范行政成本的公开工作提供了法律依据。一些部门也细化了公开规定，如公安部制定下发了《公安机关执法公开规定》。该规定将执法公开区分为向社会公开和向特定对象公开，列举了应当向社会公开的信息，明确了责任部门和公开时限，规定了向案件当事人、行政管理相对人等特定对象告知的内容，并适应社会信息化发展，规定了政府网站、信息屏终端、手机短信等多种公开途径。

财政信息公开趋于细化。2012 年，预算信息及"三公"经费信息公开工作继续深化。中央部门以及北京市、四川省、广东省等不少地方政府部门集中对社会公开了 2012 年部门预算、2011 年部门决算、"三公"经

费和行政经费等数据。此次公开的部门预算除了统一格式，内容上增加了部门职能介绍外，一些部门公开的信息图文互动，解释相对细化。在公开"三公"经费时，有的部门公布了本部门职工人数、出国（境）人数、公车数量，有的部门公开了部门领导的"三公"经费使用情况。不少部门还对本部门预决算、"三公"经费的增减及原因作了解释说明。

（四）法治政府建设存在的问题

首先，公职人员尤其是领导干部依法行政的意识有待提升。法治政府建设关键是把依法行政的理念内化于头脑和实际工作中，而不是挂在嘴边。尽管建设法治政府已经提了很多年，但是，政府管理中经济先行，唯领导的指示和意志马首是瞻，对管理有利的时候强调法治、不利时把法治当作碍手碍脚的负担的观念与做法依旧存在。

行政职能职权的科学配置仍须加力。以行政审批制度改革为例，经过多轮改革，大批行政审批项目已经被取消或者下放，但违法设置审批、审批项目及办理不公开、办事效率低等问题仍然存在，其根源在于行政审批权力未得到科学的配置。2012 年发生的食品安全事件、药品安全事件和安全生产事件都与管理体制设置不科学有一定的关系。虽然上述领域都有监管制度和法律依据，但都是各部门各管一摊，导致监管力量分散，监管职能弱化。削减和下放行政审批事项，还政于市场、还政于社会仅仅是行政审批制度改革的一个方面，最关键的还是优化政府职能体系，解决好政府职能缺位、越位、错位和不到位问题，使政府对市场和社会的管理更加有效。因此，应当进一步整合行政职能、职权，探索大部门制改革路径。

其次，政府对经济社会的管理不到位，影响管理效果。管理好行政相对人仅仅是政府管理的一部分内容，更重要的是处理调整好所管理领域的各方主体的关系，保障各方权益，维护行业及特定领域的稳定有序发展。例如，维护公民的合法权益与做好行业等的管理之间是殊途同归的。2012年，乘客与民航企业之间的矛盾冲突以及引发"罢乘""占机""拦跑道"，医疗行业出现的"医闹"，食品行业中的有毒食品频现，教育行业中的虐童事件等，都与管理部门未能切实履行管理职责有一定关系。因此，建设法治政府，在避免政府管理越位的同时，还需要防止政府管理缺位。

再次，透明政府建设还需要不断加大力度。虽然预算、"三公"经费等重点领域的公开工作取得了明显进展，且政府机关收到的政府信息公开申请数量不断攀升，但政府信息公开工作仍面临众多问题：政府机关及其工作人员的公开意识参差不齐；公开标准不统一，公开与不公开之间的界限不明确；主动公开效果不理想，应公开的不公开，已公开的难获取；依申请公开阻力大，限制多，公众获取信息的最大障碍甚至不是来自《保守国家秘密法》等的限制，而是诸如要求提交申请用途、"一事一申请"、对政府信息公开范围的错误认识等。公众日益增长的信息需求与政府机关公开政府信息滞后的矛盾仍是未来法治政府建设面临的重要课题。

最后，政府应将管理与尊重和体现公众意愿有机结合起来。2012年发生了什邡钼铜事件、宁波PX事件、启东王子纸业事件等，都是以环境问题为导火索，在作出重大决策时缺乏充分的民意沟通而引发的群体性事件。这些地方引入的相关项目都有发展本地经济的良好初衷，都依法履行了各种审批手续，甚至有些地方还建有完善的决策参与机制和风险评估机制，但由于决策过程没有充分听取和反映民意、忽视社会风险，从而引发公众对当地政府的不满。2012年底发布的《国务院办公厅关于2013年部分节假日安排的通知》引发争议，也反映出政府决策与尊重、体现公众意愿方面的不协调。

三　司法改革提水平、重质量，司法公信亟须提升

2012年，中国首次发表了《中国的司法改革》白皮书，总结了中国司法改革的基本情况和主要成就，表明了推进依法治国基本方略的态度和决心。2012年，《中央政法委员会关于深化司法体制和工作机制改革若干问题的意见》所提出的60项改革任务基本完成。司法机关继续注重提升案件审判质量，清理司法解释，推动法院体制改革，提升司法专业化水平，推动司法公开工作。

（一）提高案件审判质量

提高案件审判质量是维护司法公正、提高司法权威的重要方面，2012年，各级司法机关继续致力于提高案件审判质量。首先，推行均衡结案。针对近年来一些法院为了片面追求结案率等办案指标，在年底人为控制收案、突击结案的现象，最高人民法院出台了《关于加强均衡结案的意见》，并发布了"均衡结案评估参考指标体系"，用以指导各级人民法院加强均衡结案工作。其次，进一步推进案例指导工作。2012年，最高人民法院发布了第二批、第三批共计 8 个指导性案例，分别涉及违法设定行政许可、行政处罚的听证、民事诉讼撤诉与裁定的适用范围、《公司法》的适用、贪污案件审理、死缓限制减刑等问题。最后，推行案件质量管理。2012年，根据《最高人民法院关于在全员岗位大培训中开展庭审评查和裁判文书评查活动的通知》，地方法院积极出台活动实施方案，开展庭审评查和裁判文书评查活动，进一步提高庭审规范化水平，提高裁判文书质量，提升司法公信力，维护司法权威。

（二）规范司法解释工作

最高人民法院与最高人民检察院《关于地方人民法院、人民检察院不得制定司法解释性质文件的通知》明确规定，地方人民法院、人民检察院一律不得制定在本辖区普遍适用、涉及具体应用法律问题的"指导意见""规定"等司法解释性质的文件，制定的其他规范性文件不得在法律文书中援引，地方人民法院、人民检察院对于制定的带有司法解释性质的文件，应当自行清理。

此外，随着法律制度不断健全完善，经济社会不断发展，部分不符合现行法律法规和社会实际的司法解释已经无法发挥指导办案和保障当事人合法权益的作用。为此，2012年，最高人民法院和最高人民检察院清理并废止了一批司法解释，最高人民法院废止了 1979 年底以前发布的 144 件司法解释和司法解释性质的文件，最高人民检察院废止了1979 年底以前发布的 2 件司法解释和司法解释性质的文件。此外，"两高"还共同废止了其 1979 年底以前共同制发的 13 件司法解释和司法解释性质的文件。

（三）继续推动法院体制改革

铁路运输法院改制是法院体制改革的重要组成部分。2012 年，全国 17 个铁路运输中级法院、58 个铁路运输基层法院改制工作基本完成，并整体纳入国家司法体系，移交地方管理。最高人民法院发布了《最高人民法院关于铁路运输法院案件管辖范围的若干规定》，明确了铁路运输法院的案件管辖范围。为了避免改革后铁路公检法之间出现信息沟通不畅、协作配合缺位的问题，最高人民法院审判监督庭、最高人民检察院铁路检察厅和铁道部公安局正式建立了沟通的长效工作机制——三方联席会议制度，以推动执法办案工作的科学发展。

（四）探索提升司法专业化水平

近年来，各种涉及专门领域和专门知识的案件数量不断增加，这对人民法院审判工作的专业化水平提出了越来越高的要求，不少地方法院都在积极探索提升司法专业化水平。针对环境保护案件审理需要，重庆市各级法院以《重庆市高级人民法院关于试点设立专门审判庭集中审理刑事、民事、行政环境保护案件的意见》《重庆市高级人民法院、重庆市人民检察院、重庆市公安局、重庆市环境保护局关于试点集中办理环境保护案件的意见》两个规范性文件为基础，自 2012 年初开始推行环境司法专门化实践。另外，为促进金融市场竞争公平有序，提升金融司法保障水平，切实保护金融活动参与各方的合法权益，维护金融创新，有的法院在金融纠纷案件的专业化和集约化审判方面进行了探索。比如，上海市人民检察院和上海市高级人民法院就率先建立起市检察院、检察院分院、区（县）检察院三级金融检察工作专业机构或专门的金融审判庭，形成了金融商事纠纷案件的专业化审判格局。

（五）继续促进司法公开工作

法律首次确认了公众查阅裁判文书的权利。修改后的《民事诉讼法》规定，公众可以查阅发生法律效力的判决书、裁定书，但涉及国家秘密、商业秘密和个人隐私的内容除外。公众查阅裁判文书的权利将进一步推动司法公开工作的进程，有助于提升司法裁判水平。

（六）司法机制与观念仍存在顽疾

近年来，司法机关大力推动司法改革，维护司法正义，推行司法为民，提升司法公信力，其进步和成就有目共睹，但问题同样不容忽视，司法腐败、舞弊枉法以及冤假错案仍时有发生，这些都严重侵蚀着司法权威和公信力。根据《人民法院工作年度报告（2010 年）》和《人民法院工作年度报告（2011 年）》，信访案件数量总体呈同比下降趋势，但 2010 年最高人民法院收到的来信来访案件却大幅上升，且两年中最高人民法院收到的来信来访数量在全国法院中所占比例并不低。2010 年最高人民法院收到的来访比例为 8.2%，2011 年为 10.7%；来信比例 2010 年为 39.3%，2011 年则为 20.9%。从公开数据看，"信访不信法"的观念还大有市场，且法院的权威和公信力皆有待提升。因此，不能肯定地说当前的司法救济效果令人基本满意，也无法断言司法的公信力得到明显的提升。

此外，关于司法公正、司法正义的观念有待理顺。法律用以定分止争，但法律不是万能的，司法是维护正义的最后一道防线，受各种客观条件限制，司法确实不能令所有纠纷一清二白，但这些绝不是容忍出现司法腐败、舞弊枉法的托词。某个具体案件在司法机关所处理的千万个案件中可能微不足道，却会关系公众的基本诉求和合法权益，对当事人而言比天还大，哪怕一个不公正的审判涉及的仅是微不足道的纷争，伤害的都不仅仅是当事人的切身利益，更伤害到司法的权威。即便现行体制提供了监督与纠错的渠道，并确使部分案件能够沉冤昭雪，也不足以有任何的自满。因为在法治框架下，司法本应以保障正义不被歪曲、邪恶不被枉纵为己任，而不能令无辜者无故付出青春、财产乃至生命。即便个别案件出现偏差在所难免，司法机关也有义不容辞的责任使其概率降至最低，而不能有任何借口容忍其存在。

最后，司法机关的公开力度还难以适应提升司法公信力的要求。无透明则无正义。法院乃至检察院、公安机关在办案中推行公开是实现司法公正、维护司法权威、促使司法机关提升水平的根本，但当前司法机关的公开没有系统的制度依据，公开水平落后于政务公开，司法机关工作人员公开意识普遍较低甚至抵触公开或者以种种借口回避公开，司法机关信息化水平低，不少法院、检察院甚至没有网站。

四　刑事法治重视制度建设，权利保障还须完善

2012 年，中国刑事法治取得重大进展，刑事法律制度不断完善，当事人权利进一步得到法律确认。

（一）当事人的权利保障受到重视

2012 年，立法机关完成了《刑事诉讼法》的修改工作。此次修改中，"尊重和保障人权"入法，法律援助范围的扩大、辩护律师诉讼权利的完善、非法证据排除制度的细化、审查批捕程序的改革及羁押必要性审查程序的建立等，都表明在保障人权方面取得明显进步。而且，最高人民法院、最高人民检察院、公安部、司法部等部门相继发布了适用《刑事诉讼法》的解释性规定，细化了办理刑事案件的规则。

为了更有针对性地开展未成年人刑事检察工作，最高人民检察院在 2012 年下发了《最高人民检察院关于进一步加强未成年人刑事检察工作的决定》，要求各级检察机关要进一步细化审查逮捕、审查起诉和诉讼监督标准，最大限度地降低对涉罪未成年人的批捕率、起诉率和监禁率，体现未成年人刑事司法的特点与教育、矫治原则的要求。此外，最高人民法院、最高人民检察院、公安部、国家安全部、司法部印发了《关于建立犯罪人员犯罪记录制度的意见》，建立健全犯罪信息登记制度、犯罪人员信息通报机制，规范犯罪人员信息查询机制，建立未成年人犯罪记录封存制度，维护有犯罪记录的未成年人的合法权益。

（二）刑事司法适用立足制度落实

为了贯彻宽严相济的刑事政策和落实《刑法修正案（八）》，以更准确地定罪量刑，最高人民法院在 2012 年度发布了多项司法解释。例如，

《最高人民法院关于办理减刑、假释案件具体应用法律若干问题的规定》（法释〔2012〕2 号）对减刑、假释的条件、期限、程序等规定进行了细化，相应严格规定了重大刑事罪犯的减刑、假释条件，消除"死刑过重、生刑过轻"的刑罚结构轻重失衡现象。

（三）继续深化实施社区矫正工作

最高人民法院、最高人民检察院、公安部、司法部联合制定了《社区矫正实施办法》，明确县级司法行政机关社区矫正机构对社区矫正人员进行监督管理和教育帮助，司法所承担社区矫正日常工作。人民法院、人民检察院、公安机关、监狱对拟适用社区矫正的被告人、罪犯，需要调查其对所居住社区影响的，可以委托县级司法行政机关进行调查评估，并具体规定了调查评估的基本内容和程序。该办法对社区矫正人员规定了严格的交付、接收程序和监管要求，明确规定了监管处罚、治安管理处罚、刑事处罚的适用条件和程序。

（四）刑事法治应注意的问题

从 2012 年的发展看，刑事法治仍有一些值得注意的问题。首先，应注意修改后的《刑事诉讼法》的实施问题。尽管修改后的《刑事诉讼法》篇幅增加较大，但仍需制定比较具体的细则性、实施性规定以落实各项制度。在这个过程中，应当严格依照法律规定进行解释和落实，警惕制定细则性、实施性规定时曲解、架空《刑事诉讼法》的规定。

其次，与时俱进的修法工作不能停滞。2012 年多次出现的嫖宿幼女犯罪及与之相关的刑事制裁是否欠妥的争论，成为最引人关注的事件之一。对于那些已经经过实践检验，证明脱离实际情况，不能切实打击犯罪，保障受害人权益，惩罚与所造成的危害不成比例，甚至定罪量刑严重背离社会公认标准的制度，立法机关应当及时修改完善。

最后，废止劳动教养制度应提上议事日程。2012 年发生多起劳动教养事件，有关部门以劳动教养的形式随意、无充分依据地剥夺公民自由，再次表明该制度与保障公民权利存在明显冲突，不符合法治的基本要求。

寻找替代性的社会管理措施，加强对公民自由的保障，是摆在相关部门面前的重要课题。

五　廉政法治加强制度建设，规范公权刻不容缓

2012 年，有关部门加大了对腐败案件的查处力度，地方预防腐败机构建设，技术防腐、防范公职人员利益冲突的制度建设以及社会领域的廉政法治建设提速。

（一）各地方加快建设预防腐败机构

建设反腐败机构有助于完善预防腐败的体制机制，加强对预防腐败工作的组织协调和综合规划，加强预防腐败交流合作，全面提升预防腐败工作水平。自国家预防腐败局成立后，各地也陆续设立预防腐败局。截至 2012 年 12 月，共有 20 个省、自治区和直辖市设立了预防腐败局，2012 年新设的有 8 个省、自治区，其中广东省地级以上城市于 2012 年全部设立了预防腐败局。此外，珠海市横琴新区还成立了廉政办公室，这是中国第一个整合了纪检、监察、检察、审计等防治腐败职能的机构，其能在多大程度上发挥整体防治腐败的作用值得关注。

（二）加强防范利益冲突的制度建设

防范公职人员因陷入利益冲突而滥用公权力是廉政建设的重要内容。2012 年，一些部门继续加强防范利益冲突的制度建设，规范公职人员的行为。最高人民法院《关于人民法院落实廉政准则　防止利益冲突的若干规定》、海关总署《海关落实防止发生利益冲突行为有关规定的实施办法（试行）》都禁止放任配偶子女在本人管辖地区和业务范围内从事可能发生利益冲突的活动。

（三）运用新技术提高反腐水平

加强反腐败工作，还需要综合运用科技手段。2012 年，"行贿犯罪档案查询系统"正式在全国联网开通，各级检察机关可在线完成对全国范

围内行贿犯罪档案的查询。该系统有助于对贿赂犯罪易发、高发的群体和环节进行预测，有效预防行贿犯罪发生。

电子监察是科技反腐的重要手段。浙江省宁波市人民政府在全国率先制定的《宁波市行政电子监察管理办法》开始实施。该办法明确了电子监察的概念及其领导机制、系统建设和适用对象。海南省人民政府政务服务中心则在传统电子监察基础上，开发了网上审批系统，利用技术手段，实现标准化审批，可望最大限度地减少审批人员对行政审批事项、流程的人为干扰。

此外，针对公职人员在报告财产及其他重大事项中可能存在弄虚作假且难以准确核查的问题，广州市正在建设预防腐败信息系统，该系统包含党风廉政建设信息管理系统、公车管理信息系统、惩防腐败体系建设信息管理系统，并将整合公安、工商、国土、房管、税务等部门的信息资源，加强数据的智能比对和筛查，从中发现反腐工作的线索。

（四）加强社会领域的廉政法治建设

建设廉政法治不仅要加强公职人员的廉洁从政，还需要做好社会领域的廉政建设。2012 年，湖北省委办公厅、省政府办公厅出台了《关于推进社会领域防治腐败工作的意见》，将国有企业、非公有制经济组织、事业单位、社会组织、市场中介组织、基层群众性自治组织作为重点治理的对象，在社会廉洁文化建设、加强社会廉洁风险防控、建设社会信用体系等方面迈出了重要步伐。

监察部会同财政部、审计署和国务院国有资产管理委员会联合发布的《国有企业负责人职务消费行为监督管理暂行办法》，财政部、监察部和审计署联合印发的《中央金融企业负责人职务消费管理暂行办法》也都明确了企业负责人职务消费的禁止性规定。

（五）廉政法治发展亟待解决的问题

面对当前腐败行为易发、高发的局面，现行的廉政制度还存在一些亟待解决的问题。

首先，公职人员财产监督制度亟待完善。相对于查办大案要案，推行财产监督制度不但可以有效规范公职人员财产行为，预防公职人员陷入利益冲突，更有助于提升公职人员公信力。目前，虽然已经推行了领导干部报告个人财产及有关事项的制度，但适用的公职人员及财产范围较窄，对申报的事项缺乏有效的监督核查机制，对社会一般不公开，起不到监督公职人员行为的作用。2012年，有数名公职人员均是因为网络曝光被查出有严重的贪腐问题，其财产状况与所申报的内容严重不符。因此，为了彻底扭转反腐败工作的被动局面，加快试点并全面实施财产监督制度刻不容缓。

其次，廉政法律体系需加速建设。当前，中国党政机关已经出台了难以计数的规范性文件，用以规范公职人员行为。但这些文件整体上缺乏体系性、逻辑性和一致性，有的仅限于号召性的规定，不具有操作性和强制性，严重影响了各种规定的权威性和实施效果。行为规范的缺失导致人们对很多问题的认识出现偏差，并使一些"潜规则"成为"明规则"。法治国情调研组开展的"公职人员廉洁从政法律制度"问卷调查显示，公职人员及公众对公职人员履行职务之外是否可以收受礼品礼金和接受招待的认识比较模糊。有21%的公职人员认可在控制标准的前提下接受管理对象的馈赠、招待，公众的比例为35.5%，40.1%的公职人员认可在控制标准的前提下接受非管理对象的馈赠、招待，公众的比例为46.2%；有39.9%的公职人员认可在外进行与业务有关的报告、讲演时收取报酬，公众的比例为43.6%。上述三种情形看上去涉及的问题不大，在反腐败工作中的影响有限，但这往往会使公职人员深陷利益冲突之中，引发期权腐败、隐形腐败。加强反腐败的法治建设强调惩防并举、预防为主，就必须制定明确、细化的公职人员行为规范，为防止公职人员陷入利益冲突提供有效的制度依据。

最后，制度的执行力有待提高。在廉政制度方面，无论是公职人员收礼、兼职，还是亲属管理，既存在一些空白区域，又有规范性文件大量存在但制度执行效果不佳的问题。有的制度缺乏针对性和可操作性，规定过于原则，缺少具体实施措施；有的缺乏系统性和配套性，不能有效发挥作用；有的则没有得到很好执行，存在重制定、轻执行现象。

六 社会法治关注民生福祉，制度保障任重道远

2012 年，中国社会法治继续以关注民生福祉、谋求和谐发展为主要方向，在社会保障、医疗卫生、教育、食品安全、社会慈善事业等方面加强制度建设，化解发展中遇到的问题。

（一）社会保障制度更加完善

2012 年，立法机关通过了《军人保险法》，并修订了《老年人权益保障法》。国务院发布了《国务院关于进一步加强和改进最低生活保障工作的意见》（国发〔2012〕45 号），国家发展和改革委员会等六部门发布了《关于开展城乡居民大病保险工作的指导意见》（发改社会〔2012〕2605号），卫生部等三部门发布了《关于推进新型农村合作医疗支付方式改革工作的指导意见》（卫农卫发〔2012〕第 28 号），卫生部等四部门发布了《关于商业保险机构参与新型农村合作医疗经办服务的指导意见》（卫农卫发〔2012〕27 号）等，财政部和国家税务总局发布了《关于工伤职工取得的工伤保险待遇有关个人所得税政策的通知》（财税〔2012〕第 40号）。这些立法和规范性文件极大地推动了中国社会保障事业的发展。

其中，《关于开展城乡居民大病保险工作的指导意见》的发布标志着中国医疗保险制度开始向城乡一体化方向迈进，为健全多层次医疗保障体系、有效提高重特大疾病保障水平提供了基础保障。《关于推进新型农村合作医疗支付方式改革工作的指导意见》将有助于实现费用支付制度由后付制改为预付制，发挥基本医保的基础性作用，并实现医疗机构补偿机制和激励机制的转换，对整个新农合制度产生了全面深远的影响。《关于商业保险机构参与新型农村合作医疗经办服务的指导意见》推行的新农合服务管理体制社会化改革则体现了基本医疗保险制度改革的重大突破。《国务院关于进一步加强和改进最低生活保障工作的意见》制定的城乡低保工作操作规程，优化了低保对象审核审批程序，细化了管理审批机关和工作人员职责，体现了对弱势群体的保障。

（二）医疗卫生立法取得进展

精神卫生立法是 2012 年最为突出的卫生立法，填补了精神卫生领域的立法空白。《精神卫生法》的出台，改变了单纯以管理为本位的立法取向，确立了自愿住院原则，规定了非自愿治疗的条件，明确了送治权的分配和使用。《重性精神疾病管理治疗工作规范（2012 年版）》《重性精神疾病防治培训管理办法》《重性精神疾病信息管理办法》《重性精神疾病管理治疗工作考核评估方案》等文件的发布明确了正确的卫生立法价值评估方法，这些法律文件无疑有利于《精神卫生法》的贯彻实施。

2012 年卫生法治建设的另一重大成就是国务院制定了明确 2012～2015 年医药卫生体制改革阶段目标、改革重点和主要任务的《"十二五"期间深化医药卫生体制改革规划暨实施方案》，制定了有关基本医疗保障服务、基本医疗卫生服务和医药供应保障服务基本标准和工作规划的《国家基本公共服务体系"十二五"规划》。国务院办公厅《关于县级公立医院综合改革试点的意见》提出了统筹推进管理体制、补偿机制、人事分配、价格机制、医保支付制度、采购机制、监管机制等综合改革，建立维护公益性、调动积极性、保障可持续的县级医院运行机制。

2012 年出台的医药规章和其他规范性文件主要集中在药品质量和药品安全方面，涉及药品不良反应监测制度、药品生产经营检查监督制度、制售假药查处和药品安全"黑名单"管理制度等，如《关于进一步加强药品安全信用体系建设工作的指导意见》。此外，卫生部、国家食品药品监督管理局、国家中医药管理局、人力资源和社会保障部等出台了有关医药福利的规范性文件，如《关于实施基层中医药服务能力提升工程的意见》等。为规范医疗从业行为、预防和惩治医疗腐败、提高医疗机构的服务能力，卫生部制定了《医疗机构从业人员行为规范》，填补了医疗服务行政管理方面长期存在的立法空白。其与《执业医师法》形成了良好的衔接和补充，有利于医疗机构规范服务、减少医患矛盾。另外，为强化卫生监督这一薄弱环节、构筑严密的卫生监督网络、提高卫生监督执法水平，卫生部分别就卫生监督协管服务、卫生监督信息报告、食品安全事故流行病学调查 3 项专门的卫生监督执法工作制定了专门的办法。

（三）食品安全监管机制显著改进

2012 年，食品安全监管仍旧是社会法治的重要问题。《国务院关于加强食品安全工作的决定》（国发〔2012〕20 号）提出，推动地方政府和监管部门的责任落实，建立健全食品安全责任制，提升食品安全监管能力，并特别提出推进食品安全工作重心下移、力量配置下移，健全基层食品安全管理工作体系。

食品标准是保障食品安全的重要防线。为了有效解决食品标准体系不完善，标准间交叉重复、衔接协调程度不高，个别重要标准或者重要指标缺失，标准科学性和合理性有待提高等问题，卫生部等部门联合制定了《食品安全国家标准"十二五"规划》。按照该规划，国家将清理整合现行食品标准，加快制定、修订食品安全国家标准，提高食品安全国家标准的通用性、科学性和实用性，完善食品安全国家标准管理机制。

相关部门继续推动食品安全信息公开工作。《2012 年政府信息公开重点工作安排》明确提出要推进食品安全信息公开。国家食品药品监督管理局食品安全监管司发布了《关于定期公告餐饮服务许可情况的通知》（食药监食函〔2012〕67 号），要求定期发布取得或者注销餐饮服务许可的餐饮服务提供者名录。

进一步完善食品安全诚信体系。国务院食品安全委员会办公室等机构部门联合发布的《关于进一步加强道德诚信建设推进食品安全工作的意见》特别提出，要建立健全外部联动奖惩机制，推动建立全国联网、覆盖全部食品企业和主要从业人员、统一实名制标识、信息互通互补、动态实时更新、应用系统完善的食品安全信用信息电子系统和公共服务平台，在年审年检、立项审批、用地审批、环评审核、贷款审批、上市融资等方面建立联动奖惩机制。

加强社会监督机制，发动公众参与监督。国家食品药品监督管理局 2012 年发布了《关于加强和创新餐饮服务食品安全社会监督工作的指导意见》（国食药监食〔2012〕150 号），提出动员基层群众性自治组织，鼓励社会团体和社会各界人士，支持新闻媒体参与餐饮服务食品安全社会监督。

（四） 保障教育事业健康发展

首先，国家继续加强义务教育工作。《国务院关于深入推进义务教育均衡发展的意见》（国发〔2012〕48号）提出了推进义务教育均衡发展的基本目标。《国务院办公厅关于规范农村义务教育学校布局调整的意见》（国办发〔2012〕48号）提出，严格规范学校撤并程序和行为，保障适龄儿童少年就近入学。教育部等十五部门联合印发了《农村义务教育学生营养改善计划实施细则》《农村义务教育学生营养改善计划食品安全保障管理暂行办法》《农村义务教育学校食堂管理暂行办法》《农村义务教育学生营养改善计划实名制学生信息管理暂行办法》《农村义务教育学生营养改善计划信息公开公示暂行办法》5个配套文件，以改善农村学生营养健康状况。针对频频出现的校车安全事故，为了保障接送接受义务教育学生的安全，国务院还出台了《校车安全管理条例》，明确了政府在保障校车安全中的责任，校车准入、安全保障以及学校、校车服务提供者等的权利义务。

其次，努力推动教育公平。国务院办公厅转发教育部等部门《关于做好进城务工人员随迁子女接受义务教育后在当地参加升学考试工作的意见》，要求各地因地制宜制定随迁子女升学考试具体政策。

最后，注重提升教育质量。为了加强教师队伍建设，提升教育质量，《国务院关于加强教师队伍建设的意见》（国发〔2012〕41号）提出，到2020年形成一支师德高尚、业务精湛、结构合理、充满活力的高素质专业化教师队伍的目标。国务院还制定了《教育督导条例》，这是中国首部教育督导法规，标志着教育督导走上法制化的轨道，有助于全面提高教育质量。

（五） 加强对慈善活动的管理

2012年，有关机构和慈善组织根据慈善事业的新发展和新需求在慈善法治建设方面进行了多方面的尝试和探索。在慈善组织制度方面，民政部印发了《关于规范基金会行为的若干规定（试行）》，将公益慈善组织信息公开规则上升为有一定约束力的部门规章。在慈善行为制度方面，民政部印发了《志愿服务记录办法》，着力通过资源整合和信息共享，积极探索建立适合国情的志愿服务记录制度。

2012 年，国务院将红十字会列为国家社会领域综合配套改革的试点单位，随后印发《关于促进红十字会事业发展的意见》，要求"有条件的地方红十字会开展社会组织改革试点"，把其改革作为社会组织改革的破题之举，也为工会、青年团、妇联等社会团体改革探索出路。

各地积极探索慈善法治的完善工作。深圳市民政局组织起草了《深圳经济特区慈善事业促进条例（送审稿）》，试图系统全面地制定慈善事业的各方面法律制度。有些地方则采用单行法的方式对慈善领域重大问题进行规范，如《广州市募捐条例》、《上海市募捐条例》、修订后的《黑龙江省志愿服务条例》等。

（六）依法推动环境保护工作

2012 年，中国环境法治建设无论是在环境立法、环境政策，还是在环境执法和环境司法领域均凸显了对民生环境改善和环境事件维稳问题的关注。

首先，一系列环境法律法规的拟定与修订工作陆续展开。2012 年，《环境保护法修正案（草案）》正式提请审议，《清洁生产促进法》修订完成。除此之外，相关部门还颁布了《环境监察办法》《危险化学品环境管理登记办法（试行）》《污染源自动监控设施现场监督检查办法》《化学品测试合格实验室管理办法》《废弃电器电子产品处理基金征收使用管理办法》《环境保护部基本建设项目管理办法》《再生铅行业准入条件》《铅蓄电池行业准入条件》等近 10 项环境法规规章文件。上述立法活动对环境法律体系和环境法律制度的建设和完善起到了积极的助推作用。环境保护部陆续颁布和实施了一批排放标准与技术标准，进一步完善了环境标准规范体系，增强了环境法的可操作性。

其次，环境执法继续围绕"十二五"规划对环保工作的总体要求，深入开展环保专项行动，在执法理念、工作目标、重点措施方面取得了明显进展。2012 年的环境保护执法强化了效能执法、执法服务等工作理念，明确了"规范化、精细化、效能化、智能化"的工作目标，加强了重点流域、区域、行业，重要时期以及城市、重点工业污染源、农业和生态的执法监管，加强了关系民生的执法服务，同时进一步创新了"全过程、全方位、全覆盖"的环境监管新模式，建立健全"上下联动、部门联动、区域联动"的工作机制，落实执法责任制，加强了执法能力和队伍建设。

最后，以推动环境能动司法为目标，通过审判实践构筑环境司法新机制。2012 年，通过审判实践促进环保领域的司法能动性、创新和完善环境司法机制成为环境司法的主要发展方向。例如：重庆市通过推行环境司法专门化实践，逐步建立起了全面、系统、具体的专门环境司法制度体系；云南省高级人民法院推动能动环境司法，强化环保审判诉讼职权主义，尝试提前介入环境污染事件，形成大调解的格局，积极开展提供司法建议和环保法律意见书工作，增强司法的指导功能；贵阳市两级人民法院坚持能动司法理念，探索环境资源保护刑事诉讼、民事诉讼、行政诉讼"三诉合一"集中专属管辖的环保司法新模式，对环境资源实行"一体化"保护。

（七）强化安全生产监督管理

加强安全生产监督管理，规范生产经营活动，消除安全隐患，对保障人民生命财产安全和经济社会稳定发展至关重要。2012 年，全国安全生产形势仍然不容乐观，根据国家安全生产监督管理总局发布的统计数据，2012 年 1 月 15 日至 11 月 22 日，全国共发生特别重大事故 2 起，82 人死亡或下落不明；重大事故 48 起，592 人死亡或下落不明；较大事故 672 起，2691 人死亡或下落不明。其中，道路交通事故次数最多，有 433 起[1]（见图 1）。

为了加强安全生产监督管理，有关部门制定或者修订了部分法规规章，加强相关行业的安全生产监督管理工作。

为规范和监督缺陷汽车产品召回行为，保障消费者人身、财产安全，

---

[1] 根据国家安全生产监督管理总局网站发布的"安全生产简况"整理，http://www.chinasafety.gov.cn/newpage/aqfx/aqfx.htm。

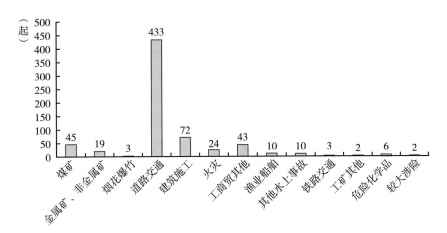

图1　2012年各类较大事故发生情况

国务院制定了《缺陷汽车产品召回管理条例》，明确了生产者主动召回缺陷汽车产品的义务、责任以及国务院产品质量监督部门的职权。

国家安全生产监督管理总局公布了《危险化学品经营许可证管理办法》和《危险化学品登记管理办法》，环境保护部公布了《危险化学品环境管理登记办法（试行）》，以加强危险化学品的管理。此外，国家安全生产监督管理总局公布了《烟花爆竹生产企业安全生产许可证实施办法》，工业和信息化部、公安部和海关总署联合发布了《民用爆炸物进出口管理办法》。

针对2012年多次发生的恶性交通事故，有关部门加强了交通安全监管工作。《国务院关于加强道路交通安全工作的意见》（国发〔2012〕30号）规定，严格长途客运和旅游客运安全管理，并提出建立客货运驾驶人从业信息、交通违法信息、交通事故信息的共享机制，加快推进信息查询平台建设，设立驾驶人"黑名单"信息库。公安部、交通运输部发布的《关于进一步加强客货运驾驶人安全管理工作的意见》提出，要提高大中型客货车驾驶人培训考试要求，严格客货运驾驶人准入条件。公安部修订了《机动车驾驶证申领和使用规定》，加强了对驾驶员的管理。

（八）社会法治存在的问题

第一，社会保障的法治建设还有待完善。首先，社会保障法制化程度低。社会保障法律体系中除《社会保险法》外，主要是行政法规、规章或规范性文件，在社会救助、社会福利、社会优抚和补偿方面均没有制定较高位阶的专门法律依据，法律依据层级低，缺乏稳定性。其次，司法保障乏力。目前，社会保障中的很多问题和纠纷基本上是通过行政途径解决，很少通过司法途径解决。一些社会保障纠纷即便起诉到法院，也很少得到支持，不利于保护当事人的合法权益。再次，社会保障水平低。除了公费医疗外，医疗保险中只有部分职工医保具有真正的保障功能，居民医保和新农村合作医疗等与社会医疗保障还有很大的差距，城乡居民基础养老金保障水平也普遍较低，不能有效保障居民的基本生活。社会救助和社会福利机制不够完善。毕节5名男孩取暖致死事件反映了社会救助机制的不足。据民政部在第十一届全国人民代表大会常务委员会第二十九次会议上所作的《国务院关于社会救助工作情况的报告》，为确保社会救助制度的顺利实施，各级政府都加大了对社会救助的财政投入，但基层社会救助力量薄弱、制度衔接不到位问题依旧突出。最后，社会保障制度不统一。一直以来所采取的分人群设计、分部门管理、分地区实施的社会保障模式，造成了各地实行的社会保障政策不统一，部分险种未实现有效衔接，有的省份甚至未实现省内缴费比例统一。

第二，医患矛盾和医疗纠纷问题已成为医疗卫生领域的"顽疾"，暴露出卫生法治建设的不足。卫生部和公安部共同发布了《关于维护医疗机构秩序的通告》，要求医患双方依法就诊、治疗和处理争议，卫生部办公厅还要求在二级以上医院等重点医疗机构设立警务室，打击侵害医患双方合法权益的涉医违法犯罪行为，各地也纷纷出台措施维护医疗秩序。但医患矛盾是医药卫生领域各种矛盾相互作用和叠加的集中体现，这决定了改善医患关系是一项系统工程，其中既涉及医疗服务、医药安全、治安管理、医疗纠纷处理体制等法制因素，又涉及道德、经济、社会等因素，因而单纯制止闹医并不能从根本上解决医患矛盾。

第三，依法抓好基础教育仍是中国教育法治的重要课题。2012年曝光的幼儿园虐童事件以及毕节 5 名男孩取暖致死事件都表明，中国的基础教育还有不少问题亟待解决。首先，政府投入不足，导致就近入学、接受优质基础教育的需求不断增长与政府投入增速缓慢之间的矛盾尚未根本解决，学前教育资源不足，教师严重短缺，师资水平参差不齐。其次，教育执法不严。在教育管理和学校管理中，教育法律也没有地位，广泛存在"有法不依"的问题。《教育法》对学校办学自主权的规定、《民办教育促进法》对民办学校自主招生权的规定、《教师法》对教师平均工资的规定、《义务教育法》对各方主体落实义务教育的权责规定等都没有得到很好落实。

第四，环境保护仍面临理念更新和强化执法的问题。随着人们认知和生活水平的提升，对美好的生活环境日益向往，发展经济和加强环境保护之间的矛盾日益突出，甚至引发公众与政府的对立，要求政府必须转变管理观念，切实重视环境与生态保护问题。"守法成本高、违法成本低"也导致环境执法效果不尽如人意。如何从根本上遏制环境状况总体恶化的趋势，完成污染减排任务，解决比较突出的损害群众健康的环境问题是当前环境执法面临的严峻形势。

第五，无论是食品安全，还是安全生产，执法水平仍有待提高。现行监管多数情况下仍只能被动"救火"，不能有效防控。公众及各类经营主体的安全意识淡漠，无视安全规则，给安全监管带来巨大风险，2012 年发生的数起乘客在客机上打架事件、保定居民楼爆炸事件都与此相关。又如，2011 年发布的《公共场所卫生管理条例实施细则》已经实施一段时间，但室内公共场所吸烟仍然未得到禁止。因此，发动社会力量参与监督，提高全社会的安全意识将是未来安全监管的重点。

第六，慈善法律体系不完善的问题还很突出。慈善制度体系存在很多法律空白，如慈善组织的界定和认定、慈善募捐的统一法律规则，至于志愿服务、慈善信托等更是缺乏制度规范。另外，慈善法治的价值体系不明确，如慈善组织的双重管理制度使得准入门槛过高，法律法规中所规定的税收优惠政策缺乏相应的配套措施等，都使得鼓励扶持慈善事业的价值目标难以实现。而且，法律法规的逻辑体系不周延，不同法律文件各自为政导致有些交叉领域出现法律冲突。

七 民商经济法治细化制度，管理思路仍须转变

（一）继续改革财税法治，促进收入再分配

2012年，《预算法修正案（草案二次审议稿）》提交全国人大常委会审议并面向公众征求意见。二审草案在预算的公开性、完整性和统一性以及科学性上有所进步，但立法宗旨、地方债、央行经理国库和财政专户等方面的规定也受到质疑。

营业税改增值税试点工作正在稳步推进。逐步将增值税征税范围扩大至全部的商品和服务，以增值税取代营业税，既符合国际惯例，也是深化中国税制改革、促进产业发展和经济结构调整的必要选择。根据国务院安排，上海市交通运输业和部分现代服务业等开展营业税改增值税的试点。半年试点之后，财政部、国家税务总局发布《关于在北京等8省市开展交通运输业和部分现代服务业营业税改征增值税试点的通知》（财税〔2012〕71号），明确将试点范围扩展至北京等8个省（直辖市）。"营改增"实质是完成1994年税制改革中的未竟事业，与2004~2009年推行的增值税转型共同构成了完善现代增值税的核心内容，它为进一步解决商品和劳务税制中的重复征税问题，构建公平、简易、中性的复合税制，降低企业税负以及支持现代服务业发展奠定了基础。

（二）加强资本市场监管，推动诚信建设

首先，夯实制度基础。2012年，中国证券监督管理委员会（以下简称"证监会"）陆续发布了《关于进一步深化新股发行体制改革的指导意见》《关于修改〈证券发行与承销管理办法〉的决定》《非上市公众公司监督管理办法》《关于修改〈上市公司收购管理办法〉第六十二条及第六十三条的决定》等数十件规范性文件，大力推进发行体制、退市制度改革，对新股发行推介及承销过程中的信息披露作出更为规范的要求，加强对中小企业等薄弱领域的金融支持，提升资本市场服务实体经济的功能。

其次，放松行政管制。国务院公布的第六批取消和调整 314 项行政审批项目，其中有 32 项涉及证券监督管理，超过总数的十分之一，约占证监会行政审批项目总数的 30%，凸显了资本市场放松管制的力度，展现了证券市场进一步向市场化迈进的气象。

再次，严打内幕交易等违法违规行为。2012 年，证监会进一步加强稽查执法工作，严厉打击各类证券期货违法违规行为，维护资本市场秩序，保护投资者的合法权益。

最后，强化诚信理念。证监会发布了资本市场的首部诚信规章——《证券期货市场诚信监督管理暂行办法》，将上市公司公开承诺的履行信息纳入诚信档案，彰显了证券监管部门诚信治市的决心。

（三）加强金融机构监管，完善金融法制

首先，金融监管规范得到完善。中国银行业监督管理委员会（以下简称"银监会"）公布的《商业银行资本管理办法（试行）》对加强商业银行资本监管，维护银行体系稳健运行，保护存款人利益具有重要意义。证监会公布的《基金管理公司特定客户资产管理业务试点办法》从业务规范、监督管理、法律责任等方面规范了基金管理公司特定客户资产管理业务，保护当事人的合法权益。证监会修改了《证券投资基金运作管理办法》第 6 条及第 12 条，放松了对基金产品申报数量的限制，为发起式基金的推出预留了空间。

其次，重视解决融资难的问题。根据国务院常务会议批准实施的《浙江省温州市金融综合改革试验区总体方案》，浙江省人民政府出台了《浙江省温州市金融综合改革试验区实施方案》，提出要规范发展民间融资、加快发展新型金融组织、研究开展个人境外直接投资试点。《中国银监会办公厅关于农村中小金融机构实施富民惠农金融创新工程的指导意见》《中国银监会办公厅关于农村中小金融机构实施阳光信贷工程的指导意见》《中国银监会办公厅关于农村中小金融机构实施金融服务进村入社区工程的指导意见》《中国银监会关于鼓励和引导民间资本进入银行业的实施意见》等文件也着力于化解融资难问题。

最后，加强司法对金融监管的支持，为防范化解金融风险和推进金融

改革发展保驾护航。最高人民法院《关于人民法院为防范化解金融风险和推进金融改革发展提供司法保障的指导意见》提出，规范金融秩序，防范金融风险，推动金融改革，支持金融创新，维护金融安全，是人民法院为国家全面推进金融改革发展提供司法保障的重要方面。鉴于内幕交易、泄露内幕信息犯罪案件呈逐年增多态势，《最高人民法院、最高人民检察院关于办理内幕交易、泄露内幕信息刑事案件具体应用法律若干问题的解释》全面系统地对内幕信息知情人员、非法获取内幕信息人员、内幕信息敏感期、内幕交易、泄露内幕信息的定罪处罚标准等法律适用问题作出了规定。

（四）　完善交易管理制度，维护竞争秩序

为提高政府投资效益，加强对中央投资项目招标代理机构的监督管理，规范招标代理行为，提高招标代理质量，防止腐败行为，国家发展和改革委员会公布了《中央投资项目招标代理资格管理办法》。《最高人民法院关于审理因垄断行为引发的民事纠纷案件应用法律若干问题的规定》则为因垄断行为引发的民事纠纷案件的解决提供了相应依据。

（五）　加强知识产权保护，鼓励知识创新

首先，加强专利审查实施管理。2012年知识产权立法工作稳步推进。国家知识产权局修订了《专利实施强制许可办法》，废止了2003年版《专利实施强制许可办法》和2005年颁布的《涉及公共健康问题的专利实施强制许可办法》。国家知识产权局《专利标识标注办法》对专利标识标注行为作出了规范。国家知识产权局制定的《发明专利申请优先审查管理办法》为具有重要经济和社会影响、具备相当发明水平的战略性新兴产业和绿色技术的重要专利申请建立了审批快速通道，这将极大地促进相关科技成果的转化。

其次，打击侵犯知识产权行为。2012年全国知识产权执法工作成绩显著。国务院办公厅印发《2012年全国打击侵犯知识产权和制售假冒伪劣商品工作要点》，要求围绕侵权假冒中的突出问题，开展专项整治，强

化刑事打击，建立完善长效机制。国家工商管理总局设立了打击侵权和假冒伪劣工作领导小组办公室，下发了《2012 年全国工商系统打击侵犯知识产权和制售假冒伪劣商品重点工作安排及任务分工》，对全系统打击侵权和假冒伪劣工作进行部署。

再次，遏制恶意抢注行为。2012 年国家工商行政管理总局商标局和商标评审委员会采取各种措施遏制恶意抢注行为。截至 2012 年 6 月底，商标局共审结商标异议案件 4.14 万件，审理总量较上年同期增长了 85%，商标异议案件审理周期控制在 20 个月以内；商标评审委员会共审结案件 2.91 万件，审理总量较 2011 年同期增长了 135.36%；商标评审委员会在商标异议和评审程序中依法认定驰名商标 189 件①，有效遏制了恶意商标抢注行为。

最后，加强知识产权司法工作。2012 年，最高人民法院进一步推进由知识产权审判庭集中审理知识产权民事、行政和刑事案件的试点工作，建立知识产权民事、刑事和行政审判协调机制，知识产权审判体制和工作机制进一步完善。截至 6 月 30 日，全国已有 5 个高级人民法院、50 个中级人民法院、52 个基层人民法院开展了知识产权审判庭集中审理知识产权民事、行政和刑事案件的试点工作。

（六）民商法治发展中存在的问题

当前的民商法治发展伴随着社会主义市场经济发展、政府职能转变等过程，必然存在各种问题，不少问题都十分具体且具有行业特点。

其一，财政税收体制改革需进一步按照简税制、宽税基、低税率、严征管的原则优化税制，公平税负，更好地发挥税收作为依法、规范的经济手段筹集财政收入和调节经济社会生活的功能作用。具体的制度改革仅为表象，精髓和要义仍在于财税民主和财税法治。《预算法》历经两届人大立法，如今仍难脱"政府内部管理条例"之痕迹，缺乏立法权对行政权的制约、民意对立法权的制约。全面建成小康社会，需要财政收入放缓增

---

① 《斩向侵权假冒的利剑——上半年全国工商系统打击侵权和假冒伪劣工作综述》，《中国工商报》2012 年 8 月 2 日，第 A01 版。

速，财政支出向民生和社会保障倾斜；扩大内需、转变经济增长方式，有赖降低商品所含税费，减轻企业税负，增强所得税、财产税等直接税对高收入者的调节作用。而这些均与政府权力、部门利益相冲突，唯有秉持民主、法治的利剑，才能真正突围。

其二，如何处理加强监管与放松管制的关系。市场对资源的配置不是万能的，政府的介入和必要的监管不可或缺，政府管理缺位必然导致市场秩序的混乱，但不必要的监管不但会增加管理成本，还会增加市场主体的经营成本，制约企业创新。国家不断开展行政审批制度改革，简政放权，正是基于此。如何转变管理思路和管理方式，变简单的管制为灵活的引导，仍是发展民商法治的关键。

其三，如何形成监管合力。民商法治领域涉及多个行业和不同的监管部门，如金融业涉及"一行三会"，公平竞争涉及发展改革部门、商务部门、工商行政管理部门及各行业主管部门。但各部门之间的职能如何整合并形成监管合力，仍是制约监管效果的关键。

其四，如何依法保护各方主体的合法权益。调整好市场主体与客户、消费者之间的关系是民商法治着重需要解决的问题。2012年受到关注的银行业收费与服务问题再次表明，现行民商法治及行业监管还有待完善。监管部门如何处理好行业监管与保护各方利益的关系，仍是亟待解决的课题。

八　涉外经贸法治注重规则，还须适应角色转变

2012年全球经济从危机中缓慢复苏，但贸易保护主义的阴影仍在欧美发达国家和新兴经济体盛行，自由贸易和多边规则体系面临前所未有的威胁。面对复杂艰难的局面，中国更加注重依靠法律手段来解决涉外经贸领域的现实问题，更加自信和从容地应对贸易争端，主动运用经贸法律规则，维护自身权益。

（一）顺应新形势和新特点，着力应对贸易摩擦

2012年前三季度，中国共遭遇19个国家和地区发起的55起贸易救

济调查，涉案总金额 243 亿美元①。从数量上看，相比 2011 年稳中有降（2011 年为 67 起），但涉案金额大大增加（2011 年涉案金额为 59 亿美元）。2012 年贸易摩擦涉案金额相比 2011 年急剧增加，主要原因是欧盟于 2011 年 9 月决定对中国出口的光伏产品进行反倾销和反补贴立案调查。欧盟作为中国光伏产品的最大出口市场，其份额占到中国光伏产品出口总额的 70% 以上，其对中国光伏产品的反倾销和反补贴调查涉案金额超过 200 亿美元，是中国历年来遭遇的最大规模的涉外贸易争端。总体而言，2012 年的涉华贸易摩擦呈现如下特点。第一，摩擦所涉地域扩大，从传统发达国家向新兴经济体扩展，涉案产品也从一般产品向光伏产品等高附加值产品转移。第二，发达国家和地区案件数量虽无明显变化，但涉案金额显著增加，往往都是"大案"。第三，发展中国家的调查案件数量众多，并且方式多样、手段灵活，具有较强的不可预期性。例如，秘鲁调查机关可以不经相关产业申请自主立案并启动调查，印度、埃及和印度尼西亚倾向于使用程序性限制较少的一般保障措施和特保措施，巴西不断对人民币汇率政策提出反补贴质疑等。

面对此种局面，中国一方面积极应对调查，另一方面也充分利用相关国内规则，针锋相对地采取反制措施。例如，在双边交涉无果、欧盟执意对中国光伏产品发起反倾销和反补贴调查后，中国商务部正式决定自 2012 年 11 月 1 日起对原产于欧盟的进口太阳能级多晶硅产品进行反倾销和反补贴立案调查，并将本案此前已发起的对原产于美国和韩国的进口太阳能级多晶硅反倾销调查及对原产于美国的进口太阳能级多晶硅反补贴调查进行合并调查②。

（二）重视 WTO 争端解决机制，积极起诉应诉

截至 2012 年 11 月，中国在世界贸易组织（WTO）新增案件 9 起，占 WTO 同期新增案件总量的 30% 以上。其中，被诉案件 6 起，分别是美

---

① 商务部：《中国对外贸易形势报告（2012 年秋季）》。
② 商务部新闻办公室：《商务部对原产于欧盟的进口太阳能级多晶硅进行反倾销和反补贴立案调查》，http://www.mofcom.gov.cn/aarticle/ae/ai/201211/20121108413080.html，2012 年 11 月 22 日访问。

欧日诉中国稀土钨钼出口措施案（在 WTO 统计为 3 起案件）、美国诉中国对美国出口汽车反倾销和反补贴案、美国诉中国汽车零部件出口基地补贴案以及墨西哥诉中国纺织品补贴案；起诉案件 3 起，分别是中国诉美国反补贴措施案、中国诉美国反倾销和反补贴措施案以及中国诉欧盟可再生能源补贴措施案①。加上往年提起的尚未裁决的案件，目前中国在 WTO 共有 17 起进行中的案件，其中起诉案件 6 起，被诉案件 11 起。

（三）加强区域经贸合作，推进自由贸易区谈判

截至 2012 年 11 月，中国已经签署 10 个自由贸易协定（以下简称"自贸协定"），分别是中国—东盟、中国—新加坡、中国—巴基斯坦、中国—新西兰、中国—智利、中国—秘鲁和中国—哥斯达黎加自贸协定，内地与香港、澳门的更紧密经贸关系安排（CEPA），以及大陆与台湾的《海峡两岸经济合作框架协议》（ECFA）。还有 7 个自贸协定正在谈判之中，分别是中国—海湾合作委员会、中国—澳大利亚、中国—挪威、中国—瑞士、中国—冰岛、中国—韩国、中国—南部非洲关税同盟自贸协定。此外，中国业已完成与印度的区域贸易安排联合研究，以及中日韩自由贸易区官产学联合研究。

从国际层面看，在多哈回合陷入停滞、新的多边规则难以推出的背景下，区域贸易合作空前活跃，各种形式的自贸协定层出不穷。这些自贸协定数量不断增长，覆盖地域范围日益扩大，所涉议题也日益丰富多样，不仅包含一般意义上的贸易议题，还往往将投资、金融等传统的非贸易议题包含在内，向立体化、综合化方向发展。这是值得注意的一个新趋势。

需要指出的是，作为美国"回归亚太"战略的经济合作部分，美国主导下的"跨太平洋伙伴关系"（TPP）正在不断发展，目前已有 9 个成员②，同时加拿大、日本和墨西哥三国对此也态度积极。无论是从美国的主观意图还是从已经产生的客观效果看，TPP 都将对原本由中国主导的亚洲区域经贸合作产生重大影响，从而也是中国在推进区域经贸合作的下一

---

① 数据来源为 WTO 网站，http：//www.wto.org/english/tratop_e/dispu_e/find_dispu_cases_e.htm#results，2012 年 11 月 22 日访问。

② 分别是美国、澳大利亚、新西兰、智利、秘鲁、马来西亚、新加坡、越南和文莱。

步工作中必须引起高度重视的一个关键问题。

（四）完善双边投资协定，拓展双向投资

在吸收外商直接投资方面，中国已经连续 20 年位居发展中国家第一。其中，2011 年实际使用外资金额 1160 亿美元，2012 年 1～10 月实际使用外资金额 917 亿美元，暂居全球第一①。与此同时，随着中国经济实力的增强和经济结构的转型，中国近年来的对外投资也在大幅增加。2011 年中国对外投资 685 亿美元，位居全球第六；2012 年 1～9 月对外投资 525 亿美元，同比增长 29%。中国已经从单纯的招商引资大国发展成为双向投资大国。

（五）涉外经贸法治方面应注意的问题

作为全球第二经济大国和第一出口大国，同时又是相关制度和规则还不尽完善的发展中国家，中国在 WTO 诉讼案件众多并不奇怪。事实上，随着自身实力的增强和对规则理解的加深，中国也正在逐渐摆脱"入世"初期畏讼如虎、急于息争的心理，以更为平静和开放的心态面对 WTO 争端解决机制。这不仅体现在应诉方面更为自信和从容，还体现在更加积极地提起争端解决请求，通过主动起诉来维护自身合法权益，增强谈判议价能力。

目前，中国已经签署了 150 多个双边投资协定，涵盖了全球大多数国家和地区②。但这些协定中很多签署和生效时间较早，与现实情况的发展变化不尽吻合。特别是中国长期以来是以发展中国家和引资大国的身份存在，在总体基调上较为强调东道国的主权、权限和豁免。随着海外投资的快速增长，中国在国际投资领域的身份定位和关切事项也在发生微妙的变化，投资安全和投资保护问题日益提上日程，亟须引起重视。中国公司在

---

① 数据来源为《2012 年 1～10 月全国吸收外商直接投资情况》，商务部网站，http://www.mofcom.gov.cn/aarticle/tongjiziliao/v/201211/20121108447378.html，2012 年 11 月 22 日访问。

② 国家统计局贸经司：《从十六大到十八大经济社会发展成就系列报告之四》，国家统计局网站，http://www.stats.gov.cn/tjfx/ztfx/sbdcj/t20120821_402829422.htm，2012 年 11 月 22 日访问。

利比亚遭受的惨重损失就是这方面一个典型的例子。因此，如何适应角色的悄然转变，协调传统引资大国与新兴投资大国的双重身份，在维护主权与加强保护之间进行恰当的平衡，应当成为下一步工作的一个重要方面。

九 展望与预测：依靠法治，建设美丽中国

中国共产党十八大报告提出，要全面推进依法治国，深化行政体制改革，健全权力运行制约和监督体系，改善民生、创新管理，推进生态文明建设，努力建设美丽中国。这为中国的未来发展确定了方向，也对中国法治发展提出了要求。这应当是包含了践行科学发展、管理高效有力、权力廉洁为公、人民共同富裕、实现公平正义、社会和谐发展等愿景的美好蓝图，建设这样的美丽中国，离不开法治的保障。2013 年，中国的法治发展必然要服务于这样的目标和愿景。

加强宪法实施，落实宪法各项制度。加强实施，宪法才能真正成为根本大法。2013 年开始，进一步落实《宪法》规定的各项制度，加强立法，推动依法行政，深化司法体制改革，保障公民各项基本权利，将成为法治建设的重要任务。

努力推动全社会形成尊重宪法法律的氛围。提高全民尤其是公职人员尊重宪法法律的意识是推进依法治国的关键。从 2013 年开始，国家将会在原有普法工作的基础上，进一步针对不同人群加强法律知识的宣传、普及，提高实效，增强全民的权利意识、守法意识、责任意识，构建良好的法治环境。

推进行政体制改革，提高管理水平和能力。高效有力的行政管理是实现美好愿景的保障。2013 年，推进行政体制改革必将更加受到重视和关注。首先，依法处理好政府与市场、政府与社会的关系。通过深化行政审批制度改革等进一步理清现阶段政府的职能定位，把该管的管好，把不该管、不用管、管不好的通过市场机制、购买服务等形式交给市场和社会。其次，探索理顺监管体制，提高监管效率。食品安全、药品安全、安全生产、环境保护等众多领域暴露出的问题，都要求政府管理更加有效，管理权限更加明晰，因此，国家必将会通过大部门制改革、管理权限的科学配

置，提升政府对市场和社会的管理水平。

继续转变和创新管理方式。十八大报告提出，凡是涉及群众切身利益的决策都要充分听取群众意见，凡是损害群众利益的做法都要坚决防止和纠正。这就要求管理各种事务都要从以管理者为本位向以群众为本位转变。当前的中国已经进入各方面矛盾凸显的时期，妥善处理各方利益关系不可回避。鉴于 2012 年发生了一些群体性事件，2013 年政府管理必将更加注重评估和预防社会风险，有效保证公众的知情权、参与权，进一步扩大公众参与的渠道、创新参与的形式，充分听取和反映公众的诉求。此外，随着传统的处罚、强制等管理手段暴露出管理效果不理想等问题，运用信息、经济等手段创新管理方式将更加普遍，加强市场与社会主体的诚信建设将会越来越受到重视。

进一步推动司法改革。十八大报告提出，进一步深化司法体制改革，坚持和完善中国特色社会主义司法制度，确保审判机关、检察机关依法独立公正行使审判权、检察权。2013 年，中国将会进一步探索深化司法体制改革的顶层设计和具体路径，提高司法解决纠纷的公正性、权威性和公信力，切实发挥司法作为解决纠纷最后一道防线的功能。随着人权保障的深入推进，如何改革劳动教养等制度，也是相关部门的重要课题。

强化权力运行的公开透明。透明是法治的基石，是公平正义的保障。在 2012 年立法公开、政府信息公开、司法公开取得进展的基础上，2013年，中国必将进一步推动上述领域的公开透明。在立法公开方面，法律法规草案及立法过程的公开将会更加规范，如何切实提高公众参与程度，并充分反映和回应公众意见建议是其主要课题。在政府信息公开方面，预算与"三公"经费公开、食品安全信息公开、环境信息公开等公众关心的领域将会更加规范，公开程度将会逐步提高。同时，公众通过依申请公开方式获取政府信息的需求必将更加旺盛，也迫切需要各级政府机关积极主动地回应公众需求，并逐步完善制度、明确标准，消除阻碍公众获取信息的制度障碍。在司法公开方面，公检法各类机关迫切需要提升公开意识、提高公开能力。

完善反腐败制度建设。随着腐败方式的隐蔽化、期权化，反腐败斗争的形势也越来越艰巨。严格查办案件、高压惩治腐败已经不是解决问题的根本，通过制度完善和机制创新，科学配置权力，坚持阳光运行，规范公职人员行为，消除权力腐败滥用的土壤乃是根本出路。2013 年，公众对公职人员忠诚度及其财产合法性的关注只会增温，而绝不可能减弱，网络反腐仍会发威，但关键还在于构建公职人员不愿且不敢贪腐的制度机制，公职人员财产监督、对配偶子女移居境外的公职人员的监管、规范公职人员亲属行为等问题亟须得到制度回应，通过行政审批制度改革等科学配置权力的实践也将会更加受到重视。此外，切实改进工作作风，反对形式主义、官僚主义，制止奢侈浪费也会是未来廉政建设的重要内容。

保障民生福祉，推动实现共同富裕、社会和谐，仍将是中国 2013 年的最重要任务之一。首先，国家将摸索通过财税等的制度改革，落实收入分配体制改革，解决行业、地区及个人之间收入差距过大的问题。其次，扩大社会保障的覆盖面，提高社会保障水平。国家将继续加大社会保障投入，让更多的人享受到社会保障，并加快社会救助法的立法进程，加大对贫困人口等弱势群体的救助力度。再次，加强环境保护，加强生态保护。《环境保护法》有望完成修改，为未来一个时期的环境保护提供更有力的法律支持。同时，各级政府更应汲取 2012 年环境群体性事件的教训，妥善处理发展经济与保护生态、维护公众环境权益之间的关系，听取和尊重公众意愿。最后，加强保障安全的法治建设。社会越发展，食品安全、药品安全、信息安全、安全生产等也就越脆弱，越会成为问题。2013 年，国家必然继续推动解决上述方面的安全问题而完善制度，加强管理。

（参见法治蓝皮书《中国法治发展报告 No. 11 （2013）》）

第十一章 2013年中国法治发展与展望

2013 年是落实党的十八大精神的开局之年，中国共产党第十八届中央委员会第三次全体会议胜利召开，并通过了《中共中央关于全面深化改革若干重大问题的决定》，对今后一段时间的全面深化改革作出了全方位的具体部署。决定提出，深化改革开放永无止境，要以经济建设为中心，发挥经济体制改革的牵引作用，推动生产关系同生产力、上层建筑同经济基础相适应，推动经济社会持续健康发展。

2013 年，中国继续加快科学立法步伐，修改法律法规，完善社会主义法律体系；法治政府建设紧紧围绕简政放权、实施有效治理的目标，规范权力运行，提升透明度，探索改革管理体制和管理方式；司法改革以司法公开为推进力和重要抓手，着力提升司法公信力，维护司法公正；反腐治权的力度空前加大，不仅查办了一批大案要案，更着力加强预防工作；社会法治逐步完善，人权保障机制进一步加强。

一 立法工作

2013 年，相关立法主体围绕进一步提高立法质量、不断完善中国特色社会主义法律体系的目标，立足科学立法、民主立法，着重加强法律法规的修改完善，推动弥补法律空白。2013 年，全国人民代表大会常务委员会发布了《十二届全国人大常委会立法规划》，明确了 47 件第一类立法项目（即条件比较成熟、任期内拟提请审议的法律草案）、21 件第二类立法项目（即需要抓紧工作、条件成熟时提请审议的法律草案）。总体而言，2013 年的立法活动呈现如下特点。

（一）加强法律法规的修改完善

2013 年，全国人民代表大会常务委员会新制定 2 部法律，修改 21 部法律。国务院新制定 6 部行政法规，修改 48 部法规，废止 4 部法规。这表明，中国特色社会主义法律体系建成后，立法活动除了继续弥补法律空白外，更主要的是立足中国国情，提升立法质量，加强法律法规的修改、完善。

（二）为深化改革提供法治保障

进一步深化改革是中国当前的重要任务，立法活动也着力于为深化改革提供法治保障，消除改革道路上的法制障碍。例如，《全国人民代表大会常务委员会关于修改〈中华人民共和国文物保护法〉等十二部法律的决定》及《全国人民代表大会常务委员会关于修改〈中华人民共和国海洋环境保护法〉等七部法律的决定》就是通过一揽子修改法律的方式，取消和下放了部分法律设定的行政审批事项，为依法推进行政审批制度改革和政府职能转变提供了法律保障。《国务院关于废止和修改部分行政法规的决定》（国务院令第 638 号）、《国务院关于修改部分行政法规的决定》（国务院令第 645 号）也是着眼于依法推进行政审批制度改革和政府职能转变，进一步激发市场、社会的创造活力，发挥好地方政府贴近基层的优势，对相关行政法规规定的行政审批事项进行修改和清理，强调要促进和保障政府管理由事前审批更多地转为事中事后监管。

（三）注重立法机关自身作用发挥

相对于过去立法机关较为依赖国务院送审的法律草案，较少对草案内容进行实质性修改的情况，2013 年，立法机关表现得更加积极主动，在立法中更加注重发挥自身作用，对法律草案的审查力度明显加大。比如，在《商标法》修改过程中，全国人民代表大会常务委员会对国务院送交的草案进行了大幅修改，明确规定驰名商标不得做广告宣传，确定了有混淆可能性的侵权标准，加大了商标侵权的赔偿力度。这表明，立法机关自身能力正在逐步提升，这也有助于不断提升立法的科学性。

二　法治政府

2013 年，法治政府建设立足于简政放权的要求和目标，注意处理好政府与市场、政府与社会的关系，助力经济体制改革，转变政府职能，全面正确履行政府职能，进一步向市场释放改革红利。

（一）改革行政审批制度

改革行政审批制度仍然是 2013 年法治政府建设的重要内容之一。《国务院机构改革和职能转变方案》明确提出，减少和下放投资审批事项、减少和下放生产经营活动审批事项、减少资质资格许可和认定、改革工商登记制度。配合职能转变的要求，国务院 2013 年分三批共取消行政审批项目 145 项，下放管理层级的行政审批项目 57 项，部分取消和下放管理层级的行政审批项目 13 项①。《国务院关于严格控制新设行政许可的通知》（国发〔2013〕39 号）提出，设定行政许可，对人民群众生产生活影响很大，必须从严控制，今后起草法律文件、行政法规文件一般不新设行政许可，确需新设的，必须严格遵守《行政许可法》的规定，严格设定标准。此外，如前所述，全国人民代表大会常务委员会及国务院相继修改了一批法律法规，以配合行政审批事项削减工作。在改革工商登记制度方面，为进一步减少企业经营负担、释放经济活力，国务院提出，改革注册资本登记制度，放宽市场主体准入，创新政府监管方式，建立高效透明公正的公司登记制度，其中主要涉及放宽注册资本登记条件、将企业年检制度改为年度报告制度、放宽市场主体住所（经营场所）登记条件、推进企业诚信制度建设、将注册资本由实缴登记制改为认缴登记制等内容。

（二）实施机构改革、优化机构设置

作为转变政府职能、深化行政管理体制改革的一部分，中国在 2013

① 见《国务院关于取消和下放一批行政审批项目等事项的决定》（国发〔2013〕19 号）、《国务院关于取消和下放 50 项行政审批项目等事项的决定》（国发〔2013〕27 号）、《国务院关于取消和下放一批行政审批项目的决定》（国发〔2013〕44 号）。

年继续开展机构改革。改革仍然将进一步转变政府职能、确保各部门有效履行政府管理经济社会的职能作为主要目标，将减少部门职责交叉和分散作为主要手段，着力于整合分散在国务院不同部门相同或相似的职责，理顺部门职责关系。此次改革对食品药品监管、广播电视出版管理、海洋执法等部门的职能职责进行了大幅整合，撤销了铁道部，推动铁路运输市场化。此外，国务院还决定整合不动产登记职责，将分散在多个部门的不动产登记职责整合由一个部门承担。

（三）着力转变公共服务提供方式

转变职能、简政放权要求不断清理政府提供的公共服务，把那些不该政府管、相比市场提供的服务成本更高的事务从政府职能中剥离出去，通过市场机制，让市场主体、社会主体成为服务的主要提供者，让政府留出更多精力做好管理，给市场主体、社会主体提供更多的发展机会。为此，《国务院办公厅关于政府向社会力量购买服务的指导意见》（国办发〔2013〕96 号）提出，通过发挥市场机制作用，把政府直接向社会公众提供的一部分公共服务事项，按照一定的方式和程序，交由具备条件的社会力量承担，并由政府根据服务数量和质量向其支付费用，并规定了可购买服务的内容以及推进机制。

（四）继续加大政府信息公开力度

透明政府是法治政府的内在要求和实现保障。2013 年，国家继续推进政府信息公开工作。《国务院办公厅关于进一步加强政府信息公开　回应社会关切　提升政府公信力的意见》（国办发〔2013〕100 号）、《国务院办公厅关于印发当前政府信息公开重点工作安排的通知》（国办发〔2013〕73 号）等文件发布，明确了政府信息公开工作的重点领域，要求加强政府信息公开平台建设，健全舆情收集和回应机制，完善主动发布机制。

财政信息公开方面，财政部发布《关于推进省以下预决算公开工作的通知》（财预〔2013〕309 号），要求各省应逐步推动地市级和县级地区开展"三公"经费预决算公开工作，并应于 2015 年之前在省内所有县级以上政府开展包括财政预决算、部门预决算及"三公"经费预决算、市（县）级汇总"三公"经费预决算等方面在内的公开工作。《教育部关于进一步做好高等学校财务信息公开工作的通知》（教财函〔2013〕96号）还对高等学校财务信息的公开提出了具体要求。

三 司法改革

2013年是司法改革的重要一年。长期以来，因体制等原因造成矛盾积累，一方面各类法律纠纷数量不断攀升，另一方面，司法的权威正在经受巨大的挑战，司法体制到了非改革不可的关头，也是未来全面深化改革的重点之一。《中共中央关于全面深化改革若干重大问题的决定》用大量篇幅指出了司法改革的方向，要求确保司法机关依法独立行使审判权和检察权，健全权责明晰的司法权力运行机制，提高司法透明度和公信力，更好地保障人权。

（一）健全防范冤假错案的工作机制

2013年，中央政法委制定了《关于切实防止冤假错案的规定》，要求人民法院、人民检察院、公安机关办理刑事案件，必须以事实为依据，以法律为准绳，不能因为舆论炒作、当事人及其亲属上访闹访和"限时破案"、地方"维稳"等压力，作出违反法律规定的裁判和决定。最高人民法院发布了《关于建立健全防范刑事冤假错案工作机制的意见》，最高人民检察院发布了《关于切实履行检察职能 防止和纠正冤假错案的若干意见》，公安部发布了《关于进一步加强和改进刑事执法办案工作 切实防止发生冤假错案的通知》（公通字〔2013〕19号），相关文件的内容覆盖了刑事诉讼活动的侦查、批捕、起诉、审判等全部环节，刑事案件办理过程中防错纠错的"制度链"正在形成。

（二）推进独立行使审判权、检察权

《中共中央关于全面深化改革若干重大问题的决定》明确提出，要确保依法独立公正行使审判权、检察权。最高人民法院发布的《关于切实

践行司法为民　大力加强公正司法　不断提高司法公信力的若干意见》提出，坚持依法独立行使审判权。坚决贯彻人民法院依法独立行使审判权的宪法原则，坚决抵制各种形式的地方和部门保护主义，坚决排除权力、金钱、人情、关系等一切法外因素的干扰，不断健全保障人民法院依法独立公正行使审判权的制度机制，坚决维护宪法法律的尊严和权威。

（三）推进司法公开工作和司法民主

及时全面公开司法信息，是保障公众知情权、当事人诉讼权利，提升司法公信力的保障，也是倒逼司法改革、提升司法水平、维护司法公正的重要路径。2013 年，最高人民法院、最高人民检察院重点加大了司法公开的工作力度。最高人民法院发布的《关于切实践行司法为民　大力加强公正司法　不断提高司法公信力的若干意见》对司法公开工作提出了原则要求，《最高人民法院关于推进司法公开三大平台建设的若干意见》《最高人民法院关于人民法院在互联网公布裁判文书的规定》两部重要的司法公开规范性文件的发布对审判流程公开、裁判文书公开、执行信息公开提出了具体的措施，并强调了信息化技术在推进公开透明中的重要性。最高人民检察院发布《2014~2018 年基层人民检察院建设规划》，要求细化执法办案公开的内容、对象、时机、方式和要求，健全主动公开和依申请公开制度。此外，最高人民法院开通了"裁判文书网"，集中发布全国法院的裁判文书，最高人民法院还开通了官方微博、微信，加强与公众的沟通互动。

（四）专项整治执行难问题

最高人民法院针对社会反映强烈的执行难问题，开展了专项整治工作。《最高人民法院关于公布失信被执行人名单信息的若干规定》明确了公布具有履行能力而不履行生效法律文书确定义务的被执行人信息的规则，并开通了"全国法院失信被执行人名单信息公布与查询系统"。此外，最高人民法院公布了《关于网络查询、冻结被执行人存款的规定》，规范人民法院办理执行案件过程中通过网络查询、冻结被执行人存款及其他财产的行为，进一步提高执行效率。

（五） 废除劳动教养制度

自 2013 年初开始，劳动教养制度就被严格控制适用，对缠访、闹访等对象，不再采取劳动教养措施。全国人民代表大会常务委员会作出了《关于废止有关劳动教养法律规定的决定》。至此，在中国社会管理中存续多年且广受诟病的劳动教养制度正式退出历史舞台。

（六） 加强司法人员队伍建设

最高人民法院《关于切实践行司法为民 大力加强公正司法 不断提高司法公信力的若干意见》提出，扎实推进公正司法能力建设，特别是要高度重视对法官及法院其他工作人员的司法综合能力培养，不断强化法学理论与法律知识的教育与培训，拓展其他相关领域的知识教育。最高人民法院印发《关于新形势下进一步加强人民法院队伍建设的若干意见》，要求以分类管理改革为基础加强正规化建设，以提升司法能力为核心加强专业化建设，以完善职业保障为重点加强职业化建设。教育部、中央政法委员会、最高人民法院、最高人民检察院、公安部、司法部联合印发《关于实施高等学校与法律实务部门人员互聘"双千计划"的通知》，决定实施高等学校与法律实务部门人员互聘"双千计划"，推动学术界与实务界的人才交流。

此外，最高人民法院下发《关于人民陪审员制度改革试点方案》，扩大陪审员选任范围，落实随机抽取原则，完善陪审工作机制，落实陪审员阅卷权、参审权、异议权等，解决陪而不审的问题。

（七） 进一步清理司法解释

最高人民法院、最高人民检察院继续开展清理司法解释工作。《最高人民法院关于废止 1980 年 1 月 1 日至 1997 年 6 月 30 日期间发布的部分司法解释和司法解释性质文件（第九批）的决定》《最高人民法院关于废止 1997 年 7 月 1 日至 2011 年 12 月 31 日期间发布的部分司法解释和司法解释性质文件（第十批）的决定》共计废止 510 件司法解释和司法解释性质文件，《关于废止 1980 年 1 月 1 日至 1997 年 6 月 30 日期间制发的部分司法解释和司法解释性质文件的决定》《最高人民检察院关于废止 1997 年 7 月 1 日至 2012 年 6 月 30 日期间制发的部分司法解释性质文件的决定》共计废止 36 件司法解释性质文件，"两高"还废止了两单位共同发布的 48 件司法解释性质文件。

（八）促进律师业均衡发展

改革开放以来，律师行业持续稳步发展，但律师行业在地区之间、城乡之间的发展极不均衡，律师资源主要集中在大城市、中心城市，西部地区存在律师队伍数量严重不足、业务素质亟待提高、办公条件困难等问题。截至 2013 年 7 月，全国共有 174 个县（市、区）没有律师[1]。为了改变这种不均衡状况，促进欠发达地区律师行业发展，进而支持欠发达地区的经济、政治、文化建设，近年来，司法部和全国律师协会采取了一系列措施。2013 年，全国各地继续深入开展"1+1"法律援助志愿者行动，进一步扩大"1+1"法律援助志愿者行动的覆盖面；扎实推进"百千工程"和"千人计划"，为欠发达地区律师事务所建设、律师业务开展和人才培养提供帮助和支持。2013 年 7 月，司法部发布《关于加快解决有些地方没有律师和欠发达地区律师资源不足问题的意见》，提出鼓励支持设立分所，组建国资律师事务所，通过公共财政支持欠发达地区的法律服务产品供给、组织选派志愿律师等措施支持欠发达地区和县域律师发展。截至 2013 年 11 月，174 个没有律师的县中，已有 87 个县（市、区）解决了无律师问题，占全国无律师县总数的 50%，其中设立分所 23 家，建立国资所 33 家，派驻志愿律师及"1+1"法律援助律师 31 名。河北、山西、福建、海南、贵州、云南、陕西 7 省已全部解决县域无律师问题，实现了律师事务所及律师县域地区全覆盖；陕西、河北、福建等省还解决了一批县域地区只有 1 名到 2 名律师的律师资源不足问题[2]。

积极维护律师的权利一直是律师协会和司法行政机关的重要工作。近

---

[1] 周斌：《今年 7 月前我国仍有 174 个县没律师　目前 87 个县已解决无律师问题》，《法制日报》2013 年 11 月 14 日。

[2] 周斌：《今年 7 月前我国仍有 174 个县没律师　目前 87 个县已解决无律师问题》，《法制日报》2013 年 11 月 14 日。

年来，这项工作的力度不断加大，成效显著。2013 年 3 月，全国律师协会首次制定和发布了《关于进一步加强和改进维护律师执业合法权益工作的意见》。意见进一步明确加强和改进维护律师执业合法权益工作的指导思想、主要任务和基本原则，明确全国律师协会和地方律师协会维权工作职责，并对建立健全维权工作机制和进一步提高维权工作水平提出了新的要求。

四　廉政法治

2012 年 12 月，中共中央发布了《关于改进工作作风、密切联系群众的八项规定》。改进作风成为 2013 年重要的关键词之一，也成为中国反腐败的重要指导文件。2013 年度是中国反腐败和廉政法治建设的重要一年，国家采取多项措施严格规范公权力运行，预防和惩治腐败行为。

（一）加大监督与案件查办力度

2013 年度，中国共产党加大了巡视工作力度。2013 年内，中央巡视组开展了两轮巡视，发现了不少腐败线索。巡视是中国共产党党章规定的一项重要制度，是加强党内监督的重要形式，也是中国反腐败的重要手段。国家进一步加大了查办腐败案件的力度，仅中央纪委监察部已结案处理和正在立案检查的涉嫌违纪违法的中央管理的干部就有 31 人之多。此外，中国人民大学招生就业处原处长被调查，进一步拉开了对教育等社会领域腐败案件查处的序幕。

（二）厉行节约，反对浪费

挥霍浪费也是腐败。为此，2013 年中共中央、国务院印发了《党政机关厉行节约反对浪费条例》《关于严禁中央和国家机关使用"特供""专供"等标识的通知》《关于党政机关停止新建楼堂馆所和清理办公用房的通知》《中央和国家机关会议费管理办法》《关于严禁公款购买印制寄送贺年卡等物品的通知》《国务院办公厅关于对贯彻落实"约法三章"进一步加强督促检查的意见》《党政机关国内公务接待管理规定》等多项规定，要求各级部门和国家工作人员厉行节约、反对浪费。其中，《党政机关厉行节约反对浪费条例》是一部较为系统地规定党政机关厉行节约、反对浪费相关规范的法规，要求强化预算管理，遵循先有预算、后有支出的原则，严格执行预算，严禁超预算或者无预算安排支出，严禁虚列支出、转移或者套取预算资金，严格控制国内差旅费、因公临时出国（境）费、公务接待费、公务用车购置及运行费、会议费、培训费等支出。条例还对国内差旅和因公临时出国（境）、公务接待、公务用车、会议活动、办公用房等事项提出了细化要求，并规定，党政机关应当建立健全厉行节约、反对浪费的信息公开制度，按照及时、方便、多样的原则，以适当方式公开本单位预算和决算信息以及政府采购、国内公务接待、召开会议、举办培训、办公用房、公务支出和公款消费的审计结果等方面的信息。《党政机关国内公务接待管理规定》则进一步明确了公务接待的标准、监督措施等。《国务院办公厅关于对贯彻落实"约法三章"进一步加强督促检查的意见》就政府性楼堂馆所一律不得新建，财政供养人员只减不增，公费接待、公费出国、公费购车只减不增的规定，提出建立行政首长负责制，强化相关监督措施。

五 民商经济法治

2013 年，国家继续在民商经济领域完善立法，加强制度建设，加大执法力度，维护市场主体合法权益。

（一）推动制度完善，助力深化改革

《旅游法》《商标法》《消费者权益保护法》的修改，进一步明晰了相关领域市场行为的界限。国务院修改《计算机软件保护条例》《著作权法实施条例》《信息网络传播权保护条例》《植物新品种保护条例》，配合打击侵犯知识产权和制售假冒伪劣商品工作，加大了知识产权行政执法处罚力度。推动对《证券法》进行全面修订，是 2013 年中国证券法治建设中的一件大事。同时，"期货法"的制定也已进入监管部门和立法机关的视野。

　　在广东地区试点商事登记制度改革之后，国务院对公司注册资本登记制度改革作出了专门部署，以放宽市场主体准入条件、创新政府监管方式，这对于降低创业成本、鼓励市场主体创新、促进社会投资有积极作用。

　　税制改革方面，经国务院批准，财政部、国家税务总局联合下发《关于在全国开展交通运输业和部分现代服务业营业税改征增值税试点税收政策的通知》，在全国范围内开展交通运输业和部分现代服务业的营改增试点。截至 2013 年 12 月，交通运输业已全部纳入营改增范围。由于营改增涉及中央与地方税收收入的调整，这也将倒逼地方税体系的构建，并触及政府间收入重新划分，推动系列税制改革的启动与深化。《税收征收管理法》作为目前中国唯一的也是最重要的一部程序税法，对于规范政府征税权力和保障纳税人权利关系重大，2013 年也进行了修订。

　　在金融领域，《国务院办公厅关于金融支持小微企业发展的实施意见》要求，加快丰富和创新小微企业金融服务方式，强化对小微企业的增信服务和信息服务，发展小型金融机构，拓展小微企业直接融资渠道，降低小微企业融资成本，加大对小微企业金融服务的政策支持力度。为深化金融体制改革，支持实体经济发展，《国务院关于开展优先股试点的指导意见》决定开展优先股试点。作为逐步推进股票发行从核准制向注册制过渡的重要步骤，中国证券监督管理委员会制定并发布了《关于进一步推进新股发行体制改革的意见》。中国银行业监督管理委员会对《消费金融公司试点管理办法》进行了修订，着重对主要出资人条件、业务范围和经营规则等方面作了修改和调整。为进一步发挥保险对经济结构调整和转型升级的支撑和服务作用，推动保险业在现代金融体系、社会保障体系、农业保障体系、防灾防损体系和社会管理体系中发挥更大作用，中国保险监督管理委员会出台了《关于保险业支持经济结构调整和转型升级的指导意见》，从加强对重点领域和薄弱环节的保险支持、服务小微企业和科技创新、完善农业生产保障体系、创新保险资金运用方式、优化经济转型升级外部环境等十个方面对保险业提出了要求。

　　为了加快社会诚信建设，国务院发布了《征信业管理条例》，规定了征信机构的设立、管理及征信规则，明确了信用信息的范围和异议处理机制。为配合条例实施，中国人民银行出台了《征信机构管理办法》，对征信机构管理进行了具体的制度设计。《最高人民法院关于公布失信被执行人名单信息的若干规定》则加大了对失信被执行人的公开力度。

司法机关继续颁布司法解释，落实民商经济法领域的制度措施。《最高人民法院关于适用〈中华人民共和国保险法〉若干问题的解释（二）》细化了法律条文、统一了裁判标准，以更好地保护保险消费者尤其是投保人、被保险人和受益人的合法权益；《最高人民法院关于适用〈中华人民共和国企业破产法〉若干问题的规定（二）》着力解决企业破产法律程序较为烦琐，各地法院在审理破产案件时对债务人财产认定的法律适用不统一，影响债权人合法权益保护的问题。

（二）查处违法违规行为，保护市场主体合法权益

2013 年，各市场监管主体加大力度查处违法违规行为，切实保障市场主体合法权益。

证券监管部门在 2013 年加大了对证券市场违法违规行为的查处力度，查办了一些典型案件，为进一步加强证券执法工作树立了标杆，指明了方向。代表性案件有：绿大地欺诈发行上市案、万福生科创业板欺诈发行上市案和光大证券"乌龙指"事件。尤其是对光大证券因自营策略交易系统出现问题而引发的证券交易异常事件，中国证券监督管理委员会将其定性为内幕交易，对光大证券卸任总裁等四位相关决策责任人处以终身证券市场禁入，没收光大证券非法所得 8721 万元，并处以 5 倍罚款，共计5.23 亿元，堪称中国证券市场有史以来最严罚单。

打击侵权假冒依然是中国知识产权执法的重点。国家发布《2013 年全国打击侵犯知识产权和制售假冒伪劣商品工作要点》，就打击制售假冒伪劣商品违法行为、打击侵犯知识产权违法行为、保持刑事司法打击高压态势、推进长效机制建设、加强基础工作等方面作出部署。

在消费者权益保护方面，《消费者权益保护法》的修订在网上购物等新型消费方式、个人信息保护、格式条款、欺诈赔偿等方面都有新规定，进一步强化了对消费者的保障机制。《家用汽车产品修理、更换、退货责任规定》经过多次讨论，酝酿 8 年之久，终于出台实施。该规定突出了

生产者的质量第一责任，延长了保修期、明确了新车包退换的期限和
"三包"主要零件，加大了对违反"三包"规定的处罚力度。中国银行业
监督管理委员会发布了《银行业消费者权益保护工作指引》，针对侵害银
行业消费者权益的行为提出了八项禁止性规定。

六　社会法治

保障和发展民生，是建设中国特色社会主义法治国家的必然要求。
2013 年，有关部门继续着力加强和谐劳动关系建设、推进社会保障制度
完善、提升食品安全监管水平、完善医疗卫生法治建设。

（一）推动构建和谐劳动关系

为了加强对劳务派遣的监督管理，人力资源和社会保障部根据《全
国人民代表大会常务委员会关于修改〈中华人民共和国劳动合同法〉的
决定》，制定公布了《劳务派遣行政许可实施办法》，规定了劳务派遣的
许可条件和监督检查内容。

针对非公有制企业内部劳动争议协商解决机制不健全、劳动争议预防
调解制度尚未全面建立、劳动争议仍易发多发的问题，人力资源和社会保
障部、中华全国工商业联合会发布了《关于加强非公有制企业劳动争议
预防调解工作的意见》，提出推动非公有制企业普遍建立劳动争议协商调
解机制，加强非公有制企业劳动争议调解与仲裁工作的衔接。

《最高人民法院关于审理劳动争议案件适用法律若干问题的解释
（四）》《最高人民法院关于审理拒不支付劳动报酬刑事案件适用法律若
干问题的解释》相继出台，进一步加强了对和谐劳动关系的司法保障
力度。

中组部、中编办、财政部、人力资源和社会保障部、国资委、国家公
务员局、中国残疾人联合会（以下简称"中国残联"）联合出台了《关
于促进残疾人按比例就业的意见》，要求到 2020 年，所有省级党政机关、
地市级残工委主要成员单位至少安排 1 名残疾人就业。

（二）强化社会保障制度体系

在社会保障领域，国务院发布了《关于加快发展养老服务业的若干意见》（国发〔2013〕35 号），提出到 2020 年，全面建成以居家为基础、社区为依托、机构为支撑的，功能完善、规模适度、覆盖城乡的养老服务体系。国家卫生和计划生育委员会发布《关于做好 2013 年新型农村合作医疗工作的通知》（国卫基层发〔2013〕17 号），提出要进一步提高筹资水平，完善筹资政策，提高新农合保障水平，减轻群众经济负担，同时推进重大疾病保障工作，加快推进商业保险机构参与新农合经办服务和大病保险工作。

在社会救助方面，民政部发布《关于加强医疗救助与慈善事业衔接的指导意见》（民发〔2013〕132 号），要求积极探索建立医疗救助与慈善事业的衔接机制，建立需求导向机制、信息共享机制、统筹协调机制和激励扶持机制，切实做好医疗救助与慈善事业衔接的基础保障工作。

在慈善立法方面，《江苏省慈善事业促进条例》出台，首次对慈善活动、慈善组织、慈善募捐的概念进行定义，规定了慈善组织的内部管理和信息公开制度，明确了自主管理、民主监督的慈善组织内部结构，对慈善组织的设立、活动范围、组织机构、受赠财产管理、财务管理制度、信息公布、终止后的财产清算等方面进行了详细具体的规定。

在社会优抚和补偿方面，国务院、中央军委发布《关于批转人力资源和社会保障部、总参谋部、总政治部〈军人随军家属就业安置办法〉的通知》（国发〔2013〕42 号），规定各级政府负有做好随军家属就业安置工作的重要责任，应根据国家有关政策法规，结合当地实际，制定具体办法，指导、督促有关部门和单位具体落实。民政部转发了中国残联《关于残疾军人享受社会残疾人待遇有关问题的通知》，规定残疾军人除享受国家给予的特殊待遇外，应同时享受当地社会残疾人的相应待遇。通知要求，各地民政、残联部门要密切协作，加强政策宣传，加大工作力度，建立信息共享机制，确保政策落到实处。

针对中国逐步步入老龄社会的现状，《国务院关于加快发展养老服务业的若干意见》（国发〔2003〕35 号）提出，完善投融资政策、土地供应政策、税费优惠政策、补贴支持政策、人才培养和就业政策，鼓励公益慈善组织支持养老服务，统筹规划发展城市养老服务设施，大力发展居家养老服务网络，大力加强养老机构建设，切实加强农村养老服务，繁荣养老服务消费市场。

（三）提升食品安全监管水平

针对长期以来食品安全分段监管的弊端，2013 年机构改革中，国家进一步整合了食品安全监管职能，将国务院食品安全委员会办公室的职责、国家食品药品监督管理局的职责、国家质量监督检验检疫总局的生产环节食品安全监督管理职责、国家工商行政管理总局的流通环节食品安全监督管理职责整合，组建国家食品药品监督管理总局；并明确其主要职责是，对生产、流通、消费环节的食品安全和药品的安全性、有效性实施统一监督管理等；将工商行政管理部门、质量技术监督部门相应的食品安全监督管理队伍和检验检测机构划转食品药品监督管理部门。《国务院关于地方改革完善食品药品监督管理体制的指导意见》（国发〔2013〕18 号）要求地方政府加快推进地方食品药品监督管理体制改革，整合监管职能和机构、整合监管队伍和技术资源、加强监管能力建设、健全基层管理体系。新一轮的改革将有助于进一步提升各领域的执法水平。国务院办公厅还印发了《2013 年食品安全重点工作安排》，提出加强能力建设，夯实基层基础，加强诚信建设，落实主体责任等一系列监管要求。国家食品药品监督管理总局发布了《婴幼儿配方乳粉生产企业监督检查规定》，以期进一步加强对婴幼儿配方乳粉生产企业的监督检查，督促婴幼儿配方乳粉生产企业落实质量安全责任，切实保障婴幼儿配方乳粉质量安全。

此外，司法机关强化了对危害食品安全犯罪行为的惩治，《最高人民法院、最高人民检察院关于办理危害食品安全刑事案件适用法律若干问题的解释》进一步明确了危害食品安全刑事案件的定罪量刑问题。

（四）完善医疗卫生法治建设

为了落实《职业病防治法》，原卫生部颁布施行了新的《职业病诊断与鉴定管理办法》，实现了基干立法和配套立法的大致同步、协调。为应对严峻的传染病威胁和适应中国主要传染性疾病防治的新形势，原卫生部及时修订了均在 1991 年颁布实施的《结核病防治管理办法》和《性病防治管理办法》，两部规章的修订体现了卫生立法的针对性和有效性。

国务院办公厅发布了《关于巩固完善基本药物制度和基层运行新机制的意见》，提出完善基本药物采购和配送工作，加强基本药物使用和监管，完善稳定长效的多渠道补偿机制，进一步提升基层医疗卫生服务能力，稳定和优化乡村医生队伍，加强基层医疗卫生服务监管。

（五）加大环境保护治理力度

2013 年，随着中国环境问题的不断凸显，雾霾大气污染、血铅事件等严重影响人民群众的生产生活，环境法规和环境政策制定修改引起社会各界广泛关注。十二届全国人大常委会第五次会议进行了《环境保护法修正案（草案）》的三审。

国务院印发《大气污染防治行动计划》，提出防治大气污染的奋斗目标和具体指标，加大综合治理力度，减少污染物排放，调整优化产业结构，推动产业转型升级，加快企业技术改造，提高科技创新能力，加快调整能源结构，增加清洁能源供应，严格节能环保准入，优化产业空间布局等一系列举措。

国务院还印发了《全国资源型城市可持续发展规划（2013~2020年）》，提出以加快转变经济发展方式为主线，依靠体制机制创新，统筹推进新型工业化和新型城镇化，加强生态环境保护和治理，保障和改善民生，建立健全可持续发展长效机制，加快资源枯竭城市转型发展，提升城市综合服务功能，促进资源富集地区协调发展，走出一条中国特色的资源型城市可持续发展之路。

为了有效加大对环境犯罪的打击力度，最高人民法院、最高人民检察院会同公安部、环保部等有关部门在深入调研的基础上，制定了《最高人民法院、最高人民检察院关于办理环境污染刑事案件适用法律若干问题的解释》，界定了严重污染环境的 14 项认定标准，降低了污染环境的入罪门槛。环境保护部和公安部发布《关于加强环境保护与公安部门执法衔接配合工作的意见》，两部门将建立联席会议制度等 7 项衔接配合的工作机制和制度，开展部门联动，形成打击环境污染犯罪的强劲合力。

七　涉外法治

在涉外法治领域，中国继续依法维护国家领土主权，在多领域积极开展跨国法律合作，积极履行国际法律义务，加强涉外民商事法律适用。

（一）依法维护国家各项权益

2013 年，中国继续依照国际法相关规则，维护国家领土主权。中国海警编队连续在中国钓鱼岛领海巡航宣示主权。此外，中国政府宣布划设东海防空识别区，中国国防部发布了《东海防空识别区航空器识别规则公告》，表明中国积极运用国际法规则维护领土主权的决心。在国际贸易领域，中国就美国对华产品采取反倾销措施，提出与美国在世贸组织争端解决机制下进行磋商，正式启动世贸争端解决程序。这表明，中国正越来越积极主动地运用国际法规则维护国家各项权益。

（二）多领域开展跨国法律合作

2013 年，中国在反恐、打击跨国犯罪、环境保护、文化等领域缔结了多项国际条约。2013 年 6 月 29 日，十二届全国人大常委会第三次会议批准了《上海合作组织成员国组织和举行联合反恐演习的程序协定》和《关于在上海合作组织成员国境内组织和举行联合反恐行动的程序协定》。这两项协定适用于澳门特别行政区，在中国政府另行通知前，暂不适用于香港特别行政区。2013 年 6 月，中国与加拿大草签了《返还财产和分享被没收资产协定》。该协定旨在打击腐败犯罪分子向境外转移犯罪所得，这是中国缔结的首个境外追赃专门协定。2013 年 8 月 16 日，中瑞两国政府签署了《中华人民共和国政府与瑞士联邦委员会关于非法进出境文化财产及其返还的协定》，以防止文化财产的流失。2013 年 10 月，中国签署了《关于汞的水俣公约》，这是里约 +20 会议后国际社会通过的第一个多边环境条约，对于控制汞污染具有重要意义。中国签署该公约，通过承担国际法律义务来促进对国内汞及其他重金属的污染防治工作。

（三）积极履行国际法律义务

作为负责任的大国，中国在多个领域积极履行国际法律义务。在人权领域，中国根据国际人权条约规定，按期提交履约报告，积极配合并认真对待国际人权机构的审议工作。2013 年 9 月 26～27 日，联合国儿童权利委员会审议了中国政府提交的履行《儿童权利公约》的第三、四次合并报告，以及《儿童权利公约关于儿童卷入武装冲突问题的任择议定书》的首次报告。10 月 22 日，中国政府接受了联合国人权理事会关于中国人权状况的第二轮普遍定期审议。

（四）支持上海自贸区建设

2013 年 9 月 18 日，国务院发布《中国（上海）自由贸易试验区总体方案》，众所瞩目的上海自贸区正式开闸试水。上海自贸区虽以"贸易"冠名，但实际内涵和期待功能远远超过单纯的贸易范畴，是以新形势下推进改革开放为着眼点，以加快政府职能转变为切入点，广泛涉及贸易、投资、金融等各个方面。其中，自贸区内金融开放和金融创新尤为引人关注，被公认为上海自贸区建设最大的看点。为了支持自贸区建设，中国人民银行出台了《关于金融支持中国（上海）自由贸易试验区建设的意见》，中国证券监督管理委员会公布了《资本市场支持促进中国（上海）自由贸易试验区若干政策措施》。

上海市人民政府公布了《中国（上海）自由贸易试验区外商投资准入特别管理措施（负面清单）（2013 年）》，以外商投资法律法规、《中国（上海）自由贸易试验区总体方案》《外商投资产业指导目录（2011

年修订）》等为依据，列明了中国上海自由贸易试验区对外商投资项目
和设立外商投资企业采取的与国民待遇等不符的准入措施。

（五）加强涉外民商事法律适用

2013年1月，中国政府正式通知联合国秘书长，撤回对《联合国国
际货物销售合同公约》所作"不受公约第十一条及与第十一条内容有关
的规定的约束"的声明。至此，在合同是否需要书面形式这一问题上，
《合同法》与公约的规定与适用趋于一致，二者之间的冲突得以解决，从
而有助于进一步消除其他国家及其国民对中国"合同形式的法律适用不
平等"的误解，进一步减少中国国际经济贸易发展的法律障碍，加快积
极融入国际社会的进程，有助于充分利用国际资源发挥中国在国际舞台上
的作用。

为正确适用《民事诉讼法》《关于向国外送达民事或商事司法文书和
司法外文书的公约》《关于从国外调取民事或商事证据的公约》和双边民
事司法协助条约的规定，最高人民法院制定了《最高人民法院关于依据
国际公约和双边司法协助条约办理民商事案件司法文书送达和调查取证司
法协助请求的规定》。该规定明确了人民法院提出、办理民商事案件司法
文书送达、调查取证国际司法协助请求时应当遵循的原则，以及人民法院
国际司法协助工作的管理机制。

八　2013年法治发展存在的问题

《中共中央关于全面深化改革若干重大问题的决定》明确提出，全面
深化改革的总目标是完善和发展中国特色社会主义制度，推进国家治理体
系和治理能力现代化。在建设法治国家方面，必须坚持依法治国、依法执
政、依法行政共同推进，坚持法治国家、法治政府、法治社会一体建设。
要维护宪法法律权威，深化行政执法体制改革，全面正确履行政府职能，
改革司法体制，确保依法独立公正行使审判权、检察权，健全司法权力运
行机制，完善人权保障机制，强化权力制约机制和监督机制。

对照这一系列改革部署，2013年的中国法治发展虽然取得了很大进

步，但也存在不少问题和不足，需要关注。

（一）立法

加强科学立法仍然是各级立法机关面临的最大课题。

第一，立法活动的公开度还有待提升。以全国人民代表大会常务委员会的立法活动为例，2013 年通过的法律及法律修正案都经过了公开征集意见的环节，但征集意见的情况以及意见采纳情况、理由等并未公开。法律通过后，有关部门虽然对相关法律的出台进行了解读和说明，但内容很不系统，今后有必要进一步加大立法公开力度。

第二，排除部门利益对立法的影响应是科学立法要着力解决的问题。当前，立法活动还主要依赖部门立法，相关部门在起草草案时难免会站在方便自身管理的角度进行制度设计。因此，如何进一步做到开门立法，消除部门利益在立法中的反映仍是落实科学立法、提升立法质量的关键。

第三，树立正确的立法观念是摆在立法者面前的重要课题。执法不严的症结之一是立法不科学，制度设计缺乏可操作性。2012 年修订、2013 年实施的《老年人权益保障法》规定，家庭成员与老年人分开居住的，子女应当经常看望或者问候老年人，其本意值得肯定，但该规定操作性不强；《北京市大气污染防治条例（草案）》拟规定，在不影响车辆正常行驶的地段，提倡机动车驾驶员在停车 3 分钟以上时熄灭发动机，但对不遵守规定的当事人并无有效的监管手段，且监管成本较高。此外，由于法律规定不明确，往往还需要出台司法解释，具体明晰相关问题的法律适用。

第四，制度设计需根据社会发展需要不断完善。随着社会的发展、认识的转变，不少法律法规制度已经难以适应形势发展需要，不能平等保护各方当事人的合法权益，引导构建良好的社会秩序，亟须修改完善。《刑法》规定的嫖宿幼女罪就很典型。2013 年，最高人民法院、最高人民检察院、公安部、司法部联合发布了《关于依法惩治性侵害未成年人犯罪的意见》，最大限度地压缩了嫖宿幼女罪的实施空间，但这也要求立法机关及时启动修法程序。

因此，未来立法中还必须防止立法万能的观念，注意立法的刚性特点，并明确法律只是调节社会关系的一种手段，对那些应通过道德约束或者实践中难以执法、执法成本较高的事项，应考虑优先适用其他手段来解决。

（二）法治政府

行政审批制度改革还需整体推进。行政审批制度改革是处理好政府与市场关系、推动简政放权的最直接要求，也是深化改革、加快行政管理体制创新的突破口。2013 年，各地都在加快清理行政审批事项，甚至都将削减行政审批事项的情况作为一个重要的评判标准。但改革中应注意以下几个问题。

第一，行政审批事项削减不是行政审批制度改革的唯一考核指标。行政审批事项不削减、不清理不行，但"行政审批事项最少"绝不是考核行政审批制度改革成败的最优指标。行政审批制度改革既要把政府不该管、管不好的事项还给市场和社会，也要注意优化审批流程，降低办事成本。

第二，防止缺乏配套措施影响改革推进。随着行政审批事项自上而下进行层层取消、下放、转移，大量事务会推向市场、社会乃至基层政府，但在法律修改完善迟缓、社会组织培育滞后、公众依赖政府包打天下的惯性思维犹存，基层政府管理力量薄弱、政府监管手段落后、法律纠纷的司法救济渠道不畅等问题没有有效解决的情况下，行政审批制度改革很可能遭遇到阻力。

第三，如何走出行政审批事项清理、回潮、再清理、再回潮的怪圈，是决定行政审批制度改革成败的关键之一。

政府职能整合仍需加大力度。虽然政府机构改革不断深化，不少部门进行了职能调整，但多头管理的问题仍然普遍存在，容易出现谁都管、谁都不管、谁都管不了的尴尬局面。如何实现政府职能的无缝衔接、高效运转，仍是政府机构改革的重点问题。

规范性文件的制定水平还有待提升。以食品药品监管为例，规范性文件制定明显缺乏整体规划，存在头痛医头、脚痛医脚的弊病。例如，2013

年度制定的《国务院食品安全办关于进一步加强农村儿童食品市场监管工作的通知》（食安办〔2013〕16号）仅针对农村的儿童食品市场制定了规范性文件，而实际上，农村食品市场、儿童食品市场均是食品安全链的薄弱环节，完全可以在此前农村餐饮食品安全监管专门规定的基础上，继续就农村食品市场监管问题进行系统规定。而且，出台重复性、相似性规范性文件的情况还比较突出。例如，在医药立法方面，2013年度国家食品药品监管部门制定了5个有关药品、医疗器械、保健品广告的规范性文件，其中仅对个别企业严重违法广告保健食品采取暂停销售、限期整改措施先后发布了两次通知，而在年初国家食品药品监督管理部门已经对严重违法广告涉及的药品、医疗器械、保健食品采取暂停销售措施制定了文件；与之类似，国家食品药品监督管理部门还就整治虚假违法广告发布了两个文件。此外，国家食品药品监督管理部门还就收回严重违法企业涉案的保健食品广告批准文号问题专门发布了文件。这些情况表明，现行医药立法的效率尚显不足，医药立法还有待作系统规划并要具有一定的前瞻性。

决策的贯彻落实效率有待提升。仍以食品安全监管职能调整为例，国务院2013年4月10日就已发布《国务院关于地方改革完善食品药品监督管理体制的指导意见》（国发〔2013〕18号），将食品生产环节的监督管理职能由地方质量监督管理部门调整给同级的食品药品监督管理部门。但从课题组的调研情况看，各地进展参差不齐。截至2013年11月底，全国49个较大的市中，除深圳市本就由市场监督管理局负责、无须调整，另有14个城市电话长期无法接通、难以确认外，其余仅有4个显示已经完成了职能调整。这表明，决策的执行力还需加强。

推进改革还需加强配套措施。个别新措施、新政策的出台，缺乏相应的配套措施。例如，行政审批事项的转移、下放，由于很多社会组织还在培育过程中、一些基层政府力量有限，有可能无法及时改革到位。再如，政府购买社会服务还没有对如何防止通过购买服务转嫁"三公"经费、增加寻租空间作出相应的制度安排。

一些领域仍面临不少管理难题。例如，医疗体制改革仍然举步维艰，拟定出台的关于药品流通行业改革发展意见因部门意见不一而未能出台；

社会保障的一些主干法律，如社会救助法、社会福利法、慈善法等还未能出台；安全生产监管还存在许多薄弱环节，重大、恶性的安全生产事故仍时有发生。

（三）司法改革

在司法领域，司法体制改革的落实亟须明确具体推进的路径。法官职业化水平仍需提升，个别法官仍存在行为失范的问题，影响法官全体的形象，损害司法公信力。司法权威还需逐步重树，如何在提升法院自身水平基础上，实现案结事了，真正起到公平正义最后一道防线的作用，仍是司法机关面临的最大课题。司法公开工作取得明显进展，但仍存在各地发展不均衡、公开与公众需求之间差距较大等问题。此外，律师执业规范化程度还有待提升，传媒与审判良性互动活动的关系有待确立。

（四）廉政法治

在廉政法治领域，相关法律制度缺失，制度规定不明晰，缺乏执行力，公职人员行为规范方面缺乏有效规定等问题仍是制约反腐败成效的重要障碍。从高级官员的落马，到上海法官的嫖娼事件，再到一批基层干部的违纪被查，一批腐败案件的相继被查处，彰显了国家反腐治权的决心，也表明当前的反腐败工作任重而道远。

九　2014年法治发展预测

2014年，中国将会根据《中共中央关于全面深化改革若干重大问题的决定》，在深化改革、建设法治国家的道路上，进一步完善立法、加强法治政府建设、推进司法体制改革。

中国会进一步加强立法，为深化改革提供充分的立法保障，充分发挥立法在引领、推动和保障改革方面的重要作用，把改革决策与立法决策结合起来。为此，立法机关必将加快法律法规的制定、修改工作，及时把改革开放的成熟经验上升为法规制度，巩固改革开放成果。十二届全国人大常委会已经对外发布了立法规划，一大批法律面临修改完善。同时，国家还会进一步提高立法质量，压缩司法解释空间，提升立法的执行力。

法治政府建设将会进一步提速。随着经济体制改革的深化，根据让市场在资源配置中发挥决定性作用的改革方向，政府管理将会进一步沿着简政放权的路径，加快政府职能转变，推动行政审批制度改革，提高政府透明度，提升公共服务水平。与此同时，政府执法、监管力量将会进一步整合，逐步减少权责交叉、多头执法的问题。

深化财税体制改革将会着力改进预算管理制度，实施全面规范、公开透明的预算制度；完善税收制度，深化税收制度改革，完善地方税体系，建立事权和支出责任相适应的制度，逐步理顺事权关系。

推进社会事业改革创新需要国家进一步改革教育体制，推进教育均等化，保障广大人民群众平等接受教育的基本权利；需要继续着力构建和谐的劳动关系，提高劳动者权益保护水平；需要适应人口老龄化形势，不断改革社会保障制度，慎重研究延迟退休等相关政策；需要改革医疗卫生体制，降低就医成本，提升医疗水平。

建设美丽中国必须逐步改善人们赖以生存的自然生态环境。2014年，环境资源确权保护、生态补偿标准制定、大气污染防治、环境公益诉讼等将是中国环境法制发展的重点方向。国家将加快修订已列入立法计划的《大气污染防治法》，以应对当前日益严重的大气污染。在节能减排方面，国家将会进一步加快节能减排政策实施，鼓励群众参与，共同建设社会主义和谐社会生态文明。此外，如何提高环境执法力度和执法水平也将是环境保护领域的重要课题。

2014年，司法体制改革将会沿着十八届三中全会确定的方向，不断落实相关措施。国家有望在推动省以下地方法院、检察院人财物统一管理、建立与行政区划适当分离的司法管辖制度方面出台具体举措。法官任免、人员编制、人事管理将有望提高到省一级统一管理，经费保障纳入省级和国家财政预算，法院跨地区管辖将会有所突破，高级法院和最高法院对下级法院和全国法院的监督力度将会进一步加大。司法公开工作将在信息化支持下，进一步扩大范围、提升效果，检察机关信息公开有望有明显进展。律师执业环境会进一步优化，但对律师执业规范也会提出更多的要求。

在廉政法治建设方面，国家将会在 2013 年反腐倡廉工作基础上，继续对腐败行为保持高压态势，并将就如何进一步巩固反腐败工作的成果，研究有效制约和监督权力运行的体制机制。国家有望在公职人员财产监督、行为规范、"裸官"监管等方面进一步推动制度确立与完善，并将通过预算监督、审计监督以及推进公开透明、加强权力制约等措施，健全惩治和预防腐败的法律体系。此外，教育、科研等社会领域的反腐败工作将成为廉政建设的又一重点领域。

（参见法治蓝皮书《中国法治发展报告 No. 12（2014）》）

第十二章　2014 年中国法治发展与展望

2014 年，中国共产党第十八届中央委员会第四次全体会议通过了《中共中央关于全面推进依法治国若干重大问题的决定》。决定提出，坚持走中国特色社会主义法治道路，建设中国特色社会主义法治体系，建设社会主义法治国家。

2014 年是全国人民代表大会成立 60 周年。60 年的发展历程中，人民代表大会制度作为国家的根本政治制度，在保证人民当家作主，保证国家政治生活安定有序，坚持党的领导、人民当家作主、依法治国有机统一方面，发挥了不可替代的作用。

2014 年，中国首次将 12 月 4 日定为国家宪法日。设定国家宪法日不仅仅起到宣示作用，更是表明，党和国家将更加重视宪法的实施，并在全社会普遍开展宪法教育，弘扬宪法精神。

2014 年，中国注重创新立法体制机制，推进法治政府建设，研究并开展司法改革试点，加强司法人权保障，依法治国取得显著进展。

一　立法工作

习近平总书记指出，不是所有的法都能治国，不是所有的法都能治好国。立良法、善法，方能为依法治国提供制度保障。

2014 年，中国的立法活动活跃，制定新法、修改旧法，谋划立法体制变革，提升立法质量，积极为深化改革提供法律依据。回顾全年，立法活动主要体现为以下几个方面。

（一）完成、启动一批重要法律的修改，立法顺利转入深化阶段

2014 年，几部对中国法治进程极为重要的法律完成了修改工作，或者启动了修改进程。比如，对于推动中国法治政府建设有重要作用的《行政诉讼法》修改完成，明确了行政诉讼解决行政争议的目的，扩大了受案范围，将规章以下规范性文件纳入审查范围，尤其是率先落实了《中共中央关于全面推进依法治国若干重大问题的决定》提出的立案登记制要求，并注重立案环节的便民，延长起诉期限，明确要求行政首长出庭应诉，允许跨区域管辖行政案件，加大对拒绝履行判决、裁定、调解书的行政机关直接责任人的问责力度。《安全生产法》《环境保护法》《大气污染防治法》也进行了修改，进一步完善了相关领域的管理机制。此外，《立法法》《刑法》的修订工作启动。

（二）发挥立法在改革中的基础性作用，以法治助力改革深化

中国共产党十八届三中全会提出全面深化改革的若干任务，十八届四中全会进一步提出了推进依法治国的若干目标，这表明，国家的所有改革都必须于法有据、依法推进，立法就显得尤为重要。例如，在政府法制建设方面，深化改革必须有法律依据，为此，立法机关需要制定、修改完善有关的法律法规，逐步解决那些政府管得过多、管得过死的问题。2014年，全国人民代表大会常务委员会一并修改了《保险法》《证券法》《注册会计师法》《政府采购法》《气象法》，为削减行政审批、下放管理权限等提供法律保障。《预算法》的修改直接为落实《中共中央关于全面深化改革若干重大问题的决定》提出的改进预算管理制度、完善税收制度、建立事权和支出责任相适应的制度要求，提供了法律依据。国务院发布了《国务院关于修改部分行政法规的决定》（国务院令第 653 号）、《国务院关于废止和修改部分行政法规的决定》（国务院令第 648 号），废止 2 部行政法规，修改 29 部行政法规，这些修改的内容集中在放宽市场主体准入条件、促进和保障政府管理由事前审批更多地转为事中事后监管、激发社会投资活力方面。此外，为进一步转变政府管理方式，国务院还颁布了《企业信息公示暂行条例》（国务院令第 654 号），要求在工商行政管理部

门登记的企业在从事生产经营活动过程中形成的信息，以及政府部门在履行职责过程中产生的反映企业状况的信息，应向社会公示，推动经营主体加强自律。这些立法促进和保障了经济社会的全面发展和改革的顺利推进。

（三）立法机关积极进行立法解释，运用有权解释践行法治精神

在注重法律修改的同时，立法机关还积极开展立法解释工作，分别对《刑法》第 30 条、第 79 条第 3 款、第 158 条、第 159 条、第 254 条第 5 款、第 257 条第 2 款、第 266 条、第 271 条第 2 款、第 312 条、第 341 条以及《民法通则》第 99 条第 1 款、《婚姻法》第 22 条作出立法解释。类似这样由立法机关进行立法解释的情况过去并不多见，实践中更多的是通过司法解释来明确有关法律条文的适用条件或者情况。2014 年，立法机关积极主动地作出立法解释，解决了部分过去法律解释令出多门、司法机关借司法解释自我授权的问题，更加符合法治的精神和法治中国建设的要求。

（四）公众参与立法程度明显提高，推动民主立法、科学立法进程

立法参与是民主立法的体现，也是保障科学立法的重要手段。2014年，国家立法机关多次就立法征集意见，公众的立法参与程度有显著提升。2014 年，立法机关共有 10 部立法草案公开征集意见，其中《行政诉讼法》修正案草案甚至两度征集意见，公众参与踊跃。另外，《刑法修正案（九）（草案）》公开征求意见，共有 15096 人参与，提出了 51362 条意见或建议，就连专业性较强的《航道法（草案）》也有 445 人参与，并提出了 1487 条意见。这表明，立法关系到公众的根本利益，公众越来越关注立法活动，愿意也有能力就立法草案提出意见或建议，只有集思广益，才能立良法、立善法。公众参与立法活动，对于提升立法质量有巨大的推动作用，同时也推动了社会进步、法治进步。

二　法治政府

深化改革的核心是进一步简政放权、转变政府职能、优化政府管理、

激发市场活力。围绕这一点，2014 年，法治政府建设着力于推动政府全面履行职能，如减轻企业负担、激发市场活力，转变管理方式，加强执法，加强对行政权力的监督等。

（一）减轻企业负担、激发市场活力

2014 年，国家继续强力推进行政审批制度改革。2014 年全年，国务院分 3 批取消和下放行政审批事项 247 项。《国务院关于取消和下放一批行政审批项目的决定》（国发〔2014〕5 号）取消和下放了 64 项行政审批项目和 18 个子项；《国务院关于取消和调整一批行政审批项目等事项的决定》（国发〔2014〕50 号）取消和下放了 58 项行政审批项目，取消了 67 项职业资格许可和认定事项，取消了 19 项评比达标表彰项目，将 82 项工商登记前置审批事项调整或明确为后置审批事项。《国务院关于清理国务院部门非行政许可审批事项的通知》（国发〔2014〕16 号）要求清理非行政许可审批事项，取消国务院各部门所有面向公民、法人或其他组织的非行政许可审批事项，取消和调整面向地方政府等的非行政许可审批事项。按照要求，经过清理，游离于《行政许可法》之外、面向行政相对人的非许可审批将逐步退出历史舞台，企业经营中因行政管理过多造成的负担将大幅减轻。

为精简与项目核准相关的行政审批事项，实行项目核准与其他行政审批网上并联办理，规范中介服务行为，建设投资项目在线审批监管平台，构建纵横联动协管体系，以改变企业投资项目核准仍然存在前置审批手续繁杂、效率低下的状况，国务院还发布了《国务院办公厅关于印发精简审批事项　规范中介服务　实行企业投资项目网上并联核准制度工作方案的通知》（国办发〔2014〕59 号）。

《国务院办公厅关于进一步加强涉企收费管理　减轻企业负担的通知》（国办发〔2014〕30 号）、《国务院办公厅关于多措并举着力缓解企业融资成本高问题的指导意见》（国办发〔2014〕39 号）、《国务院关于扶持小型微型企业健康发展的意见》（国发〔2014〕52 号）也从减轻企业经营负担、加大扶持力度等方面入手，激发市场主体的活力，鼓励投资办企业。

（二）创新管理手段、转变管理方式

简政放权的前提和结果都要求政府转变管理方式，把事前的管理转为事中、事后的管理，把直接干预变为间接引导。《国务院关于印发注册资本登记制度改革方案的通知》（国发〔2014〕7号）提出，实行注册资本认缴登记制、改革年度检验验照制度等，政府管理开始从重事前管理向重事中、事后管理转变。作为改革的配套制度，《企业信息公示暂行条例》则运用信息公开手段，提升企业运行的透明度，促进企业加强自律，承担社会责任。与此同时，建立健全社会信用体系是减少政府对经济的行政干预、完善社会主义市场经济体制的迫切要求，为此，《国务院关于印发社会信用体系建设规划纲要（2014~2020年）的通知》（国发〔2014〕21号）提出，推进重点领域诚信建设，加快推进信用信息系统建设和应用，完善以奖惩制度为重点的社会信用体系运行机制。

（三）加强行政执法，促使全面履职

政府管理不但要防止行政审批等环节管得多、管得偏，还要防止市场主体放任自流，切实维护公平竞争的市场环境、安全有序的消费与生活环境，这就要求放松管制与严格管理相结合，加强行政执法，全面履行政府职责。《国务院办公厅关于印发2014年全国打击侵犯知识产权和制售假冒伪劣商品工作要点的通知》（国办发〔2014〕13号）、《国务院办公厅关于印发2014年食品安全重点工作安排的通知》（国办发〔2014〕20号）、《国务院办公厅关于加强环境监管执法的通知》（国办发〔2014〕56号）等一系列文件均要求各级政府在各领域加强执法工作，促使政府全面履行职责。

（四）突出重点领域信息公开，推进阳光政府建设

推进政府信息公开、打造阳光政府，是法治政府建设的重要内容。2014年，国家继续加大政府信息公开力度，几乎所有重点领域都在信息公开方面有所突破。例如，国务院批转全国打击侵犯知识产权和制售假冒伪劣商品工作领导小组的《关于依法公开制售假冒伪劣商品和侵犯知识产权行政处罚案件信息的意见（试行）》（国发〔2014〕6号），要求行

政执法机关主动、及时公开适用一般程序查办的假冒伪劣和侵权行政处罚案件相关信息。《2014年政府信息公开工作要点》（国办发〔2014〕12号）提出，推进行政权力运行信息公开，重点推进财政资金信息公开、公共资源配置信息公开、公共服务信息公开等。中央机构编制委员会办公室在门户网站以权力清单的方式展示了国务院部门现行有效的行政审批事项。《国务院办公厅关于加强环境监管执法的通知》（国办发〔2014〕56号）提出，积极推行"阳光执法"，严格规范和约束执法行为。国务院办公厅政府信息公开和政务公开办公室加大了对《2014年政府信息公开工作要点》落实情况的督察，国务院部门及各省级政府集中发布落实重点工作情况总结，接受社会评议与监督。

（五）规范权力运行，加强权力监督

2014年12月31日召开的国务院常务会议审议通过了《政府采购法实施条例（草案）》。该草案突出了政府采购的政策导向功能，加强了对政府采购的源头和结果管理，提升了政府采购的信息公开的透明度，完善了对政府采购行为的监管和社会监督，并加大了问责和处罚力度。《政府采购法实施条例》的通过有望进一步把政府采购纳入规范化、法制化轨道，构建规范透明、公平竞争、监督到位、严格问责的政府采购工作机制，铲除滋生腐败的土壤，把宝贵的公共资金用在刀刃上。

《行政诉讼法》自1989年制定后完成首次修改。近年来全国法院年均受理行政案件仅有十几万件（2013年为12.1万件），占全部案件总量的比例很低。《行政诉讼法》的修改对于拓宽"民告官"法律渠道，完善依法维权和化解行政纠纷机制，改进和完善行政诉讼起诉、审理、判决、执行等机制，强化对行政机关依法行政的监督，均具有不可忽视的重要意义。

三　司法改革

2014年，相关部门研究制订了司法改革的具体举措和试点方案，司法改革成为广受关注的领域。

（一）出台改革试点方案，深化司法体制改革

2014 年 6 月，中央全面深化改革领导小组审议批准《关于深化司法体制和社会体制改革的意见及贯彻实施分工方案》《关于司法体制改革试点若干问题的框架意见》和《上海市司法改革试点工作方案》，将完善司法人员分类管理、完善司法责任制、健全司法人员职业保障、推动省以下地方法院检察院人财物统一管理四项任务列为 2014 年的司法体制改革重点，并决定在上海、广东、吉林、湖北、海南、青海 6 个省市先行试点。截至 2014 年 12 月，包括后加入的贵州，7 个省市的司法改革试点方案获中央政法委批复同意。改革试点的主要内容是对司法机关工作人员实行分类管理，组建法官、检察官遴选、惩戒委员会，建立市县法院院长、检察院检察长由省级党委管理的制度。

（二）发布"四五"改革纲要，探索法院改革新路径

2014 年 7 月，最高人民法院发布了《人民法院第四个五年改革纲要（2014～2018）》，其宗旨是着力解决影响司法公正和制约司法能力的深层次问题，确保人民法院依法独立公正行使审判权，探索法院改革新路径。纲要针对深化法院人事管理改革、建立与行政区划适当分离的司法管辖制度、健全审判权力运行机制、加大对人权的司法保障力度、进一步深化司法公开、明确四级法院职能定位、健全司法行政事务保障机制、推进涉法涉诉信访改革等八大领域，提出了 45 项重要改革措施。最高人民法院还成立了司法改革领导小组，负责研究确定改革要点、审议改革方案、讨论重大问题，以推动司法改革顺利进行。

（三）改革涉诉信访机制，在法治框架内解决矛盾纠纷

涉诉信访占信访案件比例很大，对社会秩序和社会稳定带来严重的影响。为了解决这个问题，2014 年 3 月，中共中央办公厅、国务院办公厅印发《关于依法处理涉法涉诉信访问题的意见》，提出了改革涉法涉诉信访工作机制、依法处理涉法涉诉信访问题的总体思路，即改变经常性集中交办、过分依靠行政推动、通过信访启动法律程序的工作方

式，把解决涉法涉诉信访问题纳入法制轨道，由政法机关依法按程序处理，依法纠正执法差错，依法保障合法权益，依法维护公正结论，保护合法信访、制止违法闹访，努力实现案结事了、息诉息访，实现维护人民群众合法权益与维护司法权威的统一。该意见提出的具体改革措施有：建立诉讼与信访分离制度、建立涉法涉诉信访事项导入司法程序机制、严格落实依法按程序办理制度、建立涉法涉诉信访依法终结制度、健全国家司法救助制度、完善领导体制机制等，希望以此畅通信访渠道，提高司法公信力。为拓宽受理渠道，实现归口办理，最高人民法院还制定下发了《关于进一步推进涉诉信访工作机制改革的若干意见》，要求人民法院通过信访大厅接待来访、受理申诉来信、网络办理信访三种渠道保证当事人信访申诉畅通无阻。此外，最高人民法院还设立了两个巡回督导合议庭，开展巡回接访，主要督导办理重点疑难案件，进一步解决涉法涉诉信访问题。

（四）设立跨区法院、检察院，保障司法权力独立行使

中国现有地方各级法院 3573 家，绝大多数法院的设置与行政区划相对应，便于管辖和诉讼。但由于人财物受制于地方，司法权容易受地方党政部门的干预。中央全面深化改革领导小组第七次会议审议通过了《最高人民法院设立巡回法庭试点方案》和《设立跨行政区划人民法院、人民检察院试点方案》，通过设立跨行政区划法院，集中审理跨区域的民商事、行政和环境资源案件，排除地方对司法的影响。最高人民法院设立了巡回法庭，审理跨行政区域重大行政和民商事案件，各地还在探索设立跨行政区划的人民法院、人民检察院，以排除对审判工作和检察工作的干扰，保障法院和检察院依法、独立、公正行使审判权和检察权。截至2014 年底，北京市成立第四中级人民法院和市人民检察院第四分院，上海市成立第三中级人民法院和市人民检察院第三分院，开始管辖审理跨区域案件。

（五）探索专门法院建设，提升专业司法审判水平

2014 年，中国进一步探索专门法院建设，如北京、上海和广州设立

了知识产权专门法院。知识产权法院将围绕技术类案件的审理，探索完善符合中国国情、具有中国特色的技术调查官制度，提高技术事实查明的科学性、专业性和中立性，保证技术类案件审理的公正与高效。最高人民法院设立了专门的环境资源审判庭，其主要职责包括：审判一审、二审涉及大气、水、土壤等自然环境污染侵权纠纷民事案件，涉及地质矿产资源保护、开发有关权属争议纠纷民事案件，涉及森林、草原、内河、湖泊、滩涂、湿地等自然资源环境保护、开发、利用等环境资源民事纠纷案件；对不服下级人民法院生效裁判的涉及环境资源民事案件进行审查，依法提审或裁定指令下级法院再审；对下级人民法院环境资源民事案件审判工作进行指导；研究起草有关司法解释等。

（六）完善刑事司法制度，加强人权司法保障

2014 年，加强人权的司法保障是刑事司法工作的重要内容。2014 年，中国主要推进了以下几方面的工作。一是讯问过程的全程录音录像。公安部发布《公安机关讯问犯罪嫌疑人录音录像工作规定》（公通字〔2014〕33 号），要求各地逐步扩大讯问录音录像的案件范围，最终实现对所有刑事案件讯问过程的录音录像。最高人民检察院发布修改后的《人民检察院讯问职务犯罪嫌疑人实行全程同步录音录像的规定》，要求人民检察院办理职务犯罪案件，要对所有讯问的全过程实施不间断的录音录像。上述文件确立了全程录音录像、全角度录像、录制人员与讯问人员分离、录音录像与询问笔录相符、录制系统故障时停止讯问原则，以及禁止选择性录制，禁止不供不录，禁止剪接、删改等原则，对司法人权的保障将起到重要推动作用。

二是授权司法机关试行刑事速裁程序。全国人民代表大会常务委员会发布《关于授权最高人民法院、最高人民检察院在部分地区开展刑事案件速裁程序试点工作的决定》，在北京、天津、上海、重庆、沈阳、大连、南京、杭州、福州、厦门、济南、青岛、郑州、武汉、长沙、广州、深圳、西安试行速裁程序。速裁程序比简易程序更加简化便捷，适用于犯罪情节较轻、被告认罪的案件，有助于合理配置司法资源、提高审理刑事案件的效率。

三是完善司法救助制度。中央政法委员会、财政部、最高人民法院、最高人民检察院、公安部、司法部联合发布《关于建立完善国家司法救助制度的意见（试行）》（中政委〔2014〕3 号），最高人民检察院发布《关于贯彻实施〈关于建立完善国家司法救助制度的意见（试行）〉的若干意见》（高检发办字〔2014〕33 号），初步确立了中国司法救助的制度框架，通过采取缓缴、减缴或免缴诉讼费用的救济措施，保证诉讼当事人能够正常参加诉讼，依法维护其合法权益。

（七）加强减刑、假释审查，预防司法腐败，保障司法公正

减刑、假释案件管理日趋严格规范。中共中央政法委发布的《关于严格规范减刑、假释、暂予监外执行，切实防止司法腐败的意见》（中政委〔2014〕5 号）指出，要严格规范减刑、假释、暂予监外执行，切实防止徇私舞弊、权钱交易等腐败行为。最高人民法院发布的《关于减刑、假释案件审理程序的规定》（法释〔2014〕5 号）明确要求，对减刑、假释、暂予监外执行案件，一律上网向社会公示，包括罪犯原犯罪主要事实及刑期，提请减刑、假释的理由依据，申请暂予监外执行的理由、依据等；凡是职务犯罪、金融犯罪、涉黑犯罪三类罪犯的减刑、假释、暂予监外执行一律公开开庭审理。随后，《最高人民检察院关于对职务犯罪罪犯减刑、假释、暂予监外执行案件实行备案审查的规定》（高检发监字〔2014〕5 号）、《人民检察院办理减刑、假释案件规定》、《监狱提请减刑假释工作程序规定》（司法部令第 130 号）等文件相继发布。这些文件规定对预防司法腐败，保障司法公正有极大的促进作用。

（八）继续深化司法公开，促进阳光司法，提升司法公信力

司法公开仍是 2014 年司法改革的重要任务。《最高人民法院关于人民法院执行流程公开的若干意见》《最高人民法院审判流程公开暂行办法》《最高人民法院关于减刑、假释审理程序的规定》（法释〔2014〕5 号）等文件从多个方面要求各级法院深化司法公开工作。中国法院庭审直播网、中国裁判文书网、中国审判流程信息公开网等多个统一的司法信息发布平台上线，集中发布全国各级法院的司法信息。2014 年，最高人民检

察院大力推进检务公开工作，取得了突出成效。最高人民检察院发布了《人民检察院案件信息公开工作规定（试行）》，全面推行案件程序性信息网上查询，健全重要案件信息发布机制。最高人民检察院在其门户网站开通了"人民检察院案件信息公开网"，建立全国检察机关的案件程序性信息查询平台、辩护与代理预约申请平台，并集中发布全国检察机关的重要案件信息和法律文书。这些措施不仅有助于倒逼法院、检察院的司法改革，而且有助于提升司法公信力。

四 廉政法治

2014年，中国法治发展进程中的一个亮点是，国家反腐败的力度和强度持续加大，成效显著，赢得了民众的普遍认同。

（一）反腐败热度不减，成为中国廉政法治的新常态

与人们普遍担心的过去反腐败"一阵风""走过场"形成鲜明对比的是，2014年中国的反腐败力度不减、强度反增，反腐败成为中国廉政法治的新常态。国家查办了一批大案要案，周永康、徐才厚、令计划、苏荣等一批曾经位高权重的人员因涉嫌违纪违法被查处，彰显了党和国家对腐败的零容忍态度，打破了一些人"刑不上大夫"的幻想。不仅如此，国家对那些处级以下干部的腐败问题也毫不留情，一些小官大贪案相继被查处。根据中纪委的信息，被直接披露姓名的腐败官员达637人，截至2014年底，全国已有25个省份均有"老虎"落马，湖北、山西、广东居前三位。此外，八项规定执行力度有增无减，有关部门不定期地公布违反规定的情况，及时处理违反八项规定的人和事件，这些举措非常符合公众的心理需求，大大提升了民众对党和国家的信心。

（二）加强制度建设，构建惩防并举的制度机制

2014年，中组部印发《关于加强干部选拔任用工作监督的意见》（中组发〔2014〕3号），中共中央办公厅、国务院办公厅印发《关于厉行节约反对食品浪费的意见》（中办发〔2014〕22号）、《关于严禁党政机关

到风景名胜区开会的通知》、《关于全面推进公务用车制度改革的指导意见》及《中央和国家机关公务用车制度改革方案》等文件，围绕干部选拔任用以及厉行节约、反对浪费等问题，从多方面密筑反腐败的制度体系，努力造就"不敢腐、不能腐、不想腐"的吏治环境。为加大对腐败犯罪的惩治力度，《刑法修正案（九）草案》拟进一步完善反腐败的制度规定，包括修改贪污受贿犯罪的定罪量刑标准，加大对行贿犯罪的处罚力度，增加规定利用国家工作人员的影响力谋取不正当利益、向其近亲属等关系密切人员行贿为犯罪，完善预防性措施。拟规定，凡因利用职业便利实施犯罪，或者实施违背职业要求的特定义务的犯罪被判处刑罚的，人民法院可以根据犯罪情况和预防再犯罪的需要，禁止其自刑罚执行完毕之日或者假释之日起五年内从事相关职业。这些举措预防、惩处双管齐下，着力构建不敢腐、不能腐和不想腐的环境。

（三）从严规范行为，防范公职人员的利益冲突

2014 年印发的修订后的《党政领导干部选拔任用工作条例》规定，配偶已移居国（境）外，或者没有配偶、子女均已移居国（境）外的，不得列为考察选拔对象。2013 年 12 月 7 日，中央组织部印发了《关于进一步做好领导干部报告个人有关事项工作的通知》，提出开展领导干部个人有关事项报告抽查核实工作。2014 年，中央组织部直接抽查核实中管干部、省部级后备干部等 1550 名，各地各单位抽查核实厅局级、县处级领导干部 60170 名，有 5 名拟提拔中管干部、数十名拟提拔厅局级和县处级考察对象被取消提拔资格。此外，有关部门 2014 年基本完成了对副处级以上"裸官"的清理工作，全国共有 3200 余名副处级以上干部报告了配偶或者没有配偶、子女均已移居国（境）外的情况，对近千名在限入性岗位任职且配偶或子女不愿意放弃移居的领导干部，全部进行了岗位调整。这些举措着力规范公职人员行为，彷微杜渐，有望进一步防止利益冲突。

（四）加大跨国追赃追逃力度，让腐败分子无处可逃

在中国的推动下，2014 年 11 月召开的亚太经济合作组织非正式领导

人峰会加大反腐败合作力度，在通过的《北京反腐败宣言》中宣布建立 APEC 反腐执法合作网络，在亚太开展追逃追赃等合作，携手打击跨境腐败行为。由此，亚太地区的反腐网络形成，腐败分子的"天堂之门"就此关闭。2014 年 11 月，二十国集团峰会核准了《2015~2016 年 G20 反腐败行动计划》，决定建立反腐败合作网络，包括加强司法互助，返还腐败资产，拒绝为腐败官员提供避罪港等。

为了协调反腐败国际追逃追赃涉及中外反腐败、外交、警务、检务、司法、反洗钱等不同职能部门的工作，中央决定设立中央反腐败协调小组国际追逃追赃工作办公室，日常工作由中纪委国际合作局承担。公安部针对在逃境外经济犯罪嫌疑人开展了"猎狐 2014"专项行动，最高人民检察院开展了职务犯罪国际追逃追赃专项行动。最高人民法院、最高人民检察院、公安部、外交部联合发布了《关于敦促在逃境外经济犯罪人员投案自首的通告》。根据公开的数据，在强大的攻势面前，截止到 2014 年 12 月中旬，公安部已缉捕归案在逃境外经济犯罪嫌疑人 428 人，最高人民检察院职务犯罪国际追逃追赃行动已从境外成功抓捕 19 人，外交部 2014 年完成 10 项引渡和刑事司法协助条约的谈判工作。

五 民商经济法治

（一）民事法律制度进一步完善

在民法各主要单行法已基本完成立法的背景下，2014 年民法制度多集中于法律的执行与完善，使法律实施更加细致、深入和系统化，在这方面物权法、合同法、侵权法领域都取得了显著成效。

为解决不动产物权权属、变动的登记制度多头并行、弊端丛生的问题，2014 年，国家致力于建立统一的不动产登记制度。根据《中央编办关于整合不动产登记职责的通知》（中央编办发〔2013〕134 号）和《中央编办关于国土资源部不动产登记人员编制有关问题的批复》（中央编办复字〔2014〕36 号），国土资源部地籍管理司加挂不动产登记局牌子，承担指导监督全国土地登记、房屋登记、林地登记、草原登记、海域登记等不动产登记工作的职责。不动产登记局的设立以及相关职责的确定，为不动产统一登记制度的建立奠定了基础。国务院制定《不动产登记暂行条例》，未来不动产登记将实现多层次信息共享，国土资源部牵头建立不动产登记信息管理平台，以确保国家、省、市、县四级登记信息实时共享。

鉴于农村土地的确权、公示是《物权法》实施的薄弱环节，农村土地承包经营、宅基地使用、集体建设用地管理实践中存在大量问题，最高人民法院于 2014 年 1 月施行《关于审理涉及农村土地承包经营纠纷调解仲裁案件适用法律若干问题的解释》（法释〔2014〕1 号），为正确审理涉及农村土地承包经营纠纷调解仲裁案件提供了细致的裁判依据。农业部办公厅发布了《关于报送农村土地承包经营权确权登记颁证整县推进试点有关情况的通知》（农办经〔2014〕8 号），要求抓紧抓实土地承包经营权确权登记颁证工作。在宅基地、集体建设用地使用权方面，为贯彻《关于全面深化农村改革、加快推进农业现代化的若干意见》（中发〔2014〕1 号），结合国家建立和实施不动产统一登记制度的有关要求，国土资源部、财政部、住房和城乡建设部、农业部、国家林业局发布《关于进一步加快推进宅基地和集体建设用地使用权确权登记发证工作的通知》（国土资发〔2014〕101 号），进一步加快推进宅基地和集体建设用地使用权确权登记发证工作。

在合同法领域，由于 1996 年施行的《关于审理融资租赁合同纠纷案件若干问题的规定》（法发〔1996〕19 号）已无法适应当下融资租赁市场的需求，最高人民法院下发了《关于审理融资租赁合同纠纷案件适用法律问题的解释》，对融资租赁合同的认定及效力合同的履行和租赁物的公示、合同的解除以及违约责任等问题作出了详细的规定，为司法实践审理该类案件提供了明确的指导。另外，各相关政府部门发布了一些合同示范文本，也值得关注。国家工商行政管理总局制定了《网络交易平台合同格式条款规范指引》（工商市字〔2014〕144 号），国家能源局和国家工商行政管理总局制定了《风力发电场购售电合同（示范文本）》（GF-2014-0515）、《光伏电站购售电合同（示范文本）》（GF-2014-0517），国家旅游局会同国家工商行政管理总局联合修订了《团队境内旅游合同（示范文本）》《团队出境旅游合同（示范文本）》《大陆居民赴台湾地区旅游合同（示范文本）》和《境内旅游组团社与地接社合同（示范文本）》，商务部制定了《家政服务合同（员工制范本）》《家政服务合同（中介制范本）》和《家政服务合同（派遣制范本）》，住房和城乡建设部、国家工商行政管理总局制定出台《商品房买卖合同（预售）示范文本》（GF-2014-0171）、《商品房买卖合同（现售）示范文本》（GF-2014-0172）。这些合同范本对于规范市场主体使用格式合同、维护市场交易秩序将起到积极的指导作用。

在侵权法领域，最高人民法院公布了《关于审理利用信息网络侵害人身权益民事纠纷案件适用法律若干问题的规定》（法释〔2014〕11号），为网络侵害人身权方面案件审理提供指导规范。最高人民法院还公布了徐大雯与宋祖德、刘信达侵害名誉权民事纠纷案等8起利用信息网络侵害人身权益的典型案例，为审理此类案件提供了案例指导。

（二）根据改革要求调整商事法治

2014年，中国商事法以"全面深化改革"为导向，根据实践发展需要推动重要领域和关键制度的变革和调整，以促进经济发展和社会进步。

首先，全面改革注册资本制度和公司登记等制度。2014年3月1日，修改后的《公司法》正式施行。此次修订着力于调整资本制度和简化登记、管理等事项，将注册资本的实缴登记制改为认缴登记制，放宽注册资本登记条件，简化登记事项和登记文件，将企业年度检验制度改为企业年度报告公示制度，简化了住所（经营场所）登记手续，推行电子营业执照和全程电子化登记管理，构建市场主体信用信息公示系统。

其次，完善证券法治，推动若干重要制度创新。《证券法》的修改被纳入全国人大常委会2014年立法工作计划。此次《证券法》的修改将围绕新股发行注册制、监管转型、多层次资本市场建设、投资者保护等内容全面展开。在修改前，证券法领域已推出了一些重要制度创新。一是发布了修订后的《上市公司重大资产重组管理办法》和《关于修改〈上市公司收购管理办法〉的决定》，减少和简化了上市公司重组并购的行政许可，进一步推进了上市公司重组并购的市场化。二是发布《私募投资基金监督管理暂行办法》，加强了对私募投资基金的监督管理。三是发布

《优先股试点管理办法》，完善优先股制度。四是积极推进"沪港通"工作，加强两地资本市场的联系，推进人民币的国际化，提高中国资本市场的对外开放水平。

最后，《保险法》启动修订。2014 年《保险法》顺应"简政放权"的要求，对相关审批事项进行改革，并启动了《保险法》的再次修订。此次修订将《保险法》所涉及的经营规则、监督管理、法律责任等方面的突出问题作为修改重点，旨在加强对保险违法行为的监管，提升对保险消费者的保护水平。

（三）立法机关完成《预算法》修订

2014 年度财税法领域的盛事为新《预算法》颁布。历经三届人大、十年修订、四次审议，《预算法修订案》终于由十二届全国人大常委会第十次会议审议通过。其历史性的进步突出体现在立法宗旨的修订上。旧的立法宗旨强调"预算的分配和监督职能""国家对预算的管理"以及"加强国家宏观调控"，反映的是"管理法"旧思维；而新的立法宗旨明确为"规范政府收支行为"，"加强对预算的管理和监督"，"建立健全全面规范、公开透明的预算制度"，初步体现了"控权法"新理念，使《预算法》从"政府管理"的工具开始向"管理政府"转型，这也是顺应新的形势作出的战略性调整，意义极为重大。此次修订注重完善政府预算体系，健全透明的预算制度；改进了预算控制方式，建立跨年度预算平衡机制；着力规范地方政府债务管理，严控债务风险；要求完善转移支付制度，推进基本公共服务均等化；坚持厉行节约，强化预算支出约束。

（四）加强执法，维护经济秩序

反垄断执法走向常态化、规范化。2014 年，国家发展和改革委员会、国家工商行政管理总局、商务部等反垄断执法机构的执法工作日趋常态化。反垄断执法机构在加强自身能力建设和普及公民反垄断意识的同时，加大执法监管力度，积极查办重大案件，维护和促进公平竞争的市场秩序。

在规制价格垄断协议方面，国家发展和改革委员会在汽车生产、销售、维修服务和零配件供应等领域积极执法，取得了良好效果。例如，在汽车零配件垄断案中，国家发展和改革委员会对 12 家日本零部件和轴承企业直接协商涨价、多次参与达成和实施价格垄断协议的行为，依法作出反垄断处罚，合计罚款 12.354 亿元。

在规制非价格垄断协议方面，国家工商行政管理总局一方面根据当事人举报及时启动调查程序，另一方面也授权省级工商行政管理部门打击以垄断协议分割市场的行为。

在防止滥用市场支配地位方面，国家工商行政管理总局持续开展了一系列调查工作，涉及软件、烟草、电信、保险、旅游和公共事业等领域，被调查企业既有内资企业也有外资企业，既有民营企业也有国有企业。国家工商行政管理总局还依法授权包括广东、江苏和内蒙古等 3 个省份的工商行政管理部门对没有正当理由搭售商品或者在交易时附加不合理的交易条件、没有正当理由实行差别待遇等滥用市场支配地位的行为进行有效监管。

在经营者集中反垄断事先申报和审查方面，商务部下发了《关于经营者集中简易案件申报的指导意见（试行）》，修订了《关于经营者集中申报的指导意见》。

在反行政垄断方面，国家发展和改革委员会首次根据《反垄断法》第 51 条对省级行政机关提出执法建议。根据韩国驻华使馆的举报，国家发展和改革委员会针对河北省交通省厅、省物价局和省财政厅联合下发的《关于统一全省收费公路客运班车通行费车型分类标准的通知》存在单方面给予本省客运班车通行费半价优惠等滥用行政权力实施排除、限制竞争的行为，依法向河北省人民政府发出执法建议函，建议责令改正。

打击不正当竞争行为依然是行政执法的重点。针对当前市场不正当竞争日益突出的问题，国家工商行政管理总局发布《关于集中整治不正当竞争突出问题的通知》（工商竞争字〔2014〕99 号），部署开展 3 年集中整治行动，要求在全面强化竞争执法工作的基础上，根据不同的行业和领域每年确定年度工作重点，对其中易发高发、影响面广和危害较大的不正当竞争行为进行集中整治，以有效遏制相关行业、领域不正当竞争行为高发多发势头，从而使市场竞争秩序有明显改观。2014 年作为集中整治的第一年，全国工商行政管理系统在 2014 年 5 月至 11 月 15 日以互联网领域和汽车及配件销售维修、家具建材装修装饰、公用企业等行业和领域为重点，大力整治仿冒、虚假宣传、限制竞争以及商业贿赂等焦点问题。

加大对侵犯知识产权案件的打击力度。国家继续加大对侵犯知识产权案件的查处力度。《国务院办公厅关于印发 2014 年全国打击侵犯知识产权和制售假冒伪劣商品工作要点的通知》（国办发〔2014〕13 号）对侵犯知识产权等案件的查处提出了明确要求。

六　社会法治

2014 年，国家从劳动法治、社会保障体系、弱势群体保障、医疗卫生体制、环境保护、慈善法治等多方面入手，努力推进社会法治建设。

（一）完善劳动法治，保障劳动者权益

2014 年，劳动立法和制度建设工作取得显著进展。2014 年，国务院和人力资源和社会保障部等部门出台了多部劳动法规和规章，在人事管理、劳务派遣、工伤认定、养老保险等方面都有推进。《事业单位人事管理条例》规范了事业单位岗位设置、公开招聘和竞聘上岗、聘用合同、考核和培训、奖励和处分、工资福利和社会保险、人事争议处理等内容。2014 年 1 月，人力资源和社会保障部出台《劳务派遣暂行规定》（人力资源和社会保障部令第 22 号），进一步规范劳务派遣，保障劳务派遣工的合法权益。《工伤职工劳动能力鉴定管理办法》（人力资源和社会保障部令第 21 号）着力强化劳动能力鉴定管理，明确了劳动能力鉴定程序。《国务院关于进一步做好为农民工服务工作的意见》（国发〔2014〕40号）是国务院印发的第二个全面系统地指导做好农民工工作的综合性文件，该意见对稳定和扩大农民工就业创业、维护农民工的劳动保障权益、推动农民工逐步实现平等享受城镇基本公共服务和在城镇落户、促进农民工社会融合等方面进行了部署。

国家大力推进集体协商和集体合同建设。人力资源和社会保障部、全国总工会、中国企业联合会和全国工商联联合发布《关于推进实施集体

合同制度攻坚计划的通知》（人社部发〔2014〕30号），从明确目标任务、完善工作措施、狠抓工作落实等方面进行了具体部署，使集体协商和集体合同制度建设有了依据。

（二）社会保障制度机制不断健全

2014年社会保障立法取得了丰硕成果。《国务院关于统筹推进城乡社会保障体系建设工作情况的报告》提出，推进机关事业单位养老保险制度改革，建立与城镇职工统一的养老保险制度。国务院发布的《关于建立统一的城乡居民基本养老保险制度的意见》（国发〔2014〕8号）决定将新型农村社会养老保险和城镇居民社会养老保险合并实施，在全国范围内建立统一的城乡居民基本养老保险。人力资源和社会保障部、财政部发布《城乡养老保险制度衔接暂行办法》（人社部发〔2014〕17号），以保障广大城乡参保人员的合法权益，确保城乡养老保险制度衔接工作平稳实施。民政部、国土资源部等发布《关于加强养老服务设施规划建设工作的通知》（建标〔2014〕23号），要求加强规划，分类实施，落实城镇养老服务设施建设的保障措施。财政部、国家发展改革委等发布《关于做好政府购买养老服务工作的通知》（财社〔2014〕105号），要求加快推进政府购买养老服务工作，把握其基本原则，明确工作目标，落实工作责任。民政部办公厅、国家发展改革委办公厅发布《关于做好养老服务业综合改革试点工作的通知》（民办发〔2014〕24号），确定北京市西城区等42个地区为全国养老服务业综合改革试点地区。

在社会救助领域，国务院出台《社会救助暂行办法》，以保障公民的基本生活水平，促进社会公平，维护社会和谐稳定。在社会优抚和补偿领域，民政部等颁布《人民警察抚恤优待办法》（民发〔2014〕101号），以做好人民警察的抚恤优待工作，更好地激励和表彰人民警察的奉献精神。财政部、民政部等发布《关于做好政府购买残疾人服务试点工作的意见》（财社〔2014〕13号），以推动政府购买残疾人服务工作的有序发展。财政部、国家税务总局等发布《关于调整完善扶持自主就业退役士兵创业就业有关税收政策的通知》（财税〔2014〕42号），对城镇退役士兵自谋职业给予税收扶持政策，鼓励城镇退役士兵创业就业。

　　为提高最低生活保障工作管理服务水平和资金使用效益，民政部、财政部制定了《最低生活保障工作绩效评价办法》（民发〔2014〕21 号）。民政部还下发《民政部关于印发〈开展社会救助专项整治　提高为民服务水平活动方案〉的通知》（民函〔2014〕161 号），着重解决群众反映强烈的"人情保""错保"问题，对最低生活保障对象开展全面排查，以保证低保政策能公平公正地实施。

　　此外，2014 年，慈善立法被正式提上议程。2014 年 2 月 24 日，全国人大内务司法委员会召开慈善事业立法领导小组第一次全体会议，列出了立法时间表和路线图。《国务院关于促进慈善事业健康发展的指导意见》（国发〔2014〕61 号）提出，鼓励和扶持慈善事业发展，应坚持突出扶贫济困、坚持改革创新、确保公开透明、强化规范管理等原则，并提出了培育和规范各类慈善组织，落实和完善减免税政策的具体措施。

（三）医疗卫生法治日益完善

　　保障食品药品安全一直是国家卫生工作的重点，食品安全立法仍是本年度卫生立法的重点之一。《食品安全法（修订草案）》正在立法机关审议过程中，拟加强对保健食品使用原料的管理、加大对违法添加的处罚力度。国家食品药品监督管理总局颁布了一批部门规章及规范性文件，其中《食品药品行政处罚程序规定》（国家食品药品监督管理总局令第 3 号）和《重大食品药品安全违法案件督办办法》（食药监稽〔2014〕96 号）两件较为突出，这对于有效查处食品药品违法案件意义重大。同时，为配合医药卫生信息化建设改革和加强食品药品监管，国家还制定了《食品药品监管信息化标准体系》等多项标准。

　　针对中国儿童用药适宜品种少、适宜剂型和规格缺乏、不规范处方行为和不合理用药等问题较为突出的情况，国家卫生计生委、国家发展改革委等六部门制定了《关于保障儿童用药的若干意见》（国卫药政发〔2014〕29 号），对于保障儿童基本用药需求、防治儿童疾病、提升儿童健康水平具有重要意义。

　　为应对医疗纠纷，最高人民法院、最高人民检察院、公安部、司法部、国家卫生计生委共同制定了《关于依法惩处涉医违法犯罪　维护正常医疗秩序的意见》（法发〔2014〕5 号）。有的地方在应对医疗纠纷方面也取得一定成效，如广东省中山市开展全民防医闹行动，成立市镇两级医疗纠纷调解委员会，引入第三方调解机构，畅通医疗纠纷依法调处渠道。此后，全市未发生一起医闹事件。

（四）环境保护立法、执法、司法整体推进

2014 年，中国环境法治建设在环境立法、环境执法和环境司法领域均取得重要成果，突出了重典治污、改善民生、推进生态文明建设的特点。

立法方面，审议通过了《环境保护法（修订案）》。修订后的《环境保护法》强调全民环保的基本理念，保障公众参与环保活动，加大了违法行为的法律责任。《大气污染防治法（修订案）》进入立法审议环节，拟就联防联控避免执法部门"各自为战"、强化政府环保责任、加大对污染违法行为的处罚力度作出制度安排。国务院、环境保护部及相关部门颁布一系列行政法规、规章和文件，对环境污染加大治理力度，如《畜禽规模养殖污染防治条例》（国务院令第 643 号）、《国务院办公厅关于改善农村人居环境的指导意见》（国办发〔2014〕25 号）、《企业环境信用评价办法（试行）》（环发〔2013〕150 号）、《消耗臭氧层物质进出口管理办法》（环境保护部令第 26 号）等。

一系列涉及环境保护的排放标准与技术标准纷纷出台和生效。为防治污染，保护生态环境，改善民生，推进生态文明建设，环境保护部在 2014 年陆续颁布和实施了各类排放标准与技术标准共计 60 余项。环境标准与技术标准的发布进一步落实国家环境保护标准"十二五"发展规划，完善了中国的环境标准规范体系，增强了环境法的可操作性。

在环境保护执法方面，2014 年环保部联合相关部门开展环保专项执法活动，强化执法理念，加强执法队伍建设，创新执法机制，健全"统一监管、分工负责"和"国家监察、地方监管、单位负责"的监管体系，取得重大成效。在大气污染防治方面，国家开展大气污染治理专项规划，环境保护部与 31 个省（自治区、直辖市）签署《大气污染防治目标责任书》；环境保护部等国务院八部委部署 2014 年全国整治违法排污企业、保

障群众健康环保专项行动，环境保护部在华北地区开展无人机执法检查行动；环境保护部等联合印发《关于印发新生产机动车环保达标监管工作方案的通知》（环发〔2014〕115 号），对新生产机动车环保实施监管；淘汰黄标车，环境保护部等六部委联合印发《2014 年黄标车及老旧车淘汰工作实施方案》（环发〔2014〕130 号），实现 2014 年淘汰黄标车及老旧车 600 万辆的任务。京津冀、长三角、珠三角等重点区域建立联防联控协作机制及区域协作机制；建立区域监测网络和应急响应体系，联合应对重污染天气。

此外，对环境执法队伍进行规范化管理，严格执法并集中处理了一批违法案件。《环境监察稽查办法》（环发〔2014〕116 号）颁布，要求对执法队伍进行规范化管理，强化执法管理队伍素质。环境保护部开展了一系列执法活动，对 62 名环境评估工程师违法"挂靠"环境评估机构问题进行处理并公示，规范健全环境评估机构和人员的诚信体系，挂牌督办一批环境违法案件。2014 年的环境执法以严格著称，无论是专项执法行动还是各级环保部门对违法案件的处理，均凸显中国重典治污的决心。

在环境司法方面，2014 年 6 月最高人民法院发布《关于全面加强环境资源审判工作 为推进生态文明建设提供有力司法保障的意见》（法发〔2014〕11 号），规划了 2014 年的环境司法建设，具体内容为最高人民法院设立环境资源审判庭、发布典型案例、颁布司法解释等。

（五）公益诉讼法律制度建设步伐加快

自 2012 年《民事诉讼法》第 55 条首次以法律形式确认公益诉讼制度以来，公益诉讼法律制度的建设全面提速，立法提速是 2014 年公益诉讼发展最为显著的特点。修订后的《环境保护法》正式赋予环保组织提起环境公益诉讼的法律资格。在环境污染问题日益严峻、公众呼声日益高涨的背景下，立法者回应了公众对环境公益诉讼的巨大需求。修订后的《消费者权益保护法》首次规定的公益诉讼条款也开始生效。

最高人民法院积极通过司法解释推动和规范公益诉讼。最高人民法院发布的《关于全面加强环境资源审判工作 为推进生态文明建设提供有力司法保障的意见》（法发〔2014〕11 号）要求，大力推进环境民事公益诉讼，充分保障法律规定的机关和有关组织的环境民事公益诉权，依法确定环境民事公益诉讼的管辖法院，探索完善环境民事公益诉讼的审判程序，依法确定环境民事公益诉讼的责任方式和赔偿范围、探索构建合理的诉讼成本负担机制。

（六）儿童权益保障受到关注

针对近年来侵害未成年人权益的违法犯罪行为时有发生，特别是监护人侵害未成年人案件较为突出的情况，最高人民法院、最高人民检察院、公安部、民政部联合印发《关于依法处理监护人侵害未成年人权益行为若干问题的意见》（法发〔2014〕24号）。意见坚持未成年人最大利益原则，制度设计充分考虑未成年人的身心特点并尊重未成年人的意愿，规定了公安机关在紧急情况下的带离制度，民政部门的临时监护制度，人民法院作出人身安全保护裁定的程序和内容，当事人申请恢复监护人资格的程序，以及检察机关全面监督制度等。意见列举了撤销监护人资格的七种严重情形，而且，该意见在发现报告、调查评估、家庭教育辅导、提起诉讼、案件审理、回访考察等方面，都积极引导和鼓励社会力量共同参与。

七　2015年法治发展预测

2015年是全面深化改革的关键之年，也是落实十八届四中全会的开局之年。《中共中央关于全面推进依法治国若干重大问题的决定》提出，全面推进依法治国，要形成完备的法律规范体系、高效的法治实施体系、严密的法治监督体系、有力的法治保障体系，坚持依法治国、依法执政、依法行政共同推进，坚持法治国家、法治政府、法治社会一体建设，实现科学立法、严格执法、公正司法、全民守法，促进国家治理体系和治理能力现代化。回顾2014年，中国法治发展取得的进步令人瞩目，但面临的问题也不容忽视，2015年，中国的法治发展将在国家发展和人民生活中发挥更加重要的作用，也仍有许多需要克服的困难。

（一）处理好党的领导与依法治国的关系

党的领导是中国特色社会主义最本质的特征，是社会主义法治最根本的保证，党的领导和社会主义法治是一致的，社会主义法治必须坚持党的领导，党的领导必须依靠社会主义法治。因此，党的主张必须通过法定程序上升为国家意志，各级党组织必须严格按照宪法和法律办事。中国特色的法治发展道路决定了党对依法治国的领导不但不能削弱，而且要不断加强。一些地方党委领导加大法治建设的力度后，其法治建设整体推进效果明显。这表明，有序推进依法治国必须由党委全面部署，系统推进，只有这样，才能做到法治推进有力、效果显著。2015 年，国家在推进依法治国进程中，必将进一步加强和创新党的领导，探索处理好党规与国法的关系，处理好党的领导与依宪治国的关系。

（二）加强科学立法，防止"拍脑袋"立法

在立法方面，如何健全宪法实施和监督机制，克服部门立法，防止"拍脑袋"立法，仍是立法机关的重要课题。《中共中央关于全面推进依法治国若干重大问题的决定》提出，要建立高效的法治实施体系。为此，如何防止并纠正法律、法规、规章是否与上位法乃至《宪法》抵触，仍需要逐步探索相应的监督机制。在立法过程中，克服部门主导立法倾向，是立法应破解的难题。而立法缺乏调研、脱离基层实际情况，同样会影响立法的科学性，无法在促进国家治理体系和治理能力现代化方面发挥应有的作用。比如，2014 年《立法法》启动修订，其中涉及扩大拥有立法权的较大的市的范围，但草案条文对"较大的市"作出界定时，采用的表述为"省、自治区的人民政府所在地的市，经济特区所在地的市、国务院已经批准的较大的市和其他设区的市"。这个规定看似周延，实则将几个按照国家规定开展先行先试、实行扁平化管理的不设区的地级市排除在外。其中有的城市无论是经济总量还是人口规模（含流动人口）都超过大多数设区的城市，亟须获得立法权。从立法者的角度看，这几个城市完全可以通过增设区一级区划的方法取得立法权，但这些城市根据社会管理创新的需要，实行行政管理扁平化，不设区而实行市直管乡镇，其做法本

应得到鼓励和支持，《立法法》修改却将其排除在外，不能不说是一个遗憾。如果《立法法》修订过程基于"拍脑袋"想当然地进行制度设计，其效果恐怕恰恰是制约创新。因此，立法者要真正深入基层，了解基层实际情况，防止"拍脑袋"立法，越发显得紧迫。

（三）充分履行行政职责，公开各类行政收费明细

政府法治建设方面，则既要防止改革中的形象工程，还要逐步使全面履行职责从运动式执法转变为常态化执法。

以简政放权中最为核心的行政审批制度改革为例，很多部门、地方2014年都提出了争创行政审批最少的省、最少的部门的口号，并纷纷削减行政审批项目。但实际情况是，不少行政审批项目变相改成了备案、登记，公众和企业负担并未减少；或者虽说转移给了社会组织，但由于社会组织还没有培育成熟，还不能承接政府转移的职能。现实中，行政审批项目未必真正减少，审批效率未必真正提升。政府管理过程中的运动式执法问题还在相当程度上存在。这种管理模式容易降低政府及执法机关的威信，滋生形式主义，弱化执法的严肃性、稳定性、连续性和一贯性。修订后的《行政诉讼法》规定，当事人可以申请法院对国务院部门和地方人民政府及其部门制定的规范性文件的合法性进行附带性审查，其实施效果如何也有待观察和验证。

此外，2014年，交通拥堵、环境污染等问题广受诟病，安全事故频发，政府管理中频频采用的限行、限购、收费、罚没、应急等措施未从根本上解决城市发展面临的问题，政府管理能力和公信力却不断面临新的挑战。2015年，各级政府部门应积极探索更为科学有效的管理方式，规范收入管理，增加收入支出的透明度，如有关部门应当公布过路费、停车费、官办慈善募捐、福利彩票、体育彩票等的收入和支出情况，可以考虑从中拿出必要资金用于解决环保、交通、教育等民生问题，让广大人民群众切实享受到改革的红利。

（四）摒弃司法改革神秘色彩，充分听取民众意见

2015年还将是深入推进司法改革的一年。《中共中央关于全面推进依

法治国若干重大问题的决定》提出，完善确保依法、独立、公正行使审判权和检察权的制度。2015 年，各试点地区将据此开展司法改革试点工作，探索去行政化、去地方化，实行人员分类管理。但面临的问题和困难也很多，如现行的改革是否会强化法院内部的行政化；去地方化后如何处理好与驻在地区党政机关的关系，防止因缺少同级党政机关人财物的支持而影响工作的开展；杜绝对案件审判的批示干预的设想会否被各种潜规则所架空；在目前案多人少、案件数量日渐攀升的形势下，一旦变案件立案审查制为立案登记制，并实行法官、检察官员额制，案多人少的矛盾将更为凸显，尤其是法官、检察官的晋升空间有限，对一批年轻法官、检察官的积极性会有较大影响，将加剧人才流失。此外，2014 年，司法改革方案这一关系重大的文件从起草，到论证，甚至到出台，都处于秘而不宣的状态，各试点法院讳莫如深、避而不谈，一项本应由全民参与讨论并广泛听取各界尤其是基层法官诉求的工作，最终只是由少数人捉刀拟定。这种神神秘秘、闭门造车的改革方法应当摒弃，因为其直接关系到相关改革能否最终落地，而这都有待在 2015 年加以逐步验证。

　　2015 年，司法机关将结合近年来复查冤案的情况，根据十八届四中全会提出的以审判为中心的要求，改革刑事诉讼制度。以审判为中心是一个革命性的改革目标，是以树立司法权威、加强法院审判职权为突破口的司法改革路径，涉及整个刑事诉讼理论的重大突破，涉及《刑事诉讼法》和相关法律的完善，涉及各种法律间关系的调整，涉及观念、制度、机制、做法的转变。实行以审判为中心的司法模式有助于解决刑事诉讼活动整个过程中审判活动相对于侦查、起诉、执行等活动的地位问题，有助于解决审判机关、审判活动和其他机关、其他活动之间的关系，使法院对侦控程序的审查获得正当性。在侦、诉、审三种刑事司法职权的配置中，以审判为中心有利于保障法院对侦查、起诉机关的制约，有效推动侦控程序的法治化。展望 2015 年刑事司法改革，刑事诉讼以时间为序的阶段化推进模式将逐步改变，法院对侦查的司法控制将逐步加强；警检关系将逐步调整，侦查从属于起诉，起诉指导侦查。最后，审判的中心地位决定了证、辩、判均在法庭上进行，确立口供、证人证言作为定罪根据的严格条件，严格非法证据的排除，限制使用笔录性质的证据材料，避免书面审等。

（五）公开透明应更加注重效果，以便民为工作导向

2015 年，公开透明将会是所有公权力机关必不可少的工作重点之一。立法公开将会继续受到关注，各级立法机关的立法活动将在更大程度上向公众开放，鼓励公众积极参与和提出意见。在政府管理中，公开透明将会逐步深入各重点领域，并逐步细化公开的要求，以满足公众的信息需求，减少政府直接管理市场和社会所造成的成本，公开也将日益成为政府管理的重要手段。法院的公开工作在 2014 年推行立案庭审、裁判文书、执行信息三大平台公开的基础上，2015 年仍面临着如何整合公开平台、继续提升公开的效果、推动裁判文书说理公开等任务。检察院的公开工作也会在 2014 年最高人民检察院推进案件信息公开的基础上，继续扩大检务公开的范围和内容，提升公开效果。

（六）反腐败继续保持较大力度，涉案财物处置应向社会公开

2014 年反腐败工作取得巨大成效，其规模和深度在新中国历史上前所未有，至此，开弓已无回头箭，气可鼓不可泄。2015 年的任务就是要将反腐败进行到底，既要防止尚未发现的腐败分子逃脱制裁，也要防止利益集团伺机反弹、卷土重来。为此，2015 年，反腐败工作将继续保持高压态势，查处各类贪污腐化案件的力度不会减弱。构建全方位预防与惩治腐败的法律制度体系，对公职人员的行为进行规范，营造不能贪、不敢贪、不想贪的制度与社会环境。在具体工作中，建议有关部门在查处案件过程中及时向社会公开案件查处进程，同时，还有必要向全社会公开贪腐案件查扣财物的查抄、流向、处置等情况，避免出现糊涂账现象，同时，可以考虑将没收的部分财物投入社保、民生领域，让社会共享反腐败斗争的成果，这不仅有利于提振公众对反腐败工作的信心，也可彰显反腐败的决心。

（七）加强和保障民生，积极维护社会稳定

2015 年，随着改革的不断深化，还需要特别关注改革、发展与维护社会稳定的关系问题。

在土地问题上，中央农村工作会议提出，要引导和规范土地经营权有序流转，2015 年，各地会继续探索落实这一要求。土地问题是关系农村稳定和国家安全的重大问题，改革只能在不改变土地所有制，不改变土地用途，不损害农民根本权益的前提下推进。

2015 年，尤其要防止经济发展放缓可能带来的社会稳定风险。中央经济工作会议提出，中国经济下行压力较大，结构调整阵痛显现，企业生产经营困难增多，部分经济风险显现。经济放缓是发展的需要，但这也可能会放缓人民群众的收入和生活改善的速度，一些地方、某些领域甚至会出现矛盾和利益纠纷，维护社会稳定的压力将明显加大。因此，2015 年，国家还需要着力解决好民生问题，切实扶持中小企业发展，扩大内需，防范经济泡沫，健全劳动和社会保障立法，加大就业促进力度，扩大各项社保覆盖面，努力提高职工尤其是广大农民工的参保率，加大社会救助的力度，及时发现并有效化解社会稳定风险点。

（参见法治蓝皮书《中国法治发展报告 No. 13（2015）》）

第十三章　2015 年中国法治发展与展望

2014 年 10 月，党的十八届四中全会首次专题讨论依法治国问题，并审议通过了《中共中央关于全面推进依法治国若干重大问题的决定》（以下简称《决定》）。《决定》明确提出：全面推进依法治国，总目标是建设中国特色社会主义法治体系，建设社会主义法治国家。

改革与法治的关系是法治发展首先要处理的关键问题。习近平总书记提出，改革和法治相辅相成、相伴而生。换言之，法治要适应改革的需要，发挥积极引导与规范作用，而改革也要及时总结成功经验，适时上升为法律，既不能随意突破法律红线，也不能简单以现行法律没有依据为由迟滞改革。2015 年是深化改革的关键之年，也是全面落实十八届四中全会推进依法治国决定的开局之年，中国的法治发展正是在改革与法治的辩证关系中前行。

一　推进科学立法，为深化改革提供法治保障

十八大以来，习近平总书记在一系列讲话中阐述了全面推进依法治国进程中科学立法的重要性，指出法治需要以良好的立法质量为依托，坚持改革决策和立法决策相统一、相衔接。由此，立法应当主动发挥引导与规范改革发展的作用，使得重大改革于法有据、改革和法治同步推进。

2015 年的立法重点集中在完善立法机制，以适应先行先试的地方改革，修改相关法律以吸纳经过实践检验的改革经验。通过立法的指引和保障，进一步深化各个领域的改革，将法治建设推进至新的阶段，回顾全

年，主要体现为以下几个方面。

1. 坚持立法主导，保障改革有法可依

改革是对现有体制机制的变更，在改革之前，应当立法先行，以立法推动改革有序进行，保障改革有法可依。2015 年是中国进一步深化各项改革的关键一年。在价格改革方面，国家取消或者下放了一批政府定价权，并对涉及的法律进行了修改，如《公证法》将公证的收费标准下放至省级价格主管部门，由其会同同级司法行政部门制定。在行政审批改革方面，全国人大常委会修改了《药品管理法》《计量法》等法律，减轻了企业负担。在政治体制改革方面，基层人大的履职能力和保障机制得到加强，如《全国人民代表大会和地方各级人民代表大会代表法》赋予了乡镇人大代表参加本级人民代表大会主席团的执法检查和其他活动的资格。《地方各级人民代表大会和地方各级人民政府组织法》修改后，县级人大可以根据需要设置法制委员会、财政经济委员会等专门委员会。在其他改革领域，中央也进行了顶层设计。十八届三中全会和四中全会的两个决定以及中央政治局通过的《深化财税体制改革总体方案》对财税体制改革进行了总体部署。在两个决定的指导下，《税收征收管理法修订草案（征求意见稿）》《环境保护税法（征求意见稿）》相继向社会公布，征求意见。

2. 坚持立法公开，加强公众参与

通过立法公开，向社会征求意见，一方面能够为公众提供平台表达利益诉求，另一方面能够通过建设性的讨论提升立法质量。立法公开不仅有助于立法的科学性，同时也是全面推进依法治国的逻辑起点。通过立法公开，让各种利益与意见加入立法的过程中，法律从而获得更多的民意基础。立法公开也拉近了人民群众与法律之间的距离，使得法律能够更加有效地实施。2015 年，全国人大及其常委会进一步加强立法公开工作，多部法律草案向社会公布，征求社会意见。《促进科技成果转化法修正案（草案）》《国家安全法（草案二次审议稿）》《境外非政府组织管理法（草案二次审议稿）》《种子法（修订草案）》《资产评估法（草案三次审议稿）》《国家勋章和国家荣誉称号法（草案）》《反家庭暴力法（草案）》等共向社会征集 5.7 万余条意见①。

3. 规范地方立法权，在纵向上完善立法体制机制

2015 年 3 月 15 日，《全国人民代表大会关于修改〈中华人民共和国立法法〉的决定》获得通过。《立法法》被称为"管法的法"，此次《立法法》修改，对于完善中国立法体制机制，促进科学立法、民主立法，提高立法质量具有重要的意义。在纵向分权上，赋予设区的市以地方立法权是《立法法》修改中的重大举措，第 72 条第 2 款规定了设区的市和自治州可以在不与上位法相抵触的情况下，就城乡建设与管理、环境保护、历史文化保护等方面的事项制定地方性法规。

这种纵向分权还体现在部门规章与地方政府规章上。新《立法法》加大了对部门规章与地方政府规章的立法权限制。没有法律或者国务院的行政法规、决定、命令等依据，部门规章不得设定减损公民、法人和其他组织权利或者增加其义务的规范，不得增加本部门的权力或者减少本部门的法定职责；设区的市、自治州的人民政府制定地方政府规章，限于城乡建设与管理、环境保护、历史文化保护等方面的事项，地方政府规章不得随意增加公民或社会组织的义务。此外，新《立法法》还进一步规范授权立法，加强备案审查制度，规范司法解释，以避免"一揽子授权"和"无限期授权"，进一步理顺各部门之间的职能分工。

4. 从税收立法切入，横向调整立法与行政关系

立法与行政之间的新规定最核心的是确认"税收法定"原则。在中国现行税种中，只有个人所得税、企业所得税、车船税是由法律规定的，其余税种均由国务院制定的暂行条例规定征收。除此之外，还存在大量国务院各部委颁行的税收行政规章。十八届三中全会、四中全会都提出要落实税收法定原则，《立法法》还仅仅是从原则上确定了抽象规定。2015 年 3 月，全国人大法工委起草的《贯彻落实税收法定原则的实施意见》经党中央审议通过，将中国税收法定立法正式纳入日程，提出要在 2020 年之前完成相关税收立法工作，之后将废止改革开放初期制定的授权国务院制

---

① 《国家勋章和国家荣誉称号法》于 2015 年 12 月 27 日发布，《反家庭暴力法》于 2015 年 12 月 27 日发布。

定有关税收暂行规定或条例的《全国人民代表大会关于授权国务院在经济体制改革和对外开放方面可以制定暂行的规定或者条例的决定》。2015 年 6 月，根据十八大和十八届三中全会、四中全会作出调整的十二届全国人大常委会立法规划将 2013 年编制的立法规划中的相关内容进一步细化，并计划制定环境保护税法、增值税法等专项法律。与税收法定相配套，对政府用钱的另一项限制就是预算。新《预算法》于 2014 年 8 月修改通过，2015 年施行，在完善政府预算体系、健全透明预算制度、改进预算控制方式、建立跨年度预算平衡机制、规范地方政府债务管理等方面作出新的规定。为进一步细化和落实预算法，2015 年 6 月 24 日，《预算法实施条例（修订草案征求意见稿）》向社会各界公开征集意见。

5. 民法典编纂启动，引发学界和实务界热议

新中国成立后就认识到了民法典作为"国之大典"的重要性，曾先后四次启动了民法典编纂，但受制于当时的政治、经济和学术条件，均未成功。中国改革开放后政治、经济与文化的发展，使中国颁行民法典的呼声越来越强烈。顺应这种情势，2014 年 10 月，十八届四中全会决定提出"编纂民法典"。这短短几个字引发了学界和实务界的极大热情。2015 年，中国民商法制最令人瞩目的发展，理所当然是民法典编纂工程的启动。

根据立法规划，立法机关 2015 年起开始推进民法典的编纂工作。该工作由全国人大法工委牵头，最高人民法院、最高人民检察院、国务院法制办公室、中国社会科学院、中国法学会五家单位协助。基于中国民事法律制度所沿袭的体例以及长久以来的思维惯性，关于民法典编纂的大多数意见认为应采纳大总则与物权、债权等具体编、章相结合的体例。按照这种体例，民法典的编纂首先在于总则的制定。关于总则的制定，根据《民法通则》等现行法律规范以及司法实践经验，其结构以及内容基本确定。目前的主要争论在于人格权立法问题。关于人格权问题，形成的一致意见是：在未来的民法典中，要加强和完善人格权的立法。而不同的意见则表现为如何确定人格权的有关规定在民法体系中的地位和位置：一派意见认为，人格权应在民法典中独立成编；另一派意见则认为，人格权应规定在民法典总则部分。

二　加快政府改革，提升法治政府建设水平

作为全面推进依法治国的开局之年，2015 年对于法治政府建设而言是不同寻常的，不仅新修订的《行政诉讼法》与相关司法解释在本年度正式实施，而且在政府监管领域，食品安全、环境保护等方面的立法提供了新的规制工具，推进对市场主体的有效监管。大力推进法治政府建设，简政放权，一直是政府体制改革中常抓不懈的重要举措。在 2015 年，权力清单制度建设与行政审批制度改革的持续推进，进一步推动了简政放权的政府改革进程。

1. 完善相关领域监管法规，扩展行政规制工具

2015 年度政府法治的瞩目进展体现在市场监管领域，尤其以《食品安全法》《环境保护法》的修订实施最为突出，大量新型监管工具的引入不仅是国家治理现代化的重要标志，也彰显了当代中国规制型政府的渐次崛起。《食品安全法》的修订反映了国家治理体系在食品安全领域的重塑，极大加速了食品安全治理体系与治理能力的现代化进程。新修订的《食品安全法》除了强调社会共治、自我规制模式之外，还为政府监管部门提供了多项或"硬"或"软"的规制工具，以此有效实现食品安全的规制效果。其中，食品安全风险分级管理制度根据食品安全风险监测、风险评估结果和食品安全状况等，确定监督管理的重点、方式和频次，实施风险分级管理；生产经营者信用档案制度对经营者的生产信息进行实时更新，跟踪管理。这两项制度创新实现了政府对市场监管的精细化和信息化管理。此外，新修订的《食品安全法》还将食品安全监管中早已广泛运用的约谈机制法定化，设置举报人奖励制度等"软性"工具，为食品安全规制工具箱提供了大量行之有效的治理手段。

2014 年新修订的《环境保护法》也于 2015 年 1 月 1 日起开始实施。与新修订的《环境保护法》一同实施的还有《环境保护主管部门实施按日连续处罚办法》《环境保护主管部门实施查封、扣押办法》《环境保护主管部门实施限制生产、停产整治办法》以及《企业事业单位环境信息公开办法》四个配套规定。新的《环境保护法》及其配套规定增设了多

项规制监管工具来保障环境执法部门的权威，如对违法排放污染物的企业进行行政处罚的权力。对于《环境保护法》该项特殊规定，全国人大法工委负责人解读认为，"实施按日计罚的根本目的不是罚款，而是督促企业改正违法行为"①。该项按日连续处罚条款可以视为一项新型环境规制工具，将极大提高污染企业的违法经营成本，迫使其依循环保机构设定的监管要求。另外，违法事实公布机制作为一种信息规制手段，在新《环境保护法》中也有体现。通过违法事实公布这一信息规制工具，环境监管部门借助声誉罚的方式可以有效地威慑环境违法行为。社会诚信档案的设立则通过行业自治、自我规制的监管模式，借助对企业社会信誉的影响来有效地避免环境违法行为的出现。

可以说，2015 年《食品安全法》《环境保护法》等市场监管型法律的修订实施，大量吸收了西方监管国家建设的制度经验，这些立法修订中对新型风险规制工具、自我规制模式抑或信息规制手段的吸纳，均标志着中国国家治理能力的提升。但问题在于，在制度移植过程中，限于当代中国极为特殊的政府—市场、中央—地方关系以及有限的司法制约机制，如何保证规制工具的有效性与合法性，仍是未来法治政府建设的难题。

2. 继续推进权力清单与行政审批制度改革，切实推进简政放权

以权力清单与行政审批制度建设为重要标志的简政放权改革，一直是本届政府的中心工作之一，2015 年这项重点工作又有实质性推进。

2015 年 3 月，中共中央办公厅、国务院办公厅专门印发了《关于推行地方各级政府工作部门权力清单制度的指导意见》，对于地方各级政府如何清理调整行政职权、公布权力清单、建立清单动态管理机制以及监督问责机制进行了重点部署。该意见还要求省级政府在 2015 年底完成权力清单公布工作。这一意见的出台为各地权力清单制度建设设定了严格的时间路线，也为各地政策试验创新提供了制度支撑。

如果说权力清单制度侧重于实现政府职权的法定化，那么行政审批与负面清单制度建设则更旨在厘清政府与市场的合理边界。2015 年 10 月，

① 信春鹰主编《中华人民共和国环境保护法释义》，法律出版社，2014，第 212 页。

《国务院关于实行市场准入负面清单制度的意见》（国发〔2015〕55号）
发布，按照该意见的要求，在地方试点市场准入负面清单制度，从2018
年起推广至全国。市场准入负面清单制度的设立有利于进一步深化行政审
批制度改革，大幅收缩政府审批范围、创新政府监管方式、促进投资贸易
便利化，从根本上促进政府职能转变。

同样，中央政府仍然将行政审批制度作为政府法治建设的重中之重，
成为简政放权改革的有效突破口。《国务院关于规范国务院部门行政审批
行为　改进行政审批有关工作的通知》（国发〔2015〕6号）提出了规范
行政审批行为的六大举措：实现一个窗口办理、实施受理单制度、推行办
理时限承诺制、编制服务指南、制定审查工作细则、探索改进跨部门审批
等工作。此后，《国务院关于取消和调整一批行政审批项目等事项的决
定》（国发〔2015〕11号）、《国务院关于取消非行政许可审批事项的决
定》（国发〔2015〕27号）、《国务院关于印发2015年推进简政放权放管
结合转变政府职能工作方案的通知》（国发〔2015〕29号）、《国务院关
于取消一批职业资格许可和认定事项的决定》（国发〔2015〕41号）、
《国务院关于改革药品医疗器械审评审批制度的意见》（国发〔2015〕44
号）、《国务院关于第一批取消62项中央指定地方实施行政审批事项的决
定》（国发〔2015〕57号）进一步要求，取消一些行政审批项目与前置
审批事项，推进简政放权。

可以说，权力清单与行政审批制度建设在2015年继续推进，并且通
过设定时间节点、进行督察考核的方式对政策落实提出了更为严格的要
求。而在行政审批领域，2015年改革措施的深度与广度均有加强，除了
普遍意义上的行政审批改革方案，在投资审批、职业资格许可、医疗审批
等具体的部门行政领域也开始进行有重点的部署，这标志着简政放权的制
度建设逐步踏入新的历史阶段。

3. 深入推广公私合作、民营化等合作治理模式，推动政府职能转变

近年来，在政府公共服务领域中一个值得注意的现象是，以公私合作
模式（public-private partnership）为主要手段的民营化机制日显突出。这
种民营化机制在市政交通、医疗、养老等领域早已屡见不鲜，而2015年
度在中央的战略部署下，公共服务领域的公私合作模式得以进一步推广。

2015 年 2 月 3 日，民政部会同财政部等十部委联合印发《关于鼓励民间资本参与养老服务业发展的实施意见》（民发〔2015〕33 号），为鼓励社会力量发展养老服务提出各类扶持措施。2015 年 4 月 21 日，财政部会同住房和城乡建设部等六部委专门印发《关于运用政府和社会资本合作模式推进公共租赁住房投资建设和运营管理的通知》（财综〔2015〕15 号），鼓励地方运用公私合作模式推进公共租赁住房投资建设与运营管理，并要求各地区在 2015 年内就公共租赁住房项目展开合作。2015 年 5 月，财政部、国家发展改革委、中国人民银行联合制定《关于在公共服务领域推广政府和社会资本合作模式的指导意见》，决定在能源、交通运输、水利、农业、科技、医疗、卫生、养老等公共服务领域进一步采用政府和社会资本合作模式，吸引社会资本参与，为人民群众提供优质高效的公共服务。民营化、公私合作机制在 2015 年的政府法治进程中取得较为突出的成绩，尤其在保障性住房、社会保障等行政给付领域，公私合作手段将扮演更加重要的角色。

4. 修改《行政诉讼法》，监督权力运行

作为行政法领域最为重要的一部法律，2014 年 11 月新修订的《行政诉讼法》于 2015 年 5 月 1 日正式施行。与此配套，《最高人民法院关于适用〈中华人民共和国行政诉讼法〉若干问题的解释》也开始施行。与之前早已实施二十余年的旧《行政诉讼法》相比，2015 年新修订实施的法律针对行政诉讼中的难题作出诸多重大制度创新，进一步加强了对行政权力的监督。

针对"立案难"问题，新法对受案范围的旧规定进一步细化与扩张。新修订的《行政诉讼法》不仅对之前已在受案范围之内的行政处罚、行政强制、行政许可与行政给付等行政行为类型进一步细化明确，并明确将"确定自然资源所有权、使用权的行为""滥用行政权力排除或限制竞争的行为"以及"涉及行政协议的行为"等事项列入受案范围。针对"审理难"问题，新法增加了被诉行政机关负责人出庭应诉的法定义务，有助于强化行政机关负责人的法治意识与法治思维。

三 着力攻坚克难，推动司法改革有序进行

十八届四中全会提出的许多司法改革措施，已经以地方试点的方式在全国逐渐开始探索。2014 年中央全面深化改革领导小组第三次会议通过的《关于司法体制改革试点若干问题的框架意见》提出司法人员分类管理、职业保障、司法责任制、省级以下法院检察院的人财物统一管理等四项重大改革措施。

1. 中央进行战略部署，把握顶层设计

2015 年 3 月，中央政治局专门就深化司法体制改革、保证司法公正进行集体学习。习近平总书记就司法体制改革的意义、路径及目前存在的问题、成效如何评价等方面作出系统部署，将司法体制改革作为推进国家治理体系和治理能力现代化的重要举措，并指出，司法体制改革必须为了人民、依靠人民、造福人民，要广泛听取人民群众的意见。此后，中央全面深化改革领导小组连续召开数次工作会议强调，必须从贯彻落实"四个全面"战略布局的高度，推进深化改革和依法治国战略的实施，特别是从以下方面提出了具体明确的要求：推动人民陪审员制度改革、立案登记制改革、检察机关提起公益诉讼制度、法律援助工作、国家统一法律职责资格制度；建立法官、检察官员额制，提高法官、检察官专业化水平；完善人民法院司法责任制，建立法官、检察官责任终身制；加强律师执业保障机制建设；开展法官、检察官单独职务序列和工资制度改革试点等。

上述一系列司法制度改革的总要求在 2015 年最高人民法院及最高人民检察院的一系列文件规定中得到了系统化的落实。省级以下法院、检察院人财物统一管理在 2014 年就已经确定在上海等七个省市推开，2015 年各地逐步形成比较成型的方案。9 月，中央全面深化改革领导小组第十六次会议通过了《法官、检察官单独职务序列改革试点方案》《法官、检察官工资制度改革试点方案》。10 月，广东省法官、检察官遴选委员会成立，通过《广东省法官、检察官遴选委员会章程（试行）》，从队伍建设方面保证统一管理的实现，要求广东省的法官、检察官今后统一提名、管理，并由法定程序任免。

2. 多项制度同时推进，深化司法体制改革

第一，保障当事人诉权，落实立案登记制。十八届四中全会审议通过的《中共中央关于全面推进依法治国若干重大问题的决定》明确要求，改革法院案件受理制度，变立案审查制为立案登记制。2015 年 2 月，《最高人民法院关于适用〈中华人民共和国民事诉讼法〉的解释》发布，将立案从审查制改为登记制，要求切实保护民事纠纷双方的诉权，在将纠纷转移到司法过程之后，再通过其他措施，使得法院可以依法审理案件，保障法院的独立审判权。2015 年 4 月，中央全面深化改革领导小组第 11 次会议审议通过《关于人民法院推行立案登记制改革的意见》，自 5 月 1 日起施行立案登记制。《最高人民法院关于人民法院登记立案若干问题的规定》对立案登记程序、流程、规范、要求以及责任作了非常详细的规定。为了最大限度地保障当事人诉权，最大限度地发挥司法功能，最彻底地解决"立案难"问题，对符合法律规定条件的案件，人民法院必须依法受理，任何单位和个人不得以任何借口阻挠法院受理案件。

第二，健全审判权力运行机制。为建立健全符合司法规律的审判权力运行机制，2015 年 2 月，中央全面深化改革领导小组第十次会议通过了《关于领导干部干预司法活动、插手具体案件处理的记录、通报和责任追究规定》；3 月，中共中央办公厅、国务院办公厅印发《领导干部干预司法活动、插手具体案件处理的记录、通报和责任追究规定》，要求司法机关独立公正行使审判权，不执行领导干部违反法定职责或法定程序、有碍司法公正的要求，全面、如实记录领导干部干预司法、插手案件的情况，做到"全程留痕，有据可查"，并每个季度向同级党委政法委和上级司法机关报告上述情况，必要时立即报告。这对中国司法发展过程中长期存在的"打招呼、批条子、递材料"等问题将形成一定的遏制。在程序正当的价值基础上，最高人民法院、最高人民检察院、公安部、国家安全部、司法部联合出台了《关于依法保障律师执业权利的规定》，健全律师执业权利保障制度，不得阻碍律师的代理、执业权利。同时，为了保证《刑法修正案（九）》的贯彻实施，最高人民法院、最高人民检察院于 2015 年 10 月联合制定了《最高人民法院、最高人民检察院关于执行〈中华人民共和国刑法〉确定罪名的补充规定（六）》，最高人民法院制定了《最高人民法院关于〈中华人民共和国刑法修正案（九）〉时间效力问题的解释》。

第三，加强司法责任追究制度。为规范司法行为，防范违法违规办案，最高人民检察院于2015年8月制定了《最高人民检察院职务犯罪侦查工作八项禁令》。"八项禁令"包括：严禁擅自处置案件线索、随意初查和在初查中对被调查对象采取限制人身、财产权利的强制性措施，严禁违法使用指定居所监视居住措施，严禁违法干涉涉案企业正常生产经营活动，严禁违法违规处理查封、扣押、冻结涉案财物，严禁阻止或者妨碍律师依法会见犯罪嫌疑人，严禁在未全程同步录音录像情况下进行讯问，严禁刑讯逼供以及其他非法取证行为，严禁违反办案安全纪律等。2015年8月，中央全面深化改革领导小组第十五次会议通过了《关于完善人民法院司法责任制的若干意见》和《关于完善人民检察院司法责任制的若干意见》。9月发布的《最高人民法院关于完善人民法院司法责任制的若干意见》（法发〔2015〕13号）在保障法院的独立审判权、遵循司法规律、重视法官的办案地位的前提下，从审判监督和审判管理出发完善对法院司法责任的追究。9月，最高人民检察院发布《关于完善人民检察院司法责任制的若干意见》，按照"谁办案、谁负责，谁决定、谁负责"的基本原则，要求检察机关办理的案件发生被告人被宣告无罪，确认发生冤假错案，发生国家赔偿责任，犯罪嫌疑人、被告人死亡等情形时，一律启动问责机制。

为了保证司法机关依法独立行使审判权、检察权，维护司法工作，预防冤假错案，2015年3月，中共中央办公厅、国务院办公厅印发了《领导干部干预司法活动、插手具体案件处理的记录、通报和责任追究规定》，并发出通知，要求各地区各部门认真贯彻执行。中央政法委还印发《司法机关内部人员过问案件的记录和责任追究规定》。为认真贯彻执行上述规定，确保检察机关依法独立公正行使检察权，最高人民检察院于2015年5月制定《最高人民检察院关于检察机关贯彻执行〈领导干部干预司法活动、插手具体案件处理的记录、通报和责任追究规定〉和〈司法机关内部人员过问案件的记录和责任追究规定〉的实施办法（试行）》，从六个方面对检察机关作出详细部署。

第四，加强司法民主化，提高司法公信力。2015 年 5 月，最高人民法院和司法部联合制发《人民陪审员制度改革试点工作实施办法》和《人民陪审员宣誓规定（试行）》，对人民陪审员制度改革试点作出进一步细化规定，对中国人民陪审员制度改革进行了规范，规定在北京、河北、黑龙江、江苏、福建、山东、河南、广西、重庆、陕西等 10 个省、自治区、直辖市各 5 家试点法院开展人民陪审员制度改革试点工作。

3. 加强巡回审判与跨区审判，保障司法统一

2014 年末，上海市第三中级人民法院、北京市第四中级人民法院相继成立，两家跨区法院分别对上海、北京辖区内的各种跨行政区划案件进行审理。2015 年 2 月，跨区法院"第一案"——中铁十六局铁路公司诉北京市密云县人民政府案在北京市第四中级人民法院正式开庭审理。

在跨区审判的实践基础上，2015 年 2 月 1 日起施行的《最高人民法院关于巡回法庭审理案件若干问题的规定》（法释〔2015〕3 号）设立了两个巡回法庭，审理跨行政区重大行政和民商事案件。2015 年 1 月 28 日，最高人民法院第一巡回法庭在广东省深圳市成立，主要审理广东、广西、海南范围内的重大行政和民事案件；1 月 31 日，最高人民法院第二巡回法庭在辽宁省沈阳市成立，主要审理辽宁、吉林、黑龙江范围内的重大行政和民商事案件。

无论是最高人民法院的巡回法庭，还是跨区法院的设置，本质上都是为了保障司法审判的统一和公正，需要在案件受理之初就将案件转移到合适的审判机关。除了作为试点的法院机构调整外，最高人民法院还对所有的高级、中级人民法院的管辖与执行作出新规定，以保证民商事审判和执行的公正。5 月 1 日，《最高人民法院关于调整高级人民法院和中级人民法院管辖第一审民商事案件标准的通知》（法发〔2015〕7 号）开始实施，随后《最高人民法院关于人民法院办理执行异议和复议案件若干问题的规定》（法释〔2015〕10 号）公布实施。两份文件分别涉及对民商事案件审级制度与执行制度的细化规定和调整，既回应了《民事诉讼法》修订后在级别管辖与执行方面的新情况，又成为落实人民法院第四个五年改革纲要的重要举措。

4. 服务"一带一路"国家战略，提升国际话语权

随着"一带一路"成为国家战略，司法系统也作出系列变革，服务国家战略。2015 年 7 月，最高人民法院公布实施《最高人民法院关于人民法院为"一带一路"建设提供司法服务和保障的若干意见》（法发〔2015〕9 号），就全国法院如何运用审判权为"一带一路"建设提供服务与保障提出了明确的指导措施。意见要求各级人民法院要充分发挥审判职能作用，提升"一带一路"建设司法保障的国际公信力，同时加强国际司法交流宣传机制，提升中国司法的国际话语权。最高人民法院同时发布了人民法院为"一带一路"建设提供司法服务和保障的 8 个典型案例，包括新加坡中华环保科技集团有限公司与大拇指环保科技集团（福建）有限公司股东出资纠纷案、德国蒂森克虏伯冶金产品有限责任公司与中化国际（新加坡）有限公司国际货物买卖合同纠纷案等。

四　完善廉政法治，健全依法反腐制度机制

依法治国与从严治党是相辅相成的，依法治国只有在中国共产党的领导下才能有序推进，从严治党才能保障党的坚强领导，才能对依法治国起到表率带动作用。依法治国是从整体上对公权力和私权利的依法治理，从严治党是对党的组织和党员干部在党纪和国法上的双重要求。依法治国和从严治党都将在全面深化改革中以制度化形式固定、巩固和推进。

1. 从严治党，出台最严党纪

全面依法治国与全面从严治党正在今日中国深入推进，两者是并行不悖的两条线，不可偏废。2015 年 10 月，中共中央政治局召开会议审议通过了《中国共产党纪律处分条例》，提出了"党纪严于国法"的高标准。修订版《中国共产党纪律处分条例》强调"负面清单"的作用，对原有条例规定的十类违纪行为进行整合归纳，形成"违反政治纪律、组织纪律、廉洁纪律、群众纪律、工作纪律和生活纪律"这六类违纪，成为党组织和党员不可触碰的底线。此次修订可以看作对十八大以来党中央提出的作风建设和反腐败斗争要求的进一步细化和具体化。与之配套的《中国共产党党员领导干部廉洁从政若干准则》也同时公布，要求各级党员

领导干部发挥带头作用，践行廉洁自律规范。此次党内两大法规采取"一揽子"修订的方式，分别确立党员应当遵循的道德"高线"和不能触碰的纪律"底线"，是党的十八届四中全会决定要求的德法相依、相辅而行的体现。

2. 规范司法人员行为，预防司法腐败

2015年加大了对司法人员的规范。2015年9月，最高人民法院、最高人民检察院、公安部、国家安全部、司法部联合出台的《关于进一步规范司法人员与当事人、律师、特殊关系人、中介组织接触交往行为的若干规定》旨在完善廉政风险防控、防止利益输送等制度，建立健全公正、高效、廉洁的办案机制，确保司法人员与当事人、律师、特殊关系人、中介组织无不正当接触、交往行为。该规定明令禁止了六种接触交往行为，还对司法人员在退休之后的相关从业作了限制。

2015年1月，中共中央办公厅、国务院办公厅印发《关于进一步规范刑事诉讼涉案财物处置工作的意见》，进一步规范了刑事诉讼程序中查封、扣押、冻结、处理涉案财物的司法程序。以往在财物处理过程中存在随意性过大、保管不规范、移送不顺畅、信息不透明、处置不及时、救济不到位等问题，既不利于保障当事人的权益，也容易给法院造成腐败的空间。意见探索建立涉案财物的集中管理信息平台，要求公检法在查封、扣押、冻结、处理涉案财物时及时录入信息，实现信息共享和互相制约，并在此基础上规定了相关的救济途径。

3. 扩大国际反腐行动成效、压缩外逃空间

公安部从2015年4月1日起组织开展"猎狐2015"专项行动，重点对象是外逃经济犯罪嫌疑人、外逃党员和国家工作人员、涉腐案件外逃人员。截至2015年底，"猎狐2015"已经从66个国家和地区抓获857名犯罪嫌疑人。

2015年，中国在反腐败国际执法合作和国际司法协助方面，进一步完善追逃追赃协调机制、加快国际反腐败合作步伐，取得了丰硕成果。2015年3月26日，中国政府启动国际追逃追赃"天网"行动，4月22日又集中公布了针对100名涉嫌犯罪的外逃原国家工作人员、重要腐败案件涉案人员的红色通缉令，通过多措并举、多国协作方式，成功将多名外逃多年的犯罪分子遣返、押解归案。同时，中国进一步加强反腐败领域合作的国际政治互信。2015年5月8日，中国与俄罗斯共同签署并发表《中华人民共和国和俄罗斯联邦关于深化全面战略协作伙伴关系、倡导合作共赢的联合声明》，首次将加强反腐败合作纳入国家间的联合声明，彰显了反腐败国际合作上升至国家战略协作的高度。2015年正值中美执法合作联合联络小组反腐败工作组成立10周年，在加强合作共同打击跨国犯罪方面，中美两国已形成共识："反腐败在中美两国都取得了越来越重要的地位，反腐败工作组成为双边关系的亮点。"①

2015年，中国在引渡合作领域取得巨大成果。中国已加入20多项含有引渡司法协助条款的国际刑事多边公约，中国还积极参与引渡涉人权问题的国际司法实践，提出的引渡请求获得国际司法机构的支持。2015年6月，美洲人权法院对"黄海勇诉秘鲁引渡案"作出判决②，判定被请求引渡人黄海勇败诉，被请求引渡国秘鲁胜诉，从而支持了秘鲁政府的引渡决定和中国提出的引渡请求。该案对中国参与和应对涉人权问题的引渡国际诉讼具有深远的影响。在该案中，针对黄海勇提出若被引渡至中国（引渡请求国）将面临"死刑"和"酷刑"风险，中国法律专家分别从中国的刑事司法程序和实体制度、引渡法制与实践、外交承诺以及人权法律保护状况等方面出庭作证并提交了书面证词予以驳斥③，赢得美洲人权法院支持。该案充分展示了中国刑事司法制度、引渡制度以及人权保护制度能够切实保护被引渡人免受"死刑"或"酷刑待遇"的证据事实，经国际

---

① 《中美JLG反腐败工作组成立10年 更多逃美贪官将被缉拿回国》，中央纪委监察部网站，http://www.ccdi.gov.cn/xwtt/201510/t20151028_64111.html，最后访问日期：2015年10月28日。

② 此案涉及中国作为引渡请求国依据与秘鲁签署的双边引渡条约请求引渡犯罪嫌疑人中国公民黄海勇。被请求引渡人以"死刑"和"酷刑"问题向美洲人权委员会提出申诉，案件最终以被请求国秘鲁为被诉方提交至美洲人权法院。2015年6月30日美洲人权法院作出裁决。截至2015年10月22日，美洲人权法院发布的该案裁判文书为西班牙文。"Decision and Judgments：I/A Court H. R., Case of Wong Ho Wing v. Peru. Preliminary Objection, Merits, Reparations and Costs. Judgment of June 30, 2015. Series C No. 297", see Inter-American Court of Human Rights：http://www.corteidh.or.cr/index.php/en,（last visited October 22, 2015）.

③ 《中国首次在国际人权法院出庭：柳华文研究员提供证词》，中国法学网，http://www.iolaw.org.cn/showNews.aspx? id=47127，最后访问日期：2015年10月22日。

司法机构客观、严格的个案审查后得到了认可并予以采纳。同时也说明，当中国更加广泛地参与引渡事务及承担国际人权义务时，被牵涉国际司法实践的情况在所难免。中国国内法治与人权保障事业的不断进步与发展必将为引渡条约的缔结与相关实践奠定重要基础。

五 "适应性"调整民商经济法治，激发创新活力

2015年党中央、国务院围绕"大众创业、万众创新"作出了更多激励制度安排，进一步推动了各类市场创新活动的开展。为鼓励各类市场创新活动，同时加强对这些创新活动的引导和规范，中国的商事法体系也进行了充分而有效的"适应性"调整，在鼓励商事主体设立、创新商事交易模式、便捷商事担保融资、保障商事交易安全、促进商事争议解决等方面采纳了更多的改革举措。2015年民法的主要事件在于以《民法通则》等现有法律法规为基础制定《民法典总则》。其他领域多集中于法律的执行与完善，相关工作在细致化、深入化、系统化方面稳步进行。

1. 民事法律制度日益完善，适应社会变迁

第一，农村土地改革法制化。农村土地承包经营在实践中的问题较多，在十二届全国人民代表大会常务委员会第十六次会议上，农业部在《国务院关于稳定和完善农村土地承包关系情况的报告》中指出：个别地方农户土地承包权益落实不到位，一些地方农村土地承包经营权确权登记颁证工作抓得不紧不实，土地流转管理服务有待加强。此外，随着农村改革的深入，一些地方乡镇农业经济体系建设跟不上形势发展要求，出现了能力相对偏弱、体系不够完善等问题，影响了农村土地承包和流转管理服务工作的有效开展。因此，在土地承包经营问题上，应扎实推进农村土地承包经营权确权登记颁证工作；引导农村土地经营权有序流转，发展农业适度规模经营；积极稳妥推进各项试点；配合修订土地承包法律法规；强化工作基础。为进一步深化农村金融改革创新，加大对"三农"的金融支持力度，引导农村土地经营权有序流转，《国务院关于开展农村承包土地的经营权和农民住房财产权抵押贷款试点的指导意见》（国发〔2015〕45号）指出，应慎重稳妥地推进农民住房财产权抵押、担保、转让试点，

做好农村承包土地（指耕地）的经营权和农民住房财产权抵押贷款试点工作。

第二，合同法进一步适应社会变迁。近些年来，自然人、法人、其他组织之间及其相互之间的民间借贷凸显的问题日益严重。为了正确审理民间借贷纠纷案件，《最高人民法院关于审理民间借贷案件适用法律若干问题的规定》（法释〔2015〕18号）于2015年9月1日起施行。该司法解释对于审判实践中争议集中的问题作了明确的解释性规定，有利于纠纷的解决。

第三，侵权法出台相关法律解释。环境污染日益成为现代社会的重要问题，中国面临的此类问题尤为严重。在环境保护类法律不断修改的同时，为了正确审理环境侵权责任纠纷案件，最高人民法院于2015年6月颁行《最高人民法院关于审理环境侵权责任纠纷案件适用法律若干问题的解释》（法释〔2015〕12号），对《侵权责任法》第八章环境污染责任以及《环境保护法》等法律的相关规定作了具体解释性规定。

2. 完善商事登记改革，力推"三证合一"

自从2014年推行注册资本制度改革和企业登记制度改革以来，公司设立程序更为简便，公司设立成本大为降低，这有利于新型商事组织的设立和商业创新交易的开展。公司法及相关法规、规章的修订完善为"大众创业、万众创新"提供了良好的组织法基础。据统计，2015年全国新登记市场主体1479.8万户，其中新注册企业443.9万户，同比增长21.6%，平均每天新登记企业数1.2万户。为进一步深化商事登记制度改革，2015年10月国务院决定在全国范围内推行"三证合一、一照一码"改革措施，将企业的工商营业执照、组织机构代码证、税务登记证三证合为一证，同时在营业执照上核发加载统一社会信用代码。"三证合一、一照一码"的改革创新对于推进简政放权、便利市场准入、鼓励投资创业、激发市场活力等具有至关重要的意义。

3. 推进国有企业改革，完善现代企业制度

2015年9月，中共中央、国务院公布了《中共中央、国务院关于深化国有企业改革的指导意见》。该"指导意见"作为新时期指导和推进国有企业改革的纲领性文件，明确了国有企业改革的五大基本课题：如何增强国企活力和竞争力、如何加强国有资产监管、如何发展混合所有制经济、怎样防止国有资产流失、如何加强和改进党对国有企业的领导。"指导意见"的出台对于新形势下推进国有企业改革具有重要意义，有助于增强国有企业活力，提高国有资本效率，推动国有企业发展，适应市场化、现代化、国际化的新形势。

在完善现代企业制度方面，"指导意见"强调要推进公司制股份制改革，积极引入各类投资者实现股权多元化，推动国有企业改制上市；要健全公司法人治理结构，重点推进董事会建设，建立健全权责对等、运转协调、有效制衡的决策执行监督机制，实现规范的公司治理；要建立国有企业领导人员分类分层管理制度，深化企业用人制度改革，同时实行与社会主义市场经济相适应的企业薪酬分配制度。

4. 多部重要民商经济法律着手修订，保障市场机制运行

为进一步促进市场机制在资源配置中发挥决定性作用，推动证券行业的创新发展，强化对投资者特别是中小投资者合法权益的保护，全国人大启动了《证券法》的全面修订工作。修订后的《证券法（修订草案）》已于 2015 年 4 月 20 日提交全国人大常委会进行审查。从 2014 年下半年开始，借助于 HOMS 等创新技术工具，证券交易场外配资得到了疯狂发展。场外配资不仅违反了证券交易账户实名制的要求，而且为证券市场的发展带来了巨大风险。自 2015 年夏季开始的股市异常波动进一步逼迫证券立法加快步伐。2015 年 7 月 12 日证监会发布了《关于清理整顿违法从事证券业务活动的意见》，明确了对违反证券账户实名制、未经许可从事证券业务的活动予以清理整顿的具体意见。截止到 2015 年 10 月底，证券交易场外配资基本清理完毕。此外，为维护市场平稳运行，经中国证监会批准，2015 年 12 月 4 日，上交所、深交所、中金所正式发布指数熔断相关规定，熔断基准指数为沪深 300 指数，采用 5% 和 7% 两档阈值[1]。

近年来，中国保险市场发展迅速，《保险法》在适用过程中也遇到了越来越多的新问题。在此背景下，有必要对《保险法》进行修改，使之

---

[1]　2016 年初，熔断机制甫一适用股市即遭受重创，主管机构宣告该机制不适合中国证券市场。

适应保险市场发展的新要求。2015 年 10 月 14 日，国务院法制办公室公布了《关于修改〈中华人民共和国保险法〉的决定（征求意见稿）》，向社会各界公开征求修订意见，明确引入保险消费者概念，进一步突出监管导向。

2015 年中国银监会牵头起草了《信托公司条例（代拟稿）》，对信托公司的设立存续、经营范围、经营规则、监督治理等作出了较为详尽的规定，以期强化信托财产独立性、安全性制度功能的发挥，切实保护信托受益人的合法权益，有效促进信托行业的自主管理和创新发展。

5. 完善反垄断法制，保障市场公平竞争

2015 年，反垄断执法机构在积极执法的同时，也在加快制定有关规章和推进反垄断相关指南的起草工作。为规范经营者集中附加限制性条件执法工作，商务部于 2015 年 1 月 5 日施行《关于经营者集中附加限制性条件的规定（试行）》；同年 2 月 6 日，为规范经营者集中案件申报名称，商务部公布了《关于规范经营者集中案件申报名称的指导意见》；2015 年 4 月 7 日，国家工商总局发布了中国第一部专门针对知识产权滥用的反垄断规章，即《关于禁止滥用知识产权排除、限制竞争行为的规定》；2015 年 11 月，国家发展和改革委员会在新闻发布会上指出，国家发展和改革委员会同商务部、国家工商总局等部门，按照国务院反垄断委员会的工作部署，负责起草关于禁止滥用知识产权的反垄断指南、汽车业反垄断指南、宽大制度指南、反垄断案件经营者承诺指南、认定垄断行为违法所得和确定罚款的指南、关于垄断协议豁免程序的指南等 6 部反垄断指南。2015 年 12 月底，《国务院反垄断委员会关于滥用知识产权的反垄断指南（征求意见稿）》公布并向社会征求意见。

此外，在倡导竞争文化方面，国家发展和改革委员会、国家工商总局和商务部三家反垄断执法机构还努力加强竞争政策研究和宣传，制定公平竞争审查制度，以推动在全社会逐步确立竞争政策的基础性地位。

六　保障民生福祉，加快社会法治建设步伐

2015 年，国家从社会保障体系、社会救助、劳动法、环境公益诉讼

和慈善法治等多方面入手，努力推进社会法治建设。

1. 加强重大民生立法，平衡改革发展

改革开放进入新阶段，中国政府加大了民生领域的立法，不仅是调适改革成果的公平分配，也是解决过往经济高速发展导致的不平衡问题。2015 年最大的民生问题莫过于雾霾导致的空气污染问题。继新《环境保护法》通过后，全国人民代表大会常务委员会修改《大气污染防治法》，新增加"重点区域大气污染联合防治"和"重污染天气应对"两章。法律还增加了建立大气环境保护目标责任制和考核评价制度、重点领域大气污染防治、重污染天气的预警和应对等内容，加大了对大气污染违法行为的处罚力度。

随着城市化的发展，城乡居民的法律身份问题也成为亟待突破的法律瓶颈。2015 年 10 月 21 日，国务院第 109 次常务会议通过《居住证暂行条例》，明确居住证的性质和申领条件，一方面确立了为居住证持有人提供的基本公共服务和便利，另一方面鼓励各地不断创造条件提供更好的服务。条例在不改变户籍制度的前提下，为外来常住人口提供与当地户籍居民一样的待遇。

在经历第六次人口普查之后，中国人口问题与计划生育政策的存废成为讨论的焦点。2015 年 10 月 29 日，十八届五中全会公布了全面实施一对夫妇可生育两个孩子政策，《人口与计划生育法》的修订也紧随其后，其他配套法规也将陆续得到修改。另外，12 月 27 日，《反家庭暴力法》在全国人大常委会上通过，并于 2016 年初正式实施。

2. 调整社会保险法制，进一步惠及百姓

在社会保险方面，《国务院办公厅关于全面实施城乡居民大病保险的意见》（国办发〔2015〕57 号）提出，严格规范医疗保障的各项制度，让更多的人民群众受益。人力资源社会保障部等发布新修订的《企业年金基金管理办法》（人力资源社会保障部令第 11 号），全面规范企业年金基金管理。此外，人力资源社会保障部、财政部连续发布三个通知，适当降低社会保险费率，进一步减轻企业负担，促进就业稳定。《人力资源社会保障部 财政部关于调整失业保险费率有关问题的通知》（人社部发〔2015〕24 号）规定，从 2015 年 3 月 1 日起，失业保险费率暂由 3% 降至

2%，单位和个人缴费的具体比例由各省、自治区、直辖市人民政府确定，要求各地降低失业保险费率坚持"以支定收、收支基本平衡"的原则，充分考虑提高失业保险待遇标准、促进失业人员再就业、落实失业保险稳岗补贴政策等因素对基金支付能力的影响。《人力资源社会保障部 财政部关于适当降低生育保险费率的通知》（人社部发〔2015〕70号）规定，从2015年10月1日起，在生育保险基金结余超过合理结存的地区降低生育保险费率，要求各地认真测算，控制基金结余，加强组织领导，全面推进实施。

《人力资源社会保障部 财政部关于调整工伤保险费率政策的通知》（人社部发〔2015〕71号）规定，自2015年10月1日起，调整现行工伤保险费率政策。该通知对行业工伤风险类别划分、行业差别费率及其档次确定、单位费率的确定与浮动、费率报备制度等进行了规范，以落实十八届三中全会提出的"适时适当降低社会保险费率"的精神，更好地贯彻《社会保险法》《工伤保险条例》。

在军队养老保险方面，人力资源社会保障部、财政部及解放军三总部连续发布两个通知，以实现军地养老保险顺畅衔接，维护军人养老保险权益。《关于军人退役基本养老保险关系转移接续有关问题的通知》（后财〔2015〕1726号）决定，军人退出现役参加基本养老保险的，国家给予退役基本养老保险补助；军人服现役期间单位和个人应当缴纳的基本养老保险费由中央财政承担，各级人民政府财政部门按职责做好军人退役基本养老保险关系转移接续的相关工作。《关于军人职业年金转移接续有关问题的通知》（后财〔2015〕1727号）决定，军人退出现役参加基本养老保险的，国家给予职业年金补助。

根据2015年初印发的《国务院关于机关事业单位工作人员养老保险制度改革的决定》，养老保险双轨制逐步退出历史舞台。2015年底，《人力资源社会保障部、财政部在京中央国家机关事业单位工作人员养老保险制度改革实施办法》界定了在京中央国家机关事业单位工作人员参加基本养老保险的缴费比例和缴费基数，在京中央国家机关事业单位工作人员纳入养老保险制度。

3. 社会救助体系不断健全，自上而下统一部署

在社会救助方面，《国务院办公厅转发民政部等部门关于进一步完善医疗救助制度　全面开展重特大疾病医疗救助工作意见的通知》（国办发〔2015〕30 号）要求，城市医疗救助制度和农村医疗救助制度于 2015 年底前合并实施，全面开展重特大疾病医疗救助工作，最大限度地减轻困难群众的医疗支出负担，保障城乡居民基本医疗权益。民政部、全国妇联印发的《关于做好家庭暴力受害人庇护救助工作的指导意见》进一步规定了政府部门的职责与工作方式。民政部、国家发展改革委等部委（局）联合印发《关于加强自然灾害救助物资储备体系建设的指导意见》，建立了"中央—省—市—县—乡"五级救灾物资储备体系。

在社会福利方面，《国务院关于全面建立困难残疾人生活补贴和重度残疾人护理补贴制度的意见》决定自 2016 年 1 月 1 日起，在全国实施困难残疾人生活补贴和重度残疾人护理补贴制度。这是第一次在国家层面建立的残疾人专项福利制度，具有填补残疾人社会保障体系空白的重要意义，是针对广大残疾人的迫切需要而推出的重大惠民举措。

在社会优抚和补偿方面，2015 年是中国人民抗日战争胜利 70 周年，为表彰抗日老战士的贡献，《人力资源社会保障部　财政部关于为抗日战争及以前参加革命工作的退休老工人发放一次性慰问金的通知》（人社部发〔2015〕81 号）印发执行，决定为参加抗日战争及以前参加革命工作的老工人发放一次性慰问金。

4. 加强顶层设计，构建和谐劳动关系

2015 年，各地劳动人事调解仲裁机构处理劳动纠纷 172.1 万件，劳动保障违法案件 38.9 万件。针对当前劳动关系的特点，2015 年 3 月发布的《中共中央　国务院关于构建和谐劳动关系的意见》首次以中央文件的形式对构建和谐劳动关系进行顶层设计和全面部署。意见要求依法保障职工基本权益，健全劳动关系协调机制，加强企业民主管理制度建设，健全劳动关系矛盾调处机制，营造构建和谐劳动关系的良好环境，加强组织领导和统筹协调。意见具有很强的战略性、理论性和指导性，对于全面构建和谐劳动关系具有重大指导意义。

为贯彻落实《中共中央　国务院关于构建和谐劳动关系的意见》，进

一步加强专业性劳动争议调解工作，《人力资源社会保障部　中央综治办关于加强专业性劳动争议调解工作的意见》（人社部发〔2015〕53号）就加强专业性劳动争议调解组织建设、推动专业性劳动争议调解制度建设、加强专业性劳动争议调解的基础保障等进行了部署。

为贯彻落实《中共中央关于全面推进依法治国若干重大问题的决定》精神，进一步加强人力资源社会保障部门法治建设工作，人力资源社会保障部于2015年7月发布《关于全面推进人力资源社会保障部门法治建设的指导意见》，明确了加强人力资源社会保障法治工作的总体要求和基本原则，提出推进人力资源社会保障法律规范体系建设、健全人力资源社会保障法治实施体系、完善人力资源社会保障法治监督体系、强化人力资源社会保障法治保障体系、切实抓好组织落实。该指导意见有利于推动人力资源社会保障法治工作建设。

此外，为贯彻国务院有关决定精神，简政放权、促进就业，2015年4月，人力资源社会保障部对相关部门规章进行了清理，对7件规章的部分条款予以修改。这7件规章分别为《人才市场管理规定》《中外合资人才中介机构管理暂行规定》《就业服务与就业管理规定》《中外合资中外合作职业介绍机构设立管理暂行规定》《中外合作职业技能培训办学管理办法》《企业年金基金管理机构资格认定暂行办法》《企业年金基金管理办法》，其核心内容是减少和下放审批权，废除有关注册资本的要求，释放企业活力，让市场在资源配置中起决定性作用，增强劳动力和人才市场的活力。

为加强就业创业工作，推动"大众创业、万众创新"，《国务院关于进一步做好新形势下就业创业工作的意见》（国发〔2015〕23号）出台，要求深入实施就业优先战略，积极推进创业带动就业，统筹推进高校毕业生等重点群体就业，加强就业创业服务和职业培训，强化组织领导。同时，为了支持农民工、大学生和退役士兵等人员返乡创业，国务院办公厅发布《国务院办公厅关于支持农民工等人员返乡创业的意见》（国办发〔2015〕47号），意见内容包含总体要求、主要任务、政策措施、组织实施以及健全基础设施和创业服务体系等。

5. 解决公益诉讼难题，检察机关开展改革试点

2015 年 7 月 1 日，十二届全国人大常委会第十五次会议表决通过了《全国人民代表大会常务委员会关于授权最高人民检察院在部分地区开展公益诉讼试点工作的决定》，授权最高人民检察院在生态环境和资源保护、国有资产保护、国有土地使用权出让、食品药品安全等领域，开展提起公益诉讼试点。不同于普通诉讼，如环境保护方面的公益诉讼因为无法找到直接的利益关系人或受害人，总是存在"立案难"问题。检察机关试点开展公益诉讼，有助于进一步推动公益诉讼机制的完善。据此，最高人民检察院发布了《检察机关提起公益诉讼改革试点方案》，对公益诉讼从立案到诉讼作了全方位的规定。依据该试点方案，最高人民检察院选择北京、内蒙古、吉林、江苏、安徽、福建、山东、湖北、广东、贵州、云南、陕西、甘肃 13 个省、自治区、直辖市的检察院开展为期两年的改革试点工作。2015 年 12 月 18 日，针对锦屏县环境保护局不依法履行职责，贵州省锦屏县人民检察院向法院提起行政公益诉讼。

6. 慈善立法工作正式起步，推动公开透明

近年来，慈善界长期存在的不透明问题广受诟病，慈善立法也随之成为公众寄予期望的解决方案。2014 年 11 月，《国务院关于促进慈善事业健康发展的指导意见》发布，从五个方面对慈善事业的发展进行了详尽的指导：提出总体要求，鼓励和支持以扶贫济困为重点开展慈善活动，培育和规范各类慈善组织，强化对慈善组织和慈善活动的监督管理，加强对慈善工作的组织领导。沿着指导意见指出的方向和路径，慈善促进战略逐步推进，慈善法治规划逐项落实。在慈善立法方面，全国人大常委会发布了《慈善法（草案）》，向全社会征求意见。这是中国慈善领域的一部支架性法律，其制定和实施将具有十分重大的现实意义和作用。同时，民政部发布了《志愿服务信息系统基本规范》（MZ/T061-2015），是中国志愿服务信息化建设领域第一个全国性行业标准。此外，《民政部　人力资源社会保障部关于建立和完善慈善表彰奖励制度的指导意见》出台，对各级政府开展的慈善表彰奖励工作进行规范和指导，以推动形成覆盖全国、层级明确、各具特色的慈善表彰奖励体系，促进慈善事业健康发展。

七 2016年法治发展预测

2015年是全面落实十八届四中全会精神的关键一年，也是"十二五"规划收官之年，"十三五"规划开局之年。十八届五中全会发布的《中共中央关于制定国民经济和社会发展第十三个五年规划的建议》提出，"十三五"时期的发展理念是创新、协调、绿色、开放、共享。而实现"十三五"规划的必要手段是运用法治思维和法治方式推动发展。建议提出，必须坚持依法执政，加强党对立法工作的领导，加强法治政府建设，深化司法体制改革，弘扬社会主义法治精神，在全社会形成良好的法治氛围和法治习惯。回顾2015年，中国法治发展取得了重大成效，法治发展战略的顶层设计得到进一步细化与加强，但也不可避免地遇到诸多问题。2016年，中国的发展将在"十三五"规划的启动中进一步克服困难，为改革发展保驾护航。

（一）多个重点领域法律有待完善

"十三五"期间是中国深化改革的关键时期，改革的有序开展离不开法治的保障。一方面，改革要以法治为依托，进行战略部署；另一方面，法治需要及时吸收改革中的重要经验与成果，保障改革的顺利进行。由此，2016年一些重点领域的改革亟待法律的配套完善。

第一，在经济下行背景下构建和谐劳动法律关系。当前，中国受到国际金融危机的持续影响，宏观经济增速下滑、产业结构调整等因素进一步促使劳资关系紧张，劳动关系矛盾进入凸显期和多发期。2015年4月28日，中共中央总书记习近平在表彰全国劳动模范和先进工作者大会上强调，无论时代条件如何变化，始终都要崇尚劳动、尊重劳动者，始终重视发挥工人阶级和广大劳动群众的主力军作用。2016年劳动法治构建的重点是将《中共中央 国务院关于构建和谐劳动关系的意见》的方针政策与理念落实为具体的法律制度，加大对劳动者的保护力度。因此，构建和谐劳动法律关系无疑是实现"十三五"规划中经济社会发展目标的关键因素之一。

第二，社会领域立法需要进一步完善。中国公益慈善事业高速发展，但慈善方面长期存在的问题并没有得到有效解决，根本问题是法律制度不健全。慈善事业不仅是社会领域的慈善工作，在某种程度上可能会影响政府的公信力。面对长期滞后的法律法规，应当尽早制定"慈善法"，同时对《红十字会法》等与慈善相关的法律进行修改。

第三，亟待出台反垄断执法协调机制，完善相关立法。国家发展改革委、国家工商行政管理总局、商务部三驾马车并行的局面严重制约了现有的反垄断执法和立法工作，部门之间的沟通存在一定的障碍，沟通成本很高。三家部门分别从反价格垄断行为、反非价格垄断行为和经营者集中反垄断申报和审查等角度起草反垄断执法指南，存在重叠与冲突，漏洞和空白较多，严重浪费立法执法资源。现实中，反垄断、反不正当竞争和价格执法部门已经难以运用既有法律应对新型的不正当竞争和价格违法等行为。此外，法律对违法行为追究责任过轻也使得执法机构难以遏制和吓阻违法行为，进而难以保障公平竞争的市场秩序。

第四，加快文化产业相关法律的修改与制定。中国文化产业发展迅猛，已经逐渐成为国民经济的新增长点，但中国文化立法却长期处于缺位状态，立法重点和重心一直集中在经济领域，法律的创制和修改一直集中在维护市场经济方面，文化领域的法律就显得相对滞后。从立法数量上看，目前中国文化领域立法仅有少数几部，如《文物保护法》《档案法》《著作权法》和《非物质文化遗产法》。从立法领域上看，尚不足以涵盖公共文化服务保障、文化产业促进、文化市场管理等文化领域方面。从立法质量上看，与蓬勃发展的文化产业相比仍然存在滞后性。长期以来，文化产业从业人员与学界一直呼吁的"文化产业促进法"也亟待制定出台。

（二）注重发挥人大代表在科学立法中的作用

科学立法是服务"十三五"规划的重要环节。立法机关应当理顺立法程序，建立规范的立法流程，坚持和完善民主集中制。重大立法应当在积极引入专家论证、公民听证、风险评估等措施的基础上，进一步扩大立法公开范围、提升公众参与实效，为立法的科学性、客观性奠定基础。在地方立法权限上，新《立法法》赋予立法权的地方人大应当积极探索结合本地实际的立法模式，同时也应当注意自身的立法权限，在宪法和法律的框架内充分行使立法权。在人大代表履职上，科学立法离不开人大代表的积极参与。在履职期间，人大代表应当充分进行调查研究，收集民意，起草草案，发挥意见沟通与利益表达的立法功能。根据《国务院办公厅关于做好全国人大代表建议和全国政协委员提案办理结果公开工作的通知》（国办发〔2014〕46号），从2015年开始，各地区、各部门对于涉及公共利益、公众权益、社会关切及需要社会广泛知晓的建议和提案办理复文，应当采用摘要公开的形式，公开办理复文的主要内容，适当公开本单位办理建议和提案总体情况、全国人大代表和全国政协委员意见建议吸收采纳情况、有关工作动态等内容。各部门各地方2015年落实情况较好，2016年将有望继续扩大公开范围。这样有助于监督各级人大代表履职情况，规范代表个人的言行。

（三）进一步转变政府职能，推进政务公开，打造法治政府

2016年，国务院部门及各地方政府将完成本机关权力清单的梳理和公开工作，这是简政放权、转变政府职能的重要一环。经过反复清理，政府权力运行将更加规范，政府与市场、社会的关系将逐步理清。

2015年底，中共中央、国务院印发了《法治政府建设实施纲要（2015～2020年）》。纲要是"十三五"期间建设法治政府的总纲领。2016年的法治政府建设将以职能科学、权责法定、执法严明、公开公正、廉洁高效、守法诚信为目标。同时，各地各级政府应当就本年度的法治政府建设工作向社会发布年度报告，以接受社会评议和监督。2016年初，中共中央办公厅、国务院办公厅发布了《关于全面推进政务公开工作的意见》。该意见从多方面对推进政务公开、提升政府透明度作出了总体部署和宏观要求，必将进一步推动政府透明度建设。2016年的政务公开工作应当更加注重以法治思维、法治方式推进，及时填补制度空白、修改过时规定，加强相关法律法规之间的协调。

2016年，除了食品安全、环境保护等领域的行政监管，政府还应当着重在安全生产监管方面加强与创新执法力度与方式。2015年，国内安全生产事故频发，国务院办公厅虽适时出台了《国务院关于加强安全生

产监管执法的通知》，但在安全生产监管方面，中国还缺乏相应的统一法律体系，安全生产事故的责任分配机制与常态化执法检查机制、信息化建设与安全生产的诚信体系建设也是政府监管的重头戏。

（四）义无反顾将司法体制改革进行到底

司法改革的实质是利益结构的调整和司法资源的重新配置。2014 年以来，中央全面深化改革领导小组就司法体制改革问题下发了 23 份文件。2015 年，司法体制改革更加深入，推开了一些重大举措并取得阶段性成果。与 2014 年相比，2015 年司法改革变得更加开放、更加透明。但是在司法改革的推进过程中，也存在这样那样的难题，充分说明司法改革的确是国家深化改革的深水区，需要更大的勇气和智慧。2016 年的司法改革应当着重注意以下问题。第一，及时总结地方试点的改革经验。在统一规划之外，司法体制改革应当关注各地的特殊情况，防止"一刀切"的做法。针对试点地方的改革，新的司法体制改革设计不仅要吸收其中的成功经验，也不能忽视可能的负面影响。例如，在肯定员额制改革的基础上，不仅要考虑到各地的实际情况，还要考虑到落实员额制的具体做法，避免在案件增加的情况下，使司法资源更加紧张。第二，推动司法体制改革立法。司法体制改革应当遵守宪法和法律，运用法治思维和法治方式进行改革，改革创新与依法改革齐头并进。当前司法改革作出了诸多的创新，但是一些改革措施还应通过修订现行《人民法院组织法》《法官法》等法律以获得制度支持。中央全面深化领导小组审议通过的司法体制改革文件为司法改革提供了政策支撑，司法改革则应当将成熟的改革成果上升为法律，以确保改革在法治框架之内，令改革于法有据。第三，保障法官、检察官履职环境。当前的司法改革以法官、检察官责任为重要抓手，规范了司法行为。但是，司法工作的正常运行还应当以法官、检察官的职业保障为前提。法官、检察官的履职保障既应当排除领导干部和司法机关内部干预，厘清"终身追责"与"司法豁免"的关系等，保证司法的独立性，还应当注重履职的外部环境。例如，要与传媒做好沟通，畅通媒体监督的渠道，也要防止媒体审判，丧失司法独立性。要依法保障司法人员的人身安全，针对一些侵犯法官、检察官权益，扰乱司法工作的行为，应当在法律的框架内追究责任，维护司法的权威。还应逐步提升法官、检察官待遇，维护队伍稳定。第四，司法执行难仍是亟待解决的问题。立案登记制改革、以审判为中心的改革集中关注了司法案件的前半部分，有助于司法公正。执行作为案件的最终环节，使得司法公正得以落地。如果判决结果得不到全面执行，就会导致法院公信力的严重下降。由此，未来的司法改革应当审判与执行两手抓，高度重视审执分离、加大执行力度。

（五）合理设定"关键少数"法治考核，提升依法办事能力

党的十八届四中全会通过的《中共中央关于全面推进依法治国若干重大问题的决定》首次明确提出，将法治建设纳入"关键少数"的政绩考核内容之一。可以说，贯彻落实"法治考核"的新要求是目前各级组织部门面临的最新重要课题。但在实践中，地方对领导干部的法治考核面临考核内容过于抽象宽泛不易量化、考核指标选择不规范、法治考核结果的使用不科学、指标考核不合理等问题。依法治国必须抓住领导干部这个"关键少数"。将法治建设成效纳入领导干部年度考核评价体系中，可以有效增强法治宣传教育工作的针对性和实效性，有利于领导干部遵法、学法、守法、用法。未来的法治考核应当合理设定相应的考核指标，适当引入第三方评估，以保障考核的客观公正性。

（六）反腐败斗争应当进一步增强人民的获得感

2015 年党风廉政建设的党内法规和法律制度双管齐下，反腐败行动取得了显著成效。反腐败持续处于高压态势，大小腐败官员纷纷落马，获得了人民的广泛赞同。2016 年反腐败斗争需要注意的问题在于，要更加注重增强人民的获得感，使他们成为参与者，而不仅仅是旁观者。第一，反腐败要以促进改革开放、促进社会发展为要义，一个廉洁的政党是领导全国人民实现这一目标的必要条件。因此，反腐败应持续进行，但在反腐败的同时要注意甄别贪污腐败和工作失误，甄别恶意举报和真实举报，既不放过一个腐败分子，也不冤枉一个积极履职、勇于担当的好干部。只有如此，才能激发各级领导干部的工作积极性，而不至于畏首畏尾，消极不作为。第二，将反腐败纳入现代法治的轨道。反腐不应是一场运动，而是

社会治理的一个部分，反腐败无禁区，老虎苍蝇一起打、台上台下一起抓，因此，要不断制定完善反腐败法律制度，用制度确保反腐败常抓不懈、永无休止。第三，更加尊重人民的主体性。一是引导人民积极参与反腐。中央统一部署、地方积极响应是廉政建设取得成功的关键，但在新的廉政法治建设中要更加注重人民的参与作用，更加注重人民反腐的重要性。这就要求廉政法治努力完善人民自下而上的反腐途径，并在制度建设中吸收成功的人民反腐经验。二是反腐要增强人民的获得感。反腐败的最终目的是维护人民的利益。反腐败斗争不仅要在党员领导干部廉洁从政方面取得成效，还要防止由于人民群众未能切身分享到、感受到反腐败的成果，而由最初的万众拥护欢呼雀跃变成冷眼旁观无动于衷，进而影响反腐败的群众基础。

（参见法治蓝皮书《中国法治发展报告 No. 14（2016）》）

第十四章　2016年中国法治发展与展望

2016年是全面实施"十三五"规划的开局之年，同时也是中国全面建成小康社会决胜阶段的重要一年。中国继续贯彻落实创新、协调、绿色、开放、共享的发展理念；继续深入推进供给侧结构性改革，国家经济保持中高速增长；打赢脱贫攻坚战，不断提高人民生活水平和生活质量；逐步实现国家治理体系和治理能力现代化，为全面建成小康社会打下良好基础。为保证上述目标的实现，中国在依法治国的道路上稳步前进。

一　科学与民主，发挥立法引领作用

2016年，中国立法工作稳中求进，对经济社会发展、国家稳定起到了至关重要的作用。中国制定了促进经济社会发展、国家安全稳定的新法；修改了与全面深化改革要求不一致的旧法；解释了《香港特别行政区基本法》，维护了宪法和法律的权威；批准了同其他国家及国际组织缔结的国际条约。

（一）立法引领发展，促进社会经济建设

经济社会领域仍然是2016年的立法重点，2016年全国人民代表大会及其常务委员会制定了《电影产业促进法》《资产评估法》《慈善法》《中医药法》《公共文化服务保障法》《环境保护税法》等经济社会领域的法律，国务院制定了《全国社会保障基金条例》《企业投资项目核准和备案管理条例》等行政法规，对中国社会稳定、经济发展、环境保护起到了至关重要的作用。《资产评估法》对评估专业人员、评估机构、评估

程序、监督管理等内容作了较为全面的规定。《电影产业促进法》规定了
电影制作的负面清单、发行前的审查制度、放映的硬件要求等内容，引导
中国电影行业自律。《中医药法》第一次从法律层面明确了中医药的地
位、发展方针和扶持措施，为中医药事业发展提供了法律保障，对中医药
事业的发展具有里程碑意义。《公共文化服务保障法》对公共文化的设施
建设、管理和服务作出了明确的规定，为拓宽社会参与渠道提供了制度依
据。《环境保护税法》将排污费改为排污税，一方面实现了税负平衡，另
一方面加强了环境保护制度建设。

（二）保障国家安全，加强重点领域立法

2016 年为维护国家安全和社会稳定，全国人民代表大会常务委员会
加强了重点领域的立法工作。在维护国家网络安全方面，《网络安全法》
确定了网络空间主权原则，明确了网络空间的治理目标，完善了网络安全
的监管体制，划分了政府各部门的职责和权限，加大了对破坏网络安全违
法行为的惩戒力度。在强化国防交通建设方面，《国防交通法》对国防交
通规划、交通工程设施、民用运载工具、国防运输、国防交通保障、国防
交通物资储备等内容作了规定，其中特别规定了公民的配合与保密义务，
如依法征用民用运载工具时公民有配合义务，从事国防交通工作的公民应
承担保密义务等。国防交通建设法治化有利于提高战略投送能力，有效保
障国家安全。在规范境外组织活动方面，《境外非政府组织境内活动管理
法》为规范境外非政府组织在中国境内的活动提供了指引，保障正常公
益活动的合法权益，依法惩戒损害国家利益的行为。

（三）修改法律法规，确保改革于法有据

2016 年，全国人民代表大会常务委员会和国务院进行了大规模的法
律法规清理工作，为全面深化改革保驾护航。全国人民代表大会常务委员
会共修改 21 部法律，国务院共修改 66 部行政法规。有的法规因落实商事
登记改革而修改。例如，原《计量法实施细则》第 16 条规定："凡易地
经营的，须经所到地方的人民政府计量行政部门验证核准后方可申请办理
营业执照"，修改后将"后方可申请办理营业执照"的表述予以删除。有

的法规因上位法出台或修订而修改。例如，《环境保护法》修改之后，其下位法《防止拆船污染环境管理条例》增加一款："拆船厂未依法进行环境影响评价擅自开工建设的，依照《环境保护法》的规定处罚。"有的法规则因推进价格改革而修改。例如，删除《血液制品管理条例》第 46 条"原料血浆的采集、供应和血液制品的价格标准和价格管理办法，由国务院物价管理部门会同国务院卫生行政部门制定"的规定。

（四）加强立法解释，维护宪法法律权威

近年来，香港社会有些人公开宣称煽动分裂的言论和主张，对国家统一和香港发展产生了负面影响。更有甚者，个别候任议员视任前宣誓为"儿戏"，发表不适当言论。根据《宪法》《立法法》以及《香港特别行政区基本法》之规定，全国人民代表大会常务委员会对《香港特别行政区基本法》第 104 条进行了解释。根据该解释，宣誓程序是就任公职的必经和法定程序，未经合法有效的宣誓或者拒绝宣誓，不得就任公职。该解释的出台一方面打击了"港独"势力的嚣张气焰，剥夺了拒绝宣誓者的议员资格，维护了《宪法》《香港特别行政区基本法》的权威；另一方面也体现了中国渐趋用法治思维和法治方式化解棘手的政治问题，用法律解释为国家治理提供制度支撑。

（五）批准国际条约，积极融入国际社会

2016 年，全国人民代表大会常务委员会批准了 6 个已签署的国际条约，其中关于环境保护的国际条约分别是《关于汞的水俣公约》《巴黎协定》《〈关于持久性有机污染物的斯德哥尔摩公约〉新增列六溴环十二烷修正案》，说明中国在环境保护方面的立场愈加明确和坚定；关于司法协助的条约分别是《中华人民共和国和塔吉克斯坦共和国引渡条约》《中华人民共和国和斯里兰卡民主社会主义共和国关于刑事司法协助的条约》，有利于中国与有关国家合作打击刑事犯罪；关于经济合作的条约为《中华人民共和国加入世界贸易组织关税减让表修正案》。全国人民代表大会常务委员会批准有关环境保护的国际条约，彰显了承担环境保护责任的发展中大国的担当；签署与他国的司法合作协议，加强了对犯罪分子特别是

外逃犯罪分子的打击力度；签署有关经济合作的条约，表明中国作为负责任的经济大国，愿意为当前世界经济的稳定和复苏承担起更多责任。

另外，需要提出的是，2011年中国特色社会主义法律体系已经形成，基本做到了各领域有法可依。但在实践中，部分法律被束之高阁，没有用好用足，对此需要引起有关部门的重视。

二 改革与放权，推进法治政府建设

2016年，中国深化行政体制改革与法治政府建设稳步推进，在行政体制改革方面，中国政府继续取消或者下放部分行政审批事项，加快推进简政放权；在政务公开方面，中国政府打造"互联网+"政务，深入推进政务公开；在行政执法方面，政府完善法治政府建设，推动执法规范化、法治化。

（一）深化行政体制改革，加快推进简政放权

2016年，中央政府继续取消和下放了部分行政许可，同时推进"五证合一、一照一码"登记制度改革，加快推进简政放权。中央政府推行的改革措施一方面可以降低企业、组织和个人的交易成本，推动供给侧结构性改革，促进经济健康有序发展；另一方面有利于政府从事前审批到事后监督转型，从管制型政府向服务型政府转型。

在行政审批方面，2016年2月，国务院取消了152项中央指定地方实施行政审批事项、13项国务院部门行政许可事项、192项国务院部门行政审批中介服务事项。大部分被取消的行政审批事项与安全生产、环境保护、公共安全以及公民人身财产安全有关。取消这部分行政审批事项并不意味着弱化对上述领域的监管，而是通过强化事中事后监督，加强对安全生产、环境保护、公共安全和公民人身财产安全的保障。

此外，国务院还取消了包括价格鉴定师、招标师、物业管理师等在内的多项职业资格许可和认定事项。对于凡是不涉及国家安全、公共安全、人民生命财产安全等领域的职业，原则上一律放宽市场准入，今后没有法律法规依据的准入类职业资格一律不得新设。此举将上述原由国家认证的

职业资格和个人水平评价完全交付市场，政府原则上不再为就业设置门槛。该文件的出台和实施降低了职业准入门槛，扩大了市场就业范围，为更多的人才就业、创业提供便利条件。

2016年6月，国务院办公厅发布《关于加快推进"五证合一、一照一码"登记制度改革的通知》，在原有"三证合一"（工商营业执照、组织机构代码证、税务登记证）的基础上增加了社会保险登记证和统计登记证，变成"五证合一"。政府各部门之间建立信息共享平台，实现部门之间数据的互联、互通、互认，申请人只需向一个部门提交一次申请，填写一个表格便可以获得统一社会信用代码的营业执照。此项改革大大减少了企业、组织和个人的登记次数，降低了企业创办、经营过程中的成本，优化了"大众创业、万众创新"的环境，激发了社会创业、创新的热情。

在肯定成绩的同时，也要看到行政体制改革仍存在一些问题。例如，在简政放权方面，部分放权措施不当，没有考虑到基层的承接能力，致使下放的行政审批事项大量积压；在事中事后监管方面仍不到位且缺乏力度，如山东非法经营疫苗、重庆永川区金山沟煤矿瓦斯爆炸等案件或事故的出现，暴露了目前仍然存在执法疏漏、监管缺位等问题。这些问题不但影响到公民和企业的获得感，而且直接关乎行政体制改革的成败，如何切实解决上述问题成为改革过程中的重点和难点。

（二）打造"互联网+"政务，深入推进政务公开

2016年，中国政务公开正逐渐走向网络化、信息化和智能化道路。2016年8月，中共中央办公厅、国务院办公厅印发《国家信息化发展战略纲要》，强调"提高政府信息化水平，推进政务公开信息化"。面对新的机遇和挑战，中国政府对信息化建设和政务公开提出了更高的要求。

2016年2月，中共中央办公厅、国务院办公厅印发《关于全面推进政务公开工作的意见》，要求推进包括决策、执行、管理、服务、结果等在内的政务公开，通过政府数据开放、政策解读、回应社会关切等方式扩大政务开放和参与。该意见为深入推进政务公开工作指明了方向。2016年11月，国务院办公厅印发了实施细则，对上述内容进行了细化，同时也为修改《政府信息公开条例》提供了参考。由于政务公开内容繁杂，

各地做法不一、理解不同，推进效果不平衡现象较为突出。

2016 年 9 月，国务院印发《关于加快推进"互联网+政务服务"工作的指导意见》，为推进"互联网+政务服务"明确了任务表和路线图。"互联网+政务服务"除了能为公众提供更为丰富的信息和数据之外，还可以实现网络预约、提交申请、预审等相关服务，极大地提高了政府服务效率，方便了企业和公众办事。但目前政府之间的数据资源协同共享、业务系统互联互通未实现突破，各类数据中心无法互联互通，而且还重复建设，造成了一定的浪费。对此，国务院办公厅印发《政务信息资源共享管理暂行办法》，为推动部门信息共享提供了基本思路，政务信息资源应当以共享为原则、不共享为例外。对于无条件共享信息，使用部门可以直接在共享平台上获取；对于有条件共享信息则需要提出申请，提供部门则应当在十个工作日内答复；对于不予共享信息则由使用部门与提供部门协商解决。

随着互联网和自媒体的发展，网络舆情涉及的范围越来越广、触发的概率越来越高，诸如连云港反对核废料、校园毒跑道等舆情事件对政府公关能力提出了严峻的挑战。2016 年 8 月，国务院办公厅印发了《关于在政务公开工作中进一步做好政务舆情回应的通知》，规定了政务舆情回应责任，明确了政务舆情回应标准，限定了政务舆情回应的最迟时限，提出要加强督促检查和业务培训，完善舆情回应激励约束机制。实践中，由于法治队伍建设不足、人员素质不高，直接造成应对能力不强、负面舆情扩大的现象并不鲜见，需要各级政府进一步提高应对能力和水平。

（三）完善法治政府建设，严格规范行政执法

依法决策和规范行政执法是法治政府建设的重点内容。2016 年，围绕强化政府决策合法性，中国推动了政府法律顾问制度改革；围绕行政监督，中国加强了行政应诉工作；围绕严格规范行政执法，中国出台了规范公安执法的文件。

第一，推行政府法律顾问制度。2016 年 6 月，中共中央办公厅、国务院办公厅印发《关于推行法律顾问制度和公职律师公司律师制度的意见》，法律顾问可以对政府制定与出台重大决策作出合法性判断，及时提

供意见和建议，避免违法违规的政策出台，为地方乃至中央法治政府建设保驾护航。但该意见仍然存在制度上的障碍，如党政机关公职人员可以担任公职律师与《律师法》中"公务员不得兼任律师"的规定存在冲突，这就意味着公职律师在履职过程中可能会面临"于法无据"的风险。为保障政府法律顾问制度的落地，包括《律师法》在内的法律法规的修改亟待提上日程。

第二，严格落实依法决策，确保重大活动守法。行政决策是现代政府行使权力的重要方式。国务院一直将行政决策的法治化作为法治政府建设的重点内容。国务院办公厅《2016年政务公开工作要点》将决策公开特别是重大决策与公开、决策事项民意调查作为政务公开工作的重点，促进透明决策进而提升规范性。与此同时，地方立法更是层出不穷，包括上海、云南、沈阳、南宁、唐山在内的许多地方出台了重大行政决策程序规定。

第三，加强复议应诉工作，完善监督行政建设。2016年，国务院办公厅发布《关于加强和改进行政应诉工作的意见》，要求行政机关不得以任何形式干扰行政诉讼案件的受理、审判，要求行政机关负责人积极出庭应诉，并不得以欺骗、胁迫等非法手段使原告撤诉。不少地方也出台了加强行政复议、行政应诉工作的意见，洛阳市等地政府还编制并公开发布了年度性的行政复议应诉案件分析报告。这对于增强"关键少数"的法治意识、倒逼行政行为规范具有重要意义。

第四，严格规范行政执法，规范辅助人员管理。公安执法规范性不仅关乎社会稳定和公平正义，而且深刻影响公众的切身利益。2016年，出现了诸如北京雷洋案、兰州民警粗暴执法案等公安执法不规范的案例，这些案例不仅刺痛了公众的神经，而且将公安执法推上了风口浪尖。为此，中共中央办公厅、国务院办公厅下发了《关于深化公安执法规范化建设的意见》，国务院办公厅印发了《关于规范公安机关警务辅助人员管理工作的意见》，明确了今后公安执法工作的重心，指引了公安执法队伍建设的方向，为进一步深化法治政府建设奠定了基础。公安是和平时期付出最多、牺牲最大的执法队伍，为国家安全和社会稳定作出了巨大的贡献，但部分公安人员执法简单粗暴也饱受诟病，推动公安执法规范化势在必行。

三　传承与创新，司法改革有序推进

2016 年是司法改革的攻坚年，十八届三中、四中全会提出的大部分司法改革措施已在本年度得以落实。同时，2016 年也是"十三五"规划的开局之年，如何扎实推进司法改革、为"十三五"规划提供法治保障成为司法改革面临的重要问题。

（一）加强制度建设，深化司法体制改革

为继续深入推进司法改革，2016 年，中央全面深化改革领导小组陆续出台了一系列改革意见，建立并完善了与司法改革相关的各种制度。

在刑事诉讼制度改革方面，2016 年 10 月，最高人民法院、最高人民检察院、公安部、国家安全部、司法部联合印发《关于推进以审判为中心的刑事诉讼制度改革的意见》，该意见在贯彻证据裁判主义、完善诉讼制度、健全诉讼参与人权利保障等方面提出了一些具体要求，通过法庭审判的程序公正实现案件裁判的实体公正，防范冤假错案，促进司法公正。该意见的出台有利于加强人权的司法保障，有利于实现刑事司法公正，有助于避免冤假错案的发生。

2016 年 11 月，中央全面深化改革领导小组第二十九次会议审议通过《关于最高人民法院增设巡回法庭的请示》，同意最高人民法院在重庆市、西安市、南京市、郑州市增设巡回法庭。至此，最高人民法院巡回法庭已经覆盖中国华南、东北、华东、华中、西南、西北六大区域。设立巡回法庭不仅减轻了最高人民法院院本部的工作压力，降低了案件审判和处理的时间成本，而且有助于减少地方对审判的行政干预，减少地方保护主义对司法的影响。

在法律职业准入和流动方面，2016 年中央全面深化改革领导小组通过了《关于从律师和法学专家中公开选拔立法工作者、法官、检察官的意见》和《关于建立法官检察官逐级遴选制度的意见》，打破了法律职业群体之间的壁垒，加强了法律职业共同体的交流，规范了法官、检察官的选聘、任用及遴选，扩大了拥有基层工作经历的法官、检察官的比例，为

法律人才流通开辟了渠道。但遴选学者进入法官、检察官队伍的实施效果还有待观察。

2016 年 7 月，中共中央办公厅、国务院办公厅印发了《保护司法人员依法履行法定职责的规定》，中央全面深化改革领导小组审议通过了《关于建立法官、检察官惩戒制度的意见（试行）》。这两个文件明确了对法官、检察官进行调离、免职、辞退或者作出降级、撤职等处分的条件，规定了对干扰司法活动、插手具体案件的处理方式，明确了法官、检察官惩戒委员会的组建和权限。这两个文件的出台有助于法官、检察官摆脱地方干预，保障法官、检察官不受地方势力的影响，严格依法履行职责，但惩戒委员会的建立是对《法官法》和《检察官法》的突破，在今后修改《法官法》和《检察官法》的过程中，应当清晰界定惩戒委员会的职责和权限，保障惩戒委员会履职有法可依。

（二）打造公开平台，提高司法公开质效

2016 年，中国司法继续拓宽公开渠道，打造公开平台，升级公开系统，完善公开制度，不断提高司法公开的水平和质效。在裁判文书公开方面，中国裁判文书网成为国际国内广泛关注的展示中国法治文明的重要窗口，截至 2016 年 12 月 31 日，中国裁判文书网已公布裁判文书超过 2550 万份，累计访问量超过 47.2 亿人次。为进一步方便裁判文书的应用，2016 年 8 月 30 日中国裁判文书网手机客户端（App）正式上线，成为人民法院司法公开、司法便民的又一项重要举措。

自 2016 年 7 月 1 日起，最高人民法院所有公开开庭审理的案件全部网上直播，各地法院也以视频、音频、图文等方式公开庭审过程，大力推进庭审网络直播。2016 年 9 月，全国统一的庭审公开平台正式上线，成为继审判流程、裁判文书、执行信息三大司法公开平台之后新的全国性司法公开平台。中国庭审公开网全面覆盖四级法院，将海量庭审直播过程信息全方位、深层次地展示在新媒体平台上，使公众可以迅速、便捷地了解庭审全过程。此外，2016 年 8 月，全国企业破产重整案件信息网上线运行并全方位公开破产企业信息，不仅进一步体现了阳光司法理念，更为服务供给侧结构性改革提供了新的平台。

在肯定中国司法公开取得成就的同时，也要看到部分法院在政务网站之外开通了多个司法公开平台。多平台建设不但造成司法公开的资源浪费，而且也令公众无所适从，无法为社会提供一站式信息服务。

（三）提升信息化水平，全力建设智慧法院

2016年，各级人民法院在全面建成以互联互通为主要特征的人民法院信息化2.0版基础上，大力推进信息化建设转型升级，按照《人民法院信息化建设五年发展规划（2016~2020）》确定的任务要求，加快建设以数据为中心的人民法院信息化3.0版，并在各级法院积极响应、开拓创新的实践中取得显著成效。

第一，法院网络全覆盖，网上办案成为可能。截至2016年底，全国3520家法院、9277个人民法庭和海事派出法庭全部接入法院专网，使全国法院干警"一张网"办案、办公、学习、交流成为可能；部分法院率先实现案件卷宗随案电子化并上传办案系统，从管理方式和技术保障两方面为法官全流程网上办案、审判管理人员网上精准监管创造了必要条件；部分地区法院积极推进道路交通纠纷网上数据一体化、公检法多方远程庭审、刑事诉讼涉案财物集中管理等系统建设，实现与相关部门的信息共享和业务协同，成为人民法院全业务网上办理的拓展延伸；最高人民法院可视化质效型运维管理系统——法眼平台上线运行，为网上监控和评估全国法院信息系统、不断提升信息化建设成效提供了全新手段。

第二，智能办案系统上线，提高司法审判质效。以"智审"系统为代表的一批智能化辅助办案系统成功上线并推广应用，全面辅助法官利用电子卷宗、辅助生成裁判文书、精准推送同类案例，破解了长期以来信息化服务审判办案能力相对较弱的难题，为电子卷宗深度应用、支持提高审判质效开辟了崭新途径；庭审语音识别转录系统在全国多地成功推广，缩短了庭审时间，保证了庭审笔录的完整度，为运用智能化技术提高庭审质效提供了重要手段；覆盖部分地区法院的庭审自动巡检系统支持审判管理人员对辖区法院庭审纪律进行高效检查监督，为维护司法形象和司法公信力提供了有力手段；部分地区法院运用裁判文书大数据智能分析系统支持法官及时发现判决书中的逻辑错误、遗漏诉讼请求、法律条文引用错误等

文书瑕疵，成为提高裁判文书质量、维护司法公信力的又一利器。最高人民法院数据集中管理平台成功向大数据管理和服务平台转型升级，实现实时汇集、一数一案、协同共享、动态交换、无缝交联和深度应用；该平台已汇集全国法院 9600 余万件案件数据，支持全国各级法院审判态势实时分析；自动生成 136 张司法统计报表，使各级法院彻底告别人工统计时代；形成了常态化大数据专题研究分析机制，为审判执行、司法管理和国家治理专题研究提供了数据化和智能化的服务手段。

可以说，法院信息化建设成就突出，但前进道路上仍然存在诸多障碍，如技术和业务的融合问题、法官信息技术水平不高的问题、地方信息化发展不平衡的问题等。这些问题不仅影响信息化的应用，而且关系到法院信息化未来的发展，因此需要高度重视目前面临的困难。

（四）完善执行查控，基本解决执行难题

2016 年，中国法院执行工作成效显著。一是完善了网络查控系统，实现了执行模式质的飞跃。截至 2016 年底，最高人民法院已与中国人民银行、公安部等 13 家单位、3000 多家银行实现了互联互通，能查询存款、车辆、股票等 11 类 14 项财产信息，基本上实现了对主要财产的覆盖，构成了支撑财产查控的大数据平台。截至 2016 年 12 月底，执行查控系统累计查询 1.95 亿次。借助执行查控系统，执行法官可以迅速查询到全国 3000 多家银行账户，极大地提高了执行查控的效率，突破了查物找人的瓶颈，从而推动执行模式实现质的飞跃。二是建立失信被执行人监督、警示和惩戒机制。2016 年初，最高人民法院还与国家发展和改革委员会等 44 家单位联合签署了《关于对失信被执行人实施联合惩戒的合作备忘录》，共推出八大类 55 项惩戒措施，涉及 30 多个重点领域，涉及领域之广、项目之多前所未有，为进一步完善联合信用惩戒提供了实施纲领。2016 年 9 月，中共中央办公厅、国务院办公厅印发了《关于加快推进失信被执行人信用监督、警示和惩戒机制建设的意见》，规定了对失信被执行人的各种监督、警示和惩戒措施，包括对从事特定行业或项目限制、政府支持或补贴限制、任职资格限制、准入资格限制、荣誉和授信限制等。该意见的出台细化了联合信用惩戒的各项内容，完善了相关制度，

有助于提高对被执行人失信惩戒的效果。三是不断强化规范化管理,将执行权关进制度之笼。最高人民法院密集出台了关于《民事诉讼法》执行程序部分、执行异议复议、拒不执行判决与裁定刑事案件审理、限制高消费、迟延履行债务利息、网络查冻存款、刑事裁判涉财产部分执行等方面的系列司法解释,进一步规范了执行程序的各个方面、各个环节,进一步加大了惩戒力度,提高了执行效率。2016 年上半年最高人民法院还作出了两个批复文件,规范了终结执行的异议期限问题和查封财产在首封法院和优先债权法院之间的处理权协调问题。最高人民法院通过司法解释和规范性文件的体系化完善,为进一步规范执行行为、解决执行难提供充分有力的规范依据。各地法院积极推动建立跨省级行政区划统一执行联动工作机制,形成了区域协作执行新模式,为解决异地执行难提供了新思路。全国法院不断拓宽监督渠道,确保廉洁司法。由于执行难涉及社会方方面面,目前中国诚信体系建设刚刚起步,信息技术无法全面覆盖广大农村地区,或者说信息技术在农村地区尚难有用武之地,因此破解执行难仍然是一项艰巨的工作。

(五) 刑法制度变革,编织严密刑事法网

2016 年,刑法的发展主线是《刑法修正案 (九)》的实施及围绕司法体制改革进行的配套刑法变革。2016 年 9 月,《全国人民代表大会常务委员会关于授权最高人民法院、最高人民检察院在部分地区开展刑事案件认罪认罚从宽制度试点工作的决定》施行,在北京、上海、广州、深圳等 18 个城市开展刑事案件认罪认罚从宽制度试点工作,对犯罪嫌疑人、被告人自愿如实供述自己的罪行,对指控的犯罪事实没有异议,同意人民检察院量刑建议并签署具结书的案件,可以依法从宽处理。

社区矫正是贯彻宽严相济刑事政策的重要举措,也是深化司法体制改革的重要内容。2016 年 8 月,为进一步加强社区矫正工作衔接配合,最高人民法院、最高人民检察院、公安部、司法部联合制定下发了《关于进一步加强社区矫正工作衔接配合管理的意见》,加强了社区矫正适用前、社区服刑人员交付接收、监督管理、收监执行的衔接配合管理等四部分内容。社区矫正工作是监狱矫正的补充,但长期以来缺少法律规范,部

门之间的权责不明确，扯皮现象严重，该意见对此作出明确规定，可谓一大进步。但社区矫正经费不足、人员缺乏、权力有限等问题仍然会限制这项工作的有效开展。

2016年，为进一步严密刑事法网，更好地贯彻罪刑法定原则、罪责刑相适应原则，最高人民法院与最高人民检察院通过了若干项重要司法解释。1月，最高人民法院发布了《关于审理抢劫刑事案件适用法律若干问题的指导意见》，针对近年来人民法院在审理抢劫犯罪案件中出现的较为突出的法律适用问题和刑事政策把握问题作出了统一、明确的规定。4月施行的《最高人民法院关于审理毒品犯罪案件适用法律若干问题的解释》解决了毒品犯罪审判实践中一些长期遗留和亟待规范的法律适用问题，加大依法惩治毒品犯罪的力度。同月，《最高人民法院、最高人民检察院关于办理贪污贿赂刑事案件适用法律若干问题的解释》施行。该司法解释针对贪污贿赂犯罪的新情况、新特点，对犯罪构成要件作出扩张性解释，强化法律适用的针对性，严厉追究贪污、受贿犯罪行为；严格刑罚适用，综合考量各种因素确定不同职务犯罪的定罪量刑标准，统筹罪与非罪、罪轻与罪重的标准。贪污贿赂犯罪量刑是社会关注的焦点，畸轻则可能引发社会舆情，畸重则违背法治精神，如何拿捏量刑标准需要进一步探索。

近年来，网络犯罪十分猖獗，特别是电信网络诈骗犯罪已成为社会公害，给人民群众财产安全造成重大损害，严重影响社会安定，2016年发生的徐玉玉案等更是引起全社会关注。最高人民法院、最高人民检察院、公安部、工业和信息化部、中国人民银行、中国银行业监督管理委员会于2016年9月联合发布《关于防范和打击电信网络诈骗犯罪的通告》，要求公安机关主动出击，将电信网络诈骗案件依法确立为刑事案件，集中侦破一批案件、打掉一批犯罪团伙、整治一批重点地区，坚决拔掉一批地域性职业电信网络诈骗犯罪"钉子"。该通告还对电信企业、银行业、支付机构和银联等单位提出了相应的要求，对有关制度和机制进行了修正和完善。网络诈骗对人民生命财产带来巨大的威胁，2016年各部门联合执法，虽在一定程度上控制了电信诈骗的案发势头，但仍然需要加大打击力度。

四 问责与考核，完善廉政法治体系

2016 年中国廉政法治建设取得了辉煌的成就，加大了对境外腐败人员的追逃力度。2016 年 10 月召开的十八届六中全会以"全面从严治党"作为讨论主题，显示了中国对廉政法治建设的信心，表明了中国对持续反腐的决心。

（一）推进廉政法治工作，继续完善问责机制

党员问责是中央从严治党的重要抓手，面对腐败、不作为、乱作为等情况，制定完善的党内问责法规有助于加强党员纪律建设，以法治的方式推动反腐。2016 年 7 月，中共中央正式印发《中国共产党问责条例》，对《中国共产党廉洁自律准则》《中国共产党纪律处分条例》中的"主体责任"进行制度化构建。《中国共产党问责条例》第 6 条明确规定，全面从严治党不力，主体责任、监督责任落实不到位，管党治党失之于宽松软，好人主义盛行、搞一团和气，不负责、不担当，党内监督乏力，该发现的问题没有发现，发现问题不报告不处置、不整改、不问责，造成严重后果的，应被严肃问责。2016 年 10 月，十八届六中全会审议通过《关于新形势下党内政治生活的若干准则》《中国共产党党内监督条例》，深化全面从严治党，使全体党员、干部按照党内的政治生活准则办事，保持党的纯洁性与纪律性。

在党内纪律从严的基础上，整合反腐资源的监察体制改革相应启动。党的十八届六中全会公报中指出，"各级党委应当支持和保证同级人大、政府、监察机关、司法机关等对国家机关及公职人员依法进行监督"，首次将监察机关与人大、政府等并列提出。2016 年 12 月，全国人民代表大会常务委员会通过《全国人民代表大会常务委员会关于在北京市、山西省、浙江省开展国家监察体制改革试点工作的决定》，正式在三省市推行改革方案。监察委员会的相关制度也将在未来的法治建设中得到进一步完善。

（二）加强国际反腐合作，反腐行动效果显著

2016 年以来，全国公安机关认真贯彻中央关于反腐败国际追逃追赃工作的决策部署，全力推进"天网"行动与"猎狐"行动，成效显著。截至 2016 年 10 月，全国公安机关共从 61 个国家和地区成功抓获各类境外逃犯 409 名。2016 年 9 月，在 G20 杭州峰会上，中国充分发挥二十国集团反腐败工作组主席国作用，推动通过《二十国集团反腐败追逃追赃高级原则》《二十国集团 2017~2018 年反腐败行动计划》，并在华设立二十国集团反腐败追逃追赃研究中心。《二十国集团反腐败追逃追赃高级原则》开创性地提出对外逃腐败人员和外流腐败资产"零容忍"、国际反腐败追逃追赃体系和机制"零漏洞"、各国开展反腐败追逃追赃合作"零障碍"的概念。2016 年 9 月 23 日，二十国集团反腐败追逃追赃研究中心在北京设立，通过专题研究、学术研讨和培训等多种形式开展工作，为二十国集团成员开展反腐败追逃追赃合作打造交流平台，为中国参与国际反腐败合作提供智力支持，推动建立以追逃追赃务实合作为主要内容的国际反腐败新秩序。

五　完善与规制，健全民商经济法治

2016 年，中国民商经济法治平稳发展，一方面完善民商经济法律体系，回应社会发展需求；另一方面规制互联网金融与信息传播，加大对知识产权的保护力度。

（一）有序推进民法典编纂，完善民事法律体系

2016 年民法体系建设呈现出细致化、深入化、系统化特点，不仅在现有法律法规的基础上起草与制定《民法总则》，而且进一步完善了相关领域的法律法规。

第一，民法典编纂。根据立法规划，从 2015 年开始的民法典编纂工作稳步推进。2016 年 6 月第十二届全国人民代表大会常务委员会第二十一次会议初次审议了《民法总则（草案）》。2016 年 10 月，《民法总则

（草案）》提请全国人民代表大会常务委员会第二次审议，条文增至 202 条，修改较多。2016 年 12 月，《民法总则（草案）》提请全国人民代表大会常务委员会第三次审议，与二审稿相比，三审稿将条文由 202 条增至 210 条，并对二审稿中的一些规定作了进一步完善，如将基本原则中规定的保护生态环境、节约资源，调整到民事权利行使的规定中，并在该规定中增加了弘扬中华优秀文化、践行社会主义核心价值观的内容。需要注意的是，草案明确提出保护个人信息权，明确农村集体经济组织法人资格，并对被撤销监护资格的父母恢复监护资格的条件作出了更严格的规定。

第二，土地"三权分置"。当前城镇化、农业现代化同步发展，中共中央办公厅、国务院办公厅于 2016 年 10 月发布的《关于完善农村土地所有权承包权经营权分置办法的意见》指出，完善"三权分置"办法，不断探索农村土地集体所有制的有效实现形式，落实集体所有权，稳定农户承包权，放活土地经营权，充分发挥"三权"的各自功能和整体效用，形成层次分明、结构合理、平等保护的格局。意见要求始终坚持农村土地集体所有权的根本地位，严格保护农户承包权，加快放活土地经营权并逐步完善"三权"关系。

第三，完善损害赔偿标准。为进一步规范人体损伤致残程度鉴定行为，最高人民法院、最高人民检察院、公安部、国家安全部、司法部公布了《人体损伤致残程度分级》，司法鉴定机构和司法鉴定人在进行人体损伤致残程度鉴定时统一适用该规定。该规定统一了人体损伤致残的鉴定标准，为规范鉴定活动、提高鉴定质量奠定了基础。

第四，发布案例指导民事审判。2016 年最高人民法院公布了 5 个民事指导案例，分别涉及《合同法》《婚姻法》《担保法》等内容，引导各级法院的司法判决，为法院审理类似案件提供参照。例如，第 66 号指导案例将《婚姻法》第 47 条规定的"离婚时"解释为"离婚诉讼期间或离婚诉讼前"，为各级法院处理类似案件提供了参考，若离婚诉讼期间或离婚诉讼之前，夫妻一方非法隐匿、处分夫妻共同财产和侵占个人财产，可以少分或不分财产。

第五，完善产权保护制度。2016 年 11 月，中共中央、国务院联合印发《关于完善产权保护制度 依法保护产权的意见》，这是中国目前关于产权保护的最新顶层设计，为解决产权问题提供了明确的思路和方向。该意见涉及产权平等保护、房屋土地续期、拆迁补偿、知识产权保护等诸多方面，对今后与产权保护有关的制度设计、司法政策、政府守信、财产征收征用都有重要指导意义。

（二）完备既有的商法体系，回应社会发展需求

随着市场经济的深化发展和全面改革的持续推进，中国既有商事法律体系的理论基础和制度构造依然有待继续健全。2016 年，中国商事法律制度继续回应经济社会发展的客观需要，按照"全面依法治国、全面深化改革"的要求对中国商事法律体系的改革和完善进行了深入的反思，并促成了商事法治在立法、司法、行政等各个层面的变革发展。

在公司法治方面，适用《公司法》的司法解释是理论界和实务界关注的重点。最高人民法院在总结多年司法经验的基础上，制定了司法解释《关于适用〈中华人民共和国公司法〉若干问题的规定（四）》。该司法解释就公司机关会议决议无效和撤销纠纷、股东知情权纠纷、有限责任公司新增资本认购纠纷、股份公司发行新股纠纷、利润分配请求权纠纷、股权转让纠纷、股东代表诉讼纠纷案件适用法律等问题制定更为详尽的裁判规则，以为法官正确适用《公司法》、妥当处理相关问题提供具体指引。

在证券法方面，以股票发行注册制为核心的资本市场法治化改革继续推进。2016 年 3 月 1 日起施行的《关于授权国务院在实施股票发行注册制改革中调整适用〈中华人民共和国证券法〉有关规定的决定》，授权国务院对拟在上海证券交易所、深圳证券交易所上市交易的股票的公开发行权，调整适用《证券法》关于股票公开发行核准制度的有关规定，实行注册制度。此外，股票指数熔断机制在 2016 年初的运行过程中出现了"水土不服"的状况，中国证券监督管理委员会最终暂停实施该机制。证券监管机构采取了多种措施强化监管职责。一是严厉打击首次公开募股的造假行为，落实退市制度并严惩中介机构，其中欣泰电气成为首家因欺诈发行而退市的公司，相关中介机构也受到了严厉处罚；二是规范上市公司的重大资产重组行为，严格规范上市公司的借壳行为，2016 年 9 月发布了修订后的《上市公司重大资产重组管理办法》，对构成借壳上市的重组

行为进行严格监管；三是强化了对内幕交易、操纵市场、信息披露违法等不法行为的监管，特别是对不当高频交易、跨市场操纵等新型违法行为进行了严厉打击。

（三）加强知识产权顶层设计，推进国家战略实施

2016 年，国家继续大力加强知识产权强国战略顶层设计，出台系列指导性文件。2016 年 3 月第十二届全国人民代表大会常务委员会第四次会议批准的《国民经济和社会发展第十三个五年规划纲要》将创新驱动发展战略放在极其重要的位置，明确将知识产权的"十三五"规划纳入国家"十三五"规划的重点专项规划，这是知识产权规划第一次进入国家的重点专项规划。2016 年，国务院知识产权战略实施工作部际联席会议审议通过的《2016 年深入实施国家知识产权战略 加快建设知识产权强国推进计划》提出，全面推进 2016 年国家知识产权战略实施工作，力促新形势下知识产权强国建设从"设计图"转化为"施工图"。

（四）依法规制互联网市场，破除行业发展困境

互联网经济凭借成本低、效率高的特点迅速发展，"互联网＋"也不断改变传统行业，带动了经济发展。但是，由于互联网市场缺乏有效的法律规制，存在较大的不确定性与风险。2016 年，国家有关部门不断完善互联网法律规制，对市场风险形成了有效的防控机制。2016 年 4 月，国务院办公厅出台《互联网金融风险专项整治工作实施方案》，对有关第三方支付、P2P、互联网保险，以及以投资理财从事金融活动等行为进行规制，规范各类互联网金融业态，优化市场竞争环境，扭转互联网金融某些业态偏离正确方向的局面，遏制互联网金融案件高发频发势头。针对 P2P网贷风险频发的现象，2016 年 8 月，中国银行业监督管理委员会、工业和信息化部、公安部、国家互联网信息办公室联合发布《网络借贷信息中介机构业务活动管理暂行办法》，依照"依法监管、适度监管、分类监管、协同监管、创新监管"的原则确立了网贷监管体制。

2016 年 4 月，百度"魏则西事件"发酵，舆论直指互联网信息监管漏洞。6 月，国家互联网信息办公室发布《互联网信息搜索服务管理规

定》，着重强调了对收费搜索引擎的规范，针对自然搜索结果和付费搜索结果，作出了醒目区分的要求，是对之前"魏则西事件"等舆论关切的积极回应。搜索引擎是"互联网+"时代的信息枢纽，但部分搜索结果存在谣言、淫秽、色情、暴力、凶杀、恐怖等违法信息，侵害了公民、法人和其他组织的合法权益，该规定的出台填补了这一监管盲区。此外，国家工商行政管理总局于 2016 年 1 月颁布《关于促进网络服务交易健康发展规范网络服务交易行为的指导意见（暂行）》、2016 年 7 月颁布《互联网广告管理暂行办法》，加强对网络服务交易以及互联网广告的监管，保护网络交易者与消费者的合法权益，促进互联网广告行业的健康发展。

创新带动了互联网经济的发展，但也给传统行业带来发展困境，甚至在互联网经济和传统行业之间引起恶性竞争，市场秩序亟待调整。以网约车为例，交通运输部、工业和信息化部等七部委联合于 2016 年 7 月发布了《网络预约出租汽车经营服务管理暂行办法》，期望促进出租汽车行业和互联网融合发展，保障运营安全和乘客合法权益。该办法对各种专车平台的资质、服务器、支付协议等作出详细规定，将专车、快车列入出租汽车管理法规框架体系。但该办法无形中增加了私家车从事网约车的运营成本，其实施成效有待检验。

（五）营改增改革全面铺开，财税体制改革加速

2016 年 3 月，财政部、国家税务总局公布的《营业税改征增值税试点实施办法》《营业税改征增值税试点有关事项的规定》《营业税改征增值税试点过渡政策的规定》和《跨境应税行为适用增值税零税率和免税政策的规定》，全面规定了建筑业、房地产业、金融业、生活服务业四行业加入试点后的方案内容，这标志着最早于上海启动试点的"营业税改增值税"改革逐步全面铺开。

2016 年，中央与地方之间的财税体制迎来了重大调整。早在 2015 年末，中央全面深化改革领导小组第十七次会议审议通过的《深化国税、地税征管体制改革方案》提出，到 2020 年建成与国家治理体系和治理能力现代化相匹配的现代税收征管体制。2016 年 8 月，国务院发布《国务

院关于推进中央与地方财政事权和支出责任划分改革的指导意见》，给出了中央与地方的财政事权改革时间表与路线图，即 2016 年先从国防、国家安全等领域着手，2017～2018 年深入教育、医疗卫生等领域，2019～2020 年基本完成主要领域改革。

（六）进一步深化国企改革，建立现代企业制度

国企改革一直以完善现代企业制度为目的。2016 年 8 月，国务院办公厅印发《关于建立国有企业违规经营投资责任追究制度的意见》，提出在 2017 年底前，基本形成国有企业违规经营投资责任追究制度和责任倒查机制，清晰规范责任追究的范围、标准、程序和方式，以落实国有资本保值增值责任，完善国有资产监管，防止国有资产流失。同月，国务院国有资产监督管理委员会、财政部和中国证券监督管理委员会三部门联合发布《关于国有控股混合所有制企业开展员工持股试点的意见》，作为国企改革"1+N"配套文件，在 2016 年内启动了首批试点，提出在公司关键岗位工作并对公司经营业绩和持续发展有直接或较大影响的科研人员、经营管理人员和业务骨干均有机会持股。

六　保障与维护，构筑社会法治基础

2016 年中国社会法治体系发展迅猛，取得了不俗的成绩。在社会保障领域，不仅下发了多个关于养老、医疗、工伤、社会救助等方面的文件，而且出台了《慈善法》《全国社会保障基金条例》等法律法规；在诚信体系建设方面，加大了对失信人员的惩戒力度；在环境保护方面，中央通过环境督查的方式督促地方党委政府履行环境保护职责。

（一）社会保障稳步推进，法律体系有待健全

在社会保险领域，国务院发布了《全国社会保障基金条例》，规范了全国社会保障基金的管理、运营和监督，细化了《社会保险法》的规定，为社会保障基金的保值增值提供了制度保障。人力资源和社会保障部印发了《人力资源和社会保障法治建设实施纲要（2016～2020 年）》，以全面

推进人力资源和社会保障法治建设。为深入贯彻落实十八届五中全会关于"实施全民参保计划，基本实现法定人员全覆盖"的要求，人力资源和社会保障部办公厅发布了《关于进一步扩大全民参保登记计划试点范围的通知》《关于加快推进中央国家机关所属京外单位属地参加机关事业单位养老保险工作的通知》等相关文件。根据这些文件的规定，从2016年5月起企业职工基本养老保险单位缴费比例超过20%的省（自治区、直辖市），将单位缴费比例降至20%，且2015年底企业职工基本养老保险基金累计结余可支付月数高于9个月的省（自治区、直辖市），可以阶段性将缴费比例降至19%。

在医疗保险方面，国务院发布了《关于整合城乡居民基本医疗保险制度的意见》，整合城镇居民基本医疗保险和新型农村合作医疗，并建立统一的城乡居民基本医疗保险制度。此外，人力资源和社会保障部还发布了《关于积极推动医疗、医保、医药联动改革的指导意见》等一系列文件，实行医疗、医保、医药联动，充分发挥医保在医改中的基础性作用，提高基金保障能力和参保人员医疗康复水平。

在社会优抚和补偿领域，民政部发布了《军队无军籍退休退职职工服务管理办法》，要求从维护无军籍职工的合法权益出发，贯彻执行国家关于无军籍职工的政策，完善无军籍职工服务管理机制，落实无军籍职工生活待遇。

社会保障的行政执法方式发生了转变。人力资源和社会保障部发布了《关于加强和改进人力资源社会保障领域公共服务的意见》，要求梳理规范人力资源和社会保障领域面向群众的公共服务事项，砍掉各类无谓的证明和烦琐的手续，简化优化公共服务流程，创新改进公共服务方式，加快推进公共服务信息化建设和服务平台建设，提升公共服务水平和群众满意度。

需要指出的是，尽管国家出台了大量制度文件，但中国社会保障仍然存在缺乏刚性、配套措施不足等问题。今后须进一步完善社会保障的法律体系，进一步扩大社会保障的覆盖范围，解决好弱势群体的社会保障问题。

（二）　慈善法治初步建立，实施细则亟待完善

在慈善事业领域，2016 年 9 月起实施的《慈善法》是中国首部慈善法律，标志着中国的慈善活动走向法治轨道。为完善慈善法律制度，民政部及相关部门也出台了如《慈善组织认定办法》《关于慈善组织登记等有关问题的通知》等一系列规章、规范性文件作为配套。在公开募捐方面，有关部门出台了《慈善组织公开募捐管理办法》《公开募捐平台服务管理办法》《民政部关于指定首批慈善组织互联网募捐信息平台的公告》等规章、文件，进一步规范了公开募捐、网上募捐的实施。在慈善信托方面，民政部、中国银行业监督管理委员会联合下发《关于做好慈善信托备案有关工作的通知》，为慈善信托的实施提供重要制度依据。在慈善税收减免方面，民政部、海关总署联合下发《关于社会团体和基金会办理进口慈善捐赠物资减免税手续有关问题的通知》，海关总署发布《关于实施〈慈善捐赠物资免征进口税收暂行办法〉有关事宜的公告》，明确了慈善税收减免的对象、内容和实施办法。

但也必须注意到，尽管《慈善法》及其相关法规规章已经出台，但慈善法律法规仍缺乏可操作性。无论是《慈善法》还是相关法规规章，大量表述为"鼓励""支持"和"促进"，但哪些机关负有鼓励职责，采取哪些措施来鼓励、支持，行政机关不作为后果如何等要素均付之阙如，导致一些慈善组织感受到了促进慈善事业发展的愿望，却没有获得扎扎实实的好处。可以说，慈善法律体系仍有很大提升空间，立法的本意、诚意还有待在相关细则中进一步体现。

（三）　劳资纠纷不容忽视，劳动法治供给不足

近年来，随着国内外经济社会诸要素的剧烈变动，劳资纠纷形势的紧迫性、严峻性不断凸显，需要给予足够的关注重视。目前在钢铁、煤炭等领域实施化解产能过剩的改革，给本身和上下游行业带来巨大的职工分流压力。自 2016 年初已有鞍钢、龙煤萍乡矿业等企业发生多起群体性劳资纠纷，且有不断激化之势，急需相关制度给予有力保障。为此，2016 年初，国务院办公厅印发《关于全面治理拖欠农民工工资问题的意见》，提

出要以建筑市政、交通、水利等工程建设领域和劳动密集型加工制造、餐饮服务等易发生拖欠工资问题的行业为重点，健全源头预防、动态监管、失信惩戒相结合的制度保障体系，完善市场主体自律、政府依法监管、社会协同监督、司法联动惩处的工作体系。该意见还提出，到 2020 年，形成制度完备、责任落实、监管有力的治理格局，使拖欠农民工工资问题得到根本遏制，努力实现基本无拖欠。9 月，人力资源和社会保障部发布《重大劳动保障违法行为社会公布办法》，加强对重大劳动保障违法行为的惩戒，强化社会舆论监督，促进用人单位遵守劳动保障法律法规和规章。

（四）维护社会和谐稳定，构建社会诚信体系

市场的良性发展依赖一套完整的诚信体系。2016 年 5 月，国务院印发了《国务院关于建立完善守信联合激励和失信联合惩戒制度　加快推进社会诚信建设的指导意见》，政府在信用机制建设方面引入法治手段，通过守信激励和失信惩戒的方式构建诚信体系。一方面，政府建立了褒扬和激励诚信行为的机制，通过树立诚信典型、探索行政审批"绿色通道"、推荐诚信市场主体等方式激励诚信行为；另一方面，政府加大了对失信行为的惩戒力度，除了通过诸如严格限制行政审批、限制从事特种行业等的行政惩戒之外，还强调综合应用市场的、行业的以及社会的惩戒手段，充分引导社会力量参与到失信惩戒的行动中。

2016 年 4 月 1 日起实施的《严重违法失信企业名单管理暂行办法》加大了对严重失信企业的惩处力度，失信企业将被列入严重违法失信企业名单的信息记录，并通过企业信用信息公示系统统一公示。此外，工商行政管理部门还将严重违法失信企业名单信息与其他政府部门互联共享，实施联合惩戒。2016 年 9 月，中共中央办公厅、国务院办公厅印发《关于加快推进失信被执行人信用监督、警示和惩戒机制建设的意见》，将人民法院通过司法程序认定的被执行人失信信息纳入社会信用体系。

（五）中央督察环保问题，环保执法任重道远

2016 年入冬以来，全国许多地区，尤其是华北地区，多次陷入大面

积雾霾的笼罩之中，益发严重的雾霾已经对人民群众的生命健康、出行安全构成了威胁。因此，国家更加注重环境保护，加强环境法治建设。2016年，全国人民代表大会修改通过了《节约能源法》《水法》《环境影响评价法》等环境资源法律。经中共中央、国务院批准，2016 年，中央环境保护督察组分两批对 15 个省（自治区、直辖市）展开环境保护督察。主要督察对象是各省级党委和政府及其有关部门，实行党政同责，严格责任追究。截至 12 月，第二批中央环保督察组已问责 687 人，罚款金额 6614万元。虽然环境督察提高了地方党委和政府对环境保护的重视程度，但是环境督察并不能代替监管，即使发现了问题，也无法从根本上解决环境治理问题，环境问题的根源仍在于缺乏制度化的治理体系。

中央层面督察地方环境保护措施的行动仍会持续，也给地方环境保护执法敲响了警钟。目前的环保执法存在环保部门单兵突进、多方受阻的问题。为此，2017 年 2 月，环境保护部、公安部联合最高人民检察院出台《环境保护行政执法与刑事司法衔接工作办法》，明确规定建立健全环境行政执法与刑事司法衔接的长效工作机制以及双向案件咨询制度。新规出台后，三部门或将联合挂牌督办环境违法案件，综合利用行政和司法手段，提高执法效率。

七　2017 年法治发展预测

2017 年是依法治国基本方略提出 20 周年，"十三五"规划落地的关键之年，也是供给侧结构性改革的攻坚之年，更是党的十九大胜利召开之年。2017 年，中国法治建设将会迎来新的机遇和挑战。一方面，十八届六中全会强调，任何党的组织和领导干部都不能凌驾于宪法法律之上，都必须在宪法法律范围内活动，不能以言代法、以权压法、徇私枉法，这为中国法治建设带来了新的机遇；另一方面，中国的各项改革已进入深水区，法治建设遭遇到前所未有的压力和挑战，如何顶着压力迎接挑战成为未来法治建设的难点。同时根据《关于进一步把社会主义核心价值观融入法治建设的指导意见》的要求，今后中国在法治建设过程中，将会进一步融入社会主义核心价值观，将社会主义价值观入法入规，强化社会治理的价值导向，通过司法公正引领社会公正，弘扬社会主义法治精神。

（一）保障改革发展成果，推动重点领域立法，用好已有法律法规

2017 年，中国将会在多个领域加强立法，在安全生产领域，生产经营过程中极易导致重大生产安全事故的违法行为将列入《刑法》调整范围，刑法修正案中将会增加与安全生产相关的内容；在民商法领域，《民法总则》编纂工作在 2016 年已经紧张有序地进行，2017 年初，这部统领民法典的总则部分终将出炉，为后续编制民法典其他部分奠定基础；在税收领域，预计 2017 年将会出台《船舶吨税法》《烟叶税法》等多部法律；在民生领域，围绕医疗、卫生、教育、文化等将要出台或修改《红十字会法》等多部法律。

十八届四中全会指出："实现立法和改革决策相衔接，做到重大改革于法有据、立法主动适应改革和经济社会发展需要。"当前，中国重大领域的改革已经进入了攻坚期，十八届三中、四中全会规定的改革任务大部分已经开始落地，这些改革内容的推进依靠的是文件而不是法律。这一方面是因为中国法律修改和制定的速度落后于改革意见的发文速度；另一方面则是因为实践中法律法规可操作性差、实用性不强，导致法律法规"不好用""不能用""不想用"。今后在立法过程中，应当紧抓改革重点，提高立法效率，提升立法质量，为改革发展保驾护航。除了新的立法之外，还应当充分发挥现有法律法规的作用，使现有法律法规好用、能用、用好、用足、用实。

（二）建设政务服务平台，执法体制改革落地，打破政府信息孤岛

2017 年，中国政府将会继续沿着信息化和法治化的道路前行。在信息化建设方面，"互联网+"政务将发挥重要作用，各省（自治区、直辖市）人民政府、国务院各部门将建成一体化网上政务服务平台，全面公开政务服务事项，政务服务标准化、网络化水平将显著提升。在行政执法方面，2017 年，部门间联合执法、跨部门综合执法体制机制将会更加健全。执法力量下沉将会成为各地行政执法改革的新方向，同时考虑到基层政府的承接能力，基层执法力量将会进一步加强，基层执法保障将会进一

步完善，基层执法质效将会进一步提升。同时随着互联网的广泛应用，部分地方政府开展"互联网+执法"改革，每一次执法记录都能实现实时传送回指挥中心，能够最大限度地减少选择性执法和暴力执法。在政务公开方面，2017 年，中国政务公开工作将会更加健全，政务公开力度将会进一步加强，政务公开效果将会得到明显提升。一方面，政府将会建立健全利益相关方、公众代表、专家、媒体等列席政府有关会议的制度，增强决策透明度。另一方面，中国将会加速修改《政府信息公开条例》，有望将政务公开的最新要求融入条例修改。

互联网和大数据对政务服务平台、政府执法体制改革、政务公开都有深刻影响，但目前政府部门之间的信息仍然无法实现大规模互联互通，部门与部门之间仍然存在"信息孤岛"现象。2017 年，政府将会逐步打通各个部门之间的信息壁垒，不断摸索新的政府治理模式和思路，为政务公开提供新渠道，为提升行政能力开创新思路，为推进行政改革开辟新路径。

（三）司法改革全面落地，信息化建设稳步发展，解决执行难任务繁重

2017 年，中国本轮司法改革进入收官之年。法院需要抓好重点改革和关键领域改革，统筹推进执行工作体制、人民陪审员制度、繁简分流机制、法院内设机构、人财物省级统管等改革，使各项改革举措相互促进、相得益彰。同时，应当建立司法改革效果跟踪与评价机制，加强改革效果评估，积极引入第三方评估，建立完善科学的评估体系，确保改革精准对接实践所需。对于已经落地的改革举措将会总结经验，如法官、检察官员额制试点改革于 2017 年结束，应当及时总结经验并予以推广；应当及时对《法官法》《检察官法》《人民法院组织法》等法律进行修改，以巩固司法改革成果。

2017 年，实施两年的公益诉讼试点即将结束，公益诉讼不仅会在全国范围内推广，而且中国还将修改《人民检察院组织法》《民事诉讼法》《行政诉讼法》及《环境保护法》中有关公益诉讼的相关条款，如明确检察机关作为公益诉讼提起主体。

2017 年，信息化建设仍然是法院工作的重要内容。尽管目前法院信息化建设已经取得了不俗的成绩，但在法院信息化建设过程中出现了中西部地区基层法院专业人才欠缺、保障力度不足等问题。为此，2017 年，法院将会在原有信息化建设的基础上，加大中西部基层法院的投入，积极推动人工智能在中国司法领域中的应用，努力建成智慧法院。届时，全国各地将会涌现一大批法院信息化建设的成功典范，建成全面覆盖、移动互联、透明便民、安全可靠的智能化信息系统。

2017 年，最高人民法院应进一步加强基本解决执行难的顶层设计，激活现有的制度，构建统一完备的执行标准，提升信息化建设水平和使用率，建立执行惩戒的常态机制。地方各级人民法院应在各级党委的领导下认真落实执行规范体系，加强执行信息化建设，提升执行工作的强制性和规范性。可以预见，在经济下行的新常态下，立案登记制带来执行案件数量激增、"案多人少"的矛盾将进一步加剧，因此，基本解决执行难仍将面临很大的挑战。

（四）社保体系不断健全，社保范围不断扩大，人民共享改革成果

2017 年，中国将会进一步完善社会保障制度，在基本养老保险、企业年金、医保基金预算管理、社保基金监督管理等方面都会出台相应的制度文件，扩大社会保险的覆盖范围，加强社会监督队伍建设，强化对医疗行为、基金投资管理等方面的监管。随着社会救助制度的不断完善，《社会救助法》的起草将正式提上议事日程，建立全国统一的社会救助制度体系指日可待。随着国家扶贫力度的不断加大，扶贫与救助的衔接，特别是扶贫与低保的制度化衔接，将成为制度建设的重点内容。

2017 年中国的社会保障体系将会不断健全，社会保障制度将进一步完善，社会保险待遇水平将会进一步提升，基金投资和监督管理将会进一步加强。但需要指出的是：一方面，鉴于改革措施存在与法律文本脱节的问题日渐突出，社会保障改革的顶层设计需要与法律制定、修改工作同步进行，有必要启动《社会保险法》的修订工作，并考虑在此基础上研究制定"基本养老金法""全民健康保障法"等；另一方面，中国社会保障的司法救济途径仍然存在提升空间，有关社会保障争议和纠纷主要是通过

行政而不是司法途径解决，预计在今后的改革中可能会建立专门的社会保障法庭，或确立公益诉讼制度和完善司法体系来构建社会保障司法机制，以充分保证公民的社会保障权益。

（五）落实全面从严治党，抓住"关键少数"，确保党在法治框架内活动

党的十八大以来，党中央从抓"关键少数"破题。"关键少数"是指各级领导干部，其在推进依法治国方面肩负重要责任。2016年4月，中共中央组织部、中共中央宣传部、司法部、人力资源和社会保障部联合印发的《关于完善国家工作人员学法用法制度的意见》进一步提出，"探索建立领导干部法治素养和法治能力测评指标体系，将测评结果作为提拔使用的重要参考"。同时，为进一步提高地方法治建设水平，2016年12月，中共中央、国务院办公厅印发《党政主要负责人履行推进法治建设第一责任人职责规定》，该规定规范了地方党委和政府主要负责人在推进地方法治建设中应当履行的职责，为地方法治发展奠定了组织基础。2017年，"关键少数"在推进依法治理方面的责任将进一步加强。

2017年，中国将不断规范和完善党内法规体系，补齐党内法规建设的短板，为提高党内治理能力和治理水平提供制度支撑。党内法规是全面从严治党的根本之策、长远之策。目前党内法规在与法律有效衔接、合法性审查、程序性条款等方面仍有改进空间，党内法规无论从数量上还是质量上都无法满足日益壮大的党员队伍管理需求。

党务工作涉及组织人事的选拔任用、重大决策、经费使用等情况，这些内容需要通过党务公开的方式予以规范。但目前中国党务公开的范围和力度落后于政务公开，党内经费的使用情况、党内干部的选拔任用、党内法规的制定与修改等内容的公开情况不佳，远不能满足党员的监督权和知情权需求。为保障全面从严治党得以落实，廉政法治建设得以贯彻，党务公开工作应当即刻提上日程。

总之，2016年中国的法治建设取得了不俗成就，也存在不少问题。正如习近平总书记所言，部分群众在就业、子女教育、就医、住房等方面还面临一些困难，不断解决这些问题是党和政府义不容辞的责任。依法治国是中国社会发展的基本方略，所有存在的问题都需要用法治的手段有效化解。全面推进依法治国是"四个全面"战略布局的重要组成部分，全面深化改革、全面建成小康社会、全面从严治党都离不开全面推进依法治国。2017 年中国将继续推进依法治国基本方略，把中国建成一个真正的法治强国，并努力让人民群众过上美好幸福的生活。

（参见法治蓝皮书《中国法治发展报告 No. 15（2017）》）

后　记

　　总报告是每卷"法治蓝皮书"卷首不可或缺的重头戏，本书收录了
2003~2016年度"法治蓝皮书"的总报告，以及两篇阶段性法治发展报
告，共计16篇。"法治蓝皮书"总报告是对中国每年法治发展状况的总
结，从中可以看出中国的法治发展道路。2002年底，时任法学研究所所
长组成了课题组，负责编辑出版"法治蓝皮书"，当时"经济蓝皮书"和
"社会蓝皮书"已经出版多年，它们的总报告已经非常有影响了，每次发
布都是社会关注的焦点。起初，大家对"法治蓝皮书"的定位不十分清
楚，因此在撰写最重要的总报告时一直处于摸索状态，不得要领。几年下
来，大家最终达成共识——"法治蓝皮书"总报告是对中国法治发展年
度状况的总结，而非法学理论研究的总结。为忠实再现"法治蓝皮书"
发展的历程，我们保留了历年的"法治蓝皮书"总报告，只是删除了其
中与法治相去较远的内容，但仍然可以从历年来的"法治蓝皮书"总报
告中看出这个变化的轨迹。

　　自2002年以来的15年，是中国法治发展历程中非常关键的一个时
期。在"法治蓝皮书"总报告中，这期间中国发生的许多大事都被作者
以法治的视角作了详尽分析。

　　这期间，中国建成了社会主义法律体系。2011年，中国宣布社会主
义法律体系建成，截至2011年8月底，中国已制定现行宪法和有效的法
律240部、行政法规706部、地方性法规8600多部，"法律帝国"跃然纸
面。在这个过程中，提高立法质量，为国家和社会的"善治"、为法律有
效而公正地实施提供"良法"，强化立法的民主化，从立法程序、立法技
术和立法内容等多方面充分体现"立法为民""民主立法"的精神和原

则，发挥民主立法在协调利益、化解矛盾、构建社会主义和谐社会中的作用，努力消除立法中存在的"部门保护主义"和"地方保护主义"，是立法的重点。"法治蓝皮书"一直非常关心立法和人大制度的运行状况，《中国地方法治发展报告》还专门对31个省（自治区、直辖市）的立法状况作了评估，引起了一些省级人大的关注，也引起了一些省级人大的不适，但实际推动了相关工作则是无疑。

这期间，政府法治建设成绩显著。政府守法或依法行政原则在宪法上得到确立，中国深化行政体制改革与法治政府建设稳步推进。在行政体制改革方面，政府继续取消或者下放部分行政审批权，加快推进简政放权；在政务公开方面，政府打造"互联网+政务"，深入推进政务公开；在行政执法方面，政府完善法治政府建设，厘定权力责任清单、推动执法规范化、法治化。进步虽然快，问题也不少，改革与民众的获得感方面还存在差距，政府在依法行政的道路上还需要继续努力。

这期间，司法改革稳步扎实。司法体制改革是推进国家治理体系和治理能力现代化的重要举措，改革一直在路上。党的十八大以来，司法改革更是"如沐春风方向明"，然"道远任重万里行"。人民法院、人民检察院、公安机关、司法行政机关需要快马加鞭，使中国司法制度真正代表人民利益、符合人民要求。司法改革无疑是改革的重头戏，如何能以最小的动荡实现最大的效益，需要主导者认真思考。现在人们挂在嘴上最多的是"精英制"，"精英"是最不易获得人民认同的概念，精英是什么？精英能代表多数人的利益吗？谁是精英，都值得怀疑。改革不过是让合适的人在合适的岗位，而不是鸠占鹊巢、滥竽充数，也不是精英寡头、孤胆英雄。改革需要多方面的协作配合，需要人民的认可，不是几个"精英"所能承受之重。

这期间，廉政法治举世瞩目。腐败是世界毒瘤，也令国人深恶痛绝，有关部门以"零容忍"、治标兼治本的态度从各个领域清除了不少贪官，获得广泛赞誉。但这也引起人们思考，为什么会出现如此多的贪官，且贪腐的程度不断挑战人们的底线。我们还有希望吗？所幸，从2012年始，中国共产党意识到了危机，开始全面从严治党，出台最严党纪，让人看到了新的希望。

　　这期间，中国人权保障成绩斐然。2003 年的孙志刚事件直接促使中国政府废除了严重侵犯人权的收容遣送制度，保障了公民的人身自由，不过公安在规范执法方面仍然有许多需要完善的地方。2013 年 12 月，全国人大常委会通过决议正式废止劳动教养制度。劳动教养是对违法尚不够刑罚处罚的人员进行强制性劳动教育改造的一种行政措施，在实践中，这种限制人身自由的做法缺乏司法程序保障，一直为人诟病。废止劳动教养制度后，国家逐步完善对违法犯罪行为进行惩治和矫正的法律，健全社区矫正制度。

　　这期间，中国公共卫生安全保障突飞猛进。2003 年，人们谈之色变的"非典"事件促进了中国公共卫生系统的完善。"非典"加速了中国政府信息公开的立法进程，催生了"高官问责制"，促成了我国突发事件应急机制的建立。仅 2006 年国务院就发布了 4 件公共卫生类突发公共事件专项应急预案，分别是国家突发公共卫生事件应急预案、国家突发公共事件医疗卫生救援应急预案、国家突发重大动物疫情应急预案、国家重大食品安全事故应急预案，表明中国政府在有效预防、及时控制和消除公共卫生类突发公共事件及其危害方面作了巨大努力。

　　这期间，中国抵御自然灾害能力逐步增强。2008 年 5 月 12 日，四川汶川发生里氏 8.0 级特大地震，国务院公布了《汶川地震灾后恢复重建条例》，这是中国首个地震灾后恢复重建的条例，该条例将灾后恢复重建工作纳入法治化轨道。本书编辑时，四川九寨沟又发生了里氏 7.0 级大地震，我们可以看到，这次地震带来的房屋破坏和人员伤亡少了许多，救灾行动也井井有条，比之上次地震的忙乱可谓天壤之别，进步非常明显。在此期间，台风"天鸽"不甘寂寞，肆虐横扫珠海、中山、香港和澳门等地，除了香港，解放军冲在了救民于水火的第一线。在称颂伟大的中国人民解放军之余，各级政府应当重视动员人民群众积极开展自救行动，而不只是作壁上观，这是社会治理现代化的基本内容。

　　"法治蓝皮书"总报告的内容涵盖了立法和人大制度、政府法治、司法制度、社会法治以及国际法治内容。每一个板块除了进行制度概括总结外，还对当年的主要法治事件进行重点分析，梳理中国法治的发展脉络和努力方向。总报告是"法治蓝皮书"中提纲挈领的重要内容，是学界和实务界的重要参考资料。每每听到一些大学教授称，每本蓝皮书他们都会购买，并在上课时引用总报告的内容，我们都觉得确实是做了一点有益的工作。在进行法治国情调研时，甚至在走访一些基层居委会工作人员时，也听到他们说每年都会购买"法治蓝皮书"，对"法治蓝皮书"总报告很感兴趣云云。称赞之余，还是比较心疼他们口袋里的银子。我们也纳闷，为什么出版社对"法治蓝皮书"的定价出奇的高？不过，这真的不关我们的事。

总报告的撰写人也很有特点。法学有非常专业的分工，民事难知刑事。一个总览中国法治发展全局的总报告非一人之力所能完成，中国社会科学院法学研究所作为国家法学研究重镇汇聚了各方面的法治人才，用集体的智慧来完成这样一个报告相对要容易一些。每年的总报告内容上虽然未全面覆盖、无有遗漏，但基本能涵盖法治的重要领域和重要内容，并反映中国的年度法治发展状况。所以，总报告实际上是一个集体的研究成果，蕴含了大家的努力，由执笔人撰写完成。总报告撰写队伍有老有少，有资深的学术巨擘，有后起的学术新秀，越往后队伍越呈现年轻化态势，可以说，"法治蓝皮书"给了青年人一个"撸起袖子加油干"的舞台，他们迅速地成长了起来。

十余年下来，总报告的撰写人可以排一个很长的队伍，每当看到这个名单，一张张自信、美丽、阳光、健康的笑脸都会从眼前快速闪过……。

《中国法治发展：成效与展望（2002~2016）》历年课题组的成员如下（以章节为序划分）。

《依法治国 20 年中国法治发展成效与展望》课题组负责人：田禾、吕艳滨。课题组成员：王小梅、周婧、栗燕杰、胡昌明、徐斌、刘雁鹏、王祎茗、赵千羚、刘迪、田纯才、孙斯琪、王洋、王昱翰。执笔人：周婧、田禾。

《改革开放 30 年中国法治发展成就与经验》课题组成员：常纪文、陈晓峰、董文勇、冀祥德、江菁、李林、李霞、刘翠霄、刘敬东、刘仁文、刘作翔、莫纪宏、冉井富、孙宪忠、田禾、王雪梅、席月民、谢增毅、熊秋红、余少祥。执笔人：李林、李霞、田禾。

《2003 年中国法治发展与展望》主要撰稿人：李忠、冯军、邹海林、王敏远、冉井富。

《2004 年中国法治发展与展望》主要撰稿人：无署名。

《2005 年中国法治发展与展望》主要撰稿人：李林、李勇。

《2006 年中国法治发展与展望》课题组成员：王家福、陈甦、李林、冯军、屈学武、沈涓、刘敬东、孙世彦、莫纪宏、熊秋红、冉井富、吕艳滨、黄金荣、冀祥德、高旭晨、田禾、蒋熙辉。执笔人：李林、田禾、蒋熙辉。

《2007 年中国法治发展与展望》课题组成员：刘海年、李林、屈学武、李明德、沈涓、田禾、熊秋红、莫纪宏、薛宁兰、高旭晨、孙世彦、常纪文、刘敬东、谢鸿飞、李洪雷、冀祥德、冉井富、董文勇、席月民、陈洁、刘海波、蒋熙辉、谢新胜。执笔人：李林、田禾、蒋熙辉。

《2008 年中国法治发展与展望》课题组成员：常纪文、陈洁、陈欣新、戴瑞君、黄芳、黄金荣、江菁、李林、李明德、刘敬东、柳华文、吕艳滨、莫纪宏、孙世彦、田禾、席月民、谢鸿飞、谢新胜、叶自强、余少祥。执笔人：李林、田禾、吕艳滨。

《2009 年中国法治发展与展望》课题组负责人：李林、田禾。课题组成员：田禾、冉昊、吕艳滨、李林、李昊、李顺德、李霞、陈欣新、陈洁、陈根发、柳华文、莫纪宏、高长见、席月民、常纪文、董文勇、蒋岩桦、谢新胜、翟国强、熊秋红、戴瑞君。

《2010 年中国法治发展与展望》课题组负责人：李林、田禾。课题组成员：丁一、王小梅、冉昊、包有鹏、吕艳滨、向燕、李顺德、李浩、余少祥、陈欣新、陈洁、赵建文、莫纪宏、高长见、席月民、黄金荣、董文勇、谢新胜、翟国强、熊秋红、戴瑞君。执笔人：李林、田禾、吕艳滨。

《2011 年中国法治发展与展望》课题组负责人：李林、田禾。课题组成员：于飞、王小梅、王宗涛、冉昊、吕艳滨、向燕、刘仁文、刘洪岩、李昊、李顺德、李赞、李霞、余少祥、陈欣新、陈洁、席月民、董文勇、谢新胜、谢增毅、熊伟、熊秋红。执笔人：田禾、吕艳滨。

《2012 年中国法治发展与展望》课题组负责人：李林、田禾。课题组成员：丁一、王小梅、王翰灵、邓丽、吕艳滨、向燕、刘洪岩、李庆明、杨延超、余少祥、陈洁、赵建文、徐卉、高长见、席月民、董文勇、廖凡。执笔人：田禾、吕艳滨。

《2013 年中国法治发展与展望》课题组负责人：李林、田禾。课题组成员：丁一、王小梅、冉井富、刘洪岩、吕艳滨、祁建建、余少祥、李庆明、李顺德、陈欣新、夏小雄、栗燕杰、高长见、董文勇、廖凡、熊秋红、戴瑞君。执笔人：田禾、吕艳滨。

《2014 年中国法治发展与展望》课题组负责人：田禾。课题组成员：丁一、王小梅、刘洪岩、祁建建、苏明月、余少祥、金锦萍、郑博、郝鲁怡、栗燕杰、夏小雄、高长见、黄金荣、黄晋、董文勇、谢增毅、窦海洋、管育鹰、廖凡、熊秋红。执笔人：田禾、吕艳滨。

《2015 年中国法治发展与展望》课题组负责人：田禾。课题组成员：丁一、邓丽、卢超、王小梅、田夫、刘雁鹏、祁建建、何晶晶、余少祥、赵建文、郝鲁怡、栗燕杰、夏小雄、徐卉、高长见、席月民、黄晋、董文勇、谢鸿飞、谢增毅、窦海阳、管育鹰。执笔人：徐斌、田禾、吕艳滨。

《2016 年中国法治发展与展望》课题组负责人：田禾、吕艳滨。课题组成员：王小梅、王旭、祁建建、刘洪岩、余少祥、张忠利、张鹏、岳小花、金善明、郝鲁怡、夏小雄、高长见、栗燕杰、谢增毅、窦海阳。执笔人：徐斌、刘雁鹏、田禾、吕艳滨。

名单太长，直看得人眼花缭乱，有这样一支队伍，还有什么不能做成的吗？

说感谢的话不仅肉麻也落入了俗套，在此只是祝愿法学研究所和国际法研究所的诸位老少研究员们事业顺利、身体健康、阖家幸福！同时也祝愿建所 60 周年的法学研究所永远走在中国法治建设的最前沿！

本书完稿的时间恰逢党的十九大召开在即，十九大将对法治建设提出目标更高、更艰巨的任务。努力吧，各位同人，时代赋予了我们职责，我们也将不辜负这个时代！

田 禾

2017 年 9 月 15 日

图书在版编目（CIP）数据

中国法治发展：成效与展望：2002-2016 / 田禾，
吕艳滨主编. -- 北京：社会科学文献出版社，2017.10
（法治国情与法治指数丛书）
ISBN 978-7-5201-1574-2

Ⅰ.①中… Ⅱ.①田… ②吕… Ⅲ.①社会主义法制
-建设-研究-中国-2002-2016 Ⅳ.①D920.0

中国版本图书馆 CIP 数据核字（2017）第 250476 号

法治国情与法治指数丛书
中国法治发展：成效与展望（2002~2016）

主　　编／田　禾　吕艳滨

出 版 人／谢寿光
项目统筹／王　绯
责任编辑／曹长香

出　　版／社会科学文献出版社·社会政法分社（010）59367156
　　　　　　地址：北京市北三环中路甲 29 号院华龙大厦　邮编：100029
　　　　　　网址：www.ssap.com.cn
发　　行／市场营销中心（010）59367081　59367018
印　　装／三河市东方印刷有限公司

规　　格／开　本：787mm×1092mm　1/16
　　　　　　印　张：31.5　字　数：495 千字
版　　次／2017 年 10 月第 1 版　2017 年 10 月第 1 次印刷
书　　号／ISBN 978-7-5201-1574-2
定　　价／128.00 元